Expansion · Interaktion · Akkulturation

Globalhistorische Skizzen
Band 32

Jenseits von Rom und Karl dem Großen
Aspekte der globalen Verflechtung in der langen Spätantike, 300–800 n. Chr.

Expansion · Interaktion · Akkulturation

Globalhistorische Skizzen

für den Verein zur Förderung von Studien zur interkulturellen Geschichte, Institut für Kultur- und Sozialanthropologie, c/o Mag. Ilja Steffelbauer, Universitätsstraße 7, A-1010 Wien und den Forschungsschwerpunkt Globalgeschichte der Historisch-Kulturwissenschaftlichen Fakultät der Universität Wien, Universitätsring 1, A-1010 Wien

Johannes Preiser-Kapeller

Jenseits von Rom und Karl dem Großen

Aspekte der globalen Verflechtung in der langen Spätantike, 300–800 n. Chr.

mandelbaum *verlag*

Deutsche Bibliothek – CIP Einheitsaufnahme
Jenseits von Rom und Karl dem Großen
Aspekte der globalen Verflechtung in der langen Spätantike, 300–800 n. Chr.
Johannes Preiser-Kapeller –
Wien: Mandelbaum Verlag, 2018
ISBN 978-3-85476-554-7

Satz: Marianne Oppel, Weitra
ISBN 978-3-85476-554-7
Lektorat: Helene Breitenfellner und Andreas Obenaus
Coverbild: Zentralasiatischer Kaufmann aus Sogdien auf einem Kamel, Keramik aus der Zeit der chinesischen Tang-Dynastie (618–907 n. Chr.), Shanghai Museum, https://de.wikipedia.org/wiki/Datei:Westerner_on_a_camel.jpg, 20.11.2017.
Umschlaggestaltung: Michael Baiculescu
Druck: Primerate, Budapest

Inhalt

Alle Übersetzungen von fremdsprachigen Texten wurden, sofern nicht anders angegeben, durch den Autor vorgenommen.

Unter folgendem Link finden Sie weiteres Material zum Buch, insbesondere auch eine Online-Karte, mit der die im Band erwähnten Orte im Detail aufgefunden werden können:
http://www.dasanderemittelalter.net/blog/

In Erinnerung an Dr. Bruno Baumgartner (1941–2017)

Vorwort

Die Idee zu diesem Band entstand während der Konferenz *Linking the Mediterranean*, für die David Natal zwischen 11. und 13. Dezember 2014 Experten für die Spätantike aus vielen Ländern Europas ans Institut für Mittelalterforschung (IMAFO) der Österreichischen Akademie der Wissenschaften (ÖAW) zur Diskussion lud. Diese Teilnehmer waren es auch, die mich nach der Lektüre meines überlangen Beitrags ermunterten, daraus doch ein Buch zu machen. Während ich diese Zeilen schreibe, ist David mittlerweile mit seinem ERC-Projekt *Connected Clerics. Building a Universal Church in the Late Antique West* an das IMAFO zurückgekehrt, um der Dauerhaftigkeit der kirchlichen Netzwerke im spät- und poströmischen Westen Europas nachzuspüren. Er mag es hoffentlich spannend finden, auf den folgenden Seiten erneut mehr über den ‚Rest' der Welt zu erfahren.

Nachdem das Konzept für das Buch vom *Verein zur Förderung von Studien zur interkulturellen Geschichte* angenommen wurde – und hier gilt mein besonderer Dank Andreas Obenaus und Ilja Steffelbauer für ihre Unterstützung – nahm es im Rahmen des Forschungsschwerpunkts *Komplexität und Netzwerke* und des von Claudia Rapp durch den ihr 2015 verliehenen Wittgenstein-Preis finanzierten Projekts *Moving Byzantium* Gestalt an. Beide Projekte sind an der Abteilung für Byzanzforschung (ABF) des IMAFO der ÖAW beheimatet, dessen Leiterin gleichfalls Claudia Rapp ist. Ihr und allen Mitarbeitern an diesen Projekten sowie allen Kollegen an der ABF gilt deshalb mein Dank für ihre Unterstützung und den Zuspruch bei meinen Ausflügen weit jenseits des Byzantinischen Reiches.

Meine besondere Dankbarkeit möchte ich schließlich gegenüber meiner lieben Frau – und Fachkollegin – Ekaterini Mitsiou für ihre vielen Ideen, aber auch ihre Geduld zum Ausdruck bringen sowie gegenüber unseren Familien in Epirus (Griechenland) und im Wald- und Mostviertel (Österreich).

Gewidmet sei das Buch der Erinnerung an meinen verehrten Lehrer, Mentor und Freund Bruno Baumgartner, der mir leider nicht mehr mitteilen kann, ob er seine Lektüre genießen konnte.

Johannes Preiser-Kapeller
Wien, am 25. November 2017

Einleitung: Kaiser, Kalifen und Kanäle

Der Schlamm war am Ende stärker als der künftige Kaiser. Im Jahr 792 befahl Karl, König der Franken und Langobarden (reg. 768–814), den Bau eines Kanals zwischen den Flüssen Altmühl und Rezat (in Mittelfranken), der die Flusssysteme der Donau und des Rheins miteinander verbinden sollte. Im Sommer 793 verlegte Karl sogar seine Residenz in die Nähe der „Großbaustelle" und empfing dort eine Gesandtschaft des Papstes, um sie mit diesem Projekt zu beeindrucken. Die Baufortschritte konnten den königlichen Erwartungen jedoch nicht entsprechen: Das sumpfige Terrain erschwerte die Befestigung des Kanals; ausgesprochen feuchte Wetterbedingungen verschärften dieses Problem, sodass das untertags ausgehobene Erdmaterial während der Nacht wieder in den Kanal zurückfloss, wie ein Chronist beobachtete. Im Herbst 793 gab König Karl das Projekt schließlich auf und verließ die Region für erfolgversprechendere Unternehmungen. Jüngste archäologische und geologische Untersuchungen haben sowohl die Datierung als auch die Schilderung der schriftlichen Quellen bestätigt: Der Kanal mit einer Länge von rund drei Kilometern wurde nie vollendet und auch Teile des ergrabenen Kanals erwiesen sich als nur halbfertig und wurden kurz nach den ursprünglichen Bauarbeiten wieder verschüttet.[1]

1700 km südöstlich ordnete im Jahr 767 der byzantinische Kaiser Konstantin V. (reg. 741–775) angesichts einer Dürre die Reparatur der Fernwasserleitung Konstantinopels an, die im Jahr 626 bei einer Belagerung durch die Awaren beschädigt worden war. Zu diesem Zweck verlegte er Arbeitskräfte aus allen Teilen seines Reiches in Kleinasien und dem Balkan in die Hauptstadt, laut dem Chronisten Theophanes „1000 Maurer und Verputzer aus Asia und Pontos, aus Griechenland und von den Inseln (der Ägäis) 500 Töpfer, und aus Thrakien 5000 Arbeiter und 200 Ziegelmacher." Sie brachten innerhalb einiger Monate die Wiederherstellung der Aquädukte und Leitungen, die sich mit einer Gesamt-

[1] Ettel u.a. 2014.

länge von 336 Kilometern über 120 Kilometer in den Nordwesten von Konstantinopel erstreckten, zu einem glücklichen Abschluss, sodass die Wasserversorgung der Hauptstadt wieder gesichert war.[2]

Um dieselbe Zeit, im Jahr 767, feierte Kalif al-Mansūr (reg. 754–775) aus der seit 750 das arabische Weltreich beherrschenden Abbasiden-Dynastie die Einweihung des Kerns seiner neuen Hauptstadt Bagdad am Tigris, der sogenannten "Rundstadt", die bei einem Durchmesser von 2,4 km eine Fläche von 4,5 Quadratkilometern mit dem Kalifenpalast und der Hauptmoschee im Zentrum umfasste. Die Bauarbeiten hatten erst im Jahr 762 begonnen und während dieser fünf Jahre beschäftigte al-Mansūr durchgehend an die 100 000 Arbeitskräfte. Sowohl dem Gütertransport als auch der Bewässerung diente ein sich über mehrere hundert Kilometer erstreckendes Kanalnetzwerk zwischen den Flüssen Euphrat und Tigris, das im Kern zwar seit Jahrtausenden bestand, aber unter den Abbasiden erweitert und auf die neue Hauptstadt hin ausgerichtet wurde.[3]

Wiederum zwanzig Jahre zuvor initiierte der hohe chinesische Beamte Wei Jian im Jahr 742/743 den Bau eines neuen Kanals, der über eine Entfernung von 150 km parallel zum Fluss Weihe die Versorgung der wohl eine Million Einwohner zählenden Hauptstadt Chang'an (heute Xi'an) der Tang-Dynastie sichern sollte. Zuvor hatten die ständigen Verlagerungen des Weihe-Flusses immer wieder den Warentransport behindert. Nun stellte der neue Kanal zusammen mit Chang'ans neuem „Hafen des weitreichenden Transports" einen verlässlicheren Anschluss an das in seiner Gesamtheit mehr als 2000 km überspannende Kanalnetz her, das seit dem frühen 7. Jahrhundert den Überschuss der reisproduzierenden Provinzen im Süden Chinas zur Versorgung der Hauptstädte und der Truppen nach Norden brachte.[4]

Der vergleichende Blick auf diese vier Bauprojekte in vier – zumindest dem Anspruch nach – Weltreichen des 8. Jahrhunderts illustriert die Unterschiede in der Größenordnung der Ressourcen, die ein König der Franken, selbst wenn er sich einige Jahre später „Kaiser der Römer" nannte, im Vergleich mit dem Kalifen der Abbasiden oder dem Kaiser der Tang, die in jener Zeit die größten Imperien Afro-Eurasiens regierten, mobilisieren konnte. Doch obwohl das Reich Karls der Großen das

---

2 Theophanes 1997, AM 6259 = 766/767 n. Chr. (für das Zitat); Crow/Bardill/Bayliss 2008.

3 Lombard 1992; Kennedy 2011.

4 Xiong 2006; Thilo 2006.

Byzantinische Reich im 8. Jahrhundert an Fläche und Bevölkerungszahl übertroffen haben mag, war auch Kaiser Konstantin V. bei einem Projekt größeren Zuschnitts erfolgreich, während der Karolinger scheiterte. Natürlich war es unter mittelalterlichen technischen Bedingungen vermutlich einfacher, Mann und Material über das Mittelmeer nach Konstantinopel zu transportieren als in die östliche Binnenperipherie des Frankenreiches. Doch weisen die unterschiedlichen Ergebnisse der Bauvorhaben der Jahre 767 und 792/793 auch auf Unterschiede in den staatlichen Institutionen und ihrer organisatorischen Komplexität hin, die die Mobilisierung von Kenntnissen und Arbeitskraft in ausreichender Anzahl ermöglichten – oder eben nicht. Ähnliche Vergleiche wurden von Chris Wickham in seinem Meisterwerk *Framing the Early Middle Ages* angestellt, in dem er zwischen den „schwachen" Monarchien des post-römischen Westeuropa und den „starken" Imperien des Ostens, wie eben Byzanz und dem Kalifat, unterschied.[5]

Auf jeden Fall legitimiert dieser Vergleich, den Blick auf die spätantike Welt „jenseits von Rom und Karl dem Großen" zu richten. Eine solche Verschiebung der Perspektive wurde zuletzt mehrfach sogar mit großem Publikumserfolg unternommen, etwa in Peter Frankopans *Licht aus dem Osten*, und bedarf deshalb keiner so wortreichen Begründung wie vielleicht noch einige Jahre zuvor.[6] Inspiriert wurde das vorliegende Buch aber unter anderem durch ein Werk, das den Fokus enger auf Westeuropa und seine Beziehungen zum Mittelmeerraum richtet, nämlich Michael McCormicks *Origins of the European Economy*.[7] Mit seinen mehr als 1100 Seiten kann und will der vorliegende Band natürlich nicht konkurrieren. Er soll jedoch, dem Untertitel der Reihe, in der er erscheint, gemäß, in sechs „globalhistorischen Skizzen" zumindest einen Eindruck vermitteln von der Ausdehnung, Dichte, Wirkung und Entwicklung der Verflechtungen zwischen mehr oder weniger entfernten Weltgegenden Afro-Eurasiens, an denen Westeuropa eben nur als westlichste Peripherie und nicht im Zentrum Anteil nahm. Immerhin, wenn Karl der Große Gesandte nach Konstantinopel und Bagdad schickte, dann klinkte er sich nicht nur in den regelmäßigen Gesandtenaustausch zwischen diesen etablierten Weltmächten ein. Vom Kalifenhof reisten in östliche Richtung wiederum mehrfach Delegationen nach Indien, Tibet oder China – und von dort zurück nach Bagdad.

5 Wickham 2005; Wickham 2009, 4–10.

6 Frankopan 2016.

7 McCormick 2001.

Die Weltherrscher des 8. Jahrhunderts waren sich wechselseitig ihrer Existenz und konkurrierenden Ansprüche durchaus bewusst, und so mögen auch die eingangs beschriebenen Bauprojekte Teile einer „Zurschaustellung von Macht über weite Distanz", wie es Matthew Canepa formuliert, gewesen sein.[8] Insbesondere in den Kapiteln 1, 2 und 6 wird deshalb von der politischen Geschichte dieser Imperien und von der Mobilität von Adeligen und Diplomaten, aber auch von Aspekten der höfischen Kultur zwischen ihren Hauptstädten die Rede sein. Chris Wickham hielt fest, dass „es keineswegs eines besonders dichten Kommunikationsnetzwerks bedarf, damit eine Region die materielle Kultur einer anderen beeinflussen kann. Eine einzelne Prinzessin kann dies vollbringen, oder ein einzelner Handwerker oder eine Gruppe von Handwerkern, die in eine andere Region reisen".[9] Dennoch mag eben ein Blick auf diese Handwerker und andere Reisende außerhalb der Kreise der Eliten in Kapitel 4 verdeutlichen, dass ihre Zahl und die Erstreckung ihrer Reisen nicht unterschätzt werden dürfen. Dazu gehört auch die Mobilität nichtmenschlicher Akteure wie von Objekten oder neuen Nutzpflanzen, deren Verbringung von einem Ort zum anderen, samt den dafür notwendigen Herstellungs- oder Anbautechniken, zwar wieder menschlicher Reisender bedarf, die aber ebenso – wie in Kapitel 5 dargestellt – die Entstehung neuer Produktionsketten oder neuer Rhythmen des Landbaus weit außerhalb der Paläste initiierten. An der Reichweite und Nachhaltigkeit dieser Auswirkungen der globalen Verflechtungen ändert auch das Faktum nichts, dass neueste quantitative Untersuchungen etwa des Anteils der über den Fernhandel vermittelten Keramik, wie sie Seth M. N. Priestmann für den westlichen Indischen Ozean unternommen hat, selbst für zentrale Drehscheiben des 7. bis 9. Jahrhunderts wie Siraf am Persischen Golf weniger als zehn Prozent ergeben.[10] Natürlich blieb unter antiken und mittelalterlichen Transportbedingungen ein solcher internationaler Hafen auf die Versorgung mit Nahrungs- und Massengütern aus dem näheren Hinterland angewiesen, die Verfügbarkeit aber eben im Verhältnis dazu ‚exotischer' Güter trugen ganz besonders zu seiner Anziehungskraft und seinem Prestige bei.[11] Das eindrucksvollste Ergebnis der ‚vertikalen', also in die Tiefe der jeweiligen regionalen Gesellschaften reichenden –

---

[8] Müller/Preiser-Kapeller/Riehle 2009; Bielenstein 2005; Canepa 2010a.

[9] Wickham 2004, 161, 165.

[10] Priestmann 2013.

[11] Preiser-Kapeller 2015.

neben der ‚lateralen', die Distanzen überbrückenden – Dimension dieser Verbindungen[12] war aber ohne Zweifel die spätantike Verbreitung neuer religiöser Vorstellungen, wie des Buddhismus aus Indien oder des nestorianischen Christentums, des Zoroastrismus oder des Manichäismus aus Persien bis nach China, aber auch des Hinduismus nach Südostasien. Dabei veränderten sich nicht nur die intimsten Jenseitserwartungen von Massen ‚einfacher' Menschen, sondern wiederum auch die wechselseitigen Wahrnehmungen entfernter Weltregionen, sodass die entlegene Provinz Palästina selbst für Aristokraten in Gallien oder das weit entfernte Indien für die chinesischen Kaiser zu ‚heiligen Ländern' in zentraler Position in den ‚Landkarten in den Köpfen' aufstiegen.[13] Zu einer globalen Perspektive ‚zwingen' schließlich auch die den ganzen afro-eurasischen Raum betreffenden Veränderungen der klimatischen Bedingungen in einer Übergangszeit zwischen dem „Römischen Klimaoptimum" und der „Mittelalterlichen Klimaanomalie", die unter anderem in einer „Spätantiken Kleinen Eiszeit" zwischen 536 und 660 gipfelten; und auch die von Emmanuel Le Roy Ladurie erst für das späte Mittelalter postulierte „mikrobielle Vereinigung der Erde"[14] zeigt sich in ersten Ansätzen schon in Seuchenzügen wie den Wellen der Justinianischen Pest zwischen 540 und 750.[15]

In allen folgenden Skizzen wird die Dichte der Darstellung chronologisch und geografisch nicht gleichmäßig ausfallen, sondern dort ausführlicher werden, wo Verflechtungsphänomene kulminieren und auch aufgrund der Zahl an Quellen genauer unter die Lupe genommen werden können. Trotz der damit einhergehenden Privilegierung mancher Zeiten und Orte soll aber zumindest versucht werden, Afro-Eurasien und, wie es in dem Anspruch nach globalhistorischen Publikationen nach wie vor oftmals der Fall ist, nicht nur Eurasien in den Blick zu nehmen[16], damit auch die Geschichte Afrikas so weit als möglich zu ihrem Recht kommt. Denn auch aus der Sicht Bagdads oder Chang'ans mögen die Höfe Nubiens oder Ghanas genauso fern oder genauso nahe gelegen sein wie die Residenzen Karls des Großen.

---

[12] Vgl. Bayly 2004.

[13] Siehe Kapitel 3.

[14] Le Roy Ladurie 1973.

[15] Siehe Kapitel 1, 5 und 6.

[16] Vgl. etwa Kulke 2016.

1. Weltherrscher auf Abruf: Rhythmen imperialer Formationen, 300–800 n. Chr.

Im Palast des sasanidischen Großkönigs von Persien Chosrau I. (reg. 531–579), so berichten spätere arabische Texte, stand ein vierfacher Thronsessel für den Fall, dass die übrigen „Könige der Erde" – in hierarchischer Reihenfolge der König von Indien, der Kaiser von China, der Khan der Türken (in Zentralasien) und der Kaiser von Rom – anreisen würden, um dem glänzendsten unter ihnen – natürlich dem persischen „König der Könige" – zu huldigen. Ein solcher ‚G5-Gipfel' der Spätantike fand nie statt, aber die Idee, dass die Großen der Welt bei allen Rangstreitigkeiten sich wechselseitig auf zumindest ungefährer Augenhöhe wahrnehmen sollten, wurde weiter tradiert. Eine ähnliche ‚Familienaufstellung' der Weltherrscher ließ ein Prinz der arabischen Umayyaden-Dynastie um 740 im Wüstenschloss von Qusair 'Amra, rund 70 km östlich von Amman im heutigen Jordanien gelegen, in einer Wandmalerei verewigen. In zwei Reihen aufgestellt und auf Griechisch und Arabisch bezeichnet, erweisen nun neben dem römischen Kaiser, dem persischen Großkönig – bezeichnet als „Chosrau", nach dem berühmten Amtsinhaber des 6. Jahrhunderts –, dem Khan der Türken und dem chinesischen Kaiser auch der Negus von Aksum in Ostafrika und der König der Westgoten, deren iberisches Reich 711 von den Arabern erobert worden war, dem neuen ‚Ersten' unter den Großen ihre Reverenz: dem Kalifen des arabisch-islamischen Weltreichs. Obwohl sein Reich zur Gänze ins Kalifat integriert worden war, tritt Chosrau als Anführer der Delegation, die die ‚erste' und ‚zweite' Generation der spätantiken Weltherrscher vereinte, auf. Er spielte eben auch in der späteren Imagination der Eroberer eine besonders prominente Rolle.[1]

[1] Fowden 2004, 197–226; Canepa 2010a. Siehe auch Kapitel 2.

Weltreiche des antiken Afro-Eurasiens (500 v. Chr.–150 n. Chr.)

Tatsächlich konnte der Perserkönig in gewisser Weise die älteste Tradition unter den antiken Weltherrschern für sich beanspruchen. Zwar existierten schon zwischen den ersten Zentren städtischer Zivilisation in Afro-Eurasien wie Ägypten, Mesopotamien oder dem Indus-Tal im 3. Jahrtausend v. Chr. weitreichende Verbindungen.[2] Die Großkönige der persischen Dynastie der Achämeniden (559–330 v. Chr.) aber konnten erstmals für zwei Jahrhunderte den zentralen Verbindungsraum vom östlichen Mittelmeer bis nach Indien und von Ägypten bis Zentralasien in einem Imperium vereinen. Aus Anlass der Perserkriege bot dies auch für den griechischen Historiker Herodot (ca. 490–424 v. Chr.) die Gelegenheit, den Blick weit über den Mittelmeerraum bis nach Afrika südlich der Sahara oder Ostasien zu richten. Alexander dem Großen (reg. 336–323 v. Chr.) gelang es zwar, das Achämenidenreich zu erobern, doch zerfiel sein Imperium nach seinem Tod letztlich in drei größere – Seleukiden in Vorderasien, Ptolemäer in Ägypten, Antigoniden in Makedonien – und verschiedene kleinere Teilreiche. Die Grundlagen für eine Intensivierung der Kontakte im Westen Afro-Eurasiens, nun im Zeichen des Hellenismus, blieben aber bestehen.[3]

Ebenso folgten weitere Großreichsbildungen, die ausgedehnte Gebiete enger miteinander verflochten. Schon um 320 v. Chr. legte Chandragupta, der laut Plutarch sogar Alexander den Großen getroffen haben soll, die Grundlagen für das Maurya-Reich, das für die nächsten hundert Jahre weite Teile des indischen Subkontinents beherrschte. Den Höhepunkt erreichte das Imperium unter Chandraguptas Enkel Ashoka (reg. ca. 268–232 v. Chr.). Besondere Wirkung entfaltete seine Hinwendung zum Buddhismus, die mit der Förderung dieser Religion, der Einberufung eines allgemeinen buddhistischen Konzils und sogar Missionsaufrufen nicht nur an Nachbarfürsten in Indien und Sri Lanka, sondern auch an die Seleukiden in Syrien, die Ptolemäer in Ägypten, die Antigoniden in Makedonien sowie an die Herrscher von Kyrene im heutigen Libyen und Epirus in Nordwestgriechenland einherging. Damit schuf Ashoka wichtige Voraussetzungen für die Ausbreitung des Buddhismus vor allem in Richtung Südindien, Südostasien und

[2] Schulz 2016; Ray 2003, 37–64.

[3] Schulz 2016, 175–185, 243–280; Daryaee 2009, 1 f.

Zentralasien und wurde ebenso zu einem Vorbild der Verbindung imperialer Herrschaft und universeller Erlösungsreligion.[4]

Ungefähr zur selben Zeit gelang es zwischen 230 und 221 v. Chr. König Ying Zheng von Qin (reg. 247–210 v. Chr.), alle konkurrierenden ‚streitenden Reiche' in China zu unterwerfen und sich als „Erster erhabener Gottkaiser" (chin. Qin Shihuangdi) durchzusetzen. Die Herrschaft seiner Familie endete zwar schon kurz nach seinem Tod, doch vermochte die nachfolgende Han-Dynastie ab 206 v. Chr. ein dauerhaft vereintes chinesisches Kaiserreich zu etablieren, wenn auch unter Verzicht auf den strengen Zentralismus des ersten Kaisers.[5] Bald herausgefordert sahen sich die Han durch eine erste Großreichsbildung in den Steppen nördlich von China. Die Xiongnu unter ihrem „Chanyu" T'ou-man (reg. 240–209 v. Chr.) und insbesondere seinem Sohn Mao-tun (reg. 209–174 v. Chr.) erzwangen umfangreiche Tributzahlungen aus China und dehnten ihren Einfluss bis weit ins westliche Zentralasien aus, womit auch unbeabsichtigt die Achse für künftige chinesische Expansionen gelegt wurde. Ebenfalls aus der Steppe Zentralasiens stammte das skythische Volk der Parner, das unter Arsakes I. (reg. ca. 250–211 v. Chr.) mit der Eroberung der seleukidischen Provinz Parthien südöstlich des Kaspischen Meers den Kern für ihr Imperium im Iran legte. Im westlichen Mittelmeerraum schließlich stieg zu jener Zeit die Römische Republik mit ihrem Sieg über Karthago im zweiten Punischen Krieg 218 bis 201 v. Chr. zur Vormacht auf, die ebenso schon ihre Blicke nach Osten richtete.[6]

In Indien endete die Maurya-Dynastie mit der Ermordung von König Brihadratha um 185 v. Chr. Sein Mörder Pushyamitra Shungar begründete eine neue Dynastie, die bis 73 v. Chr. Bestand hatte, aber allmählich die Kontrolle über das Imperium ihrer Vorgänger verlor, unter anderen im Kampf gegen die griechischen Könige, die aus Baktrien – dem heutigen Norden Afghanistans – nach Indien vorstießen. Dort hatte sich um 250 v. Chr. Diodotos von den Seleukiden losgesagt und ein eigenständiges „Gräko-Baktrisches" Reich begründet, das auch den Südosten Afghanistans und Nordwesten Indiens eroberte und dort unter anderem die Verbreitung eines hochentwickelten Münzwesens motivierte. Auch diese Dynastie förderte den Buddhismus. Ihr

---

4 Singh 2009, 321–367; Kulke/Rothermund 2010, 80–91; Munoz 2006, 66–67. Siehe auch Kapitel 2 und 3.

5 Vogelsang 2012, 130–150; von Glahn 2016, 84–85, 100–103.

6 Baumer 2014, 4–43; Ellerbrock/Winkelmann 2012, 48–50.

bekanntester König Menander/Milinda (reg. ca. 160–130 v. Chr.) wurde im Dialog *Milindapanho*, in dem der Mönch Nagasena ihn in die Lehre des Buddha einführt, verewigt. Allerdings verlor das Reich um diese Zeit die Kontrolle über das baktrische Kernland an die aus der Steppe im Norden vorstoßenden Shakas beziehungsweise die Yüechi, während Reste der Dynastie südlich des Hindukusch weiterbestanden. Dort entwickelte sich als ihr Erbe die sogenannte Gandhara-Kunst, die hellenistische und später römische Einflüsse mit indischen Motiven vereinte und „wesentlich zur Erschaffung der Buddha-Statue beitrug, die ihrerseits das bedeutendste indische Vermächtnis für die Kunst Asiens darstellt".[7]

Als Zeitgenosse des Menander veränderte der rückblickend als brutaler Tyrann verurteilte Han-Kaiser Wudi (reg. 141–87 v. Chr.) das Gefüge des Chinesischen Reiches, indem er seine Herrschaft im Inneren zentralisierte und nach außen militärisch gegen das Steppenreich der Xiongnu vorging. Diese wurden besiegt und in die mongolische Steppe zurückgedrängt, während chinesische Truppen nach Nordwesten in Richtung Zentralasien vorstießen. Mehrfach entsandte der Kaiser seinen Botschafter Zhang Qian in den fernen Westen, wo er umfangreiche Informationen über die Länder Zentralasiens und den Iran bis hin nach Mesopotamien sammelte. Diese Initiative führte auch zum ersten Gesandtschaftsaustausch zwischen dem Kaiser von China und dem parthischen Großkönig Mithridates II. (reg. ca. 123–88 v. Chr.). Letzterer wiederum dehnte sein Reich nach Westen bis zum Euphrat aus und traf dort auf die Römer, deren Feldherr Sulla 96 v. Chr. eine erste Gesandtschaft der Parther empfing.[8] Somit traten die Imperien von Ostasien bis zum Mittelmeer in wechselseitigen Kontakt und es zeichnete sich jene ‚Weltordnung' ab, die sich im eingangs erwähnten Thronsaal des Chosrau I. noch 600 Jahre später widerspiegelte.

Allerdings führte die rasche Expansion der Imperien zu inneren Krisen. Die Römische Republik wandelte sich nach Jahrzehnten des Bürgerkriegs zum Kaisertum des Augustus (reg. 30 v. Chr.–14 n. Chr.). Um dieselbe Zeit herrschte in China Wang Mang (reg. 9–23 n. Chr.), der zuerst als graue Eminenz hinter mehreren Kindkaisern der Han-

---

7 Ellerbrock/Winkelmann 2012, 109–111; Kulke/Rothermund 2010, 91–95 (Zitat); Arnold 2012, 137–139; Baumer 2012, 283–302; Baumer 2014, 60-80; Rezakhani 2017, 31–35.

8 Ellerbrock/Winkelmann 2012, 52–53; von Glahn 2016, 113–120; Ball 2016, 152–153; Anderson 2014, 138–139.

Dynastie agiert hatte, bis er sich selbst auf den Thron setzte. Nach seinem Tod konnte sich allerdings die nun wegen der Verlegung der Residenz in das östlich der ursprünglichen Hauptstadt Chang'an gelegene Luoyang als „Östliche" Han-Dynastie bezeichnete Kaiserfamilie wieder durchsetzen und das Reich für weitere 200 Jahre beherrschen. Im Jahr 2 n. Chr. ergab eine Volkszählung im Reich der Han eine Bevölkerung von 60 Millionen Menschen. Die zur ungefähr selben Zeit von Kaiser Augustus im Römischen Reich befohlene Steuerschätzung, berühmt durch das Weihnachtsevangelium, mag eine ähnliche Bevölkerungszahl ergeben haben – auch wenn uns ihre Ergebnisse nicht überliefert sind. Somit wohnte etwa ein Drittel der damaligen Erdbevölkerung von vielleicht 300 Millionen Menschen in diesen beiden Imperien.[9]

Als neues Mitglied im Reigen der Weltherrscher trat der Großkönig der Kuschana auf den Plan. Er entstammte dem Volk der Yüechi, das, von den Xiongnu nach Westen abgedrängt, um 140/130 v. Chr. Teile Baktriens besetzte und fünf Fürstentümer begründete.[10] Diese wurden von Kujula Kadphises (reg. ca. 30–80 n. Chr.) aus dem Fürstentum Kuschana zu einem Reich vereint, das unter ihm und seinen Nachfolgern, insbesondere Kanischka I. (reg. ca. 100–126 n. Chr.), nach Süden ins heutige Afghanistan, nach Pakistan und nach Nordindien bis zum mittleren Ganges expandierte. In Zentralasien stießen die Kuschana bis ins Tarimbecken vor, wo um 90 n. Chr. ihr Heer bei Hotan auf eine chinesische Armee traf. Somit kontrollierten die Kuschana die wichtigsten Landrouten zwischen Ost-, West- und Südasien und partizipierten über Häfen im Bereich des Indusdeltas auch am Seehandel im Indischen Ozean. Auf ihren eindrucksvollen Goldmünzen, der wichtigsten Quelle für ihre Geschichte, schmückten sie sich mit Titeln der iranischen, indischen und griechischen, aber auch der chinesischen und römischen Tradition, etwa Maharaja („Großkönig"), Rajatiraja („König der Könige"), Devaputra („Sohn des Gottes", ähnlich dem chinesischen „Mandat des Himmels") und Kaisara (vom römischen „Caesar"). Auch Funde in Begram – heute in der afghanischen Provinz Parwan –, einer der Königsstädte der Kuschana, deuten auf Handelskontakte mit Indien, Persien, China und Rom hin. Unklar bleibt hingegen, ob die in jener Zeit in römischen Quellen erwähnten Gesandtschaften aus „Indien" von den Kuschana entboten wurden, da diese Bezeichnung aus der Perspektive der Römer und Griechen den

9 von Glahn 2016, 128–130; Anderson 2014, 136–137.

10 Ellerbrock/Winkelmann 2012, 111–114; Rezakhani 2017, 49–55.

gesamten Raum des westlichen Indischen Ozeans von Ostafrika über Südarabien bis Indien umfassen konnte.[11]

Die Krise der ‚alten' Imperien und die Entstehung neuer Mächte (150–350)

Diese Imperien sahen sich ab der Mitte des 2. Jahrhunderts n. Chr. sowohl wechselnden Umweltbedingungen – verbunden mit Veränderungen des Klimas am Übergang vom „Römischen Klimaoptimum" zur spätantiken Kaltzeit und mit neuen Epidemien wie etwa der sogenannten Antoninischen Pest, die sich ab 165 von Mesopotamien aus im ganzen Römischen Reich verbreitete –, als auch neuen außenpolitischen Bedrohungen durch die Entstehung größerer Verbände im „Barbaricum" gegenüber. Diese veränderten auch das innere Gleichgewicht zwischen Zentralmacht, Militär an den Grenzen und regionalen Eliten.[12]

In Persien und Mesopotamien wurden die parthischen Arsakidenkönige um 224 von der Dynastie der Sasaniden gestürzt, die sich auf eine zoroastrische Priesterfamilie in der alten achämenidischen Kernprovinz Persis (Fars) zurückführten. Sie stellten eine gefährlichere militärische Herausforderung für Roms Herrschaft im Osten dar.[13] Ebenso eroberten die Sasaniden den Norden des Kuschanareiches, während Fürsten dieser Familie südlich des Hindukusch im 4./5. Jahrhundert in verschiedenen Gebieten weiterherrschen konnten – teilweise unter Oberhoheit des Guptareiches – und sich auch spätere Herrscher dieser Gegend auf die imperiale Kuschana-Tradition beriefen. Dazu gehörte auch die Dynastie der Kuschana-Sasaniden, die als quasi selbständige Nebenlinie der persischen Sasaniden bis um 365 die neu eroberten ehemaligen Gebiete der Kuschana beherrschten, bevor ihr Reich zwischen den vordringenden „iranischen Hunnen" und der sasanidischen Hauptlinie

11 Singh 2009, 376–379; Beckwith 2009, 83–85; Kulke/Rothermund 2010, 99–105; Ellerbrock/Winkelmann 2012, 114–116; Arnold 2012, 139–142; Baumer 2014, 47–58; Ball 2016, 153–157, 452–457; Rezakhani 2017, 55–71; Ray 2003, 178–180; Gilbert 2017, 37–40.

12 Barfield 1989, 90–114; Schmidt-Glintzer 1997, 103–109; Adshead 2004, 20–29; Scheidel 2009; Vogelsang 2012, 190–201; Harris 2013, 89–102; Brooke 2014, 339–349; Cunliffe 2015, 256–280, 296–306; Lehmann/Schmidt-Glintzer 2015, 343–345, 404–405.

13 Daryaee 2009, 2–10; Ellerbrock/Winkelmann 2012, 66–68.

aufgeteilt wurde.[14] Auch im Süden Indiens gerieten die in den ersten Jahrhunderten n. Chr. in der nach den frühesten tamilischen Dichtungen so bezeichneten „Sangam-Periode“ entstandenen Königreiche etwa der Cera, der Pandyas und Cola, die zur See Handelskontakte sowohl nach Ostafrika einschließlich Ägypten, Arabien und Persien, als auch nach Südostasien pflegten, im 3. Jahrhundert in eine Krise. Sie wird nach den damals in die Region einfallenden Stämmen als „Kalabhra-Interregnum“ bezeichnet und endete erst im 6. Jahrhundert mit dem Aufstieg neuer Dynastien wie der Pallavas.[15]

Im Römischen Reich schlug nach 235 der angesichts der außenpolitischen Bedrohungen noch gestiegene Einfluss der Armeen in eine ‚militärische Anarchie‘ um, in der immer wieder konkurrierende „Soldatenkaiser“ an den verschiedenen Fronten ausgerufen wurden und um die Macht kämpften. Dadurch wurde die Verteidigung der Grenzen vernachlässigt und die Bevölkerung sowie die Wirtschaft schwer in Mitleidenschaft gezogen. In den knapp 50 Jahren zwischen 235 und 284 lösten einander 26 Kaiser ab, insgesamt beanspruchten in dieser Zeit 70 Männer nach- und nebeneinander den Kaisertitel. Während der „Reichskrise des 3. Jahrhunderts“ sah sich das Römische Reich auch erstmals in seiner territorialen Gesamtintegrität bedroht.[16] Es kam zu Versuchen, die Zentralmacht durch regionale Machtbildungen, welche die Probleme vor Ort bewältigen konnten, zu ersetzen. Das Reich der über weitreichende Handelsbeziehungen verfügenden Oasenstadt Palmyra umfasste zwischen 260/267 und 272 große Teile des Ostens mit Syrien und Ägypten, das Gallische „Sonderreich“ zwischen 260 und 274 die Rheinprovinzen, Gallien, Britannien und Hispanien. Erst Kaiser Aurelian (reg. 270–275) konnte die Gesamtherrschaft wiederherstellen und den dauerhaften Zerfall des Imperiums verhindern. Beendet wurde die militärische Anarchie vorerst ab 284 durch den letzten in der Reihe der Soldatenkaiser des 3. Jahrhunderts, Diokletian (reg. 284–305), der die Last der Herrschaft auf eine „Viererherrschaft“ (Tetrarchie) mit zwei Haupt- und zwei diese nach 20 Jahren ablösenden „Hilfskaisern“ zu verteilen versuchte. Dieses Experiment mündete allerdings nach seiner Abdankung in eine neue Runde von Bürgerkriegen, aus denen Kaiser

14 Beckwith 2009, 83–85; Kulke/Rothermund 2010, 105–106; Rezakhani 2017, 68–86.

15 Karashima 2014, 47–62; Singh 2009, 384–389; Kulke/Rothermund 2010, 133–134.

16 Demandt 2007, 44–56; Johne 2008; Sommer 2010.

Konstantin I. (reg. 306–337) schließlich 324 als Alleinherrscher hervorging. Er initiierte mit der Förderung des Christentums – eines damals schon im gesamten Imperium verbreiteten, wenngleich nur eine Minderheit umfassenden Glaubens – auch die Etablierung einer neuen religiösen Grundlage für das Römische Imperium. Mit der Gründung Konstantinopels (324/330) gab er dem Reich schließlich auch einen neuen Mittelpunkt in den reichen Ostprovinzen.[17]

Im chinesischen Kaiserreich der Han markierte der Ausbruch des Aufstands der „Gelben Turbane" im Jahr 184 den Beginn einer schweren Krise. Diese führte 220 zum Ende der Dynastie und – wie zeitweilig in Rom – zum Zerfall des Imperiums in drei konkurrierende Reiche, jenes der Wei im Norden, der Shu im Südwesten und der Wu im Südosten. Im Jahr 265 ersetzte die Jin-Dynastie die Wei im Norden. Ihr gelang bis 280 nochmals die Vereinigung von ganz China.[18] Diese war allerdings von eher kurzer Dauer. Nach 300 erschütterten im sogenannten „Chaos der acht Fürsten" Bürgerkriege das Reich, in denen ursprünglich zur Verstärkung der Armee im Norden angesiedelte Anführer nicht-chinesischer Herkunft – vor allem aus den Stammesföderationen der Xiongnu und Xianbei in der Mongolei – an Macht gewannen und immer größere Gefolge aus ebenfalls nicht-chinesischen Soldaten um sich versammelten. Im Jahr 311 plünderte eine solche Armee die Hauptstadt Luoyang, während der Hof nach Süden floh und Simu Rui (reg. 317–323) dort mit der neuen Residenz Jiankang – das heutige Nanjing – ab 317 ein Kaiserreich der „Östlichen Jin" (bis 420) gründete.[19] In Nordchina wechselten einander in dieser als „Sechzehn Reiche der fünf Barbaren" bezeichneten Periode relativ instabile Zusammenschlüsse verschiedener ethnischer Gruppen unter einem zeitweilig erfolgreichen Anführer in der Herrschaft ab, die bei militärischen Misserfolgen rasch wieder zerfielen.[20] In dieser unruhigen Zeit fand – ähnlich wie das Christentum im Römischen Reich – der bereits seit dem 1. Jahrhundert n. Chr. von Indien über Zentralasien nach China verbreitete Buddhismus weitere Anhängerschaft und auch Förderung

[17] Sommer 2010; Eich 2014, 243–246, 263–267, 270–275.

[18] Bielenstein 1996, 14–48; von Glahn 2016, 156–157.

[19] Bielenstein 1996, 48–59; Kuhn 2014, 157–161; von Glahn 2016, 157–160.

[20] Lewis 2009a, 73–77; Kuhn 2014, 159–161.

durch verschiedene Herrscher, die damit ihre oft bedrohten Regime auch religiös zu untermauern suchten.[21]

Trotz dieser Umwälzungen suchten neue Staaten aus den ‚Randgebieten' Kontakt zu den etablierten Imperien, die ihnen Modelle der Herrschaft, aber durch Anerkennung als befreundete – oder eher nachgeordnete – Herrscher auch Legitimierung gegenüber Konkurrenten im Inneren und nach außen vermitteln konnten. Auf der Koreanischen Halbinsel etwa kämpften seit dem 4. Jahrhundert drei Reiche um die Macht. Das älteste Königreich von Koguryo im Norden Koreas und im Süden der Mandschurei bestand schon seit vorchristlicher Zeit und geriet in der Zeit der Han unter chinesische Oberhoheit, machte sich aber nach dem Zusammenbruch der Jin-Dynastie im Norden 311 wieder eigenständig. Sowohl die Eroberung von Restgebieten chinesischer Provinzverwaltung als auch Kontakte zu den Höfen Chinas im Norden und im Süden unterstützen einen Prozess der Sinisierung sowie der Übernahme des Buddhismus (ab 373). Im Südwesten Koreas etablierte sich vor allem unter Fürst Goi (reg. ca. 234–286) das Reich von Paekche, das im Jahr 372 durch die chinesische Jin-Dynastie als befreundetes Königtum anerkannt wurde. Im Südosten wiederum konsolidierte sich unter König Naemul (reg. 356–402) das Reich von Silla, das ebenfalls die Anerkennung durch den Kaiser des chinesischen Restreiches suchte. Zwischen Paekche und Silla schließlich entstand die Stammesföderation der Gaya, die – nicht zuletzt aufgrund von Eisenvorkommen auf ihrem Gebiet – in engen Beziehungen zu Japan stand, sodass japanische Quellen sogar eine Oberherrschaft über das dort Mimana genannte Gebiet suggerieren. Mehrfach beteiligten sich auch japanische Truppen an den häufigen Kriegen zwischen den koreanischen Reichen.[22]

In Japan selbst verdichteten sich ebenfalls erst zu dieser Zeit verschiedene Herrschaften zu einem größeren Staatsgebilde. Um 239 nahm Königin Himiko (gest. wohl um 248) nach schon früheren Gesandtschaften Kontakt zum chinesischen Hof der Wei auf und erbat Bronzespiegel und Banner als Symbole der Anerkennung durch den mächtigen Nachbarn. Als es 413 zu einer neuen Kontaktaufnahme mit dem südchinesischen Hof der Jin kam, hatte sich bereits in der Kinai-Ebene

---

21 Schmidt-Glintzer 1997, 113–123; Vogelsang 2012, 201–205, 213–218, 223–231; Cunliffe 2015, 313–320; Lehmann/Schmidt-Glintzer 2015, 411–417, 457–466; Anderson 2014, 152–153.

22 Bielenstein 1997, 92–97; Lewis 2009a, 151–154; Kuhn 2014, 181–186, 197–198.

im mittleren Westen der Hauptinsel Honshū das Reich von Yamato als Keimzelle des japanischen Kaiserreichs herausgebildet, das in den folgenden hundert Jahren mehr als zwölf Gesandtschaften entbot, um Titel, Siegel, Bronzespiegel und Banner zu erhalten. Im Jahr 478 wurde sein Herrscher durch chinesische Gesandte mit dem Titel eines „Großkönigs" (okimi) ausgezeichnet, was seine Stellung gegenüber benachbarten Konkurrenten stärkte.[23]

Diese diplomatischen Kontakte und die Verlegung des Reichszentrums der Jin-Dynastie nach Süden an den Jangtsekiang trugen zur Intensivierung des Seehandels zwischen China, Korea und Japan und auch darüber hinaus bis nach Südostasien bei, von wo weitere Verbindungen nach Indien bestanden. Schon seit dem 1. Jahrhundert n. Chr. erwähnen chinesische Quellen dort im Süden des Mekong-Gebiets und im heutigen Kambodscha das Reich von Funan, das von den immer wichtiger werdenden Handelsrouten zwischen China und Indien, damals vor allem über die Landenge der Malaiischen Halbinsel – den Isthmus von Kra –, profitierte. Seine Entstehung verdankt dieses Reich der Überlieferung nach der Ankunft eines Brahmanen aus der in Südindien hochangesehenen Kaundinya-Sippe, der mit einer einheimischen Fürstin die königliche Dynastie begründete. Diese Geschichte symbolisiert den Transfer von politischen und religiösen Konzepten aus Indien nach Südostasien. Auch im 4. und 5. Jahrhundert verzeichnen chinesische Texte Herrscher, die aus Indien nach Funan kamen. Neben diesen Kontakten nach Westen entboten auch die Könige von Funan mehrmals Gesandtschaften an den südchinesischen Hof (erstmals 243), um ihre Herrschaft formell anerkennen zu lassen und Handelskontakte zu intensivieren. Sie beherrschten keinen Zentralstaat, sondern lenkten wie spätere Reiche der Region ein Netzwerk von abhängigen und verbündeten Fürsten, das auch überlappende Loyalitäten zuließ.[24]

In Indien selbst entstand in dieser Zeit ein neues Großreich unter der Dynastie der Gupta, die ihren Anfang im Gangesgebiet unter Chandragupta I. (reg. ca. 320–335) nahm, der seine Macht durch eine Eheverbindung mit der mächtigen Licchavi-Dynastie absicherte und um 320 den imperialen Titel eines „Oberkönigs des Großkönige" (Maha-

---

23 Bielenstein 1997, 91–97; Bielenstein 2005, 101; Lewis 2009a, 151–155; Kreiner 2012, 36–45; Kuhn 2014, 196–199, 212–214.

24 Hall 2011, 13–20, 37–59; Tarling 1992, 192–196; Munoz 2006, 68–70, 75–84; Kulke/Rothermund 2010, 200 f.; Power 2012, 56–59; Lewis 2009a, 156; Karashima 2014, 76–80; von Glahn 2016, 199 f.

raja-Adhiraja) beanspruchte. Vor allem sein Sohn Samudragupta (reg. 335–375) tat sich als „Welteneroberer“ im Sinne hinduistischer, aber auch buddhistischer Traditionen hervor und band die Idee des Chakravartin – im Sinne von „der, dessen Streitwagenräder sich ungehindert überall hindrehen“ bzw. „der, der das Rad des Gesetzes in Bewegung hält“ – als idealen universalistischen Weltherrscher in sein Herrschaftskonzept ein. Nach Feldzügen entlang des Ganges, wo er die alte Hauptstadt Pataliputra eroberte, aber auch bis in den Süden, erhob er den Anspruch auf die Oberhoheit über ganz Indien, obwohl diesen Kriegen keineswegs überall dauerhafte Eroberungen folgten und selbst im Norden große Gebiete weiter unter eigenen Fürsten in eher lockerer Abhängigkeit blieben. Gesandtschaften des Königs von Sri Lanka, aber auch aus Südostasien trugen jedoch zumindest in der Wahrnehmung der Beobachter am Gupta-Hof zur Vorstellung einer universellen Herrschaft bei.[25]

Von Indien führten, wie schon erwähnt, weitere Seehandelsrouten nach Westen Richtung Persien, Arabien und Ostafrika, und trugen auch dort an den Kreuzungspunkten dieser Handelswege zur Festigung neuer Herrschaftsgebilde bei. In Südwestarabien sah sich um das Jahr 200 das berühmte alte Königreich von Saba um Sanaa durch das Reich von Himyar im Südwesten (um das heutige Aden) herausgefordert. Um sich des Gegners zu erwehren, wandte sich Saba an das Königreich Aksum, das sich erst relativ kurz zuvor im heutigen Eritrea und nördlichen Äthiopien konsolidiert und die wichtige Hafenstadt Adulis am Roten Meer erobert hatte. Von dort segelten die Truppen Aksums über das Rote Meer und griffen in den folgenden Jahrzehnten mehrfach erfolgreich in die Kämpfe zwischen Saba und Himyar ein, sodass sie sogar zeitweilig in der himyaritischen Hauptstadt Zafar eine Besatzung einrichteten. Nach 270 vertrieb Himyar allerdings die Aksumiten und vereinte nach einem Sieg über Saba und den östlichen Nachbarn Hadramaut den gesamten heutigen Jemen. Von dort dehnte sich sein Einfluss zeitweilig bis nach Zentralarabien aus. Die Herrscher von Aksum wandten sich nach dieser Niederlage verstärkt der afrikanischen Nachbarschaft zu, stießen um 330 in die alte nubische Königsstadt Meroë am Nil vor und bestritten Kämpfe mit den Beja/Blemmyern im heutigen Nordsudan. Dennoch fügten sie dauerhaft den Anspruch, auch „Könige von Saba und Himyar“ zu sein, ihrer Titula-

25 Virkus 2004, 204–242; Ferrier 2015, 37–90; Singh 2009, 475–480; Kulke/Rothermund 2010, 108–113; Arnold 2012, 143–148.

tur hinzu, sowohl in ihren Triumphinschriften auf bis zu 33 m hohen Steinstelen als auch auf ihren Münzen, für die jeweils die griechische Sprache als international verständliches Medium zur Verbreitung des königlichen Ruhms verwendet wurde.[26] Die griechische Sprache wurde ebenso durch Händler aus den römischen Provinzen in Ägypten und Syrien vermittelt, die sich sowohl in Himyar als auch in Aksum aufhielten. Im Gegenzug reisten Kaufleute von dort in die Häfen im Norden des Roten Meers und wohl auch zu anderen Orten am Indischen Ozean bis hin nach Indien. Über diese Kanäle wurden auch neue religiöse Vorstellungen verbreitet. Um 340, so berichtet Rufinus von Aquileja in seiner Kirchengeschichte, bekehrte sich König Ezana von Aksum (reg. ca. 330–360) zum Christentum, nachdem der neue Glauben durch den nach einem Schiffbruch als Sklaven verkauften Frumentius und seine Begleiter am aksumitischen Hof eingeführt worden sei. Frumentius wurde mit dem Segen des Patriarchen von Alexandria in Ägypten auch als erster Bischof von Aksum eingesetzt und das Reich somit enger mit dem ebenfalls mehr und mehr christlichen Imperium Romanum verbunden. In Himyar hingegen verbreitete sich zwar auch ein wohl vom Christentum, vor allem aber dem Judentum inspirierter Monotheismus, von einer regelrechten Bekehrung zum Judentum kann aber wohl noch nicht die Rede sein. Auf jeden Fall zeichnete sich entsprechend der politischen Gegnerschaft auch eine religiöse Polarisierung zwischen Aksum und Himyar ab, obwohl auch letzteres ein Ziel römischen Bündniswerbens – etwa unter Kaiser Constantius II. (reg. 337–361) – vor allem gegen den Einfluss der persischen Sasaniden, blieb.[27]

„Völkerwanderungen" und Blütezeiten (350–460)

Nach der Stabilisierung unter den Kaisern Diokletian beziehungsweise Konstantin I. und seinen Nachfolgern sah sich das Römische Reich einer neuen Herausforderung gegenüber, die vor allem mit dem „Einfall" der Hunnen nach Osteuropa 375 und dem Beginn der sogenannten „Völkerwanderung" verknüpft wird. Diesen Begriff problematisiert etwa Walter Pohl, der deutlich macht: „Gewandert ist nicht ein Volk (…), sondern verschiedene Gruppen, die sich nach mehrfachen Brüchen wieder neu bildeten und dabei an (ethnische) Traditionen anknüpf-

[26] Power 2012, 20–26; Phillipson 2012, 42–50, 74–87; Jones 2016, 134–136; Connah 2016, 118–130; Ball 2016, 128–132; Scholz 2006, 211–216.

[27] Phillipson 2012, 87–95; Power 2012, 25 f.; Baumer 2005, 142 f.

ten. (…) Die Kämpfe um die Macht im Imperium erforderten große Zusammenschlüsse, deren Erfolg ihren ethnischen Zusammenhalt verstärkte."[28] Diese somit sehr komplexen Migrationsbewegungen trafen zuerst die Balkanprovinzen der Osthälfte des Reiches und gipfelten in der Niederlage des Kaisers Valens (reg. 364–378) gegen die Goten 378 bei Adrianopel, heute Edirne in der europäischen Türkei. Aber es war dann vor allem das Weströmische Reich (seit 395 herrschten dauerhaft zwei Kaiser im Westen und im Osten des aber nach wie vor als ein Reich verstandenen Imperiums), das immer weniger in der Lage war, die Grenzen zu verteidigen und die Kontrolle über die Provinzen zu behalten. Ähnlich wie im Norden Chinas im 4. Jahrhundert gerieten immer größere Gebiete unter die Herrschaft von in ihrer Zusammensetzung wechselnden Kriegerverbänden nicht-römischer Herkunft, die aber zum Teil schon länger im Dienst des Imperiums gestanden hatten. Als besonders fatal erwies sich der Verlust des reichen Nordafrikas an die Wandalen unter Geiserich (reg. 438–477) zwischen 429 und 441, womit eine der zentralen Lebensadern des imperialen Regimes im Westen unterbrochen wurde. Eine gefährliche Bedrohung erwuchs auch in der Etablierung eines geeinten Hunnenreiches an der Reichsgrenze im heutigen Ungarn vor allem unter Attila (reg. 434–453), der sowohl vom West- als auch vom Ostreich Tributzahlungen erpresste. Letzteres war aber besser in der Lage, diesem Druck stand zu halten, vor allem, da seine reichsten Provinzen in Ägypten und Syrien außerhalb des Zugriffs der ‚Barbaren' lagen. Zudem herrschte auch an der Grenze zu den persischen Sasaniden im 5. Jahrhundert weitgehend Ruhe, da diese selbst mit neuen, unruhigen Nachbarn in Zentralasien zu kämpfen hatten. Im 5. Jahrhundert zeichnete sich der Osten des Mittelmeerraums sogar durch eine relative wirtschaftliche und demografische Blütezeit aus, die sich auch an den archäologischen Überresten ablesen lässt.[29]

Jene Migrationsbewegungen, die das Innere Eurasien in der zweiten Hälfte des 4. Jahrhunderts erfassten, berührten ab 350/360 auch die Grenzgebiete des sasanidischen Perserreiches und der Gupta im heutigen Afghanistan, Pakistan und den benachbarten Gebieten. Diese (seit Robert Göbl) als „iranische Hunnen" bezeichneten Gruppen gründeten dort mehrere Reiche, die sich zuerst unter den Kidariten ab ca. 390 (bis um 460) unter anderem als Nachfolger der imperialen Tradition

---

28 Pohl 2005, 20–39. Vgl. auch Baumer 2014, 105–112.

29 Preiser-Kapeller 2016, 37–40; Wickham 2009, 40–45, 81–85; Beckwith 2009, 94–98.

der Kuschana darstellten und Feldzüge gegen Persien und nach Nordwestindien gegen die Gupta unternahmen. Beide Reiche konnten sich dieser Angriffe aber vorerst weitgehend erwehren.[30]

Das persische Reich der Sasaniden erlebte unter Großkönig Schāpūr II. (reg. 309–379) sogar einen Höhepunkt und dehnte seine Macht im Osten bis ins heutige Pakistan aus. Mehrfach führte Schāpūr II. auch erfolgreich Kriege mit dem Römischen Reich. Zu einer Beruhigung kam es an dieser Front, nachdem sich die beiden ‚Supermächte' im Jahr 387 auf die Teilung des seit 314 christlichen Königreichs Armenien verständigten. Großkönig Yazdegerd I. (reg. 399–420) ließ sich auf Münzen als „Bewahrer des Friedens" feiern und wurde vom oströmischen Kaiser Arkadios 408 sogar formell mit der Vormundschaft für seinen minderjährigen Sohn Theodosios II. betraut. Während Yazdegerd I. auch den Christen und Juden in seinem Reich seine Gunst zukommen ließ, weshalb er in zoroastrischen Texten als „Sünder" bezeichnet wird, führten Verfolgungen der Christen zu kurzen neuerlichen Kriegen mit Rom sowohl 421/422 als auch unter Yazdegerd II. (reg. 438–457), der ebenso mit Gewalt die Armenier zur Annahme des Zoroastrismus zwingen wollte. Diese Konflikte markierten zusammen mit Kriegen gegen die „iranischen Hunnen" an der Ostgrenze den Übergang zu einer krisenhaften Periode der sasanidischen Geschichte.[31]

Auch die Gupta-Dynastie erreichte unter Chandragupta II. (reg. 375–413/415) einen Höhepunkt ihrer Macht, nachdem er bis Gujarat im Nordwesten expandiert und durch ein Ehebündnis mit den Vataka-Königen seine Vorherrschaft in Zentralindien abgesichert hatte. Diplomatische Beziehungen zu Nachbarfürsten in Assam, Nepal, Kaschmir und Sri Lanka, aber auch nach Südostasien, trugen den Ruhm der Gupta in alle Welt. Aus China kam sogar der buddhistische Pilger Faxian zu jener Zeit nach Indien, wo er sich zwar kaum für die politischen Zustände interessierte, aber den allgemeinen Wohlstand des Landes pries. Dieser setzte sich unter der Herrschaft des Kumaragupta (reg. 415–455) fort, der sich vor allem als Verehrer des Hindu-Gottes Vishnu hervortat, aber auch Stiftungen buddhistischer Klöster unterstützte. Zu Unruhen kam es erst am Ende seiner Regierung, als ein Aufstand des Volkes der Pushyamitra das Gebiet südlich des Ganges erschütterte. Der

30 Rezakhani 2017, 87–99; Daryaee 2009, 17–20; Baumer 2014, 94–96; Alram 2016, 35–45.

31 Daryaee 2009, 16–26.

gegen sie siegreiche General Skandagupta (reg. ca. 455–467) nutzte das im Krieg gewonnene Prestige, um gegen den Kronprinzen Purugupta zu putschen. Daraus ergaben sich weitere Spannungen innerhalb der Gupta-Dynastie, während sich ab 458 auch der Druck der „iranischen Hunnen" von Nordwesten her verstärkte.[32]

Im China der „Sechzehn Reiche der fünf Barbaren" zerfiel das Reich des Fu Jian, der zwischen 357 und 381 fast den ganzen Norden des Landes vereint hatte, als 383 seine Invasion des Reiches der Jin im Süden scheiterte.[33] Erst den zeitweilig von Fu Jian unterworfenen Tuoba (Tabgatch, einer Gruppe der Xianbei, in der heutigen Inneren Mongolei) gelang ab 386 eine dauerhaftere Staatsgründung unter dem chinesischen Dynastienamen der „Nördlichen Wei". Die Tuoba/Wei setzten zwar die administrative und rechtliche Trennung zwischen chinesischen und nicht-chinesischen Bevölkerungsgruppen vorerst fort (letzteren war es zum Beispiel alleinig vorbehalten, Militärdienst zu leisten), suchten aber stärkere Anlehnung an die chinesische Tradition. Im Jahre 398 beschloss Kaiser Daowu (reg. 371–409) die Gründung einer Hauptstadt nach chinesischem Vorbild, Pingcheng nahe dem heutigen Datong in der nordostchinesischen Provinz Shanxi. Zu diesem Zweck wurde fast eine halbe Million Menschen umgesiedelt. In der Folge konnten die Tuoba/Wei 423 auch die alte kaiserliche Hauptstadt Luoyang erobern und bis 440 fast ganz Nordchina vereinen. Eine Eroberung des Südens gelang aber trotz eines Vorstoßes bis zum Jangtsekiang um 450 nicht. Zur Legitimation ihrer Herrschaft unterstützten die Tuoba/Wei-Kaiser den immer populäreren Buddhismus, mit dem auch neue imperiale Vorstellungen wie jene des Chakravartin aus Indien nach China gelangten. Die spektakulären Höhlenkomplexe in Yungang in Shanxi nahe Datong und in Longmen südlich von Luoyang legen bis heute Zeugnis davon ab.[34]

Am südchinesischen Hof der Jin in Jiankang hielt man die Hoffnung auf eine Rückeroberung des Nordens vorerst aufrecht, blieb aber auch dann im Süden, als es 356 gelang, die alte Hauptstadt Luoyang kurzzeitig zu besetzen. Die steigende Macht der Armee führte 420 zur Ablösung der Jin-Dynastie durch den Warlord Liu Yu, dem wech-

[32] Virkus 2004; Ferrier 2015, 137–180; Kulke/Rothermund 2010, 113–120; Arnold 2012, 148 f.

[33] Lewis 2009a, 73–77; Kuhn 2014, 160 f.

[34] Lewis 2009a, 77–81, 148 f., 157–160, 206–209; Baumer 2014, 86–90; Kuhn 2014, 161–163.

selnde Militärdynastien folgen sollten. Trotz dieser häufigen Machtkämpfe zeichnete sich das 5. Jahrhundert auch in Südchina – wie im Oströmischen Reich oder in Nordindien – durch günstige wirtschaftliche Bedingungen aus, die sich in der Neugewinnung von Ackerland und einer Blüte des Handels manifestierten. So wie im Norden Chinas investierten auch die Eliten des Südens einen Teil des Reichtums in die Stiftung von buddhistischen Klöstern und Tempeln. Als besonders gefeierter Förderer des Buddhismus tat sich Kaiser Wudi aus der Liang-Dynastie (reg. 502–549) hervor, der sich auch als Inkarnation eines Buddhas (Bodhisattva) verehren ließ und gelobte, sich für das Wohlbefinden seiner Untertanen sowohl im Diesseits als auch im Jenseits einzusetzen.[35]

Trotz der Intensivierung des Handels geriet das Königreich von Funan in Südostasien ab dem 5. Jahrhundert in eine Krise, da Händler und Reisende anstelle der Landpassage über den Isthmus von Kra vermehrt den Seeweg um die malaiische Halbinsel herum durch die Straße von Malaka zwischen Malaysia und Sumatra wählten. So gelangte etwa der chinesische Pilger Faxian im Jahr 413 auf der Rückreise aus Indien nach China über diese Route von Sri Lanka nach Java, wo er das Königreich Holotan besuchte, das danach zwischen 430 und 452 sieben Gesandtschaften an den südchinesischen Hof schickte. Auch andere Konkurrenten Funans traten auf den Plan, wie das benachbarte Königreich Lin-yi (später Champa) im heutigen Zentral- und Südvietnam, das sich um 192 aus der chinesischen Oberhoheit gelöst hatte und um 446 eine neuerliche chinesische Invasion überstand. Im Jahr 484 sandte König Juayavarman von Funan einen Hindu-Mönch namens Nagasena an den südchinesischen Hof, um Unterstützung unter anderem gegen Lin-yi zu erbeten. Weitere Gesandtschaften folgten zwischen 517 und 539, wobei die Berichte auf Bürgerkriege im Kerngebiet von Funan und den Zerfall der Reichseinheit hindeuten. Letzte Herrscher zumindest über Reste des Reiches scheinen in den chinesischen Quellen bis um 626 auf, bevor Funan so wie andere ‚alte' Imperien in dieser Periode aus der Geschichte verschwand.[36]

---

35 Bielenstein 1996, 69–209; Lewis 2009a, 63–72, 206 f.; Vogelsang 2012, 219–221; Kuhn 2014, 161; Lehmann/Schmidt-Glintzer 2015, 444–452; von Glahn 2016, 159–166.

36 Hall 2011, 60–71; Tarling 1992, 154–156; von Glahn 2016, 199 f.; Munoz 2006, 81–105; Bielenstein 1997, 87 f.; Bielenstein 2005, 36 f., 51–54.

Endzeitstimmungen und globale Momente (460–630)

Das späte 5. Jahrhundert markierte den Beginn einer weiteren Periode intensivierten (geo)politischen Wandels, wiederum mit regional unterschiedliche Dynamiken, die vom Zusammenbruch bis zur Entstehung neuer Imperien reichten. Verschärft wurde die Herausforderung der bestehenden Großreiche auch erneut durch Veränderungen der natürlichen Umweltbedingungen, insbesondere während der – seit 2016 so bezeichneten – „Spätantiken Kleinen Eiszeit", die zwischen 536 und 660 für deutlich kühlere und widrigere Klimabedingungen in Afro-Eurasien sorgte. Diese begünstigten auch den Ausbruch und die Verbreitung der ersten großen ‚globalen' Pestepidemie, die in Wellen zwischen 542 und 750 vor allem im Westen Afro-Eurasiens immer wiederkehrte.[37]

Der mit dem Jahr 476 verbundene Zusammenbruch des Weströmischen Reiches markiert also nur eines der möglichen Resultate dieser Umbruchszeit. Der germanische Feldherr Odoaker (reg. 476–493) setzte den vom Ostreich nicht anerkannten sechzehnjährigen weströmischen Kaiser Romulus Augustulus ab und ergriff, gestützt auf seine Gefolgsleute, die Macht in Italien, dem letzten größeren Territorium, dessen Kontrolle dem Westreich verblieben war. Odoaker bemühte sich allerdings um die Anerkennung seiner Stellung durch den Kaiser in Konstantinopel, der sich damit auch der Vorstellung hingeben konnte, dass sein Wort weiterhin im ganzen Römischen Reich Gewicht hatte. Diesem Konstrukt fühlten sich auch andere germanische Könige Westeuropas verbunden, die wie die Nachbarn Chinas um Rangtitel und Insignien als Zeichen der Anerkennung durch den Kaiser im Osten ersuchten und – im Frankenreich zum Beispiel noch bis ins 7. Jahrhundert – Münzen mit seinem Konterfei prägten. Auch die Handelsnetzwerke in den Osten des Mittelmeerraums blieben vorerst zumindest teilweise aufrecht. Zahlreich sind bis ins 6. Jahrhundert noch die Erwähnungen von pauschal als „Syrern" bezeichneten Händlern aus dem östlichen Mittelmeerraum, die in Italien, Spanien und Gallien ihren Geschäften nachgingen. Einer von ihnen wurde im Jahr 591 sogar zum Bischof von Paris gewählt. Mit verheerender Wirkung demonstrierte aber vor allem die ab 542 ausbrechende Pestepidemie, die sich von Ägypten her im ganzen Mittelmeerraum bis

[37] Büntgen u. a. 2016; McCormick 2012.

nach Irland verbreitete, wie eng noch die Verflechtungen zwischen Ost und West waren.[38]

Auch im Oströmischen Reich war der Einfluss germanischer Truppen gestiegen. Zu ihnen versuchte Kaiser Leon I. (reg. 457–474) ein Gegengewicht zu schaffen, indem er 467 seine Tochter Ariadne mit Tarasikodissa, dem Anführer des im Taurusgebirge im Südosten Kleinasiens siedelnden Volkes der Isaurier, verheiratete. Er kam mit starkem Gefolge nach Konstantinopel und wurde zum Kommandanten einer der Gardetruppen ernannt. Mithilfe der Isaurier wurde der mächtige germanische General Aspar 471 gestürzt.[39] An seine Stelle trat aber nun die wachsende Macht Tarasikodissas, der den Namen Zenon annahm und 475 als Hauptkaiser den Thron bestieg. Dies erregte allerdings Widerstand aus Kreisen der bisherigen Kaiserfamilie, die Zenon sogar aus Konstantinopel vertreiben konnten, ehe er den Sieg errang. Dann folgte zwischen 484 und 488 eine Erhebung aus den Reihen der Isaurier selbst, die vor allem Kleinasien beunruhigte. Wieder aber blieb Zenon siegreich. Erst nach diesem turbulenten Jahrzehnt war dem Reich eine ruhigere Periode vergönnt. Mit dem Abzug der Ostgoten nach Italien 488 kehrte auch ein großer Teil der Balkanhalbinsel nach mehr als einem Jahrhundert vorerst wieder unter unmittelbarere Kontrolle Konstantinopels zurück. Allerdings erhoben sich die Isaurier nochmals, als nach dem Tod Zenons 491 der hohe Beamte Anastasios I. (reg. 491–519) zum Kaiser ausgerufen wurde. Nur in einem langwierigen Krieg konnten sie zwischen 492 und 498 unterworfen werden, Tausende wurden nach Thrakien umgesiedelt.[40]

An der Ostgrenze markierte dann ein Krieg mit den Sasaniden zwischen 502 und 506 das Ende der relativen Friedenszeit des 5. Jahrhunderts. Auch das Perserreich hatte eine unruhige Periode hinter sich, die unter anderem mit dem Aufstieg der Hephthaliten zur neuen Großmacht an Persiens Ostflanke verbunden war. Für Großkönig Peroz (reg. 458–484) erwiesen sie sich zuerst als wertvolle Verbündete, mit deren Hilfe er sowohl seinen Bruder Hormizd III. als auch 468 die Kidariten-Dynastie der „iranischen Hunnen" besiegen konnte. Doch kam es danach zum Zerwürfnis, das in mehreren Kriegen und schließlich einer katastrophalen Niederlage der Sasanidenarmee gegen die Hephthaliten

38 Cameron/Ward-Perkins/Whitby 2000, 18–32; Ward-Perkins 2005, 51–58; Demandt 2007, 204–216; Shepard 2008, 99 f.; García Vargas 2011.

39 Cameron/Ward-Perkins/Whitby 2000, 46 f.; Feld 2005, 229–245.

40 Feld 2005, 251–277, 332–338; Pfeilschifter 2014, 179–185.

im Jahr 484 gipfelte, bei der viele Adelige und auch Peroz selbst zu Tode kamen. Die Hephthaliten errangen in der Folge nicht nur die Kontrolle über weite Gebiete im Nordosten des Perserreichs einschließlich Sogdiens und bis hin ins Tarimbecken, sondern mischten sich auch in die Innenpolitik des Nachbarn ein. Dem Sasanidenprinz Kavadh (I.), der als Geisel an ihrem Hof gelebt hatte, halfen sie zuerst 488 auf den Thron und erneut 499, nachdem Kavadh vom mächtigen Adel und dem zoroastrischen Klerus gestürzt worden war und nur mit Not in den Osten entkommen konnte. Gegen die Aristokratie und die Oberpriester suchte Kavadh auch das Bündnis mit der sozialrevolutionären Bewegung des Mazdak, die auf einen Umsturz der sozialen und religiösen Verhältnisse abzielte und somit als Instrument der Schwächung der Eliten dienen konnte. Nachdem Kavadh I. ab 499 fester im Sattel saß, entledigte er sich allmählich sowohl der Mazdakiten, die ab den 520er Jahren sogar verfolgt wurden, als auch seiner hephthalitischen Verbündeten, mit denen es ab 506 erneut kriegerische Auseinandersetzungen gab. Seine Stellung wollte er aber nun insbesondere durch einen siegreichen Krieg gegen den römischen ‚Erzfeind' im Westen legitimieren.[41]

Der persisch-römische Krieg (502–506) brachte mit der Eroberung der Stadt Amida nahe dem heutigen Diyarbakır in der Südosttürkei zwar einen Prestigeerfolg Kavadhs I., endete aber ohne große Gebietsgewinne mit einem Waffenstillstand, der bis zum Tod des Kaisers Anastasios I. 518 hielt. Auch mit dem neuen römischen Regime des Kaisers Justin I. (reg. 518–527) und seines berühmten Neffen Justinian I. (reg. 527–565) suchte der Großkönig die Verständigung und bat 525 sogar darum, dass der Kaiser formell Kavadhs Sohn und Nachfolger Chosrau I. adoptiere, um so als Garant der Stellung des jungen Prinzen zu fungieren – wie es Yazdegerd I. 408 für Theodosios II. getan hatte. Dies wurde allerdings durch Justin I. abgelehnt. Da gleichzeitig der Wechsel des Königs von Lazika (im heutigen Westgeorgien) unter römische Oberhoheit und 525 eine Invasion des mit den Römern verbündeten Königs von Aksum in den Jemen die Einflusssphäre der Perser an den nördlichsten und südlichsten Enden der Kontaktzone zwischen den Großmächten gefährdete, brach 526 ein neuer Krieg aus.[42]

Diesen Krieg erbte 527 der neue Kaiser Justinian I., der ihn 532 durch einen „Ewigen Frieden", der gerade acht Jahre halten sollte, mit

---

41 Daryaee 2009, 23–28; Baumer 2014, 97–99; Alram 2016, 45–55, 97–105; Rezakhani 2017, 95–103, 125–131, 157–164.

42 Greatrex/Lieu 2002, 80–90; Börm 2007, 308–317.

dem ebenfalls mittlerweile auf den Thron gefolgten Chosrau I. (reg. 531–579) und der Zahlung von 11 000 Pfund Gold zu einem Ende brachte.[43] Im selben Jahr bot der Nika-Aufstand in Konstantinopel mit rund 30 000 Toten dem Kaiser die Gelegenheit, auch die innere Opposition auszuschalten und sich seinen ambitionierten außenpolitischen Plänen zuzuwenden, die auf eine Rückeroberung der vormals (west)römischen Gebiete abzielten. Tatsächlich wurde das Wandalenreich in Nordafrika nach kurzem Krieg 533–534 durch General Belisar unterworfen. Und auch im Krieg mit dem Ostgotenreich schien Belisar den raschen Sieg in Afrika wiederholen zu können. Bis 540 wurde fast ganz Italien samt Rom und Ravenna erobert. Auf einer heute im Louvre in Paris befindlichen, vermutlich Justinian zuzuschreibenden Elfenbeintafel, dem sogenannten Barberini-Diptychon, wird der Kaiser hoch zu Ross als von Gott erwählter Herr der gesamten Ökumene – der bewohnten Erde – dargestellt, dem die personifizierten unterworfenen Provinzen, darunter Afrika, ihre Gaben darbringen. Die Wiederherstellung der unmittelbaren Herrschaft des römischen Kaisers über die gesamte Mittelmeerwelt schien in Griffweite.[44]

Dieser Optimismus wich aber binnen weniger Jahre einer Weltuntergangsstimmung. Das „andere Zeitalter“ Justinians, wie es Mischa Meier genannt hat, wurde in fast apokalyptischer Manier im Jahr 536 durch eine mehrere Monate andauernde „Verdunkelung der Sonne“, wohl eine durch einen großen Vulkanausbruch verursachte Trübung der Atmosphäre, die von Irland bis nach China beobachtet wurde, eingeleitet. Die damit einhergehende Abkühlung, die unter anderem in Wetterextremen und Missernten resultierte, erwies sich, wie auch die moderne Klimaforschung feststellt, als dauerhaft.[45] Im Jahr 540 erschütterte eine überraschende Invasion der Sasaniden unter Großkönig Chosrau I., der sich durch einen Sieg über die Hephthaliten Ruhe an seiner Ostgrenze verschafft und in diplomatischem Kontakt mit den in Italien bedrängten Ostgoten gestanden hatte, die Ostprovinzen und gipfelte in der Eroberung Antiochias (heute Antakya in der Türkei), der drittgrößten Stadt des Oströmischen Reiches. Das imperiale Versprechen der „Pax Romana“ wurde somit auch im Osten brüchig, umso mehr, da dieser Angriff den Auftakt zu einem langwierigen, nur durch zeitweilige Waffenstillstände unterbrochenen Krieg bildete, der alle

---

43 Greatrex/Lieu 2002, 96–98.

44 Börm 2013, 136 f.; Mitchell 2007, 162–164; Preiser-Kapeller 2016.

45 Meier 2003, 359–364; Gunn 2000.

Gebiete von Arabien bis zum Kaukasus erfassen und bis 562 andauern sollte.[46] Gleichzeitig erwies sich auch die Hoffnung auf einen schnellen Sieg der Römer in Italien als Illusion. Die 540er Jahre waren durch blutige, aber wenig erfolgreiche Kämpfe des Belisar gegen die Ostgoten gekennzeichnet, die die italienischen Provinzen verwüsteten und zusammen mit dem Krieg im Osten die Staatskasse Konstantinopels schwer belasteten.[47] Der schwerste Schlag folgte aber 541/542, als eine Pestwelle von Ägypten aus das ganze Reich, ja den gesamten Mittelmeerraum, Europa und den Nahen Osten erfasste und wohl ein Viertel bis ein Drittel der Bevölkerung dahinraffte.[48] Dieser demografische Verlust erwies sich also umso nachhaltiger, da die Seuche in Wellen alle paar Jahre bis zur Mitte des 8. Jahrhunderts wiederkehrte, ähnlich wie die große Pestepidemie des späten Mittelalters und der frühen Neuzeit. Zusammen mit den klimatischen Veränderungen und der Verschlechterung der Sicherheitslage trug er zum Niedergang verschiedener Städte und Regionen bei.[49] Angesichts dieser Häufung von Katastrophen machten sich in der Christenheit Endzeitstimmungen breit, die schon seit längerem Konjunktur hatten, nachdem man aufgrund der Berechnung des Schöpfungsdatums auf die Zeit um 5500 v. Chr. (meist 5508 v. Chr.) mit dem Beginn des siebten Jahrtausends der Welt um 500 n. Chr. den Anbruch der Letzten Tage und die Wiederkehr Christi erwarten konnte. Wenn auch das Weltende ausblieb, so führte die Verunsicherung der Bevölkerung zu einer Steigerung der Frömmigkeit, die sich unter anderem in neuen Formen der Verehrung der Gottesmutter oder heiliger Bilder (Ikonen) niederschlug.[50]

Sowohl diese Katastrophen als auch die intensivierte Konfrontation der Supermächte Rom und Persien zogen ebenso benachbarte Reiche in ihren Bann. Wie schon erwähnt, empfanden die Perser jene Intervention als Provokation, die im Jahr 525 König Kaleb von Aksum (reg. ca. 510–540) mit Hilfe von Schiffen aus den römischen Häfen am Roten Meer im Reich von Himyar im Jemen unternahm. Dieser erfolgreichen Invasion waren Übergriffe des jüdischen Königs von Himyar, Yusuf As'ar Yath'ar (reg. ca. 520–530), der das Bündnis mit Persien gesucht

46 Daryaee 2009, 26–32; Rezakhani 2017, 132–134; Greatrex/Lieu 2002, 103–130; Dignas/Winter 2007, 39–41.

47 Leppin 2011, 264–276.

48 Kislinger/Stathakopoulos 1999.

49 Stathakopoulos 2004; Little 2006; Sarris 2011, 158–160.

50 Meier 2003, 11–20, 64–100, 373–386, 481–560.

hatte, gegen aksumitische Händler und christliche Gemeinschaften vorangegangen. Die nun folgende direkte aksumitische Herrschaft im Jemen war aber nur von kurzer Dauer, nachdem sich der dort befehlshabende General Abraha selbstständig machte, unter nur mehr nomineller Oberhoheit des Königs von Aksum.[51] Überhaupt scheint diese Unternehmung die (materiellen und personellen) Ressourcen Aksums über Gebühr beansprucht zu haben. Nach dem Tod Kalebs um 540 zeigten sich verschiedene Anzeichen einer wirtschaftlichen und demografischen Krise, etwa im Verfall des Goldgehalts der Münzen, die durch die widrigen Klimabedingungen und den Ausbruch der Pest noch verschärft wurde. Aber auch Himyar blieb von diesen Phänomenen nicht verschont. Eine Inschrift am für die Bewässerung weiter Gebiete wichtigen Staudamm von Ma'rib, der auf das 1. Jahrtausend v. Chr. zurückgeht, erwähnt um 542/548 Tod und Krankheit. Als kurz danach der Damm brach, unterblieb diesmal eine Reparatur, wodurch die landwirtschaftliche Grundlage des südwestarabischen Reichs nachhaltig geschädigt wurde. Ähnlich wie bei den Großmächten Rom und Persien verfingen sich also auch ihre ‚Klienten' in Aksum und Himyar gerade zur Unzeit in einer Spirale militärischer Konfrontation.[52]

Auch das indische Reich der Gupta geriet nach 467 in wirtschaftliche und innenpolitische Schwierigkeiten, vor allem aufgrund von Thronstreitigkeiten innerhalb der Dynastie. Gleichzeitig stieg aus dem Nordwesten die Bedrohung durch die „Hunna", also Gruppen von „iranische Hunnen", die ihrerseits durch die Hephthaliten nach Süden abgedrängt worden waren. Budhagupta (reg. ca. 467–497) gilt als letzter bedeutender Gupta-Herrscher, der die Reichsgrenzen noch weitgehend verteidigen konnte. Nach 500 zerfiel das Reich zusehends, und während verschiedene Gupta-Könige im Gangesgebiet noch bis 570 herrschten, ging der Nordwesten Indiens an die „Hunna" unter der Alchan-Dynastie verloren, die zwischen 500 und 510 unter Toramana und dann ab 515 unter seinem Sohn Mihirakula – so berichten die Quellen – grausame Kriegs- und Plünderungszüge unternahmen. Im Jahr 528 konnte zwar der indische Fürst Yashodharman den Mihirakula besiegen, der sich nach Kaschmir zurückzog und wenige Jahre später starb. Vor allem aber das Städtewesen in Nordindien war

51 Phillipson 2012, 203–206; Power 2012, 22–28, 42 f., 47–68; Baumer 2005, 144–146.

52 Pigulewskaja 1969; Gebre Selassie 2011; Power 2012, 189–193; Phillipson 2012, 206–213; Baumer 2005, 145–146.

nachhaltig geschädigt, und auch die politische Einheit des Großreiches ging verloren.[53]

Die Anzeichen der beginnenden Verschlechterung der klimatischen Bedingungen zeigten sich im späteren 5. Jahrhundert auch in Nordchina, das zwischen 471 und 485 von Hungersnöten und einer Rinderpest heimgesucht wurde. Dennoch strebte Kaiser Xiaowen (reg. 471–499) der Tuoba/Wei-Dynastie eine noch stärkere Anpassung seines Reiches an die Traditionen Chinas an und verlegte im Jahr 493 seine Residenz in die alte Han-Hauptstadt Luoyang, begleitet von großen Umsiedlungsaktionen. Die Elite der Tuoba sollte nach seinem Willen mit jener der Chinesen verschmelzen und ihre Sitten und Gebräuche annehmen. Erstmals wurden auch Chinesen zum Militärdienst zugelassen und übernahmen höhere Kommandoposten. Teile der alten Tuoba-Führungsschicht verloren hingegen an Status und wollten auch ihre Traditionen nicht aufgeben. Der wachsende Widerstand entlud sich schließlich ab 523/524 in einem großen Aufstand zahlreicher Tuoba-Truppen. Nur mithilfe einer vermutlich iranisch-stämmigen Gruppe, der sogenannten Jie Hu, konnte die Kaiserdynastie die Rebellion niederschlagen, jedoch eroberte der Anführer der Jie Hu, Erzhu Rong, 528 selbst Luoyang und richtete ein Massaker am Hof an. Auch nach Rongs Ermordung hielten die Unruhen an, bis 534 ein Teil des Hofes in die ursprüngliche Han-Hauptstadt Chang'an westlich von Luoyang floh und das Tuoba/Wei-Reich in eine östliche und eine westliche Dynastie zerfiel. 550 wurden die Tuoba/Wei dann im Osten durch die Dynastie der Nördlichen Qi und 557 im Westen durch die Nördlichen Zhou abgelöst, die ihrerseits um die Vormacht in Nordchina kämpften.[54] Ein Hauptnutznießer dieser Spaltung waren die Rouran, die sich ab 400 in den mongolischen Steppen etabliert hatten. Unter ihrem Khan A-na-kuci stiegen sie nun ab 524 zur Großmacht auf und dehnten ihr Reich vom nordwestlichen Tarimbecken bis an die Grenzen des koreanischen Koguryo-Reiches in der Mandschurei aus. Mit beiden nordchinesischen Reichen konnten sie für Waffenhilfe beziehungsweise ihr Stillhalten umfangreiche Tributzahlungen aushandeln, unterhielten aber auch diplomatische Beziehungen zum südchinesischen Hof. Die

[53] Virkus 2004; Ferrier 2015, 180–206; Kulke/Rothermund 2010, 120–122; Alram 2016, 89–96; Rezakhani 2017, 104–124.

[54] Lewis 2009a, 81–84; Kuhn 2014, 162 f.; von Glahn 2016, 172–181.

Herrschaft des Khans blieb aber prekär und wurde mehrfach durch innere Streitigkeiten erschüttert.[55]

Auch im südchinesischen Kaiserreich endete die Herrschaft des „wiedergeborenen Buddha" Wu Di aus der Liang-Dynastie (reg. 502–549) in einer schweren Krise. Als 547 die Hauptstadt Jiankang durch den aus dem Norden übergelaufenen General Hou Jing mit einigen wenigen tausend Mann belagert wurde, entschieden sich verschiedene Adelige, nicht einzugreifen. Andere schickten Truppen, die es aber vorzogen, selbst die Umgebung der Hauptstadt zu plündern. Jiankang fiel, und als auch Kaiser Wu Di starb, stürzte die Liang-Dynastie im Krieg zwischen verschiedenen kaiserlichen Prinzen. Erst nach mehreren Jahren Bürgerkrieg konnte 557 General Chen Baxian den Sieg erringen und eine neue Chen-Dynastie begründen, deren Herrschaft aber ebenfalls umstritten blieb.[56]

In weiten Teilen Afro-Eurasiens herrschte also im 6. Jahrhundert politische Instabilität, ab 536 noch verstärkt durch die Klimaextreme und Epidemien, die mit der „Spätantiken Kleinen Eiszeit" einhergingen. Doch während etablierte Herrschaften zusammenbrachen, konnten, wie üblich, andere Gruppen von deren Schwächung profitieren. Um 552 besiegte ein Bündnis von türkischen Nomaden ihre früheren Oberherren, die Rouran unter Khan A-na-kuei. Einige Gruppen der besiegten Rouran-Allianz flohen vermutlich nach Westen und erschienen als Awaren 557/558 nördlich des Kaukasus, von wo sie in Kontakt mit Kaiser Justinian I. traten und eine wichtige Rolle in der Geschichte von Byzanz, als dessen unruhige Nachbarn sie sich als Nachfolger der Hunnen schließlich im Karpaten-Becken niederließen, spielen sollten. Die Türken unter Muqan Kagan (reg. 553–572) und seinem Onkel Istemi (reg. 552–575/576), der den Westen des Reiches regierte, etablierten sich als Vormacht in dem riesigen Gebiet vom Kaspischen Meer bis an die Grenzen Chinas. Dort kämpften, wie erwähnt, die Dynastien der Nördlichen Zhou und der Nördlichen Qi um die Kontrolle des Nordens des Landes. Muqan Kagan nutzte diese Situation und ließ sich von beiden chinesischen Reichen je 100 000 Ballen Seide als jährlichen Tribut entrichten. Abnehmer für diese riesigen Mengen hofften die Türken im Westen ihres Reiches zu finden. Im Jahr 560 hatte Muqans

---

55 Lewis 2009a, 148 f.; Bielenstein 1997, 105–107; Beckwith 2009, 102–104, 113 f.; Baumer 2014, 90–94.

56 Bielenstein 1996, 206–228; Lewis 2009a, 72 f.

Onkel Istemi eine Allianz mit dem persischen Großkönig Chosrau I. geschlossen. Gemeinsam eroberten sie das Reich der Hephthaliten, die seit mehr als 100 Jahren ein gefährlicher Gegner der Perser gewesen waren, und teilten es unter sich auf. Dadurch integrierten die Türken auch die Stadtstaaten von Sogdien – darunter Samarkand im heutigen Usbekistan – in ihr Einflussgebiet. Die Sogdier hatten seit dem 3. Jahrhundert ein weitreichendes Handelsnetzwerk zwischen den Grenzen Persiens und den Hauptstädten Chinas aufgebaut. Sie schlugen nun den Türken vor, durch eine Gesandtschaft an den sasanidischen Hof eine Öffnung des persischen Marktes für die aus China erworbene Seide zu erreichen. Großkönig Chosrau I. verweigerte sich aber diesem Ansinnen. Daraufhin unterbreiteten die Sogdier Istemi den Plan, stattdessen eine Verständigung mit dem ‚Erzfeind' der Perser zu suchen. Um 568/569 reiste daher eine große Delegation von Türken und Sogdiern über den Kaukasus und das Schwarze Meer nach Konstantinopel, wo sie von Kaiser Justin II. (reg. 565–578), dem Neffen und Nachfolger Justinians, ehrenvoll empfangen wurden. Man einigte sich nicht nur auf die Etablierung von Handelsbeziehungen, sondern in der Hoffnung auf ein Bündnis gegen die Perser entbot der Kaiser zwei römische Gegengesandtschaften an den Hof des westtürkischen Khans in Zentralasien.[57]

Während Ostrom also seine diplomatischen Fühler weit in den zentralasiatischen Rücken der Sasaniden ausstreckte, konnten diese an einer anderen entfernten Front einen Erfolg verbuchen. So marschierte 570 ein persisches Expeditionskorps in den Jemen, bereitete der Herrschaft des mit Rom verbündeten, dort nach der Aksumiten-Invasion errichteten Regimes ein Ende und errichtete sogar eine eigene Provinz unter einem Marzban (Grenzgouverneur). Dass deshalb, wie Ball meint, der Indische Ozean zu einem „Iranischen See" geworden sei, greift wohl zu weit, jedoch finden wir Hinweise auf die weitreichende Handelstätigkeit von Kaufleuten aus dem Sasanidenreich nicht nur in Südarabien, sondern auch in Ostafrika, Indien und Sri Lanka, vielleicht sogar bis nach Südostasien, wo chinesische Quellen „persische" Schiffe erwähnten.[58]

---

57 Blockley 1985, 116–126; Barfield 1989, 131–138; Beckwith 2009, 9 f., 114–118; de la Vaissière 2005, 235–249; Sarris 2011, 170 f.; Kordoses 2012, 104–148; Stark 2008; Baumer 2014, 174–180, 222–231; Nechaeva 2014, 140–145; Rezakhani 2017, 142–146, 152–155; Howard-Johnston 2017, 296–298. Siehe auch Kapitel 4.

58 Tomber 2008; Power 2012, 61–86, 190–202; Daryaee 2009, 28–30; Ball 2016, 147 f.; Baumer 2005, 146 f.; Howard-Johnston 2017; Green 2017b.

Dieser ‚globale Moment', in dem die Geschicke der ‚alten' Imperien von China bis zur Donau und vom Bosporus bis Ostafrika miteinander verflochten wurden, leitete auch den Umsturz der alten Ordnung ein. Die Spannungen zwischen Rom und Persien vom Kaukasus bis zum Roten Meer entluden sich ab 570 in einem zwanzigjährigen Krieg, dem nach kurzer Pause ab 602 ein noch verheerenderer dreißigjähriger folgen sollte. Dieser fand seine Höhepunkte in der persischen Eroberung Jerusalems (614) und Ägyptens (619), in einer Belagerung Konstantinopels durch Awaren und Perser (626), aber auch im Gegenschlag der Römer unter Kaiser Herakleios (reg. 610–641), der sie 627/628 bis vor die sasanidische Hauptstadt Ktesiphon führen sollte. Der Krieg endete in einer weitgehenden Wiederherstellung des territorialen Status quo, ließ aber die reichen Kernprovinzen beider Reiche, die zusätzlich von Pestwellen und Naturkatastrophen heimgesucht wurden, verwüstet zurück.[59]

Die neuen Supermächte und ihre Herausforderer (630–750)

Hauptprofiteur dieser Schwächung der etablierten Großmächte im Westen Afro-Eurasiens, Rom und Persien, waren die durch den Propheten Mohammed (ca. 570–632) im Namen der neuen Glaubensgemeinschaft des Islam vereinten arabischen Stammesgruppen, die unter den ersten Kalifen nach 632 Persien zur Gänze eroberten und dem (Ost)römisch-byzantinischen Reich die reichsten Provinzen in Syrien, Ägypten und Nordafrika entzogen. Gemeinsam mit dem Chinesischen Imperium der Tang-Dynastie in Ost- und Zentralasien stieg nun das Kalifat, das erstmals Territorien von der Iberischen Halbinsel bis an die Grenzen Indiens in einem politischen Gebilde vereinte, zur Weltmacht des 7. bis 9. Jahrhunderts auf.[60]

Diese Polarisierung zwischen den beiden neuen ‚Supermächten' zeigte sich schon beim Zusammenbruch des Sasanidenreiches mit dem Tod des letzten Großkönigs Yazdegerd III. (reg. 632–651). Sein Sohn Peroz (chines. Bilusi) und dessen Sohn Narses (chines. Ninieshi) wandten sich nämlich an den chinesischen Kaiserhof um Hilfe. Tatsächlich konnten sie sich unter nomineller chinesischer Oberhoheit einige Zeit

59 Harris 2007; Gunn 2000; Telelis 2008; Harris 2013, 89–102; Brooke 2014, 351–360; Büntgen u. a. 2016; Daryaee 2009, 31–34.

60 Schmidt-Glintzer 1997, 126–133; Adshead 2004, 31–48, 57-63; Vogelsang 2012, 231–273; Cunliffe 2015, 343–360.

an der nordöstlichen Peripherie des ehemaligen Perserreichs halten, aus dem erhofften großen Feldzug zur Rückeroberung des Sasaniden-Imperiums wurde allerdings nichts. Sowohl Peroz (gest. um 679) als auch Narses (gest. um 707) beschlossen ihr Leben im Exil in der chinesischen Hauptstadt Chang'an.[61]

Auch China war im späten 6. und frühen 7. Jahrhundert von Kriegen erschüttert worden, die aber im Gegensatz zum Mittelmeerraum zur neuerlichen Herstellung imperialer Einheit führten. Im Jahr 577 eroberten die Nördlichen Zhou das Reich ihrer Konkurrenten von den Nördlichen Qi, nicht zuletzt aufgrund ihrer Verbündeten aus der Steppe, die wertvolle Reitertruppen stellten. Wenig später putschte aber 581 ein Zhou-General namens Yang Jian gegen seine Oberherrn und gründete als Kaiser Wendi die neue Sui-Dynastie. 588/589 gelang ihm eine erfolgreiche Invasion des durch Bürgerkriege erschütterten Südens, sodass nach fast vier Jahrhunderten ganz China wieder vereint war. Die Sui verstanden sich auch bewusst als Nachfolger der Han und gründeten großangelegte neue Hauptstädte an den Orten der alten Residenzen Chang'an und Luoyang. Zur Versorgung dieser Metropolen, aber auch zur allgemeinen Lenkung der Ernte- und Steuererträge des neueroberten reichen Südens begann Wendi ab 584 mit dem Bau eines Kanalsystems, das die Flusssysteme des Huang He und des Jangtsekiang miteinander verbinden sollte. Unter seinem Sohn und Nachfolger Yangdi (reg. 604–618) wurden diese Arbeiten in gewaltigem Umfang fortgesetzt, angeblich unter Mobilisierung von mehreren hunderttausend Arbeitskräften pro Jahr. Als dazu noch die Belastungen für den Ausbau der neuen Hauptstädte – insbesondere Luoyang galt die Gunst des Kaisers – sowie mehrere verlustreiche, aber erfolglose Feldzüge gegen das koreanische Königreich Koguryo kamen, brachen in verschiedenen Regionen des Reiches Aufstände auf. Im Jahr 618 wurde Kaiser Yangdi ermordet, sein Vermächtnis blieb die engere Verflechtung des Nordens und Südens Chinas durch das Kanalsystem. Aus dem Bürgerkrieg ging General Yuan aus der Familie der Li als Sieger hervor, der als Kaiser Gaozu 618 die neue Tang-Dynastie begründete.[62]

Bis 626 gelang es den Tang, ganz China unter ihre Kontrolle zu bringen und auch einen Angriff des osttürkischen Khanats, das von den vorherigen innerchinesischen Kämpfen profitiert hatte, bis vor die Hauptstadt Chang'an abzuwehren. (Im selben Jahr belagerten die Awa-

[61] Thilo 2006, 73 f.; Daryaee 2009, 37 f.; Schafer 1963, 49.

[62] Xiong 2006; Lewis 2009a, 83 f., 239–258; Kuhn 2014, 163–165.

ren erfolglos Konstantinopel.) Kaiser Gaozu wurde jedoch durch seinen Sohn Li Shimin gestürzt, der als Kaiser Taizong (reg. 626–649) die Grundlagen für den Aufstieg Chinas zur ‚Supermacht' in Eurasien legte. Bis 630 gelang ihm die Unterwerfung des nach einer Serie von katastrophalen Wintern, Hungersnöten und inneren Aufständen geschwächten Osttürkenkhanats – Khan Ellig wurde gefangengenommen und nach Chang'an verbracht – und die Errichtung einer Oberhoheit über weite Teile der Steppe. Von seinen neuen nicht-chinesischen Gefolgsleuten ließ sich der Kaiser zum „Himmelskhan" (Tian kehan) ausrufen und verkündete: „Seit alter Zeit hat jedermann die Chinesen geehrt und die Barbaren verachtet; nur ich alleine liebe sie als Einheit. Deshalb folgen mir ihre Stämme wie einem Vater oder einer Mutter". Diese Idee einer Vereinigung zwischen Traditionen Chinas und der Steppenvölker entsprach durchaus auch der familiären Herkunft der neuen Dynastie aus der Elite Nordchinas, die in den Jahrhunderten zuvor durch die Verbindung zwischen eingesessenen und zugewanderten Gruppen entstanden war. Der Unterwerfung des Osttürken-Khanats folgte auf den Spuren früherer Feldzüge der Han eine Expansion nach Nordwesten entlang der Handelsrouten ins Tarimbecken und darüber hinaus ins westliche Zentralasien. Entgegen des Rats einiger seiner Minister errichtete Kaiser Taizong auch hier eine direkte chinesische Herrschaft als „Generalprotektorat des befriedeten Westens", geschützt durch die „Vier Garnisonen von An-hsi" mit ihrem Hauptquartier in Kocho – Gaochang, am nördliche Rand der Taklamakan-Wüste in der heutigen Region Xinjiang –, ab 649 in Kucha noch weiter westlich. Unter Kaiser Gaozong (reg. 649–683) wurde diese Politik fortgesetzt. Seine Armeen besiegten 657–659 auch den Khan der Westtürken, der gefangen in die chinesische Hauptstadt gebracht wurde. Damit erstreckte sich die chinesische Oberhoheit auch über Turkestan bis an die vormaligen Grenzen des Perserreiches, wo zeitweilig die letzten Sasanidenprinzen herrschten, wobei man hier jedoch nie eine volle und unumstrittene Kontrolle durchsetzen konnte. Immerhin reichte der lange Arm Chinas nun bis ins Kerngebiet der Sogdier, deren Handelsdiaspora umso prominenter als Kaufleute, Handwerker, aber auch im Dienst des Staates ins Reich der Tang vordrang. Dazu kamen weitere „Ausländer", die in dieser als „kosmopolitisch" bezeichneten Periode der chinesischen Geschichte Aufnahme fanden.[63]

[63] Wechsler 1979; Twitchett/Wechsler 1979; Adshead 2004; Beckwith 2009, 124–130; Lewis 2009a, 150; Lewis 2009b, 145–178 (auch für das Zitat); Skaff

Intensiviert wurden durch die Westexpansion auch die Kontakte zu Indien, das als „Heiliges Land" des Buddhismus gesteigertes Interesse in China genoss. Zwischen 618 und 750 sind nicht weniger als 50 diplomatische Missionen zwischen indischen Fürsten und den Tang überliefert. 648–649 kam es sogar zu einer Militärintervention des chinesischen Generals Wang Hsüan-tse in Nordindien, nachdem seine Gesandtschaft vom regionalen Fürsten Aryuna angegriffen worden war. Mit Unterstützung Tibets warb er Söldner in Nepal an, besiegte Aryuna und brachte ihn als Gefangenen nach Chang'an. Eine Statue des indischen Fürsten sollte dann neben anderen Abbildern ausländischer Herrscher das Grabmal von Kaiser Taizong als Symbol der chinesischen Weltherrschaft schmücken. Diese weitreichende und teure Ausdehnung chinesischer Macht rief allerdings auch Kritiker auf den Plan – und rückblickend warf im 11. Jahrhundert der Historiker Sima Guang den Tang vor, versucht zu haben, „die Völker in allen vier Himmelsrichtungen zu verschlucken".[64]

Und tatsächlich, auch wenn wie in früheren Jahrhunderte Herrscher aus allen Weltgegenden Gesandtschaften nach China schickten, um (zumindest aus chinesischer Sicht) die Oberhoheit des Kaisers anzuerkennen, vor allem aber auch um Zugang zum Handel des Reiches zu erlangen, so hielt die große Strahlkraft des Tang-Hofes die Nachbarn nicht davon ab, seinen Weltherrschaftsanspruch in Frage zu stellen.[65] Die Tang beendeten zwar die langen Kriege in Korea, die schon unter den Sui begonnen hatten, erfolgreich mit einem Sieg 660 über das mit Japan verbündete Paeckche und 668 vor allem über das Königreich Koguryo. Sogar Japan fürchtete in der Folge eine Invasion der Tang. Jedoch nutzte das bislang verbündete Reich von Silla die Gelegenheit, bis 676 die chinesischen Truppen aus dem Land zu drängen und die ganze koreanische Halbinsel als eigenständiges Königreich zu vereinen, unter einer nur im diplomatischen Verkehr aufrecht erhaltenen Fiktion einer chinesischen Oberhoheit. Daneben entstand aus der ‚Konkursmasse' von Koguryo in der Mandschurei 698 das vom ehemaligen General dieses Reiches Tae Choyong begründete Königtum von Parhae, das 713 auch von den Tang anerkannt werden musste.[66]

2012; Kuhn 2014, 165–171; Baumer 2014, 190–202; von Glahn 2016, 185, 196. Siehe auch Kapitel 2 und 4.

64 Thilo 2006, 9 f., 72–76; Bielenstein 2005, 72–74; Devahuti 2001, 259–262.

65 Lewis 2009b, 146.

66 Beckwith 2009, 134–135; Kreiner 2012, 29, 48–49; Kuhn 2014, 171, 185–192, 203; von Glahn 2016, 204 f.

Auch die Kaiser des nun vereinten Yamato-Reiches in Japan, namentlich die Herrscherin Suiko (reg. 592–628) und ihr Neffe Prinz Shotoku (574–622), entsandten kurz nach der Einigung Chinas durch die Sui zwischen 600 und 614 mehrfach Gesandtschaften, wähnten sich aber nun auf Augenhöhe mit dem chinesischen Kaiser und brachten dies zur Entrüstung des Sui-Hofes auch in ihrer diplomatischen Korrespondenz zum Ausdruck. Gleichzeitig blieb China das wichtigste zivilisatorische Vorbild Japans, vermittelt durch direkte Kontakte, vor allem aber über Korea und koreanische Migrantengemeinschaften, die chinesische Texte und Schrift, Architektur und spätestens ab 538 den Buddhismus mitbrachten. Schätzungen gehen von bis zu 3000 Migranten jährlich aus. Ein im Jahr 815 erstelltes Register der Genealogien des japanischen Adels verzeichnete für ein Drittel der Familien eine Abkunft aus Korea beziehungsweise andernorts vom Kontinent. „Tang-Waren" (karamono), entweder importiert oder durch zugewanderte Handwerker vor Ort hergestellt, galten als besondere Prestigegüter in Japan und wanderten auch in das Shōsō-in-Schatzhaus des berühmten Tōdai-ji-Tempels, den Kaiser Shōmu (reg. 742–749) in Nara, einem der ab 694 nach dem Vorbild der chinesischen Hauptstädte gegründeten Residenzorte, errichten ließ – zusammen mit Luxusgütern aus Zentralasien, Persien und dem Byzantinischen Reich, die ihren Weg in den äußersten Osten Afro-Eurasiens gefunden hatten. 794 wurde die Hauptstadt ins ebenfalls nach chinesischem Muster neugegründete Heian-kyo – das heutige Kyoto – verlegt, wo dann die japanischen Kaiser für mehr als 1000 Jahre bis 1868 residieren sollten.[67]

Unmittelbar an der Südwestgrenze Chinas entstand mit Nanzhao spätestens unter seinem König Meng Piluoge (reg. 728–748) ein weiteres Nachbarreich (mit dem Zentrum in Dali am Erhai-See in der heutigen Provinz Yunnan), das keineswegs die Oberhoheit der Tang als selbstverständlich anerkannte, sondern eine geschickte Schaukelpolitik zwischen Chang'an und seinem gefährlichsten Herausforderer, dem neuen tibetischen Großreich, betrieb.[68] Im Tal des Yarlung in Südosttibet vereinte nämlich Gnam ri srong btsan (reg. ca. 601–617) mehrere Clans und ließ sich zum btsanpo (Kaiser) küren. In den folgenden Jahren gewann er die Kontrolle über den Großteil Tibets und

---

[67] Bielenstein 2005, 101–106; Lewis 2009a, 154 f.; Lewis 2009b, 153–156; Kreiner 2012, 42–93; Vollmer 2012; Kuhn 2014, 199–209; Anderson 2014, 161; von Glahn 2016, 200.

[68] Lewis 2009b, 146-147, 153–155.

entbot 608 und 609 erste Gesandtschaften nach China, um diplomatische Beziehungen und Handelskontakte herzustellen. Sein Nachfolger Srong btsan sgam po (reg. 618–649) dehnte das Reich weiter aus und geriet schließlich in direkte Konfrontation mit den Tang, als diese 634 das Volk der Tu-yü-hun im Kokonor-Gebiet (in der heutigen chinesischen Provinz Qinghai) angriffen, das bislang als Puffer zwischen den beiden Reichen gedient hatte. Nach mehreren kriegerischen Auseinandersetzungen gelangte man aber nach längeren Verhandlungen zu einer vorläufigen Einigung, die 640/641 durch ein Heiratsbündnis besiegelt wurde. Der mächtige tibetische Minister Mgar Ston rtsan selbst holte die Prinzessin Wen-cheng als Braut für seinen Herrscher am chinesischen Kaiserhof ab. Sie und ihr Gefolge wurden, neben der nepalesischen Prinzessin Bhrikuti Devi, die der tibetische Kaiser zuvor geheiratet hatte, zu wichtigen Trägerinnen des Buddhismus nach China. Der Friede zwischen den beiden Reichen hielt bis zum Tod des Kaiser Taizong und Srong btsan sgam po im Jahr 649. Letzterer unterstütze sogar 648 noch den chinesischen Gesandten Wang Hsüan-tse in Nordindien mit Truppen.[69]

Danach aber führte die Expansion Chinas und Tibets erneut zu einem Konfrontationskurs. Während Armeen der Tang bis nach Sogdien vorstießen, eroberte Tibet Gebiete im Westen und in der Pamir-Region, ehe Minister Mgar Ston rtsan (gest. 667) 663 den Pufferstaat der Tü-yü-hun besetzte, was China als Provokation verstand. In den folgenden Kämpfen blieben die Tibeter erfolgreich, eroberten weite Gebiete des „Generalprotektorat des befriedeten Westens" und konnten verschiedene Staaten Zentralasiens ab 670 zur Anerkennung ihrer Oberhoheit (anstelle der chinesischen) zwingen.[70] Zusätzlich sah sich China auch in den Steppen der Mongolei durch die Gründung eines zweiten (ost)türkischen Khanats unter Elterish Kaghan (reg. 682–691) herausgefordert. Immerhin gelang 692–694 eine chinesische Gegenoffensive zur Wiederherstellung der Kontrolle über den ‚befriedeten Westen'. Auf dem Thron saß zu diesem Zeitpunkt Wu Zetian (reg. 690–705), die als Lieblingsfrau des Kaisers Gaozong zur mächtigsten Figur am Hof aufgestiegen war und nach seinem Tod 683 zuerst mittels ihrer Söhne als Marionettenkaiser herrschte, ehe sie sich selbst zur Kaiserin ausrufen und sogar eine neue Dynastie – der Zhou – in Ablöse der Tang

---

[69] Beckwith 1987, 11–26; von Brück 2008, 50–54; Beckwith 2009, 127–130; Baumer 2014, 272–281.

[70] Beckwith 1987, 26–80; Beckwith 2009, 127–130.

verkünden ließ. Zur Legitimation ihrer Herrschaft förderte sie insbesondere den Buddhismus, wurde in dessen Schriften wie der *Großen Wolkensutra* doch die Herrschaft einer Frau sogar als Ideal beschrieben. Allerdings wankte nach einigen Jahren das Regime der bald Achtzigjährigen und 705 wurde sie zur Abdankung gezwungen. Erst ab 712 konnte die wiederhergestellte Herrschaft der Tang unter Kaiser Xuanzong (reg. 712–756) stabilisiert werden.[71] Auch Tibet wurde in diesen Jahren von inneren Streitigkeiten heimgesucht. Da Kaiser 'Dus srong mang po rje (reg. 676–704) der Clan der Mgar, die die höchsten Minister und Generäle stellten, zu mächtig geworden war, ließ er 699 hunderte ihrer Familienmitglieder und Anhänger niedermetzeln. Einigen Überlebenden gelang die Flucht nach China. 704 wurde der Kaiser aber auf einem Feldzug gegen das Königreich Nanzhao selbst ermordet. Die Regentschaft übernahm seiner Mutter Khrimalod, jedoch blieb die Lage in Tibet bis um 712 unruhig.[72] Profitieren konnte von diesen Turbulenzen in China und Tibet das zweite türkische Khanat, das unter Kapghan Kaghan (reg. 691–716) seinen Einfluss bis ins westliche Zentralasien ausdehnen und dort die Stammesföderation der Türgish besiegen konnte, wonach Kapghan als Oberherr über Ferghana, Taschkent und auch Teilen Sogdiens anerkannt wurde.[73]

Allerdings wurde die politische Dynamik in Zentralasien noch komplexer, als auch die Araber nach ihrer Eroberung des Sasanidenreiches allmählich in die Region vordrangen. Bereits 674 überschritt eine arabische Armee den Fluss Oxus (Amudarja), plünderte das Handelszentrum Baykand und zwang das benachbarte Buchara zu Tributzahlungen. Jedoch war der Einfluss der Araber aufgrund folgender Bürgerkriege im Kalifat noch nicht von Dauer. Erst nach der Stabilisierung der Herrschaft unter Kalif 'Abd al-Malik (reg. 685–705) dehnte ab 705 Qutayba ibn Muslim al-Bahili als Gouverneur der Großprovinz Chorasan die arabische Kontrolle auf Tocharistan (um Balch im heutigen Afghanistan) aus, eroberte dann Baykand und 709 auch Buchara. 709–710 folgte die Einnahme weitere Städte in Sogdien und 712 ein Vorstoß nach Choresm südlich des Aralsees, wo eine arabische Besatzung zurückblieb. Als Qutayba 712 auch die mächtige Stadt Samarkand erobern wollte,

71 Guisso 1979; Kuhn 2014, 171–173.

72 Thilo 2006, 11–15, 314–320; Beckwith 1987, 26–80; Beckwith 2009, 127–130; Baumer 2014, 281–284.

73 Baumer 2014, 256–267; Beckwith 2009, 130 f.

erhielt diese Unterstützung durch ein Heer der östlichen Türken unter dem Befehlshaber Köl Tigin (684–731). Die Araber blieben jedoch siegreich und legten eine Garnison nach Samarkand. 714/715 drangen die Araber noch weiter in den Osten bis Taschkent und Ferghana vor, wo sie, sogar im Bündnis mit den Tibetern, einen neuen König einsetzten, während der abgesetzte Herrscher zu den Chinesen floh. Der arabische Vormarsch wurde allerdings erneut durch innere Unruhen gestoppt, aufgrund derer Qutayba sich selbst gegen den Kalifen erhob, aber unterlag und getötet wurde. Dies nutzten wiederum die Chinesen, um den vertriebenen König von Ferghana mit einer Armee zurück auf den Thron zu setzen. 716 wurde auch der osttürkische Herrscher Kapghan Khagan getötet. Dies wiederum bot Khan Suluk die Gelegenheit, die Macht der Türgish in den westlichen Steppen wiederherzustellen.[74] Die Geschicke der zentralasiatischen Kontakt- und Konfliktzone zwischen den Großreichen des 8. Jahrhunderts entschieden sich also in einem komplexen Geflecht von diplomatischen, militärischen und innenpolitischen Winkelzügen im weiten Raum zwischen Damaskus (der Hauptstadt der Umayyaden-Kalifen in Syrien) und Chang'an. Gleichzeitig setzten sich damit die Imperien auch wechselseitig Grenzen ihrer Expansion.

An diese Grenzen stieß das Kalifat in dieser Zeit auch im Übergangsraum zwischen dem Iran, Zentralasien und Indien. Im heutigen Afghanistan, Pakistan und Kaschmir hatten sich verschiedene Fürstentümer, zum Teil zurückgehend auf die Reiche der „iranischen Hunnen", herausgebildet, die dem Vorbild der Kuschanas folgend iranische, hinduistische und buddhistische Traditionen miteinander verbanden. Die ab 560 nachweisbaren Türk-Schah-Fürsten von Kabulistan und Zabulistan leisteten den Arabern bis ins 9. Jahrhundert erfolgreich Widerstand, auch wenn sie zeitweilig die Oberhoheit des Kalifen anerkennen mussten. Einer dieser Herrscher von Kabul führte 738–45 sogar den ambitionierten Namen Phrom Gesar („Kaiser von Rom") und ließ sich auf Münzen als Sieger über die Araber feiern, gegen deren Vordringen er auch das Bündnis mit China suchte.[75]

Im benachbarten Nordindien hatte König Harsha (reg. 606–647) von seiner Hauptstadt Kannauj am Ganges als Nacheiferer der Gupta

[74] Beckwith 1987, 73–81; Beckwith 2009, 132–134; Baumer 2014, 267–270; Akasoy 2016, 27–28; Rezakhani 2017, 181–182.

[75] Alram 2016, 131–150; Rezakhani 2017, 164–175. Siehe auch Kapitel 2.

noch einmal ein Großreich errichtet und tat sich als Förderer des Buddhismus und Hinduismus hervor, wie sowohl das Sanskrit-Epos „Harshacharita“ des Dichters Bana als auch der Bericht des chinesischen Pilgers Xuanzang, der sich nach einer Reise durch Zentralasien von 630 bis 643 in Indien aufhielt, erzählen. Harsha entbot im Gegenzug auch Gesandtschaften an den chinesischen Kaiserhof. Doch als er 647 einem Mordkomplott zum Opfer fiel, brach sein Imperium rasch auseinander.[76] Schon davor hatten auch die Araber zur See ihrer Fühler nach Indien ausgestreckt: 637 entsandte Uthman ibn Ali, der Gouverneur von Bahrain und Oman, eine Flotte nach Tana (nahe dem heutigen Mumbai) und kurz danach weitere Schiffe gegen Bharuch in Gujarat und Daybul im Indusdelta. Die Araber waren allerdings vorerst nur auf Plünderung und noch nicht Eroberung aus. Als hingegen im Jahr 711 Piraten aus dem Indusgebiet ein Schiff des Herrschers von Sri Lanka, das Geschenke an den Kalifen transportierte, kaperten, nahmen dies die Araber zum Anlass, das Gebiet von Sind (im heutigen Südpakistan) zu besetzen und sogar bis Kaschmir vorzustoßen. Um 730 gründeten sie in Sind die wichtige Stadt Mansura. Weitere arabische Einfälle bis nach Nordgujarat und Südrajasthan folgten bis 725, doch scheiterten dauerhafte Eroberungen am Widerstand der einheimischen Staaten. Diese, vor allem ab 750 die Reiche der Gurjara-Pratiharas im Nordwesten, der Palas im Nordosten und der Rashtrakutas in Zentral- und Südindien, bekämpften sich zwar fast ständig gegenseitig, konnten aber auch Erfolge bei der Abwehr der Araber erzielen. Davon beeindruckt, zählte ein arabischer Autor neben dem Kalifen, dem Kaiser von China und dem Kaiser von Rom auch den König der Rashtrakutas zu den vier mächtigsten Herrschern der Welt. Auch im Süden Indiens konsolidierten sich ab dem späten 6. Jahrhundert neue größere Reiche, vor allem jenes der Pallava (ca. 575–897), deren König Narasimhavarman (reg. ca. 630–668) die berühmte Tempelanlage von Mamallapuram begründete. Von der Hafenstadt Kanchipuram aus unterhielten sie Beziehungen zur See bis nach Südostasien, aber auch Richtung islamische Welt, für die Indien unter anderem zu einer wichtigen Quelle neuer Nutzpflanzen wurde.[77]

[76] Devahuti 2001; Singh 2009, 562–564; Kulke/Rothermund 2010, 140–142; Bielenstein 2005, 72–73; Arnold 2012, 150 f.

[77] Kulke/Rothermund 2010, 142–156, 208 f.; Karashima 2014, 84–106; Singh 2009, 557–562; Power 2012, 96–100, 215-216; Schafer 1963, 47; Watson 1983, 77–81, Ray 2003, 285–287; Arnold 2012, 150–155; Gilbert 2017, 52–54. Siehe auch Kapitel 5.

Auch in den unmittelbaren Küstengewässern der Arabischen Halbinsel machte sich die neue islamische Vormacht frühzeitig bemerkbar, etwa in Richtung des Reiches von Aksum. Dort verschärfte sich die Krise des alten Machtzentrums im späten 6. und im 7. Jahrhundert immer mehr. Um 630 endet die Münzprägung mit König Ashama, im späten 7. Jahrhundert wurde auch die Hauptstadt Aksum aufgegeben, wo man nur mehr die altehrwürdigen Kirchengebäude erhielt. Der Schwerpunkt der Siedlung verschob sich nach Osten um die Stadt Kubar, deren genaue Lokalisierung unklar bleibt. Funde von arabischen Münzen und Seidenstücken im Kloster von Debre Damo und von indischen Schmuckperlen (im Tumulus von Tätär Gur) belegen immerhin eine gewisse Kontinuität des Überseehandels, nunmehr mit der islamischen Welt.[78]

Zu einer Konsolidierung regionaler Macht nach dem Zerfall des Reichs von Kusch um Meroë im 4. Jahrhundert kam es hingegen im späteren 6. Jahrhundert in Nubien (im heutigen Sudan), wo der König von Makuria mit der Hauptstadt Dongola das nördliche Nachbarreich Nobatia mit der Hauptstadt Faras seinem Reich angliederte, nachdem sich davor beide Staaten zum Christentum bekannt hatten. Das neue größere Königreich war auch in der Lage, 642 einen Angriff der Araber, der aus dem gerade eroberten Ägypten vorgetragen wurde, abzuwehren. Im Jahr 652 schloss der König von Makuria ein Friedensabkommen – den sogenannten „Baqt" – mit dem Kalifat, das eine jährliche Tributleistung von unter anderem 365 Sklaven vorsah, aber die Unabhängigkeit des nubischen Staates garantierte. Zwar kam es auch in der Folgezeit mehrfach zur arabischen Angriffen wie etwa in den Jahren 732 bis 742, aber die Herrscher von Makura vermochten auch zurückzuschlagen: 748 drang König Kyriakos sogar bis nach Fustat (nahe dem heutigen Kairo) vor und erzwang die Freilassung des von den Arabern eingekerkerten Patriarchen Michael von Alexandria. Auch in dieser Weltgegend stieß die arabische Expansion somit an ihre Grenzen.[79]

Ähnliches gilt für die Nordflanke des Kalifats in Südkaukasien, wo man in Konflikt mit dem Khanat der Chasaren geriet, die nach dem

[78] Power 2012, 68–75; Phillipson 2012, 209–213; Elfasi/Hrbek 1988, 558–563; Jones 2016, 135–137; Connah 2016, 130–145; Fauvelle 2017, 97–100, 107–119.

[79] Elfasi/Hrbek 1988, 194–209; Welsby 2002, 68–73; Bechhaus-Gerst 2012; Power 2012, 141–143; Connah 2016, 89–95; Fauvelle 2017, 45–48. Siehe auch Kapitel 3.

Zerfall des westtürkischen Khanats um 660 die Steppen nördlich des Kaspischen und Schwarzen Meers beherrschten. Sie stießen über den Kaukasus mehrmals in die unter arabischer Oberhoheit stehenden Gebiete Georgiens und Armeniens und noch weiter nach Süden bis in den heutigen Irak vor, während die Truppen des Kalifats vergeblich versuchten, auch nördlich des großen Gebirgskamms Fuß zu fassen. Im Jahr 737 erlitten zwar die Chasaren eine schwere Niederlage gegen den arabischen Feldherrn Marwan ibn Muhammad, der ihren Khan und sein Gefolge sogar zur Annahme des Islam zwang. Diese Konversion blieb aber Episode und die Chasaren verlagerten wohl um diese Zeit ihr Reichszentrum aus Dagestan an die untere Wolga, weit außerhalb des Zugriffs der Truppen des Kalifats.[80]

Ebenso blieben den Arabern dauerhafte Eroberungen in den dem Byzantinischen Reich nach dem Verlust der nahöstlichen Provinzen und Nordafrikas verbliebenen Gebieten in Kleinasien verwehrt, wo sich entlang des Taurusgebirges und im östlichen Anatolien eine dauerhafte Grenz- und Konflikt-, aber auch Austauschzone zwischen ‚Römern' und Muslimen etablierte. Der Versuch, den römischen Konkurrenten durch einen direkten Angriff auf Konstantinopel auszuschalten, scheiterte spektakulär in einer verlustreichen Belagerung 717/718, bei der auch die zuvor um 680 an der unteren Donau als ansonsten unangenehme Nachbarn des Byzantinischen Reiches etablierten Bulgaren gegen die Araber eingriffen. Nach diesem Prestigeerfolg konnte der Kaiser der Römer, damals Leon III. (reg. 717–741), weiterhin Weltgeltung und die Vorrangstellung zumindest innerhalb der Christenheit beanspruchen, auch wenn sich seine tatsächliche Macht auf ein auch an Bevölkerung, Urbanisierung und Ressourcen verringertes Reich in Kleinasien, der Ägäis, Teilen des Balkans und Italiens sowie Sizilien beschränkte.[81]

An der westlichsten Peripherie schließlich markierte ein weiterer Gebirgszug, die Pyrenäen, die Grenze der Expansion der Araber, nachdem diese, unterstützt von Berbertruppen aus Nordafrika, unter Ausnutzung innerer Streitigkeiten ab 711 das Westgotenreich auf der Iberischen Halbinsel erobert hatten. Zwar unternahmen sie von dort Einfälle über das Gebirge ins heutige Frankreich, wo sie sich auch zeitweilig in Septimanien, der heutigen Region Languedoc-Roussillon, festsetzten. An dauerhafte Eroberung war aber spätestens seit der Nie-

[80] Golden/Ben-Shammai/Róna-Tas 2007; Preiser-Kapeller 2008; Zhivkov 2015.

[81] Brubaker/Haldon 2011, 723–740; Haldon 2016, 26–79; Wickham 2009, 255–270, 354–356; Decker 2016.

derlage bei Tours und Poitiers 732 gegen ein Heer der Franken unter dem Kommando von Karl Martell nicht mehr zu denken, der mit diesem Erfolg das Prestige seiner Familie mehrte. Diese konnten es dann unter seinem Sohn Pippin 751, auch mit Zustimmung des Papstes, der auf Hilfe gegen die ihn bedrängenden Langobarden in Italien hoffte, schließlich wagen, die seit dem 5. Jahrhundert im Frankenreich herrschende, schon weitgehend entmachtete Dynastie der Merowinger auch offiziell ab- und sich selbst auf den Thron zu setzen. Dieses Ereignis verblasst aber gegenüber den weit dramatischeren Umwälzungen, die um dieselbe Zeit in der Mitte des 8. Jahrhunderts die Supermächte Eurasiens erfassten.[82]

Umwälzungen in den neuen Supermächten (750–820)

In Zentralasien setzte sich vorerst das ‚Große Spiel' zwischen weiterhin wechselnden Bündnissen von Arabern, Türken, Tibetern und Chinesen fort. Das Khanat der Türgish verlor im westlichen Zentralasien nach 737 seinen Einfluss weitgehend nach Niederlagen gegen Chinesen und Araber und der Ermordung des Khans Suluk. Auch das zweite osttürkische Khanat zerfiel nach dem Tod des Bilgä Kaghan (reg. 716–734) und unterlag 742 einer Koalition der Basmïl, Karluken und Uiguren. Letztere stiegen nun zur Vormacht in den östlichen Steppen auf, während die Karluken die Reste der Türgish besiegten.[83]

Unter Kaiser Xuanzong (reg. 712–756) zeigten auch die Chinesen wieder stärkere Präsenz. Der koreanisch-stämmige General Ko Sonji unternahm 747–750 mehrere erfolgreiche Feldzüge und besiegte die Tibeter im Pamirgebiet. Auch in einem Krieg zwischen dem König von Ferghana und dem Herrscher des westlich benachbarten Taschkent intervenierte er zuerst erfolgreich. Taschkent wurde unterworfen und sein König nach Chang'an verschleppt. Der Kronprinz des Landes floh allerdings zu den Arabern nach Süden, die ihn 751 mit einer Armee zurücksandten. Im Juli dieses Jahres trafen dann die Araber bei Talas auf die Armee des Ko Sonji. Entschieden wurde die Schlacht durch das Überlaufen der karlukischen Hilfstruppen der Chinesen auf die arabische Seite. Dieser Sieg war zwar auch ein Prestige-Erfolg des Kalifats im ‚Fernduell' mit den Tang – kriegsgefangene Chinesen wurden bis in die Reichszentrale der Kalifen im Irak verbracht, von wo einigen

82 Sénac 2006, 10–18; Wickham 2009, 139 f.; Beckwith 2009, 140 f.

83 Beckwith 1987, 108–114; Beckwith 2009, 141 f.

sogar die Rückkehr nach China gelang –, nachhaltig gefährdet war die chinesische Position in Zentralasien vorerst aber nicht. In den Jahren 753 bis 755 unternahmen chinesische Armeen erfolgreiche Feldzüge gegen Tibet. Dort lösten diese militärischen Misserfolge wiederum einen Umsturz aus. Kaiser Khri lde gtsug brtan (reg. 712–755) wurde nach langer Regierung ermordet und Kronprinz Srgong Lde Brtsan konnte den Thron erst nach einem Jahr weiterer Kämpfe besteigen.[84]

Allerdings erschütterten sehr viel größere Unruhen die arabische und die chinesische Supermacht kurz vor beziehungsweise nach der Schlacht bei Talas. Im arabischen Weltreich wurde 750 die von Damaskus aus herrschende Dynastie der Umayyaden durch die sich auf einen Onkel des Propheten Mohammed zurückführende Abbasiden-Dynastie gestürzt. Die Abbasiden stützten sich vor allem auf Gefolgsleute aus den ostiranischen und zentralasiatischen Gebieten der Provinz Chorasan, darunter einheimische Konvertiten zum Islam, die sich gegenüber den arabischen Muslimen benachteiligt fühlten, und scharten weitere religiös oder ethnisch motivierte Oppositionsgruppen um ihr schwarzes Banner. In Merw in Chorasan nahm die Rebellion ab 747 auch ihren Ausgang. Die Truppen der „Chorasanier" und andere Anhänger aus dem Osten wie die von einer buddhistischen Priesterfamilie in Balch (im heutigen Afghanistan) abstammenden Barmakiden halfen dann bei der Durchsetzung der neuen Herrscher in verschiedenen Regionen des Kalifats und wurden auch in der neuen Hauptstadt Bagdad angesiedelt, deren Einweihung Kalif al-Mansūr (reg. 754–775) im Jahr 762 feierte. Sie lag unweit der alten parthischen und sasanidischen Hauptstadt Ktesiphon und symbolisierte unter anderem einen stärkeren Anschluss an iranische imperiale Traditionen, die auch die aus dem ostpersisch-zentralasiatischen Milieu stammenden Anhänger der Abbasiden förderten.[85]

Dem mit dem Umsturz verbundenen Massaker an der Umayyaden-Familie entkam Prinz Abd ar-Rahman nach Spanien. Dort hatte im Jahr 740 ein Aufstand der sich gegenüber den Arabern als Muslime ‚zweiter Klasse' behandelt sehenden Berbertruppen die Herrschaft des Kalifats erschüttert. Die Rebellen trieb somit eine ähnliche Motivation wie die Anhänger der Abbasiden-Revolte wenige Jahre später in Zentralasien an. Nur die Entsendung von 7000 Mann arabischer Truppen aus dem

84 Beckwith 1987, 120–142; Beckwith 2009, 144–146; Schottenhammer 2014, 7–14.

85 Kennedy 2005; de la Vaissière 2007, 54–58, 143–166; Wickham 2009, 317–324; Beckwith 2009, 143.

Kerngebiet der Umayyaden in Syrien im Herbst 741 vermochte die Kontrolle wiederherzustellen. Diese Soldaten wurden auch dauerhaft an verschiedenen Orten der Iberischen Halbinsel angesiedelt und bildeten zusammen mit der persönlichen Garde des Abd ar-Rahman, die sich wiederum teilweise aus Berbern zusammensetzte, die Grundlage für dessen Machtergreifung ab 756. Der Umayyade konnte ein vom Abbasiden-Kalifat eigenständiges Emirat mit der Hauptstadt Cordoba begründen und bis zu seinem Tod 788 das gesamte islamische Herrschaftsgebiet auf der Iberischen Halbinsel weitgehend unter seine Kontrolle bringen, auch wenn diese immer wieder durch nach Eigenständigkeit strebende regionale Machthaber herausgefordert wurde, die sich 778 sogar mit dem Frankenkönig Karl verbündeten. Der daraus resultierende Feldzug endete aber in der unglücklichen, im Rolandslied besungenen Schlacht von Roncesvalles.[86]

Auch sonst löste sich der äußerste Westen des Kalifats allmählich von der mit der Gründung Bagdads noch weiter nach Osten verschobenen Reichszentrale, insbesondere durch Anhänger der islamischen Sonderrichtungen der Charidschiten und Ibaditen. 761 zog sich ein ibaditischer Imam aus Kairouan, der Hauptstadt des arabischen Maghreb, mit seinen Gefolgsleuten nach Tahert, Tiaret im heutigen Algerien, zurück und gründete dort ein eigenständiges Emirat. Weitere charidschitische Fürstentümer waren bereits ab 742 in Tlemcen, heute Algerien, und ab 757 in Sidschilmasa im Südosten von Marokko entstanden. Diese Städte wurden auch Ausgangspunkte einer Intensivierung der Handelskontakte durch die Sahara nach Westafrika, nachdem schon um 666 Uqba ibn Nafi, der spätere Gründer von Kairouan, auf den Spuren von seit der Römerzeit durch die Verbindungen mit dem Volk der Garamanten (mit ihrem Zentrum im Fessan im Südwesten des heutigen Libyen) bestehenden Routen weit nach Süden vorgestoßen sein soll. Der Trans-Saharahandel wurde ebenso durch die Herausbildung neuer Staaten an den südlichen Endpunkten befördert, darunter des Königreichs Ghana mit seinem Zentrum in Kumbi Saleh (im Südosten des heutigen Mauretanien), das ab dem 8. Jahrhundert in arabischen Beschreibungen als „Land des Goldes", dessen Handel es von den Lagerstätten im Bereich der Flüsse Senegal und Niger nach Norden vermittelte, Berühmtheit erlangte. Als Nachbar und zeitweiliger Konkurrent Ghanas entstand daneben das Reich von Gao am östlichen Nigerbogen. Weitere 1000 km weiter östlich am Tschadsee entwickelte sich um

86 Marboe 2006, 57–70; Wickham 2009, 338–341; Sénac 2015, 113–127.

dieselbe Zeit das Reich von Kanem. Beide Staaten partizipierten insbesondere am wichtigen Salz- und Kupferhandel, ebenso wurden aber auch Sklaven an die Kaufleute aus Nordafrika verkauft. Damit verbunden war auch eine steigende muslimische Präsenz in diesen Gebieten, zu einer Islamisierung der Herrscher und Teilen der Bevölkerung sollte es aber erst ab dem späten 10. Jahrhundert kommen.[87] Diese Entwicklungen verliefen weitgehend unbeeinflusst von den Kalifen der Abbasiden-Dynastie, die ihre Interessen auf die zentralen und östlichen Länder des arabischen Weltreichs konzentrierten.

Das Gegenstück zur „abbasidischen Revolution" bildete in China der Aufstand des An Lushan, der das Tang-Reich wenige Jahre nach der Schlacht am Talas ab 755 in seinen Grundfesten erschütterte. Ähnlich prominent war in beiden Fällen die Beteiligung von Anführern und Gefolgschaften zentralasiatischer Herkunft wie etwa der Sogdier. Das Szenario einer zwischen Gruppen im Kalifat und in China koordinierten „sogdischen Weltverschwörung", das Christopher I. Beckwith entwirft, führt aber zu weit. An Lushan entstammte jedenfalls der Verbindung eines sogdischen Vaters und einer türkischen Mutter und stieg in der Karriereleiter der chinesischen Armee zu einem der höchsten Kommandanten an der Nordostgrenze des Reiches auf – nicht zuletzt aufgrund seiner Verbindung zum mächtigen Minister Li Linfu. Als aber dieser Fürsprecher 753 verstarb und konkurrierende Zirkel an Einfluss gewannen, verschlechterte sich das Verhältnis zwischen dem Kaiserhof und An Lushan zusehends. Schon zuvor hatte er sich ein persönliches Gefolge von 8000 „Ziehsöhnen" unter den Truppen vor allem zentralasiatischer Herkunft geschaffen und gestützt auf diese und weitere Anhänger wagte er es, im Jahr 755 die Tang-Dynastie herauszufordern. Tatsächlich gelang es An Lushan, die kaiserlichen Truppen zu überraschen und sogar die Hauptstädte Luoyang und Chang'an einzunehmen, wo er sich 756 zum Kaiser ausrufen ließ. Allerdings fiel er schon 757 einem Mordkomplott um seinen eigenen Sohn An Qingxu zum Opfer. Mit Waffenhilfe der Uiguren gelang es auch allmählich dem Tang-Kaiser Suzong (reg. 756–762), der seinen Vater Xuanzong abgelöst hatte, wieder die Oberhand zu gewinnen, aber es sollte bis 763 dauern, bis die letzten Rebellen besiegt werden konnten. Chang'an wurde mehrfach Opfer von Plünderungen, zuletzt 763 sogar durch eine überra-

87 Levtzion 1973; Elfasi/Hrbek 1988, 64–75, 232–236, 246–255, 276–313, 367–435; Jones 2016, 138–142, 158–160, 205–208; Connah 2016, 181–185; Fauvelle 2017, 60–81, 139–144.

schend vorrückende Armee der Tibeter. Und auch sonst war das Imperium nach diesen Jahren der Unruhe nicht mehr dasselbe: Viele Provinzkommandanten im Nordosten, wo der Aufstand des An Lushan seinen Anfang genommen hatte, regierten nun weitgehend eigenständig unter nur mehr nomineller Oberhoheit des Kaisers und entrichteten auch keine Steuern mehr. Das Regime in Chang'an blieb gegen innere und äußere Gegner abhängig vom Bündnis mit dem Khan der Uiguren, die sich diese Unterstützung durch Handelsprivilegien und andere Vorrechte teuer abgelten ließen und zum Ärger der Chinesen zu einer oft arrogant auftretenden Dauerpräsenz in der Hauptstadt wurden.[88] Eine wesentliche Rolle spielten am Uigurenhof erneut sogdische Händler, Handwerke und Berater, die auch zum Übertritt des Khans und der Führungsschicht der Uiguren zum Manichäismus um das Jahr 763 beitrugen. Sogdische und wohl auch chinesische Baumeister waren ebenso am Bau der Hauptstadt Karabalgasun, dem heutigen Ordu-Baliq in der zentralen Mongolei, beteiligt, die zum Vorbild späterer Hauptstadtgründungen in der Steppe, unter anderem der Mongolen im nur 27 km südwestlich gelegenen Karakorum wurde. Ein arabischer Gesandter beschrieb die Pracht der Stadt und das Goldene Zelt des Khans, dessen Eroberung als Symbol der Uigurenmacht ihre Erzfeinde, die Kirgisen, gelobt hätten.[89]

Vom Chaos in China profitierte auch Tibet, wo Kaiser Khri srong lde btsan (reg. 756–796) nach Unruhen, unter anderem aufgrund des Widerstands der Vertreter der einheimischen Bön-Religion gegen die Förderung des Buddhismus, zuerst seine Macht im Inneren durchsetzen und dann wieder militärische Erfolge gegen den Nachbarn im Osten erzielen konnte, wie die Eroberung des südlichen Ordos-Gebiets. 763 plünderten tibetische Truppen, die sich zeitweilig mit den Uiguren verbündet hatten, wie erwähnt sogar die Tang-Hauptstadt Chang'an. Khri srong lde btsan erklärte auch den Buddhismus zur offiziellen Religion seines Reiches und ließ sich nach indischer Tradition als Dharmaraja und Chakravartin feiern. Für das von ihm gestiftete Rundkloster Samye, heute Bsam-yas, 60 km südöstlich von Lhasa, rief er buddhistische Leh-

88 Peterson 1979, 468–484; Dalby 1979, 561–571; Barfield 1989, 151–153; de la Vaissière 2005, 77–82; Thilo 2006, 14–17; Lewis 2009b, 43–45, 58 f.; Beckwith 2009, 145 f.; Skaff 2012, 52–60, 91–99; Kuhn 2014, 174 f.; von Glahn 2016, 208.

89 Mackerras 1972; Thilo 2006, 76–78, 359–363; Beckwith 2009, 148; Baumer 2014, 298–310.

rer aus Indien, Nepal, Kaschmir, Afghanistan, Zentralasien, China und sogar aus Korea und Sri Lanka herbei. In einer Versammlung von Geistlichen im Jahr 792/794 fällte man eine Entscheidung für eine stark tantrisch beeinflusste buddhistische Schule Indiens, wohl auch gegen zu starke Einflüsse der in China weiterentwickelten Formen des Buddhismus.[90] Die heftigen Kriege gegen die Tang und die mit ihnen verbündeten Uiguren dauerten während der gesamten Regierung des Khri srong lde btsan an. Um 785 schlug deshalb der Tang-Minister Li Mi dem chinesischen Kaiser sogar eine ‚weltumspannende' Allianz mit den Uiguren, dem Reich von Nanchao, den Arabern und indischen Fürsten vor, um der Tibeter Herr zu werden. Diese Bemühungen blieben aber trotz der Entsendung des Botschafters Yang Liangyao an den Abbasidenhof in Bagdad ohne Erfolg. Erst 821/822 konnte, vermittelt durch buddhistische Mönche, ein allgemeines Friedensabkommen zwischen Tibet auf der einen sowie Uiguren und Tang-China auf der anderen Seite unter Anerkennung der aktuellen Grenzen geschlossen werden.[91]

Die langwierigen Kämpfe schädigten auch die Handelsrouten von Chinas Nordwesten nach Zentralasien. Dies trug gemeinsam mit der wesentlich stärkeren wirtschaftlichen Dynamik der südchinesischen Gebiete zu einer noch intensiveren Nutzung der Seeverbindungen im Indischen Ozean von Südchina über Südostasien nach Indien und in die islamische Welt bei. Dort wiederum wirkte auch die Verlagerung des Zentrums des Kalifats nach Bagdad, das über das Fluss- und Kanalsystem des Irak direkten Anschluss an den Persischen Golf hatte, als Anreiz für den Fernhandel zur See. Aktiv waren darin vor allem die arabischen und persischen Händler neben ihren Kollegen aus Indien und Südostasien, die alle gemeinsam im südchinesischen Hafen Guangchou (Kanton) im 8. und 9. Jahrhundert ganze Stadtviertel bevölkerten. Chinesische Schiffe unternahmen hingegen offenbar vor dem 10. Jahrhundert noch kaum weitere Überseefahrten. Besonders profitieren konnte von diesen Handelsverbindungen das Reich von Srivijaya in Südostasien mit dem Zentrum in Palembang auf Sumatra, das ab dem 7. Jahrhundert in Nachfolge des ab dem 5. Jahrhundert an Bedeutung verlierenden Funan zum wichtigen Mittler zwischen China, Südostasien und Indien wurde. Der König von Srivijaya dehnte seinen Ein-

---

90 Beckwith 1987, 140–145; von Brück 2008, 54–58; Beckwith 2009, 147–151. Siehe auch Kapitel 3.

91 Beckwith 1987, 149–168; von Brück 2008, 58; Beckwith 2009, 157–160; Lewis 2009b, 157 f.; Schottenhammer 2014; Schottenhammer 2015, 448 f.

fluss bis nach Java sowie ins heutige Malaysia, südliche Thailand und Kambodscha aus und ließ sich um 775 in einer Inschrift gleich anderen Weltherrschern als „einziger König über alle Könige der Erde“ feiern. Er übte seine Macht aber so wie Funan vor allem über ein Netzwerk von Vasallen und Bündnissen aus, sodass von Hermann Kulke sogar ein Vergleich mit der Hanse angestellt wurde. Nach China entbot man eine erste Gesandtschaft um 670, der weitere folgten sollten, 741 sogar durch einen Sohn des Königs von Srivijaya, der ehrenvoll am chinesischen Hof empfangen wurde. Für längere Zeit folgten aber danach keine solchen Missionen mehr, vermutlich auch aufgrund des internationalen Prestigeverlusts, der für die Tang mit der An Lushan-Rebellion einherging. Stark waren weiterhin die kulturellen und religiösen Einflüsse aus Indien in Südostasien. So gründete König Balaputra von Srivijaya um 860 an der wichtigsten buddhistischen Universität von Nalanda (im heutigen indischen Bundesstaat Bihar) ein Kloster, auch um Studenten aus seinem Reich dort eine Heimstatt zu bieten. Srivijaya selbst wird schon seit dem 7. Jahrhundert von chinesischen Pilgern als Zentrum der buddhistischen Gelehrsamkeit gepriesen. 671 unterbrach der chinesische Mönch I-tsing seine Reise nach Nalanda sogar für sechs Monate in Palembang auf Sumatra und kehrte 689 mit Gehilfen aus China zurück, um weitere Texte zu übersetzen. Auch der südindische Mönch Vajrabodhi blieb um 720 auf der Reise nach China fünf Monate in Srivijaya und fuhr von dort in einer Flotte von 35 „persischen“ Handelsschiffen nach Guangchou weiter. Sichtbar wird der indische Einfluss auch auf die Architektur Srivijayas, die im berühmten buddhistischen Tempel von Borobudur auf Java um 800 ihren spektakulären Niederschlag fand.[92]

Zu einer Intensivierung des Fernhandels kam es auch am ‚anderen‘ Ende des Indischen Ozeans, an den Küsten Ostafrikas vom heutigen Somalia bis Mosambik. Häfen in diesen Regionen wurden schon im 1. Jahrhundert n. Chr. in Beschreibungen der Handelsrouten erwähnt. Ab dem 7. Jahrhundert ergibt sich aber vor allem auch archäologisch das Bild einer dichteren Besiedlung an der ostafrikanischen Küste zwischen Mogadischu und Mosambik (einschließlich der Komoren und Madagaskars) mit der Entstehung neuer Städte, die sich durch Anbindung

[92] Kulke 1998; Hall 2011, 103–129; Tarling 1992, 173–175, 196–208; Munoz 2006, 117–157; Bielenstein 2005, 58 f.; Lewis 2009b, 161–163; Kulke/Rothermund 2010, 200–203; Schottenhammer 2015, 440–449; von Glahn 2016, 199 f.

an die Seehandelsnetzwerke, wohl vor allem nach Südarabien und in den Persischen Golf, auszeichneten. Kontakte bestanden aber ebenso nach Indien, entweder direkt oder über die Kaufleute aus der islamischen Welt vermittelt. Ihre Präsenz trug auch ab dem 9. Jahrhundert zur allmählichen Islamisierung einiger dieser Stadtstaaten, wie etwa Mogadishu in Somalia, Kilwa in Tansania oder Sofala in Mosambik, und der Ausprägung der auf den Seehandel ausgerichteten Kultur der Swahili (vom arabischen Wort sawāḥilī für „Küstenbewohner") bei, die die maritimen Netzwerke in diesem gewaltigen Raum bis ins 19. Jahrhundert dominieren sollten.[93]

Während der Fernhandel zwischen der islamischen Welt, Ostafrika, Indien, Südostasien und China nun in größerem Ausmaß über den Seeweg abgewickelt wurde, verstärkte sich auch der Handel von der zentralasiatischen, nordiranischen und kaukasischen Peripherie des Kalifats nach Norden in Richtung der Flusssysteme Osteuropas. An diesem Handel beteiligten sich muslimische, jüdische, chasarische und in wachsender Zahl skandinavische Händler, die sogenannten Waräger oder Rus. Die Hauptroute verlief im 9. Jahrhundert durch das Kaspische Meer auf der Wolga nach Norden und somit genau durch das chasarische Reichszentrum. Über eine kurze Landstrecke, auf der man Schiffe auf Rollen schleppte, gelangte man von der Wolga zum Don und somit zum Schwarzen Meer und nach Konstantinopel. Eine andere Route verlief auch nach Osten Richtung Zentralasien und Ostpersien. Eine besondere Rolle spielten ab dem Ende des 8. Jahrhunderts im Chasarenreich muslimische Söldner aus dem Gebiet von Choresm in Zentralasien, die der Khan in großer Zahl – angeblich bis zu 7000 Mann – in sein Heer aufnahm und so seine Stellung gegenüber den Aufgeboten der Mächtigen der Chasaren und anderer Stämme stärkte. Diesen Söldnern soll versprochen worden sein, dass sie nie gegen Muslime kämpfen müssten. Die Präsenz zahlreicher Muslime führte auch zum Übertritt nicht weniger Chasaren zum Islam. Laut arabischen Berichten soll es in ihrer Hauptstadt Itil im Delta der Wolga über 10 000 Muslime und 30 Moscheen gegeben haben. Um das Jahr 800 konvertierten aber der Khan und die Führungsschicht der Chasaren zum Judentum, nachdem auch jüdische Händler seit längerer Zeit in ihrem Reich präsent waren. Ähnlich wie bei den Uiguren, die sich mit dem Manichä-

93 Elfasi/Hrbek 1988, 88–92, 586–615; Middleton 1994; Hawkes/Wynne-Jones 2015; Jones 2016, 166–169, 205–210; Connah 2016, 221–259; Fauvelle 2017, 162–170.

ismus für eine der etablierten Weltreligionen, aber nicht für den Buddhismus der mächtigen Nachbarn Tibet und China beziehungsweise den Islam des Kalifats entschieden hatten, symbolisierte die Konversion zum Judentum, aber eben nicht zum Christentum des Byzantinischen Reichs oder zum Islam, die Unabhängigkeit der Khane dieser Steppenreiche, die auf Augenhöhe mit den anderen Weltherrschern verkehren wollten.[94]

Über die Flusssysteme Osteuropas und die Vermittlung der Waräger gelangten Waren und insbesondere arabische Silbermünzen auch nach Nord- und Westeuropa. Dort erlebte das Fränkische Reich unter Karl dem Großen (reg. 768–814) eine rasante Expansion, der mit seinen Siegen über die Langobarden in Italien, die Awaren in der Pannonischen Tiefebene und die Sachsen ein neues Imperium errichtete, das, symbolisiert durch seine Kaiserkrönung im Jahr 800, die Nachfolge des Weströmischen Reiches und somit ebenso Augenhöhe mit den Weltherrschern der Zeit beanspruchte. Dies machte Karl auch durch Gesandtschaften nach Konstantinopel, wo man auf die Entstehung eines imperialen Konkurrenten innerhalb der ‚eigenen' christlichen Sphäre einigermaßen verärgert reagierte, und nach Bagdad an den Hof des Kalifen Hārūn ar-Raschīd, wo man seinen Boten offenbar mit mehr Wohlwollen begegnete, deutlich. Als besonders exotisches Geschenk übermittelte der Kalif 801/802 einen indischen Elefanten namens Abul Abbas an Kaiser Karl.[95]

Der Zerfall der Imperien der langen Spätantike (820–900)

Das tierische Geschenk des Kalifen nahm Karl der Große als Machtsymbol gerne auf seinen fast ständigen Reisen und Feldzüge mit. Bei einer Rheinüberquerung verendete der Elefant jedoch im Sommer 810. Im Jänner 814 verschied auch der Kaiser in seiner Lieblingsresidenz Aachen. Unter seinem Sohn und Nachfolger Ludwig I. dem Frommen (reg. 814–840) wurden sehr bald die Bruchlinien sowohl innerhalb des Großreiches als auch der Karolinger-Dynastie sichtbar, sodass insbesondere ab der zweiten Hälfte der Regierung Ludwigs heftige Kämpfe zwischen seinen Söhnen um die Erbteilung das Imperium schwächten, während Wikingerangriffe von Norden und muslimische Seeräuber von Süden vor allem die Küstengebiete verheerten.

94 Preiser-Kapeller 2008; Zhivkov 2015.

95 Borgolte 1976; Schieffer 2006, 70–111; Sénac 2006.

Kurz nach Ludwigs Tod schlossen seine Söhne in Verdun 843 einen Teilungsvertrag, der die dauerhafte Fragmentierung des Karolinger-Reichs besiegelte.[96]

Erneut fanden diese Umwälzungen an der westlichen Peripherie vor dem Hintergrund weiterer Erschütterungen der etablierten Ordnung in anderen Teilen Afro-Eurasiens statt. Sie wurden ebenso wieder von einer (kürzeren) Phase ungünstigerer Klimabedingungen begleitet, die sowohl schriftliche Quellen als auch naturwissenschaftliche Daten belegen. Sie scheinen bereits bestehende Krisenphänomene noch verschärft und somit zu einer besonderen Belastung der wankenden Herrschaftsgebilde beigetragen zu haben.[97]

In Ostasien schlug zuerst im koreanischen Reich von Silla der seit 780 schwelende Konflikt zwischen Adel und Königen 822 in eine offene Rebellion um. Nach ihrer Niederschlagung folgten in den 830er Jahren weitere heftige Unruhen, begleitet von einem fünffachen Thronwechsel. Das Königtum wurde nachhaltig geschwächt, konnte aber immerhin noch bis 892 die Reichseinheit bewahren. Danach zerfiel Korea wieder in drei Königtümer.[98] Noch dramatischer waren die Auswirkungen der Krise in Tibet, das, vielleicht auch aufgrund der klimatischen Widrigkeiten, mit wirtschaftlichen Problemen zu ringen hatte. Diese führten unter anderem zu Maßnahmen gegen die buddhistischen Klöster, deren in den Jahrzehnten zuvor angesammelter Reichtum nun zugunsten des Staates konfisziert wurde. Dagegen regte sich aber der Widerstand buddhistischer Kreise. 842 ermordete schließlich der Mönch Lhalung Dpalgyi Rdorje den Kaiser Khri Ui Dum Brtsan (reg. 838–842), der kurz zuvor noch eine arabisch-sogdische Gesandtschaft aus Samarkand empfangen hatte. Der Tod des Kaisers führte zum Zerfall der Reichseinheit: Verschiedene Generäle kämpften um die Macht, während die letzten Reste tibetischer Herrschaft in Zentralasien bis 866 verloren gingen. Die Großreichszeit in Tibets Geschichte war zu Ende.[99]

Auch das Uigurenreich erlebte ab den späten 830er Jahre innere Spaltungen, während eine Reihe extremer Winter Vieh- und Landwirtschaft schädigte. Als sich einer der Kontrahenten im inneruigurischen Macht-

96 Schieffer 2006, 112–142; Wickham 2009, 393–400; Beckwith 2009, 157–160.

97 Büntgen u. a. 2016; Newfield 2017.

98 Kuhn 2014, 191–193.

99 Beckwith 1987, 168–170; von Brück 2008, 59 f.; Beckwith 2009, 160 f.; Melikian-Chirvani 2016, 96.

kampf mit den Kirgisen verbündete, gelang ihnen 840 die überraschende Eroberung der Hauptstadt Karabalgasun. Das Khanat kollabierte, Teile der Uiguren flohen nach Südwesten, wo einige Nachfolgestaaten entstanden, oder ins Ordos-Gebiet zu den Chinesen.[100] Dort aber sah der Tang-Kaiser Wuzong (reg. 840–846) den Zusammenbruch der Uiguren als willkommene Gelegenheit, ihren als immer drückender empfundenen Einfluss in der Wirtschaft und Politik Chinas zu beenden. Auch gegen die von den Uiguren geförderten Manichäer ging man 843 vor. Ihre Tempel wurden geschlossen, ihr Besitz konfisziert und ihre Priester in den Laienstand versetzt oder sogar exekutiert. Ein Jahr später dehnte man diese Maßnahmen auf alle ‚fremdländischen' Kulte wie den Zoroastrismus, das Christentum und insbesondere den zahlenmäßig bedeutenden Buddhismus aus. Für die „Buddhisten-Verfolgung der Periode Huichang" 844/845 besitzen wir die eindrückliche Beschreibung des damals in China weilenden buddhistischen Mönchs Ennin aus Japan (794–864). Angeblich mehr als 4600 Klöster und 40 000 Schreine und Heiligtümer wurden beschlagnahmt, auch zur Sanierung der maroden Staatsfinanzen, zehntausende Mönche und Nonne in den Laienstand (und in den Status von Steuerzahlern) versetzt. Zwar wurde die Verfolgung schon 846 nach dem Tod Kaiser Wuzongs beendet, sie markierte aber einen nachhaltigen Dämpfer für den Buddhismus in China. Insbesondere die wirtschaftliche Bedeutung der Klöster schwand.[101] Dieser Ausbruch von Xenophobie und auch die Gewinne aus den Konfiskationen vermochten aber das Tang-Regime nicht zu stabilisieren. Die Macht der Reichszentrale über die Provinzen verfiel immer mehr und selbst das Ansehen des Tang-Hofes im Ausland wurde geschwächt. Eine letzte offizielle japanische Gesandtschaft wurde zum Beispiel 838 entboten. Instabilität und immer wieder ausbrechende Rebellionen schädigten auch den Handel, nicht zuletzt durch Übergriffe auf Ausländer und deren Besitz. Einen traurigen Höhepunkt stellte die Eroberung der südchinesischen Hafenstadt Guangchou (Kanton) durch die Truppen des Rebellenführers Huang Chao im Jahr 879 dar, bei der zehntausende Kaufleute aus der islamischen Welt und anderen Gebieten massakriert wurden. 880 konnte Huang Chao dann sogar die Hauptstädte Luoyang und Chang'an einnehmen, wo er die revolutionäre Parole verkünden ließ: „König Huang hat sich für das Volk erhoben. Er ist nicht

100 Beckwith 2009, 157–160; Baumer 2014, 308–315.

101 Thilo 2006, 20–22, 83 f., 290–293, 324–328, 359–363; von Glahn 2016, 201–204; Beckwith 2009, 158–160.

wie die Sippe der Li [= die Tang-Dynastie], die euch nicht liebt." Erst 884 gelang den Tang-treuen Armeen die Niederschlagung der Revolte, Huang Chao starb bei den Kämpfen. Die Dynastie fiel aber endgültig in die Abhängigkeit miteinander konkurrierender Kommandeure. Im Jahr 903 besetzte General Zhu Quangzhong Chang'an und erklärte ein Jahr später die bereits im Verfall begriffene Hauptstadt offiziell für aufgelöst. Den Kaiser Zhaozong überführte Zhu Quangzhong nach Luoyang, wo er ihn ermorden und zuerst durch dessen zwölfjährigen Sohn Li Zhu/Aidi ersetzen ließ, ehe er 907 die Tang-Dynastie für beendet erklärte und sich zum Kaiser seiner eigenen Liang-Dynastie ausrief. Damit zerbrach aber auch offiziell die Reichseinheit Chinas, und verschiedene Dynastien kämpften um die Macht.[102]

Noch früher ging die Einheit im Abbasidenkalifat verloren. Zuerst erschütterte ab 811 ein Bruderkrieg zwischen den Söhnen des Hārūn ar-Raschīd, al-Amīn, der nach dem Willen des Vaters in Bagdad regieren sollte (reg. 809–813), und al-Ma'mūn, der von Merw aus im Ostiran und Zentralasien herrschte (reg. 809–833), das Reich. Gestützt auf eine Armee neuer Gefolgsleute aus den Grenzgebieten seines Machbereichs, darunter sogdische Fürsten, aber auch Mamluken (Militärsklaven), die von den Turkvölkern Zentralasien erworben wurden, konnte al-Ma'mūn 813 den Krieg gegen seinen Bruder für sich entscheiden, blieb aber vorerst im Osten. Verschiedene Gebiete entzogen sich in dieser Zeit der Kontrolle der Reichszentrale, darunter Aserbeidschan (unter dem persischen Rebellen Babak) und auch die reiche Provinz Ägypten. Erst als al-Ma'mūn schließlich 819 seine Residenz nach Bagdad verlegte und seine Armee aus dem Osten einsetzte, konnte allmählich die Abbasidenmacht zumindest von Ägypten bis in den Iran wiederhergestellt werden. Allerdings zogen sich diese Kämpfe bis zum Tod des Kalifen 833 hin. Sein Bruder und Nachfolger al-Mu'tasim (reg. 833–842) vermehrte noch einmal die Zahl der türkischen Mamluken und führte erfolgreich Krieg gegen innere Feinde als auch gegen Byzanz. 836 stattete sogar Georgios, der Sohn des Königs Zacharias von Makura in Nubien, dem Kalifen in Bagdad einen Besuch ab, um das seit fast 200 Jahren bestehende Tributabkommen neu zu verhandeln. Allerdings erweckte die Ansiedlung der neuen Gefolgsleute aus dem ‚fernen Osten' des Kalifats in Bagdad auch Konflikte mit der ein-

---

[102] Somers 1979; Schafer 1963, 14–16; Thilo 2006, 24–28, 83 f. (für das Zitat); Lewis 2009b, 272–275; Beckwith 2009, 170–172; Kuhn 2014, 175 f.; von Glahn 2016, 210–213, 227.

heimischen Bevölkerung und den alteingesessenen Eliten. Deshalb beschloss al-Muʿtasim 836 den Bau einer neuen Hauptstadt, Samarra, nördlich von Bagdad, wo auch den unterschiedlichen Kontingenten seiner Truppen samt ihren Familien jeweils verschiedene Stadtviertel zugewiesen wurden. Allerdings erhöhte al-Muʿtasim dadurch die Abhängigkeit des Kalifenregimes von den Mamluken-Garden enorm. Als sein Sohn al-Mutawakkil (reg. 847–861) versuchte, ihren steigenden Einfluss zu beschneiden, wurde er ermordet. In der Folge setzten die Gardekommandanten in Samarra nach Belieben Kalifen ein und ab, während immer mehr Provinzstatthalter sich de facto eigenständig machten und nur mehr nominell die Oberhoheit des Kalifen anerkannten – so wie die Tahiriden und später die Saffariden und Samaniden im Osten Irans und in Zentralasien oder die Tuluniden ab 868 in Ägypten. Selbst das Kerngebiet der Abbasiden im Irak wurde von Aufständen erschüttert, wie jenem der Zandsch, über den Seehandel eingekaufte Sklaven aus Ostafrika, die sich ab 868 um das Banner des selbsternannten Propheten Ali ibn Muhammad scharten und weite Teile des südlichen Irak und der benachbarten südwestiranischen Provinz al-Ahwaz unter ihre Kontrolle brachten. 871 eroberten sie sogar die reiche Stadt Basra. Erst 883 konnten sie von Truppen des Kalifen besiegt werden. Gemeinsam mit den zeitgleichen Rebellionen in China fügten diese Unruhen auch dem Seehandel zwischen dem Westen und Osten des Indischen Ozeans einigen Schaden zu. Als sich die Abbasidenkalifen schließlich 892 aus der Herrschaft der Gardetruppen in Samarra lösen konnten und nach Bagdad zurückkehrten, war ihr tatsächlicher Machtbereich auf den Süden des heutigen Irak zusammengeschrumpft. Immerhin blieb die Dynastie im Gegensatz zu den Tang noch mehr als 350 Jahre weiter bestehen – bis zur mongolischen Eroberung Bagdads im Jahr 1258.[103]

Das einzige der alten Imperien, das ab der Mitte des 9. Jahrhunderts bis ins 11. Jahrhundert eine Phase der Konsolidierung und neuerlichen Expansion in frühere Grenzräume auf dem Balkan und in Ostanatolien erlebte, war das Byzantinische Reich, das von der Schwächung der Konkurrenten, insbesondere des Kalifats, profitierte. Das geschrumpfte Reich der Römer konnte in der nun stärker fragmentierten geopolitischen Umwelt des 10. Jahrhunderts eher glänzen als im Windschatten

[103] Popovic 1999, 25–29; Kennedy 2005, 231–242, 261–269; de la Vaissière 2007; Wickham 2009, 330–336; Beckwith 2009, 161 f.; Power 2012, 210–220; Rezakhani 2017, 187–189; Elfasi/Hrbek 1988, 20–22, 171–174, 707–730; Fauvelle 2017, 43–59.

der Supermächte, die seit dem 7. Jahrhundert die Geschichte Afro-Eurasiens geprägt hatten.

Erhalten blieb der Glanz der alten imperialen Traditionen, auf die auch jene Herrscher zurückgriffen, deren Reiche weniger weltumspannender ausfielen als in den Jahrhunderten zuvor. Um das Jahr 1000 beanspruchten zwei Herrscher der Christenheit den römischen Kaisertitel (in Konstantinopel und am Hof der Ottonen), drei den des Kalifen (in Bagdad, am Fatimidenhof in Kairo und am Umayyadenhof in Cordoba) und zwei den des Kaisers von China (am Hof der Song in Kaifeng und am Hof der Liao im Nordosten Chinas), während sich zwischen den Big Players eine noch üppigere Staatenwelt in allen Teilen Afro-Eurasiens ausbildete. Im eingangs beschriebenen Thronsaal des Chosrau wurde es allmählich eng, die Weltordnung der langen Spätantike war zu einem Ende gekommen.

2. Die Welt als Polofeld: Die Vermittlung von Macht und die Mobilität von Eliten

Im Jahr 770, so berichtet der Chronist Theophanes, versammelte der byzantinische General Michael Lachanodrakon (wörtlich „der Gemüsedrachen")

> „...in Ephesos alle Mönche und Nonnen, die es im Thema Thrakesion [Westkleinasien] gab. Er führte sie hinaus auf die Ebene namens Tzykanisterion [„Polofeld"] und sagte zu ihnen: ‚Wer auch immer dem Kaiser und uns gehorchen will, möge ein weißes Gewand anziehen und eine Frau nehmen. Jene, die dies nicht tun, werden geblendet und nach Zypern verbannt werden.' Dies wurde unverzüglich umgesetzt, sodass viele an jenem Tag sich als Märtyrer erwiesen, während viele andere ihre Gelübde brachen und verdammt wurden."[1]

Diese Aktion gegen das Mönchtum, die übrigens Parallelen im Vorgehen der chinesischen Kaiser des 8. und 9. Jahrhunderts gegen den Buddhismus findet, stand im Zusammenhang mit der Religionspolitik des damaligen Kaisers Konstantin V. (reg. 741–775), die sich gegen die Verehrung der heiligen Bilder („Ikonoklasmus") richtete. Der daraus resultierende „Bilderstreit" beschäftigte den byzantinischen Staat und die Kirche bis zum Jahr 843. Informiert sind wir über diesen Konflikt vor allem aus der Perspektive der siegreichen Bilderverehrer, sodass Zweifel angebracht sind, ob die oft blutrünstigen Beschreibungen der angeblich von den Bilderfeinden verübten Gewalttaten der Wahrheit entsprechen. Interessant ist für uns aber hier vor allem, dass Lachanodrakon die Mönche und Nonnen auf dem Polofeld von Ephesos zusammentrieb. Ob dieses *tzykanisterion* damals noch bespielt wurde oder sich nur als Flurname erhalten hatte, ist unklar. Wir wissen allerdings auch aus anderen Quellen, dass sich die Aristokratie in den Provinzen

[1] Theophanes 1997, A.M. 6262.

des Byzantinischen Reiches dem Polospiel hingab, so etwa in Sparta oder in Athen. Das berühmteste, über Jahrhunderte genutzte Polofeld des Reiches befand sich auf dem Areal des Kaiserpalasts in Konstantinopel, wo Kaiser Theodosios II. (reg. 408–450) es hatte anlegen lassen. Auch Kaiser des 9.und 10. Jahrhunderts, wie Basileios I. (reg. 867–886) und sein Sohn Alexander (reg. 912–913), waren begeisterte Spieler.[2]

Übernommen hatten die Römer das Spiel samt seiner Bezeichnung (*tzykanon*, von pers. *tschougān*) von den Sasaniden in Persien. Dort wurde, wie in Zentralasien, Polo seit Jahrhunderten als Teil der adeligen Reiterkultur gespielt. Neben der Jagd und dem Krieg galt das Polofeld als Arena, in der Großkönig und Adelige gleichermaßen seit frühester Jugend ihre Fertigkeiten und elitären Status unter Beweis stellen konnten. Neben anderen sasanidischen Traditionen wurde das Spiel später im 8. Jahrhundert auch am Hof der Abbasidenkalifen übernommen. In ihren Hauptstädten in Bagdad oder Samarra maßen ihre Gefolgsleute, die oft wiederum iranischer und zentralasiatischer Herkunft waren, ihre Kräfte auf dem Polofeld.[3]

Angeblich zur Zeit des Kaisers Taizong (reg. 626–649) wurde das Polospiel aus Persien beziehungsweise Zentralasien auch am chinesischen Hof eingeführt, nachdem der Kaiser Ausländer beim Spiel beobachtet hatte. Taizong war als geübter Reiter und als Pferdenarr bekannt, verfasste Gedichte auf seine Lieblingsstreitrösser und ließ sie als Skulpturen auf seinem Grabmal verewigen. Das Spiel verbreitete sich dann rasch unter den Aristokraten, die sich eigene Polospielplätze bauen ließen. Wie bildliche Darstellungen zeigen, spielten auch adelige Damen Polo. Die größten Enthusiasten fanden sich aber weiter in der kaiserlichen Familie. Als in der Regierungszeit des Zhongzong (reg. 705–710) eine Gesandtschaft aus Tibet, wo das Spiel ebenfalls begeisterte Aufnahme gefunden hatte, am Hof weilte, um eine Prinzessin als Braut für ihren Herrscher abzuholen, kam es sogar zu einer Reihe von ‚Länderspielen' zwischen den Tibetern und den Chinesen. Letztere konnten diese erst für sich entscheiden, als der spätere Kaiser Xuanzong (reg. 712–756) zusammen mit anderen Prinzen antrat. Im Jahr 717 erhielt dann Xuanzong speziell trainierte Polopferde als diplomatisches Geschenk aus dem Königreich Hotan im Tarimbecken, wo man wohl von der Leidenschaft des Kaisers wusste. Berühmtheit erlangten auch Xuanzongs 100 „tanzende Pferde", die ähnlich wie die Lipizzaner zum

2 ODB 1991, 1939–1940; Brubaker/Haldon 2011.

3 Walker 2006; Azarnouche 2013; Farrokh 2017, 40–43.

Staunen der Zuseher verschiedene Kunststücke vorführten. Als die Rebellion des An Lushan 756 den Kaiser aus der Hauptstadt vertrieb, wurde jedoch das Pferdeballett zerstreut. Später konnte man einige der berühmten Tiere bei verschiedenen Grenzgarnisonen dadurch ausfindig machen, dass sie zu tanzen begannen, wenn Musik ertönte. Nach der Rückkehr der Tang nach Chang'an 763 wurden auch die Polofelder in den Kaiserpalästen wieder bespielt. Kaiser Muzong (reg. 820–824) soll bei einem Polospiel einen Schock erlitten haben, als einer seiner Lieblingseunuchen vom Pferd fiel, und danach nicht mehr zur Regierung fähig gewesen sein. Sein erst fünfzehnjähriger Sohn und Nachfolger Jingzong (reg. 824–826) wiederum hatte Freude daran, Mitglieder seines Hofstaats auf Eseln gegeneinander antreten zu lassen. 824 konnten einige rebellische Handwerker die Ablenkung durch eine solche Polopartie nutzen, um in den Kaiserpalast vorzudringen und dort Verwüstungen anzurichten, ehe die kaiserliche Garde eingriff. Nach diesem Vorfall beschränkte Kaiser Muzong (reg. 826–840) das Ausmaß an Vergnügungen und ließ einige Ballspielplätze im Palast abreißen. Nachfolgende Herrscher waren aber erneut begeisterte Spieler. Kaiser Xizong (reg. 873–888) ritt sogar selbst auf einem Esel.[4] Ähnliche Begeisterung konnte zeitweilig nur die schon seit dem Altertum verbreitete chinesische Version des Fußballs (chines. *cu ju*) erwecken, die über den Hof und die Eliten hinaus auch vom einfachen Volk auf den Straßen Chang'ans gespielt wurde.[5]

Die Geschichte des Polospiels wird deshalb so ausführlich dargestellt, da es einen der Aspekte einer Kultur der adeligen Eliten darstellt, die in der langen Spätantike vom Mittelmeerraum bis nach Ostasien Verbreitung fanden. Insbesondere die iranische Tradition wurde zum Vorbild für aristokratischen Lebensstil weit über die Grenzen Persiens hinaus, wie Joel Thomas Walker festhält:

> „Von Nordarabien bis zum Kaukasus, von Mesopotamien bis Afghanistan wurden regionale Eliten des Sasanidenreiches und seiner Grenzgebiete mit den epischen Überlieferungen vertraut, die die Könige und Helden des alten Iran feierten. Mit der Übernahme von Modellen der sasanidischen Kultur und Kunst eigneten sich die Eliten der Provinzen diese epischen Überlieferungen an. Geschichten über iranische Könige auf der Jagd, auf dem Polofeld und in der Schlacht stellten ein

4 Schafer 1963, 66-69; Thilo 2006, 19–21, 555–559.

5 Thilo 2006, 557.

> Ideal des Heldentums bereit, das in viele narrative Medien übertragen werden konnte."[6]

Während der Kampf, die Jagd oder Festbankette natürlich nicht nur Elemente der Lebenswelt der Eliten im Iran waren, so verschmolz doch die spezifische Kombination dieser Aktivitäten mit ihrer Deutung und Ikonografie in eine gemeinsame aristokratische Sprache (Koine) von Erzählungen, Handlungen und Objekten, die für Eliten weit über die Grenzen Persiens hinaus attraktiv wirkten. Dies wurde auch von Matthew Canepa in einem Beitrag über die Zurschaustellung von Macht über weite Distanzen zwischen den Eliten in Rom, im Sasanidenreich und im China der Sui- und Tang-Dynastie herausgearbeitet.[7] Und so fanden Objekte wie Silberschalen oder Seidenstoffe beziehungsweise die dafür verwendeten Motive, die den Herrscher und seine Gefolgsleute zu Pferd, bei der Jagd, im Kampf oder beim Bankett zeigten, aus Persien und Zentralasien Verbreitung nach Norden bis in den Ural und nach Osten bis Tibet, China oder Japan.[8] Der Gebrauch einer wechselseitig verständlichen Sprache von Bildern und Zeremonien ermöglichte die Kommunikation zwischen den Herrschern und Höfen dieser Imperien, auch um gegenseitige Ansprüche auf Gleichrangigkeit oder sogar Überlegenheit mitzuteilen. Ebenso konnte diese ‚gemeinsame Sprache' die Mobilität von Mitgliedern dieser Eliten über die Grenzen der Imperien hinweg erleichtern.[9]

Distanzen und Frequenzen des Austausches

Für die tatsächliche Häufigkeit und Intensität des Austausches zwischen diesen Imperien spielte geografische Distanz, aber auch geopolitische Relevanz eine entscheidende Rolle. Mit dem unmittelbaren Nachbarn – und oftmals Konkurrenten – musste man sich dabei immer wieder auseinandersetzen. So verzeichnen die Quellen unter anderem häufige Kontakte zwischen dem (Ost)römischen Reich und den Sasaniden (beziehungsweise später dem Kalifat) oder sogar fast im Jahrestakt zwischen den Höfen des Nordens und Südens von China vor der

---

6 Walker 2006, 122.

7 Canepa 2010a.

8 Laufer 1919; Gray 1963; Frye 1972; Carter 1998; Ierusalimskaja 1996; Jacoby 2004; Feltham 2010; Yoeli-Tlalim 2016, 5; Melikian-Chirvani 2016.

9 Canepa 2010a; Canepa 2010b; Azarnouche 2013; Daryaee 2009, 11–13, 50–52, 114 f.; Geary u. a. 2015; Preiser-Kapeller 2018.

Vereinigung durch die Sui 588/589. Ein entfernter regierender Herrscher im Rücken des Gegners konnte wiederum ein nützlicher Bündnispartner sein, wie etwa der Khan der Türken in Zentralasien für den Kaiser in Konstantinopel gegen die Perser. Gleichzeitig vermehrte eine große Anzahl an Gesandtschaften aus aller Herren Länder das Ansehen eines Herrschers auch unmittelbar vor den Augen seiner Gefolgsleute am Hof. Die chinesischen Quellen berichten detailliert über die vielen Delegationen, die aus Ost-, Südost-, Süd- und Zentralasien mit exotischen Geschenken eintrafen – aus dem weit entfernten Funan im heutigen Kambodscha etwa nicht weniger als zehn Mal zwischen 500 und 540. Im Gegenzug hofften diese oft mehrere hundert Personen umfassenden Gruppen nicht nur auf mindestens ebenso wertvolle Gegengeschenke, sondern auch auf einen Zugang zu den chinesischen Märkten. Imperiale Gesandtschaften dienten wiederum der Machtdemonstration nach außen. Im Jahr 671 reiste zum Beispiel eine Delegation der Tang mit 47 Schiffen nach Japan, die auch 1400 japanische Kriegsgefangene aus vorangegangenen Kämpfen in Korea transportierten.[10] Besonderen Ruhm erwarb ein Herrscher durch militärische Erfolge über eine Vielzahl von Völkern nah und fern. In der Lebensbeschreibung des römischen Kaisers Aurelian (reg. 270–275) in den *Scriptores historiae Augustae* wird behauptet, er habe auf seinem Triumphzug in Rom Gefangene und Gesandte von den Blemmyern, die in der Wüste östlich des Niltals siedelten, aus Aksum, Südarabien, Indien, Baktrien, Ostgeorgien, Armenien und Persien sowie von den Goten, Alanen, Roxolanen, Sarmaten, Franken, Sueben und Alemannen mitgeführt, die ihn wie einen Gott verehrt hätten. Der ‚globale' Machtanspruch des Imperium Romanum wurde damit unterstrichen.[11]

Wie oft aber tatsächlich Gesandte aus so weit entfernten Gebieten wie Indien ihren Weg nach Rom oder Konstantinopel fanden, ist aufgrund der weiten Anwendung des Begriffs „Indien" in lateinischen und griechischen Quellen oftmals unklar. Ob eine „indische" Delegation tatsächlich vom Subkontinent oder aus Südarabien oder Ostafrika kam, ist kaum zu entscheiden, wenn nicht weitere Details eine tatsächliche indische Herkunft nahelegen. So soll eine Gesandtschaft an Kaiser Augustus (reg. 30 v. Chr. – 14 n. Chr.) von einem Brahmanen begleitet worden sein, der sich in Athen selbst verbrannte. Auch

10 Müller/Preiser-Kapeller/Riehle 2009; Bielenstein 1997, 80–87, 108–116; Bielenstein 2005, 5–8; Kuhn 2014, 213 f.; Beckwith 1987, 17–19.

11 Coedès/Sheldon 2010, 108–110.

für die Kaiser Hadrian und Antoninus Pius im 2. Jahrhundert sowie Konstantin und Julian im 4. Jahrhundert werden „indische" Gesandtschaften erwähnt.[12] Letztere könnten, wie auch eine Delegation im Jahr 549/550, die einen Elefanten als Geschenk mitbrachte, aus dem Reich von Aksum entboten worden sein, dessen Beziehungen mit Rom sich nach der Christianisierung um 330/340 intensivierten. Regelmäßige kirchliche Kontakte bestanden aus Ostafrika auf jeden Fall zum Patriarchen von Alexandria, der die Bischöfe für die Aksumiten weihte. Pilger reisten von Aksum auch nach Jerusalem. Um 540 überbrachten sie sogar die Krone ihres Königs Kaleb, die er nach seiner Abdankung dem Heiligen Grab gestiftet hatte. In die Gegenrichtung legten Marmorteile für die Ausstattung zweier Kirchen in der Hafenstadt Adulis und einer in Aksums Hauptstadt den weiten Weg von der Insel Prokonessos im Marmarameer, südlich von Konstantinopel, über das Mittelmeer und das Rote Meer nach Ostafrika zurück. Vielleicht handelte es sich auch dabei um diplomatische Geschenke des Kaisers.[13]

In Richtung Norden, Osten und Süden Indiens bot ebenso das Interesse fremder Herrscher an heiligen Stätten des Buddhismus und Hinduismus eine neue Grundlage für diplomatischen Austausch. So berichtet eine Inschrift in dem durch den zentralindischen Vakataka-König Pravarasena I. (reg. ca. 284–344) geförderten buddhistischen Kloster in Nagarjunikonda, im heutigen Bundesstaat Andhra Pradesh, von Beziehungen zu Kaschmir, Gandhara, verschiedenen anderen Regionen Indiens sowie Sri Lanka und sogar China. Eine indische Delegation wird auch am Hof der Östlichen Jin in Südchina für das Jahr 357 erwähnt, weitere folgten im 5. und 6. Jahrhundert sowohl an süd- als auch an nordchinesische Höfe. Für die Zeit der frühen Tang-Dynastie zwischen 637 und 753 sind dann über 50 Delegationen zwischen indischen Fürsten und China belegt. Diese gelangten auch aus Südindien und Sri Lanka über den Seeweg nach China und brachten buddhistische Texte und andere Kostbarkeiten mit.[14] Besonders intensive Kontakte pflegten indische Herrscher unter ähnlichen religiösen Vorzeichen, aber auch im Rahmen von Handelsbeziehungen mit den Fürsten Südostasiens, die wiederum als Stifter von buddhistischen Klöstern in Indien auftraten.[15]

---

12 Ball 2016, 452–457.

13 Phillipson 2012, 87 f., 91–95, 103 f., 201–203; Letsios 1988; Finneran 2007.

14 Sen 2003; Bielenstein 1997, 90-91, 107; Bielenstein 2005, 71–77; Lewis 2009b, 157 f.; Kulke/Rothermund 2010, 132; von Glahn 2016, 196.

15 Kulke/Rothermund 2010, 150–152; Power 2012, 215 f.

Eindeutiger als die Kontakte mit Rom fielen auch jene zwischen Indien und dem näher liegenden Persien aus. Großkönig Bahram V. Gor (reg. 421–438) heiratete sogar eine indische Prinzessin (in Firdausīs *Schāhnāme* aus der Zeit um 1000 trägt ihr Vater den Namen Shangal), die in ihrem Gefolge nicht nur Sänger und Musiker mitbrachte, sondern als Mitgift die Kontrolle über den wichtigen Hafen Daybul im Indusdelta. Ein besonderes Interesse an indischer Gelehrsamkeit und Kultur wird auch Großkönig Chosrau I. (reg. 531–579) nachgesagt. Geschenke erhielt er sowohl vom „König von Indien" – dessen Identität nach dem Zusammenbruch des Guptareichs aber schwer eindeutig zu identifizieren ist – als auch vom Herrscher Sri Lankas. Nach der Überlieferung des *Schāhnāme* soll damals auch das Schachspiel aus Indien am persischen Hof Einzug gehalten haben. Ebenso sei die berühmte indische Lehrdichtung *Panchatantra* unter dem Titel *Kalila und Dimna* ins Persische übersetzt worden. Als geopolitische Nachfolger der Sasaniden pflegten auch die Araber, deren Truppen Anfang des 8. Jahrhunderts bis ins heutige Pakistan vordrangen, sowohl friedliche – vor allem durch intensiven Handel gekennzeichnete – als auch kriegerische Beziehungen zu den indischen Staaten von Kaschmir bis Sri Lanka.[16]

Direkte diplomatische Beziehungen unterhielten die Sasaniden, wie schon ihre parthischen Vorgänger, auch zu den Höfen Chinas. Zwischen den Jahren 437 und 555 sind 14 Gesandtschaften aus Persien (chines. Po-ssu) an verschiedene Höfe in China verzeichnet, sowohl im Norden als auch im Süden, wohin sie 530, 533 und 535 wohl auf dem Seeweg gelangten. Nach der Vereinigung Chinas unter den Sui 589 und vor allem dann angesichts des arabischen Vormarsches gegen Persien ab den 630er Jahren stieg die Anzahl der Gesandtschaften, auch auf der Suche nach militärischer Unterstützung, die aber nicht gewährt wurde. Dennoch hielten nach dem Tod des letzten Großkönigs Yazdegerd III. in Merw 651 auch seine Nachkommen die Beziehungen zu China aufrecht und flohen schließlich sogar nach Chang'an. Die Tang benutzten die Sasanidenprinzen bis ins frühe 8. Jahrhundert als Schachfiguren im Spiel um die Vormacht in Zentralasien und zeichneten sie mit Kommandoposten und hohen Ehrungen aus.[17]

---

16 Daryaee 2009, 23 f.; Ray 2003, 200 f.; Firdausī 2006, 665–669, 698–701, 704–708; Melikian-Chirvani 2016, 95.

17 Bielenstein 2005, 353–359; Kordoses 2008, 204–209, 233–235, 257; Schafer 1963, 26; Thilo 2006, 74.

Im selben Jahr 651, als die Sasanidenherrschaft endete, entsandten die Araber auch ihre erste Gesandtschaft an den chinesischen Hof und taten dies nicht weniger als dreißigmal in den nächsten 150 Jahren – mit einer besonders hohen Anzahl an Delegationen vor und nach der Schlacht von Talas im Jahr 751. Einige der Gesandtschaften legten nicht den ganzen weiten Weg aus Damaskus oder Bagdad nach Chang'an zurück, sondern wurden von den Statthaltern der Kalifen in Zentralasien entboten, wo die Interessenssphären der beiden Imperien direkt aufeinanderstießen. Gegen gemeinsame Feinde, wie Türken oder Tibeter, wurden sowohl vor als auch nach 751 aber auch zeitweilige Bündnisse geschlossen. Diesem Zweck diente zum Beispiel die Mission des chinesischen Botschafters Yang Liangyao an den Abbasidenhof in Bagdad im Jahr 785, wobei eine letzte arabische Gesandtschaft am Tang-Hof für das Jahr 798 verzeichnet ist (danach erst wieder ab 924).[18] Im Rahmen des ‚großen Spiels' um Zentralasien wurden auch Gesandte zwischen dem Kalifat und Tibet ausgetauscht, wobei arabische Quellen mehrfach behaupten, der Kaiser der Tibeter hätte die Absicht gehegt, zum Islam überzutreten. Tatsächlich entstand in Lhasa eine kleine muslimische Gemeinde samt Moschee. Dort versammelten sich aber vor allem Händler aus dem Kalifat, die unter anderem des berühmten Moschus wegens nach Tibet reisten. Eine letzte arabische Delegation aus Samarkand erreichte Tibet 841/842 kurz vor der Ermordung des Kaisers Khri Ui Dum Brtsan (reg. 838–842), dem der Zusammenbruch des Großreichs folgte.[19]

Ähnlich umstritten wie im Fall der Beziehungen zwischen Rom und Indien ist hingegen die Frage nach direkten Kontakten zwischen den Imperien im äußersten Westen und Osten Eurasiens, also zwischen Rom beziehungsweise Byzanz und China. Dort wusste man spätestens seit der Expedition des Ban Chao um 97 n. Chr. vom Imperium Romanum, das man mit der Bezeichnung *Ta-ch'in* („großes Chin") als imperiales Gegenstück im Westen auszeichnete. Eine für das Jahr 166 verzeichnete Delegation, die über Südostasien nach China gelangte, behauptete im Namen des „An-tun, König von Ta-ch'in" aufzutreten, der mit Kaiser Marcus Aurelius Antoninus (reg. 161–180) identifiziert wird. Allerdings bezweifelt die moderne Forschung, dass es sich um eine offi-

---

18 Beckwith 1987, 111 f., 137–140, 149 f.; Bielenstein 2005, 353–359; Schottenhammer 2014.

19 Akasoy 2016, 27; Melikian-Chirvani 2016, 94–96; Beckwith 1987, 78–87, 158–163; Yoeli-Tlalim 2016, 1–4; King 2016.

zielle Gesandtschaft handelte und nimmt vielmehr an, dass Händler aus dem römischen Raum sich mit einem kaiserlichen Auftrag schmückten, um leichter Zugang zum chinesischen Hof zu erhalten. Ähnliches gilt wohl für über dieselbe Route angereiste Delegationen im Jahr 226 und in den Jahren 284 und 363.[20]

Tatsächlich in die Nähe Chinas gelangten hingegen jene Gesandtschaften, die Konstantinopel ab 570 zum Khan der Westtürken in Zentralasien entbot. Sie bilden wohl auch den Hintergrund für die relativ genauen Informationen, die der Historiker Theophylaktos Simokattes (ca. 580–641) zur politischen Lage in China bieten konnte, das bei ihm *Taugast* heißt (von Tabgatsch oder Tuoba, der Bezeichnung des Volkes, dem die von 385 bis 535 in weiten Teilen Nordchinas herrschende Wei-Dynastie entstammte). Bis zur Zeit des byzantinischen Kaisers Maurikios (reg. 582–602) sei *Taugast* entlang einer Flusses – gemeint ist der Jangtsekiang – in zwei Reiche geteilt gewesen, bis der Herrscher des Nordens den Süden eroberte und das ganze Land vereinte. Dies bezieht sich zweifellos auf die Eroberung Südchinas durch den Sui-Kaiser Wendi im Jahr 589. Mit dem Herrscher von Taugast habe der Khan der Türken einen Vertrag geschlossen.[21] Die relativ gut dokumentierten Verhandlungen zwischen dem westtürkischen Khanat in Zentralasien und Konstantinopel in den 570er und nochmals in den 620er Jahren blieben aber die einzigen, über die wir in den byzantinischen Quellen unserer Zeit etwas erfahren. Für das Jahrhundert zwischen 643 und 747 behaupteten Michael Kordoses und andere Gelehrte, dass es hingegen in den chinesischen Quellen Belege für nicht weniger als acht byzantinische Gesandtschaften gäbe, die in den Jahren 643, 667, 701, 712, 719 (zweimal), 742 und 747 die ganze Strecke von Konstantinopel nach Chang'an – rund 6700 km Luftlinie – zurückgelegt hätten. Nach Ansicht von Kordoses konnten diese Missionen als Fortsetzung der früheren Versuche interpretiert werden, mit der Vormacht in Zentralasien (früher die Türken, jetzt die Tang) zur einer Verständigung gegen einen gemeinsamen Feind (früher die Perser, nun die Araber) zu gelangen, die mit der Niederlage der Tang in der Schlacht von Talas 751 geendet hätten. Er verweist auch darauf, dass byzantinische Diplomaten bereits in den 570er Jahren „zwei Drittel der Strecke von Konstantinopel in die chinesische Hauptstadt" zurückgelegt hätten.

---

20 Bielenstein 1997, 85 f.; Chen 2003/2004, 278, 306 f., 331 f., 345; Ball 2016, 152.

21 Coedès/Sheldon 2010, 136–138.

Die von ihm zitierten chinesischen Quellen sind aber alles andere als klar in ihrer Lokalisierung jenes nun *Fu-lin* genannten Reiches, wohl eine Ableitung von *Phrom*, einer über das Persische in zentralasiatische Sprachen vermittelten Bezeichnung für Rom. Damit konnte das Imperium der Römer genauso gemeint sein wie Syrien oder andere, näher an China gelegene westliche Regionen, auch verschiedene Staaten zu verschiedenen Zeiten. Diese Texte konzentrieren sich auch auf die Beschreibung der exotischen Geschenke, die diese Gesandtschaften überbrachten (und die natürlich als Tribute gedeutet wurden) und sagen nichts über den Inhalt möglicher Verhandlungen. Ebenso gibt es keinen einzigen Hinweis auf eine solche Unternehmung in den byzantinischen Quellen, wiewohl jene für diese Zeit sehr dürftig ausfallen. Und im Gegensatz zur Allianz mit den Türken wird auch keinerlei Auswirkung eines solchen Versuchs eines Bündnisses erwähnt, wenn wir nicht die zeitweilig privilegierte Behandlung des ‚nestorianischen' Christentums in China ins Feld führen wollen, die Kordoses mit solchen ‚byzantinischen' Gesandtschaften in Verbindung bringt.[22] Ein genaueres Wissen über die jüngere Geschichte des byzantinischen Reiches mag eine Passage im Werk des aus dem koreanischen Reich Silla stammenden Mönchs Hui Chao widerspiegeln, der 723/726 von China nach Indien reiste und berichtete:

> „Der König des Landes Fu-lin hat eine mächtige Armee, starke Soldaten und kräftige Pferde und ist keinem anderen Land untertan. Das Reich von Ta-shih [= das arabische Kalifat] griff es viele Male an, aber scheiterte. Tu-chue [Türken] fielen dort ein und scheiterten ebenfalls. Das Land ist reich an wertvollen Dingen und an Kamelen, Maultieren, Schafen, Pferden und Kleidung. Ihre Tracht ist vom selben Stil wie jene von Persien und Ta-shih, aber ihre Sprache ist anders."[23]

Hinter dieser Schilderung könnten Nachrichten über die relativ kurz zuvor erfolgreich abgewehrte arabische Belagerung Konstantinopels im Jahr 717/718 stehen, die sich bis nach Indien verbreitetet hatten. Allerdings schmückten sich um diese Zeit auch die sehr viel näher gelegenen Herrscher von Kabulistan und Zabulistan, die ebenfalls erfolgreich arabische Angriffe abwehrten, auf Münzen mit dem Namen eines „Kaisers

22 Chen 2003/2004, 325, 334 f., 340, 344 f., 354 f.; Kordoses 2008, 221, 229 f., 251; Schafer 1963, 5, 184, 198. Bielenstein 2005, 366–368; Rezakhani 2010, 429 f.

23 Zitiert nach Chen 2003/2004, 333–336.

von Rom", sodass das in den chinesischen Texten erwähnte *Fu-lin* zwar im fernen, aber nicht äußersten Westen zu suchen wäre.[24] Dazu passt auch, dass für das Jahr 719/722 der „Herr von Tocharien", im heutigen Nordafghanistan, als Gesandter von *Fu-lin* erwähnt wird, der zwei Löwen und zwei Antilopen als Geschenke für den chinesischen Kaiser überbrachte. Denkbar ist immerhin, dass sich tatsächliche Nachrichten über das Römische/Byzantinische Reich in die Informationen über das näher gelegene *Fu-lin* mischten. Als Beleg für einen direkten Gesandtenaustausch zwischen Konstantinopel und Chang'an taugen diese Texte aber nicht.[25] Dennoch ist das sonstige Ausmaß an diplomatischen Kontakten zwischen den spätantiken Weltherrschern Afro-Eurasiens durchaus beeindruckend.

Konkurrenz zwischen Weltherrschern

In verschiedener Weise erhoben die Regenten dieser Imperien den Anspruch auf Weltherrschaft. Parther und Sasaniden bezeichneten sich auf ihren Inschriften und Münzen in iranischer und altorientalischer Manier als „König der Könige" (*Schahanschah*). Indische Herrscher der Maurya- oder der Gupta-Dynastie führten den Titel eines „Oberkönigs der Großkönige" (*Maharaha-Adhiraja*) und ließen sich als *Chakravartin*, also als „der, dessen Streitwagenräder sich ungehindert überall hindrehen" bzw. „der, der das Rad des Gesetzes in Bewegung hält", und als „Eroberer der vier Weltgegenden" feiern. Auf Gupta-Münzen prahlte man sogar: „Nach der Eroberung der Erde wird der ‚Große König der Könige' mit der Kraft eines unbesiegbaren Helden die Himmel erobern."[26] Ein *imperium sine fine*, eine Herrschaft ohne Ende beziehungsweise ohne Grenzen, ließ der Dichter Vergil den Gott Jupiter dem Aeneas und somit der Stadt Rom schon zur Zeit des Herrschaft des Augustus, des Begründers des römischen Kaisertums, prophezeien.[27] Und die Herrschaft über „alles unter dem Himmel" (chines. *tianxia*) verlieh das „Mandat des Himmels" dem als *Huangdi* („erhabener Göttlicher") und *Tianzi* („Sohn des Himmels") titulierten Kaiser von China."[28] Die religiöse Dimension dieser Ansprüche intensivierte

---

24 Für diese Anregung danke ich Khodadad Rezakhani.

25 Chen 2003/2004, bes. 311 f., 323–325, 333–336; Rezakhani 2017.

26 Kulke/Rothermund 2010, 108–113; Power 2012, 54 f.

27 Vergil, Aeneis 1,279.

28 Bielenstein 1997, 80–86.

sich noch ab den Krisenzeiten des 3. Jahrhunderts und wurde durch neue, zum Teil aus der Ferne importierte Glaubensvorstellungen verändert und ergänzt. Garth Fowden spricht sogar von einem „spätantiken Zeitgeist des Universalismus", der politische und religiös-kulturelle Herrschaft verknüpfte.[29] Die Sasaniden als „Könige der Könige von Iran und Nicht-Iran, deren Abstammung von den Göttern ist" förderten seit ihrer Machtergreifung im Perserreich 224 den Zoroastrismus als Staatskult. In dem im 6. Jahrhundert verfassten, aber einem Priester des 3. Jahrhunderts zugeschriebenen „Brief des Tansar" wird festgehalten, dass „die königliche Macht und die Religion zwei Brüder in vollkommener Übereinstimmung miteinander sind". Andere Glaubensgemeinschaften wie die Christen oder Juden wurden zwar meist geduldet und auch zum Gebet für das Wohl des Herrschers aufgefordert, sein königlicher „Glücksglanz" (pers. *xvarrah*), der sich eben auch in seinen Erfolgen im Krieg und auf der Jagd widerspiegelte, hing aber ganz besonders von der Gnade der zoroastrischen Götter, an ihrer Spitze der Schöpfergott Ahura Mazda, ab.[30]

Auch im Römischen Reich kam es in der Krisenzeit des 3. Jahrhunderts, teilweise unter Einfluss der mit syrischen Kulten verbundenen Severerdynastie (reg. 193–235), zu einer Wandlung der religiösen „Rahmung" des Kaisertums, die ebenso mit einem verstärkten Interesse an den religiösen Praktiken der Untertanen einherging und erstmals zu systematischen und reichsweiten Verfolgungen von ‚abweichenden' Gemeinschaften wie den Christen oder Manichäern führte.[31] Mit der Hinwendung des Kaisers Konstantin I. zum Christentum und insbesondere mit dem Konzil von Nikaia 325 entwickelte man aber nun ein christliches Kaiserbild und versuchte, das Imperium in den göttlichen Heilsplan zu integrieren. Garth Fowden und zuletzt Almut Höfert verwenden dafür den Begriff des „imperialen Monotheismus" mit den Grundsätzen „ein Gott, ein Kaiser als Abbild Gottes, ein Weltreich, ein Glaube".[32] Anfangs wurden auch noch andere Kulte geduldet, aber als ‚konkurrierende' religiöse Aspekte des Kaisertums nach und nach verschwanden (379 legte Kaiser Gratian das heidnische Amt des Pontifex maximus nieder), wurde ab 391 die kaiserliche Unterstützung aller nichtchristlichen Kulte eingestellt. Das Christentum wurde somit zur

[29] Power 2012, 54 f.
[30] Daryaee 2009, 5 f., 24 f., 41 f., 81 f.; Ball 2016, 485–489.
[31] Ball 2016, 494.
[32] Fowden 1993; Höfert 2015, 129–150.

einzigen staatlich geförderten Religion – und die Christen in diesen Jahrzehnten vermutlich zur Mehrheit im Reich. ‚Pagane' Kulte und ihre Anhänger existierten allerdings bis ins späte 6. Jahrhundert weiter.[33] Erst Kaiser Justinian unternahm die ‚Vollendung' der Christianisierung des Imperiums und die endgültige Verdrängung des „Heidentums". Markiert wurde sie durch die Schließung noch prominenter paganer Institutionen wie im Jahr 529 der von Platon begründeten philosophischen Akademie in Athen oder des Isis-Tempels auf der Nil-Insel Philae im südlichen Ägypten. Aber nicht nur Anhänger heidnischer Kulte wurden verfolgt, sondern auch jene religiöser Sondergruppen wie der mit dem Judentum verwandten Samaritaner, der Manichäer oder christlicher ‚Häresien'.[34] Das christianisierte römische Kaisertum wurde ebenso zum Vorbild für andere christliche Herrscher wie etwa den „König der Könige" von Aksum. Auch er beanspruchte vor der Christianisierung eine quasi-göttliche Stellung, etwa als „Sohn des unbesiegbaren Gottes Mahrem". König Ezana (reg. ca. 330–360) hingegen beschwor in einer Inschrift nach seiner Taufe den „Glauben an Gott (…) und die Macht seines Sohnes Jesus Christus, der mir geholfen hat und mir immer helfen wird", bezeichnete sich als „Diener Christi" und setzte nun das Kreuz auf seine Münzen.[35]

Auch Hindus und Buddhisten entwickelten Vorstellungen vom Königtum als Verkörperung göttlicher Macht, das bestimmte kosmische Funktionen wahrnahm, eben etwa als *Chakravartin* („Dreher des Rades"). Insbesondere im Buddhismus der Mahayana-Schule setzte man den Herrscher mit einer Inkarnation des Buddha (Bodhisattva) gleich, dessen Königtum durch Verdienste in früheren Leben als *dharmaraja* und durch seine Obsorge für das leibliche und spirituelle Heil seiner Untertanen legitimiert war.[36] Mit dem Buddhismus verbreiteten sich diese Ideen nach China und wurden im 5. und 6. Jahrhundert von den Herrschern der nördlichen und südlichen Dynastien ebenso zur Propagierung ihrer Regentschaft genutzt wie von Kaisern der Sui- und Tang-Dynastie. Wie in Kapitel 1 erwähnt, bediente sich insbesondere auch Kaiserin Wu Zetian (reg. 690–705) buddhistischer Ideen von einer

33 Piétri/Piétri 1996, 450–471; Morrisson 2004, 63 f.; Pfeilschifter 2014, 108–120.

34 Preiser-Kapeller 2016.

35 Phillipson 2012, 79–87, 96 f., 102.

36 Ray 2003, 133–136; Kulke/Rothermund 2010, 163, 187; Munoz 2006, 66 f.; van Bladel 2016, 50.

weiblichen Idealherrscherin zur Stützung ihrer Herrschaft.[37] In ähnlicher Weise wurde der tibetische Kaiser Srong btsan sgam po nach seinem Tod 649 als Inkarnation des Bodhisattva Avalokitesvara verehrt. Kaiser Khri srong lde btsan (reg. 756–796) wiederum ließ sich schon zu Lebzeiten in einer Inschrift als „Großer Erleuchteter, Wunderwirkender und Göttlicher Herr“ feiern.[38] Buddhistische Vorstellungen dienten auch der Legitimierung des Kaisertums in Japan, wo sich Temmu (reg. 673–688) als erster „Himmlischer Herrscher“ (*tenno*) verehren ließ. Aus Indien und den indischen Religionen stammende Herrschaftskonzepte verbreiteten sich auch insbesondere nach Südostasien.[39]

Wie sollten aber nun diese sich zumindest in der Theorie gegenseitig ausschließenden Weltherrschafts- und insbesondere auch religiösen Wahrheitsansprüche im notwendigen wechselseitigen diplomatischen Verkehr ohne ständige Konflikte zum Ausdruck gebracht werden? Prinzipiell setzte man voraus, dass diese Ansprüche zumindest der Form nach auch von anderen, als ‚nachrangig‘ zu betrachtenden Herrschern anerkannt wurden. Entsprechend geschultes Kanzlei- und Hofpersonal trug dafür Sorge, dass Korrespondenz ins Ausland den oft subtilen Rangunterschieden zwischen verschiedenen Nachbarfürsten in Wort und auch Symbolik – etwa durch den Wert von Geschenken – Ausdruck gab. Eingehende Schreiben, sofern sie nicht von sich an den Usancen des adressierten Hofes orientierenden Verfassern stammten, galt es nötigenfalls sogar umzuformulieren. So bezeichnete sich der König Yeongyang des koreanischen Reiches von Koguryo (reg. 590–618) in der letztlich dem chinesischen Kaiser vorgelegten Fassung seines ‚Entschuldigungsschreibens‘ im Jahr 598 gar als „menschliche Ausscheidung“.[40] Für Aufruhr sorgten am Hof Chinas kurze Zeit später hingegen zwei vom Herrscher des japanischen Yamato-Reiches im Jahr 600 und 607 übermittelte Briefe, in denen er sich als „Himmelssohn des Ortes der aufgehenden Sonne“ bezeichnete, den Sui-Kaiser hingegen als „Herrscher des Landes der untergehenden Sonne“ und „jüngeren Bruder“. Somit beanspruchte der japanische Kaiser nicht bloß Augenhöhe mit, sondern sogar einen Vorrang gegenüber dem chinesischen Weltherrscher.[41] Zurückgewiesen

---

37 Lewis 2009a, 168 f., 204–212; Thilo 2006, 314 f.

38 von Brück 2008, 52 f., 57 f.

39 Kreiner 2012; Ray 2003, 147–152.

40 Bielenstein 2005, 6 f.; Cutler 2001.

41 Bielenstein 2005, 101-102; Lewis 2009a, 154 f.; Vollmer 2012, 66–68; Kuhn 2014, 200 f.

wurde ein solches Schreiben genauso wie jener Brief, den der byzantinische Kaiser Theophilos im Jahr 831 an Kalif al-Ma'mūn richtete, aber zur Entrüstung des arabischen Herrschers in der Anrede seinen eigenen Namen vor jenen des Adressaten gesetzt hatte.[42]

Diplomatie und Möglichkeiten der Koexistenz

Wie die Schilderung des vierfachen Thronsessels im Palast des Großkönigs Chosrau I. zeigt, bestand aber auch die Möglichkeit, als ähnlich mächtig erkannte imperiale Herrscher zu annähernd gleichrangigen Teilhabern an der natürlich um das eigene Imperium zentrierten Weltordnung zu erklären. Hürden im wechselseitigen diplomatischen Verkehr zwischen den Weltherrschern wurden damit überwindbar, da jeweilige universelle Machtansprüche insbesondere vor dem eigenen Gefolge nicht infrage gestellt oder durch die ‚Spiegelung' im Austausch mit einem imperialen Gegenüber sogar noch bestätigt wurden. Realpolitisch dienten solche Konzepte der ‚Koexistenz' auch der ideologischen Bewältigung der Erfahrung, dass man imperiale Opponenten im Gegensatz zu anderen, schwächeren Nachbarn eben nicht militärisch vollständig bezwingen konnte.[43] Folgerichtig bedachte der chinesische Kaiser Gaozong 649 nach dem vorangegangenen ersten militärischen Kräftemessen den tibetischen Kaiser Srong btsan sgam po mit dem den Titel eines *Pao-wang* („Juwelenkönig"), mit dem im chinesischen Buddhismus der mythische Herrscher des Westens der Welt bezeichnet wurde. Der Aufstieg Tibets unter die Weltreiche der Zeit war somit quasi offiziell anerkannt.[44]

Auch Rom gab seinen Anspruch auf die Weltherrschaft nicht auf, doch betrachteten Autoren der frühen Kaiserzeit das Partherreich in Persien und Mesopotamien als zweites *maximum imperium* neben dem Römischen – so Tacitus – und bezeichneten die beiden Reiche als die „zwei größten Herrschaften unter der Sonne" – so Flavius Iosephus.[45] Dieses Konzept einer (annähernden) Gleichrangigkeit des imperialen Konkurrenten im Osten sollten Autoren der folgenden Jahrhunderte aufgreifen und daraus eine besondere Verantwortung der zwei Imperien für die Aufrechterhaltung der Weltordnung ableiten. So

42 Müller/Preiser-Kapeller/Riehle 2009, Nr. 423.

43 Höfert 2015, 119–121, 193–196; Preiser-Kapeller 2012.

44 Beckwith 1987, 25 f.; von Brück 2008, 155 f.

45 Zitiert nach Schmalzbauer 2004.

ließ der byzantinische Autor Petros Patrikios bei seiner Beschreibung des römisch-persischen Friedensschlusses im Jahr 299 den persischen Gesandten festhalten:

> „Es ist offensichtlich für alle Menschen, dass das römische und das persische Reich gleichsam zwei Lampen sind, und es ist nötig, dass sie wie Augen durch den Glanz des jeweils anderen geschmückt werden und sich nicht gegenseitig zu ihrer Vernichtung schaden."[46]

Um 530 richtete laut des Chronisten Malalas Großkönig Kavadh I. folgendes Schreiben an Kaiser Justinian: „Kavadh, König der Könige, von der aufgehenden Sonne, an Flavius Justinianus Caesar, vom untergehenden Mond".[47] Trotz dieser an das Schreiben des japanischen Herrschers an den chinesischen Kaiser erinnernden Rangmetaphorik wurde der Brief in Konstantinopel entgegengenommen, wohl auch, da der Großkönig im nächsten Satz das brüderliche Verhältnis zwischen den beiden Weltherrschern beschwor. Bei Theophylaktos Simokattes heißt es in einem 589 zu datierenden Brief des Perserkönigs Chosrau II. an Kaiser Maurikios schließlich:

> „Von allem Anfang an hat Gott bewirkt, dass die gesamte Welt von zwei Augen erleuchtet werde, das heißt von dem überaus mächtigen Kaisertum der Römer und von der wohlbesonnenen Herrschaft des Staates der Perser. Denn durch diese gewaltigen Reiche werden die ungehorsamen und kriegsliebenden Stämme niedergehalten und das Leben der Menschen in guter Ordnung bewahrt und fortwährend regiert."[48]

Interessanterweise legten die Autoren diese Vorstellungen immer persischen Vertretern in den Mund, wohl auch, um gegenüber der Leserschaft im Römerreich diese Konstrukte ‚leichter verdaulich' erscheinen zu lassen. Mit denselben Metaphern versuchte 913/914 auch der Patriarch Nikolaos Mystikos von Konstantinopel in einem Brief an den Kalifen al-Muqtadir (reg. 908–932) in Bagdad eine ideologische Grundlage für eine Koexistenz der beiden Weltreiche der Römer und der Araber zu schaffen:

---

46 Winter/Dignas 2001, 145–147.

47 Zitiert nach Winter/Dignas 148, fn. 478 (Malalas 18, 44).

48 Theophylaktos Simokattes 1985, 128.

> „Ich meine, es gibt zwei Mächte, nämlich die Sarazenen und die Römer, die alle Macht auf Erden übertreffen und überstrahlen, wie die zwei großen Leuchten am Firmament. Allein schon aus diesem Grund müssen sie Gemeinsamkeit pflegen und Brüderlichkeit und nicht, weil wir in Lebensweise, Bräuchen und Glauben uns unterscheiden, einander in allem fremd bleiben."[49]

Die Idee der Kooperation zwischen Rom und Persien schlug sich, wie schon im Brief des Kavadh I. erwähnt, auch in der Konstruktion eines Verwandtschaftsverhältnisses zwischen Kaiser und Großkönig, die sich im diplomatischen Verkehr als „Bruder" bezeichneten, nieder. Dies wurde insbesondere dann beschworen, wenn einer der beiden Monarchen versuchte, seine innenpolitische Stellung durch demonstrative Verbundenheit mit der anderen Weltmacht zu stärken. Prokop berichtet, dass Kaiser Arkadios den Perserkönig Yazdegerd I. (reg. 399–420) testamentarisch formell als Vormund seines unmündigen Sohnes Theodosios II. einsetzte und dass Yazdegerd I. dieser Verpflichtung auch nachkam und jeden mit Krieg bedrohte, der die Herrschaft des Theodosios gefährden sollte. Im oben erwähnten Brief des Großkönigs Chosrau II. an Kaiser Maurikios bezeichnete sich Chosrau sogar als „Sohn" des Kaisers, um seinen Schutz gegen den Usurpator Bahram Chobin zu erbitten. Doch konnten solche Versuche zur Verwandtschaftskonstruktion auch scheitern. Als 522 Großkönig Kavadh I. den Kaiser Justin I. ersuchte, seinen Sohn Chosrau (I.) zu adoptieren, um dessen Nachfolge im Perserreich abzusichern, lehnte dies Konstantinopel – laut dem zeitgenössischen Historiker Prokopios – unter anderem aufgrund von Befürchtungen, Chosrau könne daraus Ansprüche auf eine Beteiligung an der kaiserlichen Herrschaft konstruieren, ab. Dass derartige Befürchtungen nicht gänzlich unbegründet waren, zeigte später eben das Beispiel Chosraus II., der, als Kaiser Maurikios 602 durch eine Militärrebellion um Thron und Leben kam, unter dem Vorwand, seinen ‚väterlichen' Gönner zu rächen, einen verheerenden Krieg gegen Byzanz begann.[50] Auch in seinem Schreiben an den abbasidischen Kalifen sprach Patriarch Nikolaos I. 913/914 von einem brüderlichen Verhältnis, das zwischen den beiden von Gott eingesetzten Weltherrschern, dem Kaiser der Römer und dem Kalifen der „Sarazenen", herrschen soll. Im üblichen diplomatischen Verkehr, wie wir ihn etwa in den im sogenann-

[49] Zitiert nach Schmalzbauer 2004.

[50] Börm 2007, 308–317; Daryaee 2009, 21 f.

ten Zeremonienbuch des Kaisers Konstantins VII. Porphyrogennetos (reg. 913–959) verzeichneten Grußformeln erfassen können, wurden gegenüber den muslimischen Herrschern aber keine verwandtschaftlichen Metaphern mehr eingesetzt. Verwandtschaftsbezeichnungen sind im Zeremonienbuch im Gegensatz zur früheren Praxis christlichen Herrschern vorbehalten.[51]

War also der Schriftverkehr zwischen diesen Weltherrschern schon heikel und mit der ständigen Gefahr fataler ‚Missverständnisse' verbunden, so hätte ihr direktes Aufeinandertreffen, wie es etwa im Thronsaal Chosraus oder auf dem Wandgemälde in Qusair 'Amra imaginiert wird, das Protokoll vor fast unüberwindbare Schwierigkeiten gestellt. Dementsprechend wurden solche Begegnungen selbst dann vermieden, wenn sich die (seltene) Gelegenheit dafür geboten hätte. Als etwa der oben erwähnte Großkönig Chosrau II. 590 vor der Usurpation des Generals Bahram Chobin ins Oströmische Reich floh, hielt ihn Kaiser Maurikios davor ab, ihm sein Hilfsersuchen persönlich in Konstantinopel vorzubringen und reiste auch seinerseits nicht in den Osten, um den Sasanidenherrscher zu treffen.[52] Auch an den chinesischen Hof begaben sich Peroz und Narses, Sohn und Enkelsohn des letzten Sasaniden-Großkönigs Yazdegerd III. (reg. 632–651), erst dann, als ihr Reich von den Arabern erobert worden war und sie somit als besonders geehrte, aber macht- und auch rangmäßig klar unterlegene Bittsteller vor den Kaiser der Tang traten. Die Statue des Peroz am Grabmal des Kaisers Gaozong ziert dementsprechend zwar noch der Titel des „Königs von Persien", aber er wird weiters als „Großer General der tapferen Garde und Oberbefehlshaber der Provinz Persien" (chines. *Bosi dudufu*) ausgewiesen und somit als Vasall des chinesischen Imperiums.[53] Der Umgang mit solchen hochrangigen Machthabern blieb allerdings situationsangepasst. Als Khan A-na-kuei der Rouran 520 kurzzeitig aus seinem Reich vertrieben wurde, musste er sich am nordchinesischen Hof der Tuoba/Wei vor Kaiser Xiao Ming (reg. 516–528) auf den Boden werfen, um Aufnahme und Unterstützung zu erlangen. Nachdem er seinen Thron und die Macht über die Steppe wieder erfolgreich zurückgewonnen hatte, war aber keine Rede mehr davon, er sei ein Untertan des Kaisers. Er

---

51 Canepa 2010b; Preiser-Kapeller 2012.

52 Preiser-Kapeller 2012.

53 Daryaee 2009, 37 f.; Thilo 2006, 74; Beckwith 1987, 41–46, 108-112; Rezakhani 2017, 182–184.

verhandelte wieder auf Augenhöhe, was Kaiser Xiao Ming akzeptierte und durch ein Ehebündnis legitimierte.[54]

Heiraten und der damit verbundene Wechsel von Mitgliedern der Herrscherdynastie an einen anderen Hof spielten eine besondere Rolle im diplomatischen Verkehr zwischen den Großmächten. Das Anrecht, in die imperiale Dynastie einzuheiraten oder gar eine Prinzessin der kaiserlichen Familie zu ehelichen, war Gegenstand langwieriger Verhandlungen. Und erneut spiegelte sich oft der Rang, der dem fremden Herrscher zugebilligt wurde, in der verwandtschaftlichen Nähe der gewährten Braut zur kaiserlichen Person wider. Erst nach mehreren Monaten des Feilschens erhielt der tibetische Minister Mgar Ston rtsan mit Prinzessin Wen-cheng eine Frau aus einer Nebenlinie der Tang als Braut für seinen Herrn, Kaiser Srong btsan sgam po. Im März 641 reiste sie dann mit einem umfangreichen Gefolge an Höflingen, Musikern und buddhistischen Mönchen nach Tibet. Diese Delegation wurde somit auch zu einem weiteren Träger des Kulturtransfers zwischen den imperialen Höfen.[55] Die Bedeutung der Heirat der Wen-cheng für das Aufblühen des Buddhismus in Tibet ist allenfalls mit der Verheiratung der Prinzessin Anna, der Schwester des byzantinischen Kaisers Basileios II. (reg. 976–1025), mit Großfürst Wladimir I. von Kiew (reg. 980–1015) zu vergleichen, der die Taufe des russischen Herrschers und somit der definitive Beginn der Christianisierung Russlands voranging. Auch am Hof von Konstantinopel war man mit Bräuten aus der Kaiserdynastie alles andere als freigiebig und im Fall Wladimirs – er gewährte dem Kaiser dringend benötigte Waffenhilfe gegen einen Rebellen – war dieser Gunsterweis besonderen Umständen geschuldet.[56]

Die Weltherrscher verkehrten also unter einander vor allem über Delegationen und Schriftstücke, wobei neben deren Wortlaut alleine schon der Rang eines Gesandten ein Instrument zur Vermittlung der Wert- oder Geringschätzung des Adressaten war. Dieser wiederum konnte die rangmäßige Verortung des Entsenders einer Gesandtschaft in der imperialen Weltordnung durch deren Platzierung beim Zeremoniell am Hof signalisieren; entsprechend protestierte der japanische Botschafter Fujiwara no Kiyokawa im Jahr 752, als im Kaiserpalast der Tang eine gleichzeitig angekommene Gesandtschaft aus dem koreanischen

54 Bielenstein 1997, 81.
55 Beckwith 1987, 24–26; von Brück 2008, 50–54.
56 Panagopoulou 2006.

Königreich Silla bevorzugt behandelt wurde. Ebenso beklagte sich Liutprand von Cremona (920–972) als Gesandter von Kaiser Otto II. in Konstantinopel im Jahr 968 darüber, dass die Botschafter der Bulgaren direkt neben dem byzantinischen Kaiser Nikephoros II. Phokas (reg. 963–969) speisen durften, während ihm beim Bankett eine abgelegenere Tafel zugewiesen worden war.[57] In besonders wichtigen Missionen diente auch das Auftreten oder gar die Raffinesse eines Botschafters als Ausweis der Überlegenheit seines Auftraggebers. Der tibetische Minister Mgar Ston rtsan soll bei den Verhandlungen um die Heirat mit Prinzessin Wen-cheng den chinesischen Kaiser sogar derart beeindruckt haben, dass dieser ihm die Hand einer anderen hochgestellten Dame des Hofes für ihn selbst angeboten habe (was der Tibeter ablehnte).[58] Wir dürfen auch davon ausgehen, dass sich Mgar Ston rtsan mit dem Herrscher der Tang auf Chinesisch unterhalten konnte. Auch andere Nachbarreiche wie die koreanischen Königtümer oder Japan verfügten über entsprechend geschultes Personal, seien es an den Hochschulen der chinesischen Hauptstadt ausgebildete, in ihre Heimat zurückgekehrte Schreiber und Übersetzer, seien es sogar chinesische Migranten. Wo den auswärtigen Herrschern solche Fachkräfte fehlten, war man auf Dolmetscher angewiesen, die sich etwa am Hof der Tang wiederum oft unter den Ausländern rekrutierten, da die Chinesen selbst – mit Ausnahme etwa der an den Originaltexten ihres Glaubens interessierten buddhistischen Gelehrten – wenig fremde Sprachen lernten. Diesen nicht-chinesischen Übersetzern begegneten die Behörden am Hof aber zeitweilig mit Argwohn. So misstraute man um 800 den vor allem aus eben diesem Volk rekrutierten Dolmetschern für den Verkehr mit den wichtigen Uiguren und empfahl die Verwendung von Vertretern anderer dieser Sprache kundiger Volksgruppen.[59] Entsprechende Sprachkenntnisse konnten im imperialen Dienst auch als Karrieregrundlage innerhalb von Familien mit ‚Migrationshintergrund' weitergegeben werden. Die Vorfahren des unter Kaiser Romanos I. Lakapenos (reg. 920–944) mehrfach zu armenischen Fürsten entsandten Dolmetschers (griech. *hermeneutes*) Krinites waren Ende des 9. Jahrhunderts aus Armenien nach Byzanz eingewandert und hatten zuerst in der Armee Karriere gemacht. Und der oben erwähnte Liutprand von Cremona hatte im 10. Jahrhundert den diplomatischen Dienst in

57 Thilo 2006, 83 f.; Hoffmann 2009; Nechaeva 2014.
58 Beckwith 1987, 24–26; Geary u. a. 2015.
59 Bielenstein 1997, 81 f.; Thilo 2006, 88 f.

Konstantinopel und die griechischen Sprachkenntnisse gleichsam von seinem Vater ‚geerbt'.[60]

Mobilität und Konkurrenz der Eliten im China der Tang

So wie für die armenische Familie Krinites waren die imperialen Höfe von Konstantinopel, Ktesiphon, Bagdad oder Chang'an mächtige Anziehungspunkte für die Mobilität von Eliten sowohl von innerhalb als auch außerhalb der Reichsgrenzen. Der Dienst als Beamter oder Militärkommandant bot die Gelegenheit zum Erwerb von Prestige und Reichtümern, ja die Interaktion mit dem Kaiser und den anderen Mitgliedern des Hofes machte den ‚elitären' Status eines Individuums und dessen Anerkennung überhaupt erst sichtbar. Aufträge des Herrschers führten diese Personen dann im Gegenzug möglicherweise in alle Teile des Imperiums oder – eben als Gesandte – auch darüber hinaus. Diese räumliche Mobilität fand ihr Gegenstück im Auf- oder Abstieg von Einzelnen oder Gruppen in der kaiserlichen Gunst, die wiederum – im Raum des Hofes – in der Nähe oder Ferne zur kaiserlichen Person etwa bei Empfängen oder Banketten veranschaulicht wurde.[61] Wir haben also mit einem beständigen ‚Kreislauf' an Eliten innerhalb der und zwischen den Residenzen und Imperien zu rechnen.

Den Kern der Aristokratie des Sui- und Tang-Reiches machten einige hundert sowohl an materiellem als auch kulturellem Kapital reiche Sippen aus, die sich auf mehrere Generationen vor der erneuten Einigung Chinas Ende des 6. Jahrhunderts zurückführen konnten, sowohl im Norden, wo eingesessene und neuzugewanderte Clans seit dem 4. Jahrhundert oft miteinander verschmolzen waren, als auch im Süden, wohin viele Elitenfamilien mit der Jin-Dynastie beim Zusammenbruch des Reiches im Norden nach 311 geflohen waren. Ein frühes Sippenregister zur Regulierung (und auch Beschränkung) der Aristokratie im Jahr 637/638 verzeichnete 1641 Familien mit 293 unterschiedlichen Clannamen. Ihre Mitglieder sahen sich aber einer durchaus von den Kaisern geförderten Konkurrenz gegenüber, zum einen aus den Reihen jener, die sich durch an Bedeutung gewinnende allgemeine Beamtenprüfungen für höhere Ämter qualifiziert hatten, zum anderen durch Vertreter ausländischer Eliten, die vor allem im Militär Karriere mach-

---

60 PmbZ 2017, Nr. 24200 und 26760; Martin-Hisard 2000; Hoffmann 2009.

61 Althoff 2013.

ten. Um auch genealogisch mit den etablierten Aristokraten mithalten zu können, wurde es bei diesen Newcomern üblich, Stammbäume zu konstruieren, die unter anderem die Abkunft von Adeligen der Han-Zeit, die in fremde Gefangenschaft geraten waren, behaupteten. Ein populärer Ahnvater für hochgestellte Zuwanderer aus den Steppen oder Zentralasien wurde General Li Ling, der um 99 v. Chr. von den Xiongnu gefangengenommen worden war – nicht zuletzt, da sich ja auch die Tang-Dynastie auf eine Sippe der Li zurückführte.[62] Insbesondere ab der Zeit des Kaisers Taizong (reg. 626–649), der sich als ‚väterlicher' Herrscher sowohl der Chinesen als auch der „Barbaren" verehren ließ, stieg die Zahl der „Ausländer" im Staatsdienst. Manch ‚echter' Chinese sah dies mit Schrecken und mokierte sich etwa über die ungebührlichen Trauerbekundungen dieser Leute beim Tod Taizongs, als sie sich, entsprechend den Gepflogenheiten mancher Steppenvölker, die Haare rauften, das Gesicht zerkratzten oder gar ein Ohr abschnitten.[63]

Mit den wachsenden militärischen Herausforderungen Chinas an allen Grenzen stieg jedoch die Zahl und Bedeutung der „barbarischen" Kommandeure und ihrer Truppen noch weiter. Die Westexpansion hatte die Truppen der Tang bis nach Transoxanien geführt, also das Gebiet nördlich des Oxus (Amu Darya), mit den Regionen von Sogdien zwischen dem Oxus und dem Jaxartes (Syr Darya), das seinen Schwerpunkt im Tal des Flusses Zar-afšān mit den berühmten Stadtstaaten von Samarkand und Buchara (heute in Usbekistan) hatte. Die politische Landschaft Transoxaniens und Sogdiens war durch verschiedene Fürstentümer und rivalisierende Adelsfamilien, die sich stark am Vorbild des aristokratischen Lifestyle des benachbarten Iran anlehnten, gekennzeichnet. Zu diesem internen Wettstreit traten die Einflussversuche der benachbarten Großmächte, des Sasanidenreiches und später des Kalifats von Süden, der Steppenreiche der iranischen Hunnen und später der Türken im Norden und Chinas beziehungsweise Tibets von Osten. Mit all diesen Imperien suchten einzelne Staaten und Eliten der Region die Verständigung (je nach der politischen Großwetterlage auch in Abwechslung), blieben aber gegenüber Bestrebungen, eine direkte Kontrolle über ihre Territorien zu errichten, lange Zeit widerständig.[64] Gleichzeitig nahmen sie Karrierechancen im Dienst dieser

62 Thilo 2006, 46–59; Lewis 2009b, 195–206, 273 f.

63 Lewis 2009a, 63–67, 71 f., 150; Thilo 2006, 71 f.; von Glahn 2016, 159–168.

64 de la Vaissière 2007, 23–51; Karev 2015; Kennedy 2005, 5–7; Hansen 2017, 193–224; Crone 2012, 1–7, 96–102, 114–117.

Großreiche wahr. Schon im 3. Jahrhundert hatten etwa sogdische Händler ihre Netzwerke bis in die Hauptstädte Chinas ausgedehnt. Ihnen folgten Mitglieder der adeligen Eliten, die in der Verwaltung und im Heer insbesondere der nördlichen Dynastien im 6. Jahrhundert Karriere machten. Dieser Trend setzte sich unter den Sui und Tang sogar noch verstärkt fort. Um Mitglieder dieser zentralasiatischen Eliten in ihr Imperium zu integrieren, waren die chinesischen Kaiser auch bereit, Formen der Gefolgschaftsbindung zu akzeptieren, die sich in Transoxanien ausgebildet hatten. Adelige Elitekrieger (*čākar*) verpflichteten sich einem Oberherrn durch Bande der Gefolgschaft, die sich, teilweise auch nach dem Vorbild aristokratischer Praktiken im Iran, in wechselseitigen Eiden, gemeinsamen Festbanketten, wertvollen Geschenken und auch der Etablierung von fiktiver Verwandtschaft, etwa als Beziehung zwischen „Ziehvater“ und „Ziehsohn“, manifestierten. Ähnliche Gebräuche existierten im nomadischen Milieu der benachbarten Steppe, einschließlich von Ritualen der Verbrüderung, die durch einen Bluteid bekräftigt wurde. Diese Instrumente der Verflechtung hielten mit den Eliten aus dem ‚fernen Westen‘ nun auch in China Einzug. Wie Jonathan Karam Skaff festhielt, boten sie den Kaisern der Sui und Tang die Gelegenheit, ihre Machtnetzwerke „auf Räume innerhalb ihres großen multiethnischen Imperiums auszudehnen, die außerhalb der Reichweite bürokratischer Kontrolle lagen“.[65] Idealerweise sollten all diese Bindungen auf den Kaiser als Oberherrn hin ausgerichtet sein und bleiben. Allerdings boten diese Verfahren auch für nachrangige Mitglieder der Elite Möglichkeiten, eigene Gefolgschaften aufzubauen beziehungsweise für die Entstehung von ‚horizontalen‘ Bindungen zwischen Cliquen mit ähnlichen – ethnischen oder sprachlichen – Hintergründen, so dass die exklusive Position des kaiserlichen Gönners infrage gestellt werden konnte. Die Mittelpunkte solcher konkurrierenden Machtnetzwerke erhielten umso mehr Anziehungskraft, je stärker sie an Einfluss und Prestige gewannen, wodurch wiederum die Zahl ihrer Gefolgsleute wuchs.

Diese Dynamik erwies ihre Gefährlichkeit gegen Ende der langen Regierungszeit des Kaisers Xuanzong (reg. 712–756). Um schnell mit geballter Kraft auf militärische Herausforderungen zu reagieren, hatte man die Grenzarmeen in zehn große regionale Militärkommanden zusammengefasst. Die mächtigsten dieser Militärgouverneure komman-

---

65 Wertmann 2015 ; de la Vaissière 2007, 59–88, 95–106; Gordon 2000, 40 f.; Stark 2012, 240–247; Skaff 2003; Skaff 2012, 15–17, 75–104.

dierten zwischen 50 000 und 90 000 Mann, während die Reichszentrale über keine Truppen vergleichbarer Anzahl mehr direkt verfügen konnte. Die Macht der Militärgouverneure stieg noch, als sie auch Zugriff auf Teile der Steuereinkommen der in ihrem Kommandobereich befindlichen Provinzen erhielten. Waren anfangs nur chinesische Offiziere auf kurze Zeit mit den Posten der Militärgouverneure betraut, so änderte der führende Minister Li Linfu im Jahr 747 diese Taktik, indem er Generäle nichtchinesischer Herkunft einsetzte, um konkurrierende chinesische Adelsfamilien von diesen prestigereichen und mächtigen Stellungen fernzuhalten. Zwei der wichtigsten Militärkommanden gingen an Geshu Han, einen General türkischer Herkunft, und An Lushan, den Sohn eines sogdischen Vaters und einer türkischen Mutter. Vor allem Letzterer verstand es, die Loyalität seiner Truppen und Offiziere in seinem Kommandobereich stark auf seine Person und weniger auf die Zentralregierung zu konzentrieren. So fanden sich in seinem Gefolge nicht weniger als 8000 ‚Ziehsöhne', Soldaten sogdischer und türkischer Herkunft, die er in dieser traditionellen Weise an sich gebunden hatte. Im Jahr 751 erlitt An Lushan eine Niederlage gegen die Khitan in der Steppe im Nordosten, wurde aber in seiner mächtigen Stellung belassen, nicht zuletzt aufgrund seiner guten Beziehungen zu Li Linfu. Als aber dieser ein Jahr später starb, sah sich An Lushan dem steigenden Widerstand des neuen Chefministers Yang Guozhong gegenüber. Schließlich entbrannte ein offener Machtkampf zwischen Zentralregierung und Militärgouverneur. Im Dezember 755 begann An Lushan einen Marsch mit 150 000 Mann nach Südwesten in Richtung Hauptstadt Chang'an unter dem Vorwand, er müsse den Kaiser Xuanzong vor den Machenschaften des Chefministers schützen. In seiner Armee befanden sich auch weitere Hilfstruppen der „barbarischen" Steppenvölker, von denen manche Anführer in ein fiktives Verwandtschaftsverhältnis zu An Lushan getreten waren. Tatsächlich gelang es An Lushan, rasch die östliche Hauptstadt Luoyang einzunehmen. Nun erklärte er sich offen gegen die Tang und ließ sich im Februar 756 zum Kaiser der neuen Yan-Dynastie ausrufen. Den Erfolg brachte ihm die mangelnde Einheit seiner Gegner. Da der Chefminister Yang Guozhong fürchtete, dass sich auch die noch verbliebenen Militärgouverneure gegen seine Regierung erheben würden, befahl er ihnen, gut zu verteidigende Positionen zu verlassen und An Lushan sofort anzugreifen. Letzterer siegte und die Hauptstadt Chang'an war nun schutzlos. Kaiser Xuanzong und sein Hofstaat flüchteten nach Süden in die Stadt Chengdu. Bald erklärte sich der Kronprinz Suzong zum Kaiser der Tang-Dynastie, Xuanzong dankte ab. Chang'an aber fiel in die Hände An Lushans, der dort nun als Kaiser residierte. Mit der Einnahme der Hauptstadt erreichte An Lushan aber auch den Höhepunkt seiner Macht, weitere Vorstöße nach Süden gelangen nicht. Auch die Einheit im Lager der Rebellen zerfiel. Bereits 757 wurde An Lushan von Angehörigen seines Stabes ermordet, die seinen Sohn An Qingxu zum zweiten Kaiser der Yan-Dynastie ausriefen. Er sollte der letzte seiner Familie bleiben, denn der neue Tang-Kaiser Suzong holte zum Gegenschlag aus, wobei ihm eine Allianz mit den Uiguren entscheidende Waffenhilfe sicherte. Binnen weniger Wochen gelang im Herbst 757 die Rückeroberung Chang'ans und die Zurückdrängung der Rebellen nach Nordosten in die Region Hebei. Allerdings sollte es bis Ende 763 dauern, bis die letzten Reste der Anhänger des An Lushan – wieder mit uigurischer Hilfe – besiegt werden konnten.[66]

Während dieser Unruhen kam es auch zu teilweise massiven Übergriffen und Massakern an ausländischen Gemeinschaften, etwa sogdischen ‚Landsleuten' des An Lushan. Nachdem aber auch die Niederschlagung der Rebellion wieder nur mit Waffenhilfe aus der Steppe, diesmal der Uiguren, gelang, blieb das Reich der Tang für zuwandernde Eliten offen. Kanzler Li Mi (722–789) führte im Jahr 787 Klage über die vielen Ausländer, die auf Staatskosten in der Hauptstadt lebten, darunter auch Angehörige von Gesandtschaften aus im Westen liegenden Reichen, denen aufgrund der ständigen Kämpfe zwischen Chinesen, Uiguren und Tibetern der Rückweg abgeschnitten worden war. Manche von diesen insgesamt 4000 Menschen lebten seit mehr als 40 Jahren in Chang'an, hatten Familien gegründet und Grundbesitz erworben. Li Mi wollte nun die Rückführung dieser Menschen veranlassen, die aber scheiterte. Zu guter Letzt teilte er sie den kaiserlichen Gardetruppen zu, damit sie zumindest nicht mehr als diplomatische Gäste staatliche Versorgung beanspruchen konnten.[67] Zu gewaltsamen Angriffen auf „Ausländer" kam es verstärkt wieder in den letzten Jahrzehnten der Tang-Dynastie, zuerst ab 840 nach dem Zusammenbruch des Uigurenreiches unter Kaiser Wuzong (reg. 840–846), der, wie erwähnt, auch die ‚fremden' Kulte wie den Manichäismus, das Christentum und insbesondere den Buddhismus verfolgen ließ. In den folgenden Aufständen und Bürgerkriegen wurden dann

66 Peterson 1979, 468–484; Dalby 1979, 561–571; Barfield 1989, 151–153; de la Vaissière 2005, 77–82; Thilo 2006, 14–17; Lewis 2009b, 43–45, 58 f.; Beckwith 2009, 145 f.; Skaff 2012, 52–60, 91–99.

67 Thilo 2006, 77–78; Skaff 2012.

bis zum Ende des 9. Jahrhunderts mehrfach Migranten und Händler angegriffen und getötet.

Eine andere und ebenso zeitweilig angefeindete Gruppe von außerhalb der etablierten Eliten stellte am Hof der Tang, die darin früheren chinesischen Traditionen folgten, auch die der Eunuchen dar (die es zum Beispiel auch am Hof zu Konstantinopel gab). Sie stammten zu einem großen Teil aus Südchina, wo Sklaven unter den nicht-Han-chinesischen Bevölkerungsgruppen gefangen und dann entmannt wurden. Auch die jährlichen Tributlieferungen nach Norden aus diesen Gebieten, die man als „Zuchtbeet der Eunuchen" bezeichnete, umfassten kastrierte junge Sklaven. So stammte auch Gao Lishi (684–762), der Lieblingseunuch des Kaisers Xuangzong, von dort aus der heutigen Guangdong-Provinz. Yang Fuguang (842–883), der auch als Feldherr erfolgreich war, war in der Region Min im heutigen Fujian geboren worden. Zu seinen Lebzeiten war die Macht der ungefähr 3000-5000 Eunuchen am Hof gegenüber der früheren Tang-Periode schon beträchtlich gewachsen. Zwar stritten oft verschiedene Fraktionen um Einfluss, doch übten sie, auch aufgrund einer besseren Ausbildung, im 9. Jahrhundert immer wichtigere Funktionen aus, darunter das Kommando über die Palastgarden.[68] Kaiser Wuzong (reg. 840–846) wurde dann sogar durch eine solche Eunuchenfraktion auf den Thron gehoben, versuchte aber gemeinsam mit dem mächtigen Kanzler Li Deyu ihre Macht zu beschränken, insbesondere nach dem Tod des mächtigen Eunuchen Qiu Shiliang im Jahr 843. Dazu gehörte auch des Kaisers Vorgehen gegen den Buddhismus, der die besondere Unterstützung eines Teils der Eunuchen genoss. Allerdings konnten die Eunuchen spätestens unter Kaiser Yizong (reg. 859–873), der ebenfalls mit ihrer Hilfe auf den Thron gelangt war, ihren Einfluss wieder herstellen und unter seinem erst elfjährigen Nachfolger Xizong (reg. 873–888) noch weiter ausbauen. Auch in den folgenden Unruhen, die zum zeitweiligen Verlust der Hauptstadt führten, agierten mächtige Eunuchenkreise als Kaisermacher. Erst als General Zhu Quangzhong 903 Chang'an besetzte und hunderte Eunuchen im Palast töten ließ, wurde ihre Macht gebrochen. Dieses Ereignis markierte aber auch den Anfang vom Ende der Tang-Dynastie, die Zhu Quangzhong 907 für abgesetzt erklärte.[69]

68 Peterson 1979; Thilo 2006, 41–46.

69 Peterson 1979; Thilo 2006, 20–28.

Mobilität und Konkurrenz der Eliten im frühislamischen Kalifat

Die rasante Expansion des Kalifats nach dem Tod des Propheten Mohammed 632, sowohl in Richtung Mittelmeer bis hin nach Nordafrika und Spanien als auch in den Iran bis nach Zentralasien und an die Grenzen Indiens, ging mit großen Wanderungsbewegungen von Eliten und ihren Gefolgsleuten aus der Arabischen Halbinsel in diese Gebiete einher. Dabei wurde bald deutlich, dass die Neuankömmlinge keine homogene Menge darstellten, sondern es sich um verschiedene, auch miteinander konkurrierende, meist durch tribale Loyalitäten verbundene Gruppen handelte, die keineswegs immer nach zentraler Planung agierten. Zwar hat Eva Orthmann die grundsätzliche Spaltung in südarabische Stämme (Yaman) und nordarabische Gruppen (Qais) relativiert, jedoch schildern unsere Quellen zumindest die kleinteiligere Stammesgliederung als relevant für die Dynamik der arabischen Immigration. Dies zeigt sich etwa an den verschiedenen Bewegungen arabischer Migration in die Länder des Südkaukasus (heutiges Georgien, Armenien, Aserbeidschan und Teile der Osttürkei), die ab 700 als Großprovinz Arminiya organisiert wurden. Wir erfahren, dass ursprünglich Angehörige südarabischer Stämme (Yaman) die Mehrheit der Araber in Arminiya stellten. Dies wird auch durch die Namen der in der Umayyadenzeit belegten ersten Gouverneure der Provinz bestätigt, die auf tribale Gruppen der Yaman verweisen. Unter den Abbasiden nach 750 änderten sich diese Machtverhältnisse nun offenbar zugunsten von solchen Stammesgruppen der Qais, die wir auch schon vorher im nördlichen Mesopotamien vorfinden – die Nizari mit ihren Untergruppen der Mudar, Rabi'a und Bakr. Doch auch diese miteinander zumindest in der tribalen Tradition ‚verwandten Gruppen' konkurrierten zum Teil mit Waffengewalt um Land und Macht in Arminiya.[70]

Auch um ihre Position in diesem Wettstreit zu stärken, ergänzten arabische Anführer ihr Gefolge um Mitglieder nicht-arabischer, einheimischer Gruppen. Die üblichste Form, solche Bindungen herzustellen, war „bekannt als wala (…) und verband zwei Individuen, die beide als mawali bezeichnet wurden (…). Sie entstand auf der Grundlage der Freilassung (vormals gefangener Gegner) oder durch freiwillige Vereinbarung."[71] Die Etablierung einer solchen Gefolgschaftsbeziehung war auch wesentlicher Teil jeglichen Übertritts von Nichtarabern zum

70 Orthmann 2002; Preiser-Kapeller 2017.

71 Crone 1980, 49–52.

Islam, die dadurch in die tribalen Strukturen der Eroberer eingegliedert wurden. Der Klient verblieb jedoch in einer deutlich benachteiligten Position gegenüber seinem arabischen Patron, wie Patricia Crone festgehalten halt, sowohl was den Zugang zu Beute oder Machtstellungen als auch Prestige anbelangt.[72] Im Laufe der Zeit wuchs deshalb der Unmut unter Gruppen der *mawali*, die oft einen beträchtlichen Anteil an den militärischen Lasten des Imperiums trugen, wie etwa die Berbertruppen aus Nordafrika bei der Eroberung des spanischen Westgotenreichs ab 711. Wie erwähnt (siehe Kapitel 1) entlud sich diese Unzufriedenheit im Jahr 740 in einem allgemeinen Aufstand der Berber in al-Andalus, den der Umayyadenkalif Hischām (reg. 724–743) nur mit der Entsendung von 7000 Mann weiterer arabischer Truppen aus Syrien im Herbst 741 eindämmen konnte. Diese Soldaten ergänzten dann die arabische Ansiedlung auf der Iberischen Halbinsel.[73]

Auch bei der Vorbereitung ihres Umsturzes gegen die Umayyaden konnten die Abbasiden in den 740er Jahren auf unzufriedene *mawali* zählen, die sie insbesondere in Chorasan, also der ostiranischen Region zwischen der Stadt Nischapur und dem Fluss Oxus (Amu Darya), und dem daran angrenzenden Transoxanien rekrutierten. Zu ihrem erfolgreichsten Propagator wurde Abū Muslim al-Churāsānī (gest. 755), der vermutlich selbst aus dem Milieu der nichtarabischen Klienten stammte. Die Stellung eines *mawali* war auch wenig attraktiv für die iranischen, sogdischen und türkischen Eliten in diesen Regionen, die vielmehr als geehrte „Gefährten“ (*ashāb*) im Gefolge der Abbasiden Aufnahme fanden. Ähnlich wie jene ihrer Landsleute, die ihr Glück am chinesischen Hof suchten, brachten diese Aristokraten ihre üblichen Formen der Verbindung zwischen Oberherr und Gefolgsmann in diese Beziehungen ein, darunter etwa auch die Etablierung von fiktiven Verwandtschaftsbeziehungen, die sich in „Ziehvaterschaften“ oder der Namensgebung – nach dem Patron – bei den Kindern äußerten.[74] Diese Eliten und Gruppen migrierten nun im Gefolge der ersten Abbasiden aus dem Osten Persiens und aus Zentralasien in den Irak, wo 762 die neue Kalifenhauptstadt Bagdad entstand, und in andere Provinzen des Kalifats, wo sie die Macht der neuen Dynastie durchzusetzen halfen, oft

---

72 Crone 2012, 9-10; Gordon 2000, 105 f.; Karev 2015, 41 f.; Hoyland 2015, 157–164; Wood 2015, 37–47.

73 Collins 1989, 96–112.

74 Crone 1980, 55–57; Gordon 2000, 151–155; de la Vaissière 2007, 143–150.

in Konkurrenz mit den oben erwähnten bereits früher eingewanderten arabischen Eliten.[75]

Zu den prominentesten dieser frühen Unterstützer der Abbasiden gehörten die Barmakiden, Abkömmlinge einer buddhistischen Priesterfamilie in Balch (im heutigen Afghanistan), die zum Islam konvertierten, aber das Interesse an ihrem früheren religiös-kulturellen Milieu bewahrten. Yahya, Sohn des Chalid ibn Barmak, stieg zwischen 786 und 803 sogar zum Wesir am Hof des Kalifen Hārūn ar-Raschīd (reg. 786–809) auf. In dieser Funktion entsandte er eine Mission nach Indien, um Heilpflanzen und Wissen zu sammeln. Er ließ auch indische Mediziner, Gelehrte und Übersetzer herbeirufen, die unter anderem im von den Barmakiden in Bagdad gegründeten Krankenhaus tätig wurden und Texte aus dem Sanskrit ins Arabische übertrugen. Die Barmakiden sind allerdings auch ein weiteres Beispiel für den ständigen ‚Kreislauf' der Eliten. Um 803 fielen sie beim Kalifen, dem sie wohl zu mächtig geworden waren, in Ungnade und verloren ihre Ämter und Besitzungen.[76]

Das Reich sollten nach dem Willen des Hārūn ar-Raschīd nach seinem Tod (809) seine Söhne al-Amīn von Bagdad und al-Ma'mūn von Merw im Südosten des heutigen Turkmenistan aus gemeinschaftlich regieren. Allerdings kam es bald zum Zerwürfnis zwischen den Brüdern. Al-Ma'mūn nutzte seine Stellung im Osten, im Ursprungsland der abbasidischen Revolte, zur Rekrutierung neuer Gefolgsleute unter den regionalen Eliten. Dazu gehörte insbesondere Haydar ibn Kāwūs, genannt Afshīn, ein Angehöriger der türkisch-sogdischen Fürstenfamilie von Ustrushana um das heutige Bunjikat in Tadschikistan. Obwohl sie schon seit dem frühen 8. Jahrhundert die arabische Oberhoheit nominell anerkannten, blieben die Fürsten von Ustrushana in Opposition zum Kalifat und riefen sogar die Chinesen um Hilfe, bis Haydar ibn Kāwūs zum Gefährten des al-Ma'mūn und zum Muslim wurde und für die Unterwerfung und Konversion seines Vaters Kāwūs Sorge trug.[77] Daneben erweiterte al-Ma'mūn sein Gefolge um Getreue einer neuen Kategorie, nämlich Kriegersklaven, Mamluken genannt, die vor allem unter den Turkvölkern Zentralasiens oder nördlich des Kaukasus – zum Beispiel bei den Chasaren – erworben wurden.[78] Mit dieser neuen Armee

---

75 Preiser-Kapeller 2017; Preiser-Kapeller 2018.

76 van Bladel 2016.

77 de la Vaissière 2007, 39 f., 131–138; Stark 2012, 236–239.

78 Crone 1980, 74–80; Gordon 2000, 15–36; Kennedy 2005, 91–111, 213–216; de la Vaissière 2007, 106–113, 150–194.

konnte al-Ma'mūn im Jahr 813 seinen Bruder al-Amīn besiegen und in den folgenden Jahren in langwierigen Kriegen auch die in verschiedenen Provinzen wie Aserbeidschan und Ägypten ausgebrochenen Aufstände niederschlagen. Als al-Ma'mūn 819 seine Residenz von Merw nach Bagdad verlegte, wurden seine Gefolgsleute aus dem ‚fernen Osten' samt ihren Familien insbesondere im Stadtviertel Harbiyya nordwestlich der zentralen Rundstadt angesiedelt. Diese dementsprechend nun als „Harbiyya" bezeichnete Gruppe umfasste nach Auskunft der Quellen „Leute aus Balch, Merw und Buchara" sowie aus anderen Teilen Transoxaniens, dazu Menschen aus Choresm, südlich des Aralsees, und aus dem Gebiet von Kabulistan im heutigen Afghanistan. Ähnlich wie in Chang'an erweckten diese neuen Günstlinge des Kalifen den Unwillen der einheimischen Bevölkerung und der alteingesessenen Eliten – darunter Nachkommen der früheren Zuwanderer aus Chorasan, die unter den ersten Abbasiden 60 Jahre zuvor nach Bagdad gekommen waren –, die gegen die Belästigung durch die „barbarischen" Neuankömmlinge protestierten. Als sich ihre Zahl unter al-Ma'mūns Bruder und Nachfolger al-Mu'tasim (reg. 833–842) nochmals vermehrte, insbesondere durch den Ankauf weitere Mamluken, kam es zu gewaltsamen Auseinandersetzungen in der Hauptstadt. Deshalb beschloss der Kalif 836 den Bau einer neuen Hauptstadt, Samarra, nördlich von Bagdad, wo seine Truppen und ihre Familien nach unterschiedlichen Kontingenten in verschiedenen Stadtvierteln angesiedelt wurden. Zu einem ihrer prominentesten Anführer wurde neben Haydar ibn Kāwūs nun der Mamluke Abū Ja'far, der angesichts seines ursprünglichen Sklavenstatus im genealogischen Streben nach Gleichrangigkeit seine Abkunft auf die alttürkischen Khane der Ashinā-Familie zurückführen wollte.[79]

Trotz der Gründung Samarras blieb die Konkurrenz zwischen ‚alten' und ‚neuen' Eliten stark. Als al-Mu'tasim 838 einen Feldzug gegen die Byzantiner unternahm, der in der Eroberung der wichtigen Stadt Amorion in Kleinasien gipfelte, verschworen sich Angehörige der arabischen Truppen und der eingesessenen Chorasanier-Regimenter mit Abbas, dem Neffen des Kalifen, zur Ermordung des Herrschers. Das Komplott wurde al-Mu'tasim allerdings enthüllt und er ließ die Anführer hinrichten.[80] Doch kurz danach verdächtigte der Kalif auch Kreise

---

79 Gordon 2000, 20 f., 47–55; de la Vaissière 2007, 188–194; Kennedy 2005, 217–219. Northedge 2007, 97–99.

80 Gordon 2000, 18 f.; Signes Codoñer 2014, 313–316; de la Vaissière 2007, 184–186; Kennedy 2005, 225–227.

der Newcomer aus dem Osten der Gefährdung seiner Macht, insbesondere Haydar ibn Kāwūs. Als Haydar und Abū Ja'far Ashinās, der führende türkische Mamluke, ihre Kinder miteinander verheirateten, befürchtete al-Mu'tasim die Entstehung eines starken konkurrierenden Gefolgschaftsnetzwerks und handelte rasch. Haydar ibn Kāwūs wurde verhaftet und in einem ‚Schauprozess' abgeurteilt, in dem man auch seine nicht-muslimische Herkunft und Lebensführung – so hatte er sich nicht beschneiden lassen – anprangerte. Im Juni 841 starb er im Gefängnis.[81] Doch bevor al-Mu'tasim noch gegen weitere mächtige Mitglieder der neuen Elite vorgehen konnte, ereilte ihn im Jänner 842 selbst der Tod. Dies und die Isolation des Kalifen innerhalb seiner Gardetruppen in der neuen Hauptstadt konnten insbesondere die Mamlukenkommandeure nutzen, um ihren Einfluss weiter auszubauen. Kalif al-Mutawakkil (reg. 847–861), der Sohn al-Mu'tasims, versuchte diesen Machtverlust umzukehren und plante die Verlegung seiner Residenz weg aus Samarra, wo die militärische Elite ihre Netzwerke gespannt hatte. Seine Regentschaft endete jedoch mit der Ermordung durch eine Gruppe türkischer Mamlukengeneräle im Dezember 861. Al-Mutawakkils Tod initiierte in ähnlicher Weise wie die Rebellion des An Lushan in China eine entscheidende Schwächung der Zentralmacht im Abbasidenkalifat, das immer mehr zerfiel.[82]

Mobilität und Konkurrenz der Eliten des Südkaukasus

Eines der ‚Spielfelder', auf denen die Rangkämpfe der Eliten des Kalifats ausgefochten wurden, waren, wie oben erwähnt, auch die Gebiete des Südkaukasus. Schon vor der arabischen Expansion lagen die dortigen Königreiche von Armenien, Lazika (Westgeorgien), Iberien (Ostgeorgien) und Kaukasisch Albanien (heute in Aserbeidschan) zwar an der Peripherie der benachbarten Großmächte des Imperium Romanum und Persiens, aber im Zentrum ihrer konkurrierenden imperialen Ansprüche. Der Zugriff der Imperien auf die südkaukasischen Reiche wurde durch die starke Stellung der zahlreichen Häuser der Aristokratie erleichtert, die ihre Könige allenfalls als *primi inter pares* anerkannten und oft genug im Gegensatz zu ihnen standen. Dabei zählten sie durchaus auf Unterstützung durch Rom, mit dem man den christli-

81 Kennedy 2005, 227–229; Gordon 2000, 77 f.

82 Gordon 2000, 37–40, 80–90; de la Vaissière 2007, 203–236, 259–262; Kennedy 2005, 231–242, 261–269; Northedge 2007, 121, 239–241.

chen Glauben teilte – wiewohl es hier ab dem 6. Jahrhundert zu einem Schisma kam – oder Persien, mit dessen Eliten man zentrale Elemente des aristokratischen Lifestyles teilte. Als die beiden Imperien Ende des 4. Jahrhunderts über eine dauerhafte Teilung der südkaukasischen Länder in Einflusssphären und später über eine Abschaffung der einheimischen Königtümer übereinkamen, erwiesen sich aber auch die Vertreter der Großmächte nicht in der Lage, eine zentralisierte Herrschaft durchzusetzen und mussten, insbesondere nach größeren Aufstandsbewegungen, Kompromisse mit der Nobilität eingehen.

Vertreter dieser Aristokratie nutzten ihrerseits wie ihre Standesgenossen aus Transoxanien die Karrierechancen, die sich durch den Dienst beim Kaiser in Konstantinopel oder beim Großkönig in Ktesiphon ergaben, und migrierten zeitweilig oder dauerhaft in die Zentren oder andere Gebiete der Imperien. Eine derartige Mobilität war gleichsam angelegt in den Traditionen der aristokratischen Häuser, von denen sich ein großer Teil, wie uns der Historiker Movsēs Xorenac'i (8. Jahrhundert) berichtet, auf die Abkunft aus benachbarten adeligen oder königlichen Familien der Perser, Assyrer, Kanaaniter oder Alanen, aber auch exotischeren Ursprungs, wie etwa China, berief. Die Bedeutung dieser mobilen Aristokraten (und ihres Gefolges) für die Elitenbildung der benachbarten Imperien wurde insbesondere für das Byzantinische Reich, wo sie etwa im 11./12. Jahrhundert gut 30 Prozent der Familien der militärischen Elite ausmachten, betont und teilweise überbetont, wenn etwa Peter Charanis in den 1960ern gar von einem „armeno-byzantinischen" Reich sprach. Der römischen imperialen Praxis entsprach von jeher insbesondere für die Armee die Nutzung ‚kriegerischer' Gruppen sowohl von innerhalb der Reichsgrenzen, wie etwa aus den südosteuropäischen Provinzen, die im 3. und 4. Jahrhundert viele der ‚Soldatenkaiser' hervorbrachten, als auch von außerhalb, wie der Germanen, verschiedener Steppenvölker oder eben der Armenier und Georgier. Rom/Byzanz und das Perserreich waren aber gleichermaßen bestrebt, das militärische Potenzial der kaukasischen Aristokratie zu nutzen und motivierten beziehungsweise zwangen sie in ihren Armeen auch auf weit entfernten Kriegsschauplätzen wie Italien, dem Balkan und Syrien oder dem östlichen Iran und Zentralasien zu kämpfen. Eindrucksvoll wird dies etwa dadurch dokumentiert, dass tausende armenische Soldaten sowohl im Jahr 636 unter byzantinischem Kommando am Yarmuk, einem Nebenfluss des Jordan, als auch im Jahr 638 im Heer der Perser in der Schlacht von al-Qadisiyya, im heutigen Irak, gegen die Araber kämpften.[83]

Allerdings wechselten armenische Edelmänner mit ihren Gefolgsleuten auch häufig genug die Seiten, wenn ihnen die Bedingungen ihres Dienstes in einem Imperium nicht attraktiv genug oder beim Konkurrenten verlockender erschienen. An der römisch/byzantinisch-persischen Grenze machten beide Imperien positive und negative Erfahrungen mit Überläufern, wollten aber letztlich das mit diesen Seitenwechseln verbundene Risiko einhegen. Und so kamen Römer und Perser im sechsten Artikel des Friedensvertrags des Jahres 562 überein:

> „Überläufer, die während des Krieges übergelaufen waren (…), sollten, wenn sie wollten, in ihre Heimat zurückkehren, und es solle ihnen in keiner Hinsicht etwas in den Weg gelegt werden. Allerdings sollten die während des Friedens auf beiden Seiten Übergelaufenen, also Flüchtlinge, nicht vom anderen aufgenommen werden, sondern auf jeden Fall, auch gegen ihren Willen, dem Staat, aus dem sie geflohen waren, ausgeliefert werden."[84]

Doch schon im Vorfeld des wenig später wieder ausbrechenden Kriegs wurden diese Bestimmungen von Römern und Persern verletzt.

Eine besonders schillernde und ‚mobile' Karriere durchlebte um diese Zeit Smbat aus dem hochrangigen armenischen Adelshaus der Bagratuni, die ab dem späten 9. Jahrhundert auch die Könige der erneuerten armenischen Monarchie stellen sollten. Er findet erstmals im Jahr 587 in den Quellen Erwähnung, als er und seine Truppen gegen ihre Verlegung durch die byzantinischen Autoritäten auf den südosteuropäischen Kriegsschauplatz aufbegehrten und durch Gesandte des Kaisers Maurikios zum Einlenken bewogen wurden. Smbat wurde die Rückkehr ins römisch-armenische Gebiet gestattet, wo er sich aber an einer Verschwörung beteiligte, der der römische Statthalter zum Opfer fiel. Smbat wurde verhaftet und nach Konstantinopel gebracht, wo man ihn dazu verurteilte, unbewaffnet den wilden Tieren in der Arena vorgeworfen zu werden. Diese Arena-Episode bietet dem armenischen Historiker Sebēos vor allem die Gelegenheit, in der Manier iranischer Heldenepen den Mut und die gewaltige Körperkraft des Smbat zu schildern, der mit bloßen Händen zuerst einen Bären, dann einen wilden Stier und schließlich einen Löwen besiegte, woraufhin die begeisterte

[83] Charanis 1963; Ditten 1993; Preiser-Kapeller 2015a, mit weiterer Literatur.

[84] Winter/Dignas 2001, 164–177; Preiser-Kapeller 2015a.

Menge seine Begnadigung forderte, die der Kaiser gewährte. Infolgedessen wurde Smbat ins römische Nordafrika exiliert. Erst ein Jahrzehnt später begegnen wir Smbat um das Jahr 599/600 wieder, diesmal allerdings schon am Hof des sasanidischen Großkönigs Chosrau II., von dem er mit dem Kommando über die strategisch wichtige Landschaft Hyrkanien südlich des Kaspischen Meeres und reichen Geschenken ausgezeichnet wurde. Wie Smbat aus dem römischen Afrika ins Perserreich gelangt war, erfahren wir nicht. Smbat erwarb sich die weitere Gunst des Sasanidenherrschers, indem er mehrere Rebellionen niederschlug. Smbat nutzte diese Ehrenstellung auch, um Vergünstigungen für die armenische Kirche zu erwirken. Vor einem Feldzug gegen die Türken in Zentralasien erhielt Smbat noch weitere Ämter und Auszeichnungen, darunter den Ehrentitel *Xosrov Šum* („Chosraus Freude"), ehe er den Oberbefehl in diesem Krieg übernahm, an dem auch andere armenische Adelige mit ihrem Gefolge, insgesamt 2000 Mann an Kavallerie, teilnahmen. Jedoch kam es zu einer Niederlage gegen die Türken, die Sebēos dem Fehlverhalten eines persischen Adeligen zuschreibt, der Smbats Befehle nicht befolgt habe. Zu diesem Ergebnis sei auch eine vom Großkönig zur Untersuchung der Ursachen der Niederlage entsandte Kommission gekommen. Diese Episode zeigt aber, dass auch die Karriere des Smbat nicht ohne Friktion zwischen Oberherrn und Gefolgsmann verlief. Dafür lässt der armenische Historiker dann Smbat diese Niederlage wettmachen, indem er im direkten Zweikampf zu Pferd – wieder im Stil iranischer Heldenepen – den „König der Türken" tötet und so den Krieg entscheidet, der mit einem persischen Vorstoß weit nach Osten bis Balch (heute in Nordafghanistan) endet. Großkönig Chosrau II. bereitete dem siegreichen Smbat einen triumphalen Empfang, der allerdings kurz danach verstarb. Sein Leben illustriert die weitreichende Mobilität der Eliten innerhalb der imperialen Räume der Römer und Perser schon vor der arabischen Expansion.[85]

Diese Expansion veränderte bis zur Mitte des 7. Jahrhunderts mit der Eroberung des gesamten Perserreiches der Sasaniden und der Zurückdrängung der Byzantiner aus Ägypten und Syrien nach Kleinasien dramatisch die geopolitische Umwelt der südkaukasischen Länder. An eine vergleichbar rasche Unterwerfung dieser Gebiete wagten sich allerdings auch die Araber nicht. Nach ersten Einfällen und Gefechten schloss Muʿāwiya, damals Statthalter von Syrien und später erster Kalif

---

85 Pourshariati 2008, 136–140, 275, 297–298, 303; Settipani 2006, 331–333; Preiser-Kapeller 2015a.

der Umayyadendynastie, 653 ein für die Armenier höchst vorteilhaftes Abkommen mit dem damals prominentesten Fürsten T'eodoros Rshtuni, das zwar die Anerkennung der arabischen Oberhoheit verfügte, aber auf Tribut und die Stationierung arabischer Truppen verzichtete. In den folgenden fünf Jahrzehnten schüttelte aber die armenische Aristokratie, insbesondere in Zeiten der inneren Schwächung des Kalifats durch Bürgerkriege, diese Oberhoheit immer wieder ab und wandte sich den Byzantinern zu. Erst als letztere ab den 690ern dauerhafter aus dem armenischen Hochland vertrieben worden waren, setzte Kalif 'Abd al-Malik ibn Marwan nach 700 ein strikteres Regime im Kaukasus durch, das sowohl eine ständige Besteuerung als auch die Stationierung von Truppen in Grenzfestungen zu Byzanz sowie in den Hauptstädten von Armenien, Ostgeorgien und Kaukasisch-Albanien vorsah. Diese Gebiete wurden zu einer Großprovinz Arminiya zusammengefasst, deren Gouverneur in der alten armenischen Kapitale Dvin residierte. Dieser Neuordnung ging eine auch in arabischen Quellen als äußerst grausam beschriebene Niederschlagung einer Aufstandsbewegung des armenischen Adels voraus. Und auch in den folgenden Jahrzehnten wurde Arminiya trotz der arabischen Verwaltung so wie andere Grenzregionen der islamischen Welt regelmäßig zum Ziel von Raubzügen. Teile des Adels reagierten auf das neue Regime und insbesondere die Besteuerung mit wiederkehrenden Rebellionen. Andere Adelsfamilien suchten hingegen die Kooperation mit den Machthabern und die einheimische Historiografie beklagt die andauernde Konkurrenz zwischen den adeligen Häusern, die die Etablierung einer einheitlichen Front gegen die Araber verhinderte, deren Amtsträger mit ihren Gefolgsleuten nun auch dauerhafte Siedlungen begründeten wie etwa in der ostgeorgischen Hauptstadt Tbilisi. Zur Sicherung der Loyalität des Adels und zur Herstellung der Ruhe griffen die umayyadischen Autoritäten auch auf die Deportation von Geiseln oder einzelnen rebellischen Aristokraten in die Hauptstadt Damaskus oder weiter entfernte Regionen des Kalifats, wie den Jemen, zurück. Andere Adelige versuchten sich insbesondere nach gescheiterten Aufständen dem Zugriff der Araber durch Flucht ins Byzantinische Reich zu entziehen, wobei sich ihnen auch eine größere Anzahl an Menschen anschloss, so etwa angeblich 12 000 Männer, Frauen und Kinder im Jahr 788. Die byzantinischen Kaiser wiederum siedelten diese Gruppen sowohl in den Grenzprovinzen zu den Arabern, aber auch in weiter entfernten Gebieten wie auf dem Balkan an. Insbesondere im 8. Jahrhundert beobachten wir als Folge dieser Kriege, Verschleppungen und Fluchtbewegungen einen signifikanten Rückgang in der Anzahl der belegten aristokratischen Familien, deren Vertreter entweder im Kampf gegen die Araber starben oder das Land verließen. In die sich daraus ergebenden machtpolitischen Vakua stießen nun muslimische Anführer mit ihren Gefolgsleuten vor – aus den verschiedenen oben beschriebenen, miteinander konkurrierenden arabischen, ostiranischen und zentralasiatischen Gruppen.[86]

Das Ergebnis dieser Emigrations- und Immigrationsprozesse war nach einem Jahrhundert arabischer Herrschaft ein Mosaik an Zentren muslimischer Macht, aber auch die Konsolidierung armenischer und georgischer Fürstentümer, die gleich ihren neuen Nachbarn vom Verschwinden so mancher Konkurrenten aus der angestammten Aristokratie profitieren konnten. Diese regionalen Machthaber waren auch bald bereit, über ethnisch-sprachliche und religiöse Grenzen hinweg miteinander zu kooperieren, sowohl gegen Mitbewerber des eigenen oder anderen Glaubens als auch gegen Zentralisierungsversuche der Vertreter der Kalifats. Im Jahr 851 erhoben sich muslimische, armenische und georgische Regionalherren gemeinsam gegen den Statthalter des Kalifen Yusuf, der dabei zu Tode kam. In einem letzten Versuch, seine Kontrolle im Südkaukasus durchzusetzen, entsandte Kalif al-Mutawakkil den türkischstämmigen General Bugha mit einer starken Armee, darunter viele Mamluken aus Zentralasien. In seinen in christlichen und muslimischen Quellen als grausam beschriebenen Feldzügen verwüstete Bugha Armenien und Georgien und deportierte unbotmäßige christliche und muslimische Fürsten gleichermaßen in die Residenz des Kalifen in Samarra. Die Feldzüge des Bugha konnten allerdings nichts daran ändern, dass der Zentralmacht im Abbasidenkalifat die Kontrolle über ihre Provinzen allmählich entglitt, ein Prozess, der sich nach der Ermordung des Kalifen al-Mutawakkil im Jahr 861 beschleunigte. Kurz danach entsandte man zur Beruhigung der im Aufruhr befindlichen südkaukasischen Gebiete einen der wenigen in den Quellen greifbaren armenisch-stämmigen Konvertiten zum Islam, die im Dienst des Kalifen Karriere machten – den vorher schon als Gouverneur in Ägypten und Syrien amtierenden Mamluken Alī b. Yahyā al-Armanī, der wohl trotz seines Glaubenswechsels leichter eine Verständigung mit der einheimischen Aristokratie erreichen konnte. Er sorgte auch für eine offizielle Anerkennung der nun dominanten Stellung der Fürsten aus dem Haus der Bagratuni als oberste Vertreter sowohl der christlichen als auch muslimischen Regionalherren, die letztlich zur Einsetzung des

86 Preiser-Kapeller 2017, mit weiterer Literatur.

Aschot Bagratuni als König von Armenien mit Zustimmung des Kalifen im Jahr 884/885 führte. Diese erneuerte ‚armenische' Monarchie glich der alten in der relativ schwachen Stellung des Königs gegenüber den regionalen Machthabern, deren Mosaik aber im Vergleich mit dem Zustand vor der arabischen Eroberung jetzt durch neue muslimische Emire arabischer, iranischer oder kurdischer Herkunft bereichert wurde. Ethnische und insbesondere religiöse Trennlinien konnten in der andauernden Konkurrenz um Macht und Territorien genauso zur Legitimierung von Gewalt genutzt wie zur Etablierung nützlicher Bündnisse überwunden werden. Die gegenseitige Anerkennung nicht nur als gleichranging, sondern in gewissem Ausmaß auch als ‚gleichartig' zeigte sich auch hier im Südkaukasus in der Verwendung wechselseitig verständlicher Formen adeligen Lebensstils und herrschaftlicher Darstellung. Diese beruhten erneut auf Elementen der iranischen aristokratischen Koine, die sich, wie eingangs beschrieben, von Byzanz bis China verbreitet hatten.[87]

Auf diesem ‚globalen Polofeld' konnten Weltherrscher und Eliten gleichermaßen Anerkennung und Rangunterschiede kommunizieren und Formen der Vernetzung etablieren, die die Mobilität von Menschen, Objekten und Ideen erleichterten. Jonathan Karam Skaff demonstriert in Bezug auf die Rituale und Symbole der Verbindung zwischen adeligen Klienten und Herrschern, wie „die meisten Insignien wie Roben, Gürtel oder Banner in Eurasien allgemein anerkannt" und wie Praktiken wie Eidnahme oder fiktive Verwandtschaft gegenseitig akzeptiert wurden.[88] Darüber hinaus unternahm man einige Anstrengungen, um neuen Gefolgsleuten aus benachbarten Kulturkreisen entgegenzukommen. Um 835 gewährte der byzantinische Kaiser Theophilos (reg. 829–842) mehreren tausende Anhängern der iranischen Sekte der Churramiten, die seit mehreren Jahren im Aufstand gegen das Kalifat in Aserbeidschan gestanden waren, unter ihrem Anführer Nasr Aufnahme in sein Reich und gliederte sie als „Perser" in seine Armee ein. Wohl nicht zufällig ließ Theophilos um diese Zeit auch einen Palast im „arabischen" Stil in Bryas östlich von Konstantinopel errichten, nachdem ihm sein Botschafter am Abbasidenhof die dortigen architektonischen Wunder geschildert hatte. Damit konnte der Kaiser seine neuen „per-

---

87 Preiser-Kapeller 2017; Preiser-Kapeller 2018.

88 Skaff 2012, 134–168, 192–194, 224–240; de la Vaissière 2007, 188–194; Daim 2001, 143–188.

sischen“ Gefolgsleute auch in einem ihnen vertrauten Ambiente imperialer Macht empfangen.[89]

Die – auch bei den Churramiten deutliche – Mobilität und ‚Flexibilität‘ bezüglich des Wechsels des Oberherrn konnte aber ebenso als Zeichen der notorischen Unzuverlässigkeit gedeutet werden, die als ein Kernstück in den Diskursen über die „Barbaren“ diente. In chinesischen Schilderungen der Tang-Zeit konnte die geschätzte kriegerische Qualität der „ausländischen“ Generäle in Brutalität umschlagen, verbunden mit anderen (traditionellen) Stereotypen über die „gerissenen und trickreichen, betrügerischen und täuschenden“ Barbaren aus den Steppen und Zentralasien. Auch in ihrer bildlichen Darstellung betonte man mit langen Nasen, tiefsitzenden Augen, Vollbärten, lockigem Haar und ‚exotischer‘ Tracht – siehe auch das Umschlagbild zum vorliegenden Band – die Fremdartigkeit dieser Neuankömmlinge.[90] Byzantinische Autoren nutzten die Bezeichnung „Armenier“ als Kennzeichnung einer sowohl fremden als auch irrgläubigen Herkunft in pejorativer Absicht, wie etwa im Fall des Kaisers Leon V. (reg. 813–820), genannt „der Armenier“ und „der Amalekiter“. Leon bestieg den Thron nach einer erfolgreichen militärischen Karriere. Aus Anlass der Krönung seines ältesten Sohnes Symbatios (vom armenischen Namen Smbat) zum Mitkaiser wurde dieser auf Konstantin umbenannt. Trotz dieser Bemühungen, die eingesessenen Eliten durch Ablegung von zu offensichtlichen Zeichen armenischer Identität für sich einzunehmen, brachte Leons Initiative, den Ikonoklasmus wiederzubeleben, ihm nachhaltige schlechte Presse in der byzantinischen Historiografie und die erwähnten „barbarischen“ Beinamen ein, um ihn letztlich immer noch als Außenseiter zu kennzeichnen.[91]

In ähnliche Weise schildern byzantinische Texte kurz danach den Schrecken der „barbarischen“ Horden der „Hagarener, Ägypter, Inder, Perser, Assyrer, Armenier, Chaldäer, Iberer, Zechen und Kabiren“ sowie der „Slawen, Hunnen, Wandalen, Geten, Manichäer, Lazen und Alanen“, die das Gefolge eines anderen Bewerbers „fremder“ Herkunft um den Kaiserthron, Thomas, genannt „der Slawe“, in den 820er Jahren ausmachten.[92] Um dieselbe Zeit beschweren sich syrische Autoren

---

89 Walker 2012, 1–3, 37–44; Keshani 2004, 75–91.

90 Abramson 2007, xviii–xx, 21–51; Skaff 2012, 52–60; Hansen 2017, 196, 235–237; Schafer 1963, 28–32; Lewis 2009b, 164–172.

91 Turner 1990, 171–203; PmbZ 2017, Nr. 4244.

92 Signes Codoñer 2014, 41, 45–52.

über die „Heuschreckenschwärme der Alanen, Chasaren, der Leute aus Kufa, der Äthiopier, Meder, Perser und Türken“ unter den abbasidischen Truppen.[93] Das bunte Geflecht an Eliten und Gefolgsleuten wird hier als Beweis der „Abirrung“ derer, die sich dieser Fremden bedienten, von den – kulturell, sprachlich, religiös oder ethnisch definierten – Traditionen der Vorväter gedeutet. Imperiale, dem Anspruch nach weltumfassende Herrschaft war aber in den gewaltigen Räumen zwischen dem Mittelmeer und Ostasien ohne diese Netzwerke gar nicht möglich.

---

93 Crone 1980, 74 (Zitat); Hoyland 2015, 165.

3. Heilige Männer, Frauen und Länder: Die Verbreitung religiöser Ideen und Gemeinschaften

Im Leben und Wirken des Mani (216–276/277) verflechten sich in fast einzigartiger Weise die religiösen Ideen der spätantiken Welt. Im April 216 wurde er in den letzten Jahren der Herrschaft der Parther nahe ihrer Hauptstadt Seleukia-Ktesiphon im heutigen Irak geboren. Sein Vater Patēg war Mitglied der christlichen Gemeinschaft der Elchasaiten, die sich durch eine engere Anlehnung an jüdische Traditionen und strenge Askese auszeichnete. Während die Sasaniden um 224 die Partherdynastie stürzten, 226 Seleukia-Ktesiphon eroberten und begannen, den von ihnen präferierten Zoroastrismus zu fördern, wuchs Mani heran. Der Überlieferung nach wurde er bereits seit dem zwölften Lebensjahr einer eigenen Offenbarung teilhaftig, auf deren Grundlage er ab 240 zu predigen begann. Kurz danach unternahm er eine Reise in den Südosten des Perserreiches an die Grenzen Indiens und in die Gebiete der Kuschana im heutigen Afghanistan, wo er den Buddhismus kennenlernte. Als er 243 in seine Heimat zurückkehrte, stellt er seine Lehre, die zoroastrische, jüdische, christliche und buddhistische Elemente aufnahm und auch behauptete, diese Religionen zu einer alle verbindenden Vollendung zu bringen, unter anderem auf Vermittlung des Sasanidenprinzen Peroz dem Großkönig Schāpūr I. (reg. 240–270) vor, der ihm ihre weitere Verbreitung gestattete. Mani predigte ähnlich wie andere Strömungen der christlichen Gnosis einen Dualismus zwischen Licht und Finsternis, Gut und Böse. Letzteres manifestierte sich im Irdischen und Materiellen, von dessen Verunreinigung die ein asketisches Leben führenden „Auserwählten“ (lat. *Electi*) sich erlösen sollten, wobei sie durch die sich einer weniger strengen Disziplin unterwerfenden „Hörer“ (lat. *Auditores*) vor allem hinsichtlich ihres Lebensunterhalts unterstützt wurden. Die manichäische Kirchenstruktur sah an ihrer Spitze einen *Archegos* („Leiter“) vor, dem zwölf Lehrer, 72 Bischöfe, 360 Priester und die *Electi* unterstanden. Unter den Großkönigen Bahram I. (reg. 273–276) und Bahram II. (reg. 276–293) verlor Mani allerdings die Gunst der Sasaniden, nicht zuletzt auf Betreiben des zoroastrischen Oberpriesters Kartir, der sich auf Inschriften als Verfolger der „Irrgläubigen" im Perserreich, darunter der Christen, Buddhisten, Hindus, Mandäer und eben auch der Manichäer, feiern ließ. Mani selbst wurde 274 verhaftet und starb im Kerker.[1]

Doch schon zuvor hatten Missionare seine Lehre nicht nur im ganzen Sasanidenreich, sondern darüber hinaus in alle Himmelsrichtungen getragen. Im Römischen Reich entstanden, zuerst vor allem in Ägypten und dann im ganzen Mittelmeerraum, besonders aktive Gemeinden, denen 297 die zweifelhafte Ehre zuteilwurde, noch vor den Christen zum Ziel eines Verbots und einer reichsweiten Verfolgung auf Geheiß des Kaisers Diokletian (reg. 284–305) zu werden. Die Manichäer überstanden diese schwere Zeit aber ebenso wie die christlichen Kirchen und blieben in gewisser Weise deren Konkurrenz. Sogar der Kirchenvater Augustinus von Hippo (354–430) begeisterte sich noch vor seiner Bekehrung zum Christentum 385 für mehr als zehn Jahre für den Manichäismus. Um diese Zeit setzte sich das Christentum allerdings allmählich als einzig staatlich geförderte und letztlich als – mit Ausnahme des Judentums – einzig erlaubte Religion durch, während andere Kulte wie eben der Manichäismus (erneut) verboten und verfolgt wurden.[2]

Eine größere Anhängerschaft gewann die Lehre des Mani in den Städten und Karawanenorten Zentralasiens, von wo auch der Großteil des uns überlieferten manichäischen Schrifttums stammt, so etwas aus Dunhuang oder Kocho am Rande der Taklamakan-Wüste.[3] Über diese Routen gelangte der Manichäismus schließlich auch nach China. Nachdem schon zuvor einzelne Anhänger dorthin eingewandert waren, soll im Jahr 694 ein Perser, vielleicht ein manichäischer Bischof, die Lehre am damals in Luoyang befindlichen chinesischen Kaiserhof vorgestellt haben. 719 entsandte der König von Tocharistan (im heutigen Afghanistan) einen weiteren manichäischen Lehrer, der Kaiser Xuanzong (reg. 712–756) so beeindruckt haben soll, dass er die Ausübung des Kults und auch die Errichtung von Tempeln gestattete. Auch wurden manichäische Texte ins Chinesische übersetzt. Allerdings regte sich bald Kritik, insbesondere von Seite der zahlreichen buddhistischen Mönche, die

---

1 Böhlig 1997, 21–54; Baumer 2005, 111–115; Daryaee 2009, 72–75; Foltz 2010a, 70–75.

2 Böhlig 1997, 54–64; Baumer 2005, 114 f.; Ball 2016, 489 f.

3 Lieu 1997; Foltz 2010a, 75–77.

behaupteten, die Manichäer gäben sich als Buddhisten aus und würden damit Missionserfolge unter Chinesen erzielen. 732 wurden solche Übertritte durch ein kaiserliches Edikt verboten. Man verkündete sogar: „Grundsätzlich ist die Lehre des Manichäismus ein perverser Glaube."[4] Dennoch begann eine große Zeit für den Manichäismus, als die Tang-Dynastie nach der An-Lushan-Rebellion 756 den Erhalt ihrer Macht den Uiguren verdankte und diese eine entsprechend privilegierte Stellung in China erhielten. 762 nahmen der Khan und die Oberschicht der Uiguren, wohl auch zur Abgrenzung gegenüber dem Buddhismus der Chinesen und Tibeter und dem Islam des Kalifats, den Manichäismus an, der damit auch in Chang'an und anderen Orten besondere Förderung erfuhr. Neue Tempel, die auch als ‚Banken' für die in Geld- und Kreditgeschäften aktiven Uiguren und Sogdier dienten, wurden errichtet. Die Zahl der manichäischen Priester stieg, sowohl durch Zuwanderung aus dem Uigurenreich als auch erneut durch Konversion von Einheimischen. Die Manichäer durften nun auch an offiziellen Riten des Staates teilnehmen, wie etwa im Jahr 799 angesichts einer großen Dürre. Als jedoch das Uiguren-Khanat 840 zerschlagen wurde, verloren die Manichäer ihre Schutzmacht und wurden zu den ersten Opfern einer gegen die ‚Fremdreligionen' gerichteten Aktion des Staates. Kaiser Wuzong (reg. 840–846) befahl die Laisierung der manichäischen Kleriker, die Beschlagnahme ihrer Besitzungen und die Verbrennung von Schriften und Kultgegenständen. Nach dem Augenzeugenbericht des buddhistischen Pilgers Ennin aus Japan wurden Priester und Priesterinnen der Manichäer sogar in größerer Zahl getötet. Damit endete die Blütezeit des Manichäismus in China, er konnte sich aber in China und Zentralasien im Gegensatz zu anderen Teilen der Welt noch bis ins 14. Jahrhundert halten.[5]

Der ‚Aufstieg und Fall' des Manichäismus ist auch paradigmatisch für das Schicksal der anderen ‚Fremdreligionen' im Weltreich der Tang, das über lange Zeit die Aktivitäten aller großen Erlösungsreligionen der Zeit in einem insbesondere in den monotheistischen Imperien der christlichen Römer/Byzantiner oder der islamischen Araber ungekannten Ausmaß zuließ. Um 800 lagen in der wohl mindestens eine Million Einwohner zählenden chinesischen Hauptstadt Chang'an die Kirchen der Christen neben den Feuertempeln der Zoroastrier, den Synagogen

4 Zitiert nach Thilo 2006, 359–363.

5 Lieu 1997; Böhlig 1997, 64–70; Thilo 2006, 359–363; Baumer 2005, 187 f.; Beckwith 2009, 148, 157–160; Foltz 2010a, 77–80.

der Juden, den Moscheen der Muslime, den Tempeln der Manichäer und den Klöstern der Buddhisten, die den größten Einfluss unter den ‚ausländischen' Kulten beanspruchen konnten.[6] Die verschiedenen Ausprägungen des Buddhismus erfuhren in den ersten nachchristlichen Jahrhunderten wohl auch die weitreichendste Verbreitung unter all diesen Religionen.

Die Ausbreitung des Buddhismus in Süd- und Westasien und ihre Grenzen

Im 3. und 2. Jahrhundert v. Chr. schufen zuerst die Herrschaft des zur Lehre des Buddha bekehrten Maurya-Kaisers Ashoka (reg. ca. 268–232 v. Chr.) über den Großteil Indiens und dann die Förderung durch die gräko-baktrischen Herrscher im heutigen Pakistan und Afghanistan die Grundlagen für eine globale Ausbreitung des Buddhismus vor allem in Richtung Südindien, Südostasien und Zentralasien. Unter dem Einfluss griechischer Kunst kam es auch zu ersten figürlichen Darstellungen des Buddha, die zur weiteren Popularität des Glaubens beitrugen.[7] Schon zuvor hatte sich im urbanen Milieu Nordindiens die Vereinbarkeit des Buddhismus mit wirtschaftlicher Aktivität sowohl der Laien als auch der Klostergemeinschaften selbst erwiesen, deren Geld- und Handelsgeschäfte als Grundlage ihrer Wohltätigkeit gegenüber den Mönchen und Nonnen sowie anderen Bedürftigen gutgeheißen wurden. Gleichzeitig entwickelten sich mit der Verehrung der in Stupas gebetteten Reliquien des Buddha neue Brennpunkte der Laienfrömmigkeit und des Pilgerwesens. Und die Ausbildung der Schulen des „großes Fahrzeugs" (Mahayana) eröffnete „allen Gläubigen den Weg zur Buddhaschaft", unter anderem durch die Vervielfachung der Buddhas in Form der Bodhisattvas, die in verschiedenen Formen und Funktionen, die bestimmten Bedürfnissen der Menschen entgegenkamen, verehrt werden konnten. Als das Reich der Kuschana, die ebenfalls den Buddhismus förderten, im 1. und 2. Jahrhundert n. Chr. die wichtigsten Handelsrouten zwischen Nordindien, Zentralasien, Persien und China in einem Imperium vereinte, ergab sich eine fast symbiotische Ausbreitung der Tätigkeit der Missionare und der Händler. Jason Neelis schreibt dazu:

---

6 Thilo 2006; Lewis 2009b, 207–240.

7 Kulke/Rothermund 2010, 84–95; Munoz 2006, 66 f.; Rezakhani 2017, 62–64; Ball 2016, 156 f.

„Die Wege der Mönche und Nonnen, die die wichtigsten Träger der Ausbreitung der Religion über weiter Distanzen waren, überlappten sich in einem großen Ausmaß mit den Routen und Handelsinteressen der Kaufleute, deren Wohlstand wiederum die Basis für die Gründung von Schreinen und den Erhalt von Klöstern bot.“[8]

Der in dieser Zeit aufkommende Beiname des Buddhas als ‚Großer Karawanenführer‘ (Mahasarthavaha) illustriert diese Entwicklung ebenso.[9]

Über die Fernhandelsrouten zu Lande und zur See verbreitete sich der Buddhismus auch nach Westen, etwa ins Perserreich, wo seine Anhänger um 280 als ein Ziel der Verfolgungen des zoroastrischen Oberpriesters Kartir erwähnt werden. Frühe Belege für buddhistische Gemeinschaften gibt es unter anderem aus der Grenzregion zwischen Iran und Zentralasien in Merw und im Oxus-Gebiet.[10] Inwieweit indische Händler oder auch Gesandte die Lehre des Buddha ins Römische Reich trugen, ist nicht zuletzt aufgrund der bereits erwähnten uneindeutigen Verwendung des Begriffs ‚Indien‘ für viele Anrainer des westlichen Indischen Ozeans in den griechischen und lateinischen Quellen schwerer zu beantworten. Immerhin zeigen römische Büsten des 1. bis 2. Jahrhunderts mit dem Haarknoten (im Sanskrit *ushnisha*), der in der Tradition das übersinnliche Bewusstsein des Buddha symbolisiert, Spuren eines solchen Einflusses. Insbesondere für Alexandria in Ägypten, das primäre Handelszentrum in Richtung Indien, wird im 3. Jahrhundert auch die Anwesenheit indischer Gelehrter erwähnt, unter denen vermutlich sowohl Brahmanen als auch Buddhisten waren.[11]

Eine wesentliche und dauerhafte buddhistische Präsenz über das Grenzgebiet zwischen Persien und Indien hinaus nach Westen lässt sich jedoch insgesamt für diese Jahrhunderte nicht nachweisen. Im heutigen Afghanistan und Pakistan hielten sich diese Gemeinschaften aber auch über den Beginn der arabisch-islamischen Expansion um 650 hinaus bis ins 9. Jahrhundert, wie sowohl archäologische Befunde als auch die Berichte buddhistischer Pilger, etwa aus China, belegen. Für die Stadt Balch (im heutigen Afghanistan) verzeichnete der chinesische Mönch Xuanzang in den 630er Jahren 100 Klöster und 3000 Mönche und beschreibt auch die gewaltigen, im 6. Jahrhundert errichteten Buddha-Statuen von Bamiyan, die im März 2001 von den Taliban zerstört wur-

8 Neelis 2010, 39.

9 Neelis 2010, 39; Bechert/Gombrich 2000, 93–100; Foltz 2010a, 41–47.

10 Foltz 2010a, 47–48; Foltz 2010b.

11 Ball 2016, 452–457.

den. Ungefähr ein Jahrhundert später bestätigt der 723/726 aus dem koreanischen Reich Silla kommende Hui Chao dieses Bild einer noch blühenden buddhistischen Gemeinde, auch wenn er bereits eine arabische Besatzung der Stadt erwähnt. Um diese Zeit begann auch die Konversion der einheimischen Bevölkerung zum Islam. In baktrischen Dokumenten aus den Jahren 755 bis 777 tragen die Väter traditionelle, die Söhne aber bereits arabische Namen. Zu diesen Konvertiten gehörten auch die in Kapitel 2 erwähnten Barmakiden, Mitglieder der buddhistischen Elite von Balch, die nun im Gefolge der Abbasiden in Bagdad Karriere machten, dort aber auch weiter für den ‚Import' und die Übertragung indischen Wissens sorgten – bis zu ihrem Sturz im Jahr 803.[12]

Weit größere Wirkung entfaltete die Ausbreitung des Buddhismus – und gleichzeitig oft des Hinduismus – nach Südindien, Sri Lanka und von dort nach Südostasien. Hier verknüpfte sich die Tätigkeit der Mönche und Nonnen mit jener der Seehändler, für deren Schutz ab dem 5. Jahrhundert insbesondere der Bodhisattva Avalokiresvara zuständig wurde.[13] Religiöse Eliten aus Nordindien spielten schon ab den letzten Jahrhunderten v. Chr. eine gewichtige Rolle bei dem, was man die ‚Sanskritisierung' und ‚Hinduisierung' Südindiens genannt hat, wie Hermann Kulke und Dietmar Rothermund ausführen:

> „Die aus Nordindien einwandernden Brahmanen brachten neben ihrer Religion nicht nur Kenntnisse der Verwaltung und Wirtschaft mit, sondern schufen durch ihre Lehre vom hinduistischen Königtum die ideologische Grundlage für den Anspruch der Stammesfürsten, nicht mehr ‚primus inter pares' zu sein, sondern zusammen mit den Brahmanen unangefochten an der Spitze einer sich nun hierarchisch gliedernden Gesellschaft zu stehen."[14]

Über die Seewege übernahmen indische Eliten dann auch eine ähnliche Funktion für die politische und kulturelle Entwicklung in Südostasien, wobei verschiedene Szenarien entworfen wurden. Die „Kshatriya-Theorie" ging von der Migration und direkten Herrschaftsbildung eingewanderter indischer Fürsten – Mitglieder der Kshatriya-Kaste – aus. Dabei wurde jedoch die Initiative einheimischer Eliten unterschätzt, die schon vor der Ankunft größerer Gruppen aus Indien bedeutende Fürstentümer aufgebaut hatten und nun aktiv ‚Fachleute' mit neuen Kenntnissen für

12 Beckwith 2009, 24 f., 153; van Bladel 2016.

13 Ray 2003, 245–271; von Brück 2008, 130–135.

14 Kulke/Rothermund 2010, 123 f.

die Festigung ihrer Herrschaft anwarben. Die „Vaishya-Theorie" hingegen sieht indische Händler als wichtigste Übermittler solcher Kenntnisse an. Da diese aber vor allem aus den Bereichen des religiös-politischen Wissens, das in anderen Gruppen der indischen Gesellschaften vermittelt wurde, stammten, scheiden die Kaufleute ebenso als Träger eher aus. Auch entstanden die ersten Fürstentümer ‚indischen Stils' im bergigen Hinterland Südostasiens und nicht an den Handelsorten der Küste. Somit nimmt man nun an, dass Brahmanen und buddhistische Mönche, die den Einladungen einheimischer Fürsten folgten und – ähnlich wie in Südindien – neben religiösem Wissen auch Kenntnisse des Staatsaufbaus, des Handwerks und des Rechts mitbrachten, eine entscheidende Rolle spielten. Auch das in chinesischen Quellen seit dem 1. Jahrhundert n. Chr. erwähnte älteste Reich von Funan im heutigen Kambodscha führte seine Dynastie auf die Ankunft eines Brahmanen der südindischen Kaundinya-Sippe zurück.[15]

Mit der Verbreitung des Buddhismus rückten auch die Wirkungsorte des Buddha als heilige Stätten ins Zentrum diplomatischer Aktivitäten der Herrscher dieser Regionen. König Meghavanna von Sri Lanka richtete schon um 335 eine Gesandtschaft an den Gupta-Kaiser Samudragupta (reg. 335–375) mit der Bitte, an der heiligen Stätte von Bodh Gaya im heutigen Bundestaat Bihar, wo Buddha die Erleuchtung erlangt hatte, ein Kloster und eine Herberge für Mönche und Pilger errichten zu dürfen. Darüber hinaus erwarb der König als Reliquie einen Zahn des Buddha, der mit großen Ehren in Sri Lanka empfangen wurde.[16] Unter den Königen Narasimhavarman I. (reg. ca. 630–668) und seinem Nachfolger Narasimhavarman II. (reg. ca. 680–720) stieg das Reich der Pallava zur Großmacht Südindiens auf. Diese Herrscher sind vor allem als Bauherren der berühmten Hindu-Tempel von Mahabalipuram und in ihrer Hauptstadt Kanchipuram (im heutigen Bundesstaat Tamil Nadu) bekannt, doch beschreibt der chinesische Pilger Xuanzang um 640 letztere auch als buddhistisches Zentrum mit mehr als 100 Klöstern und 10 000 Mönchen. Von diesen Hafenorten bestanden ebenso Handelsbeziehungen nach Südostasien.[17] Dort etablierte sich im 7. Jahrhundert das Reich von Srivijaya mit dem Zentrum in Palembang auf Sumatra sowohl als zentraler Knotenpunkt des Handels als auch der buddhistischen Gelehrsamkeit, der Mönche aus

---

15 Ptak 2007, 89–93; Kulke/Rothermund 2010, 195–201.

16 Bechert/Gombrich 2000, 142–160; Kulke/Rothermund 2010, 108–113.

17 Kulke/Rothermund 2010, 154–156.

Indien und China anzog. Ein Mönch aus Bengalen wurde auch zum Oberguru des Königs der benachbarten Shailendra-Dynastie auf Java ernannt und weihte 782 dort eine buddhistische Statue im königlichen Tempel. Ein weiterer Tempel in Zentraljava wurde wiederum laut einer Inschrift um 800 aufgrund der Zuwendungen „durch die stets aus Gujarat [in Nordwestindien] gekommenen buddhistischen Gläubigen" erbaut. Um dieselbe Zeit entstand auch die riesige Tempelanlage von Borobudur. Im Gegenzug wandten die Herrscher von Srivijaya ihre Gunst der seit dem 5. Jahrhundert bestehenden berühmten buddhistischen Universität von Nalanda (im heutigen indischen Bundesstaat Bihar, nahe der heilige Stätten von Bodh Gaya) zu, wo König Balaputra um 860 ein Kloster errichten ließ.[18] Diese Stiftungsakte dokumentierten die engen merkantilen und religiösen Netzwerke zwischen Indien und Südostasien, die sich in den Jahrhunderten zuvor verdichtet hatten.

Die Verbreitung und gesellschaftliche Wirkung des Buddhismus in China

Eine erste buddhistische Gemeinschaft mit Mönchen, Nonnen und Laien ist in China um 65 n. Chr. belegt, offenbar bereits unter der Patronanz eines Bruders des Kaisers. Nicht zufällig berührten in jener Zeit einander die Machtsphären der Kuschana und der Han in Zentralasien. Weiteren Auftrieb erhielt der Glaube durch die Ankunft des Gelehrten An Shih-kao aus Zentralasien um das Jahr 148, der auch mit der Übersetzung buddhistischer Texte ins Chinesische begann. Im Jahr 166 soll Kaiser Huan (reg. 146–168) dann bereits ein Opfer an Buddha vorgenommen haben, der aber wohl nur als eine unter vielen Gottheiten verehrt wurde. Zu einer Akzeptanz der Glaubensinhalte in vollem Umfang kam es durch die Eliten im Norden und Süden erst nach dem Ende der Han-Dynastie ab dem 3. Jahrhundert. In den 260er/280er Jahren traf mit dem Mönch Dharmaraksha aus Dunhuang ein weiterer Übersetzer aus Zentralasien in Chang'an und später in Luoyang ein, der vor allem für die Verbreitung der Mahayana-Lehre sorgte. Die Zahl der übertragenen Texte stieg rasch an, ein Katalog um 380 nennt bereits 600 buddhistische Titel auf Chinesisch.[19]

---

[18] von Brück 2008, 136–150; Ptak 2007, 122–126; Kulke/Rothermund 2010, 143, 150–152, 201–204.

[19] Bechert/Gombrich 2000, 114–116, 220–225; Zürcher 2007; Foltz 2010a, 49–51; Kuhn 2014, 254–256.

In der Krisenzeit und Verunsicherung des 3. und 4. Jahrhunderts bot der Buddhismus neue „angemessene Varianten der Erklärung der Welt und zusagende Anweisungen für das eigene Verhalten", wie Thomas Thilo ausführt. Die Vorstellung von der Vielzahl helfender Bodhisattvas, deren Anrufung auch Laien die Erlangung des Paradieses vermitteln könnte, bot auch für weite Kreise der Bevölkerung über die Eliten hinaus Anreize. Dementsprechend blühte der neue Glaube sowohl im Restreich der Östlichen Jin im Süden als auch unter den verschiedenen Dynastien des Nordens auf. Um das Jahr 400 soll es im Südreich an die 1700 Klöster und 80 000 Mönche und Nonnen gegeben haben. Um diese Zeit reiste zwischen 399 und 412 auch der Pilgermönch Faxian nach Indien und Südostasien und brachte von dort neue Texte und neue Glaubensvorstellungen an den südlichen Hof mit. Einen Höhepunkt erlebte der Buddhismus im Südreich unter Kaiser Wu Di aus der Liang-Dynastie (reg. 502–549), der sich als Bodhisattva verehren ließ und den indischen Maurya-Kaiser Ashoka als Vorbild erwählte. Bei einer Gelegenheit soll er ein Festmahl für mehr als 50 000 Mönche und Nonnen veranstaltet haben. Um dieselbe Zeit genossen die buddhistischen Mönche und Nonnen auch die besondere Gunst der Tuoba/Wei-Kaiser des Nordens, für die wie andere nicht-chinesische Herrscher des 4. bis 6. Jahrhunderts der Buddhismus als ‚auswärtiger' Glaube besondere Anreize und neue Möglichkeiten der Legitimation ihrer Stellung, etwa als Chakravartin-Idealherrscher, bot. Um 530 soll es alleine in der Hauptstadt Luoyang der Wei mehr als 1300 Klöster gegeben haben. Auch die aus dem Norden stammenden Kaiser der Sui-Dynastie (581–618), die ganz China vereinten, setzten diese Zuwendung zum Buddhismus fort. Unter den Tang erhob sich allerdings auch vermehrt Kritik an der Prominenz und am Reichtum der Vertreter des ‚fremden' Kults.[20]

Die buddhistischen Klöster profitierten, zuerst insbesondere im Süden Chinas, auch von der Blüte des Handels und der Landwirtschaft im 5. Jahrhundert. Viele Mitglieder der kaiserlichen Familie und sonstige Adelige, aber auch ‚Neureiche' investierten ihren Wohlstand in Stiftungen, prächtige Tempelbauten und aufwändige Zeremonien und trachteten dabei danach, sich gegenseitig zu übertreffen. Mit der Förderung des Buddhismus stieg auch die Nachfrage nach neuen Produkten. So war etwa die Teepflanze schon lange in Südchina heimisch, einen

[20] Thilo 2006, 290 f.; Bechert/Gombrich 2000, 220–234; Zürcher 2007; Ptak 2007, 93 f.; Lewis 2009a, 204–212; Kuhn 2014, 255–257.

Boom erlebte ihr Genuss aber erst durch die buddhistischen Mönche, die sich während ihrer langen Meditationssitzungen damit wachhielten. Aus den Klöstern trat das Getränk dann seinen Siegeszug in die Haushalte der Laien an und wurde insbesondere in der Tang-Zeit zu einem chinaweiten Konsumgut.[21] In ähnlicher Weise intensivierte der Buddhismus die Verwendung und Verbreitung von Rohrzucker, für dessen Verarbeitung in der Zeit der Tang auch neue Techniken aus Indien eingeführt wurden.[22] Noch größeren Aufwand verlangte die Beschaffung der für verschiedene Riten und Bauten des Mahayana-Buddhismus erforderlichen „sieben Schätze", nämlich Gold, Silber, Lapislazuli, (Quarz)Kristalle, Perlen, rote Korallen (die auch in Kaiserkronen eingefügt wurden) und Achat beziehungsweise andere Edelsteine. Einige dieser Kostbarkeiten konnten nur aus weit entfernten Gegenden erworben werden, Perlen etwa vom Persischen Golf sowie aus Sri Lanka und Indien, das ohnehin als ‚heiliges Land' mit den Stätten des Wirkens Buddhas nun besondere Anziehungskraft gewann. In die Gegenrichtung gehandelte chinesische Seidenbanner wurden wiederum zum unverzichtbaren Schmuck buddhistischer Klöster in Zentralasien und Indien.[23] Ein einzigartiger Beleg für die chinesisch-buddhistische merkantile Mobilität bis in den fernsten Westen findet sich im Gräberfeld von Moščevaja Balka im nordwestlichen Kaukasus in der heutigen russischen Region Karatschai-Tscherkessien aus dem 8. bis 9. Jahrhundert. Dort hinterließ ein Kaufmann auf Papier in chinesischer Schrift nicht nur eine Liste mit erworbenen Gütern, sondern auch den Ausschnitt eines buddhistischen Texts.[24]

Auf der Grundlage ihres durch staatliche und private Stiftungen erworbenen Landbesitzes und sonstiger Schenkungen beteiligten sich die buddhistischen Klöster so wie in Indien auch selbst an Handelsunternehmungen und am Geldverleih und erwarben dadurch beträchtliche zusätzliche Einkommen. Sie profitierten von ihrem Status als „permanente Stiftungen" (chines. *changzhu*) und rechtliche Körperschaften, der nach indischem Vorbild nach China eingeführt wurde. Doch obwohl dem Ideal nach die einzelnen Mönche und Nonnen in Armut leben und alles dem Kloster in seiner Gesamtheit gehören sollte, erfah-

21 Lewis 2009a, 71 f., 118–127; Thilo 2006, 539–545; Benn 2015. Siehe auch Kapitel 5.

22 Siehe Kapitel 5.

23 Lewis 2009a, 157–160; Zürcher 2007.

24 Ierusalimskaja 1996; Hermitage Amsterdam 2014.

ren wir auch von persönlichem Besitz an Land und Immobilien. Eine innovative Rolle spielten die buddhistischen Klöster bei der Entwicklung des Kreditwesens, ja vielleicht ist ihnen überhaupt die Einführung von Krediten gegen Pfand – erneut nach indischem Vorbild – zuzuschreiben. Die ältesten Hinweise für die Pfandleihe finden sich jedenfalls für buddhistische Klöster in Südchina im 5. Jahrhundert. Dokumente aus dem 9. Jahrhundert aus Dunhuang (in der heutigen Gansu-Provinz im Nordwesten der VR China) wiederum belegen, dass die Zinseinkünfte aus Krediten für einige der dortigen Klöster ein Drittel des Einkommens ausmachten. Andere Klöster investierten vor allem in den Ausbau ihres Landbesitzes und wurden in China zu Vorreitern der Errichtung von Wassermühlen und Ölpressen, mithin einer ‚Mechanisierung' der Landwirtschaft.[25]

Indien und China als heilige Länder des Buddhas

Das Vordringen des Buddhismus stellte auch die traditionelle Selbstwahrnehmung der chinesischen Eliten als Bewohner des überlegenen „Reichs der Mitte" im Zentrum der zivilisierten Welt in Frage. Gegenüber Indien als Stätte des Wirkens Buddhas konnte China nur eine periphere Stellung einnehmen. Schon Wang Ming (351–398) musste in seinem Lobgedicht auf den Mönch Srimitra aus Kucha – heute im Gebiet Xinjiang – anerkennen, dass die wichtigsten Vertreter des Buddhismus „unter den Barbaren" geboren worden waren. Kurz danach stellte der Pilger Faxian in Indien fest, dass die dortigen buddhistischen und brahmanischen Texte im Gegenteil China als „barbarisches" Land darstellten, das wahre „Reich der Mitte" sei Indien. Auch den Mönch Xuanzang versuchten die Mönche an der Universität von Nalanda in den 630er Jahren zu überreden, nicht ins chinesische „Barbarenland" zurückzukehren und bei ihnen zu bleiben. Doch im Gegenzug bemühten sich chinesische Buddhisten schon ab dem 6. Jahrhundert, auch China zu einem heiligen Land des Buddhismus aufzuwerten. So wurde behauptet, das „buddhistische" Reich des Ashoka im 3. Jahrhundert v. Chr. habe sich auf ganz Asien und somit auch China erstreckt, wo deshalb auch Stupas mit Reliquien des Buddhas errichtet worden seien. In der Folge wurden an verschiedenen Orten solche Heiligtümer ‚entdeckt' und zu Pilgerstätten ausgebaut, wie etwa auf dem Berg Wutai Shan (in der heutigen nordchinesischen Provinz Shanxi), der sogar zum

---

25 Gernet 1995; von Glahn 2016, 200–203; Thilo 2006, 307 f.

Wohnsitz des Bodhisattva Manjusri erklärt wurde. Ab dem 7. Jahrhundert lockte dieser Tempelkomplex nun seinerseits Pilger aus Korea und Japan, aber auch aus Zentralasien und sogar Indien an.[26]

Tempel und Klöster in China wurden ebenso durch den Transfer von Reliquien aus Indien ausgezeichnet. Bereits Faxian hatte von seiner Reise (399–412) solche heiligen Objekte mitgebracht. Im Jahr 539 begleitete der Mönch Shih-yün-pao eine Delegation aus Funan (im heutigen Kambodscha) zurück in ihre Heimat, um Haare des Buddha an den südchinesischen Hof der Liang zu bringen. Der berühmte Pilgermönch Xuanzang kehrte nach seinem langen Aufenthalt in Indien von 630 bis 643 mit mehr als 600 buddhistischen Texten und 150 Reliquien, die auf 20 Pferden transportiert wurden, zurück. Im Jahr 627 war Xuanzang noch auf eigene Faust und entgegen des Wunsches der staatlichen Autoritäten nach Zentralasien aufgebrochen, jetzt empfing ihn sogar Kaiser Taizong in seiner damaligen Residenz Luoyang. Der Kaiser gewährte ihm Unterstützung für die Abfassung seines Reiseberichts – die berühmten „Aufzeichnungen über die Westgebiete der Großen Tang" – und den Aufbau einer Übersetzungsschule zur Übertragung der mitgebrachten Texte, darunter der längsten Mahaprajnaparamita-Sutra des buddhistischen Kanons. Kurz nach der Rückkehr des Xuanzang unternahm General Wang Hsüan-tse mehrere Missionen nach Nordindien und griff dort sogar militärisch in die Wirren nach der Ermordung des Großkönigs Harsha ein. Vor allem aber erwarb er für nicht weniger als viertausend Seidenballen einen Schädelknochen Buddhas, der nach China gebracht wurde. Zwischen 671 und 695 bereiste auch der Mönch Yi Jing (635–713) Indien und Sri Lanka und wurde nach seiner Rückkehr in Luoyang am Hof der Kaiserin Wu Zetian empfangen, wo er sich der Übersetzung mitgebrachter Schriften widmete.[27]

Doch nicht nur Reliquien, auch buddhistische Gelehrte gelangten aus Indien nach China. Schon zur Zeit der Sui-Kaiser waren Jnanagupta aus Gandhara (gest. 604) und der Inder Dharmagupta (gest. 619) dorthin gereist. Um 716 gelangte der berühmte Tantra-Meister Subhakarasimha (637–735) von der buddhistischen Universität in Nalanda in

26 Sen 2003; Lewis 2009a, 162 f.; Lewis 2009b, 219–222; Bechert/Gombrich 2000, 83 f., 217–220.

27 Sen 2003; Thilo 2006, 310–314, 337 f.; Bielenstein 1997, 82 f.; Lewis 2009a, 161 f.; von Glahn 2016, 196–200; Kulke/Rothermund 2010, 113–116, 140–142, Kuhn 2014, 257 f.; Bechert/Gombrich 2000, 72 f.

Nordindien ins Reich der Tang. Kurz danach traf auf dem Seeweg über Sri Lanka der Inder Vajrabodhi (671–741) in Südchina ein und reiste von dort nach Chang'an. Ruhm erwarb er sich 726 durch die Abwehr einer Dürre und dann durch die Heilung eines Familienmitglieds des Kaisers, die den ‚magischen' Kräften des heiligen Mannes zugeschrieben wurde. Amoghavajra schließlich wurde um 705 in Samarkand als Sohn eines indischen Vaters und einer sogdischen Mutter geboren und reiste, wohl mit einer der vielen sogdischen Karawanen, schon im Alter von neun Jahren nach China, wo er Schüler des Vajrabodhi wurde. 741 pilgerte Amoghavajra mit einigen Gefährten nach Sri Lanka und Indien, von wo er 746 mit 500 Manuskripten zurückkehrte. Ab 750 hielt er sich vornehmlich im Gefolge des Generals Geshu Han in Zentralasien auf, wurde aber beim Ausbruch der Rebellion des An Lushan 756 von den Tang zurückgerufen, um für einen Sieg des Kaisers zu beten. Auch an der rituellen Reinigung des Kaiserpalastes nach der Rückeroberung Chang'ans war Amoghavajra beteiligt und wurde von Kaiser Suzong (reg. 756–762), der den Erfolg der Hilfe Buddhas zuschrieb, besonders begünstigt.[28]

Von China wurde der Buddhismus auch in Nachbarländer getragen. Schon um 372 reiste der Mönch Shandao ins koreanische Reich von Koguryo, dessen König wenig später den Buddhismus in seinem Reich gestattete und förderte. Auch das Reich von Paekche im Südwesten Koreas öffnete sich ab 384 für den neuen Glauben, nachdem ein indischer Mönch namens Marananda vom südchinesischen Hof her dort eingetroffen war. Als letztes der drei koreanischen Reiche wandte sich Silla im Südosten ab 528 der Lehre Buddhas zu, nachdem der Widerstand des alten Adels gebrochen worden war. Danach brachte Silla besonders eifrige Vertreter des Glaubens hervor, die nach China, Tibet und, wie der Mönch Hui Chao (704–787), sogar 723/726 auf dem Seeweg nach Indien reisten.[29]

Der Herrscher von Paekche entbot im Jahr 552 auch eine Gesandtschaft an den König Kimmei (reg. 540–571) des japanischen Yamato-Reiches, die buddhistische Schriften und Bildwerke überbrachte. Es sollte aber aufgrund des Widerstands traditionalistischer Kreise bis 587 dauern, bis die Lehre des Buddha am Hof Aufnahme fand. Danach tat sich insbesondere der Prinzregent Shotoku (reg. 593–622) als Förderer des neuen Glaubens hervor und sandte auch erstmals nach längerer Zeit

[28] Thilo 2006, 79, 87 f., 314–320; Sen 2003; Lewis 2009b, 214–216.

[29] Thilo 2006, 79–82; Lewis 2009a, 152; Kuhn 2014, 260–264.

wieder Delegationen nach China und Korea, die ab nun immer wieder von Mönchen begleitet wurden, die dort studierten, während buddhistische Gelehrte aus Korea und China nach Japan reisten. 735 etwa kam der Mönch Tao-hsüan im Gefolge des japanischen Gesandten Hironari zusammen mit einem indischen Brahmanen, einem Musiker aus Cham (im heutigen Südvietnam) und einem persischen Arzt am Hof zu Nara an. In die Gegenrichtung reiste 838 der Mönch Ennin (794–864), der einen berühmten Bericht über seinen bis 847 dauernden Aufenthalt in China verfasste und dort unter anderem die Buddhisten-Verfolgung dieser Jahre miterlebte. Ein ‚religiöses Jahrhundertereignis in Ostasien' war 752 die Fertigstellung einer 16 m hohen Statue des Buddha Vairocana im Tōdai-ji-Tempel in Nara. Für sie waren auf Geheiß des Kaisers Shōmu (reg. 724–749) 437 Tonnen Bronze und 130 kg Gold sowie die Arbeitskraft von angeblich 50 000 Zimmerern und 370 000 Metallarbeitern aufgewandt worden, ohne Zweifel eine große Belastung für die Ressourcen des japanischen Reiches. Zur Einweihung kamen buddhistische Meister aus allen Himmelsrichtungen bis hin nach Indien zusammen, ein Beleg der weitreichenden Netzwerke, die im Zeichen der Lehre des Buddha gesponnen worden waren.[30]

Über die Rolle der 641 mit Kaiser Srong btsan sgam po verheirateten Tang-Prinzessin Wen Cheng und ihres Hofstaats für die Verbreitung des Buddhismus nach Tibet wurde bereits berichtet (siehe Kapitel 1 und 2). Es sollte aber bis zur Regierungszeit des Kaisers Khri srong lde btsan (reg. 756–796) dauern, bis sich der neue Glaube weitgehend durchsetzen konnte, nachdem es dem aus Indien herbeigerufenen Tantra-Meister Padmasambhava gelungen war, die von den Anhängern der eingesessenen Bön-Religion verehrten Geister zu unterwerfen und bei Eid zum Schutz der neuen Religion zu verpflichten. In der Folge reisten weitere buddhistische Lehrer aus Indien, Nepal, Kaschmir, Afghanistan, Zentralasien, China, Korea und Sri Lanka nach Tibet, so etwa 779 zur Einweihung des Klosters Samye (Bsam-yas, 60 km südöstlich von Lhasa). Auch Kaiser Khri ral pa can (reg. 815–838) lud weitere Gelehrte ein, die ein Sanskrit-Tibetisches Wörterbuch verfassten. Mit seiner Ermordung 838 endete aber die Unterstützung des Staates, der von wirtschaftlichen und außenpolitischen Schwierigkeiten heimgesucht wurde, für die buddhistischen Klöster, die mehr und mehr Reichtum an sich gebracht hatten. Mönche und Nonnen wurden laisiert,

30 Bechert/Gombrich 2000, 252–270; Kuhn 2014, 264–269; Schafer 1963, 2; Thilo 2006, 83 f.

verheiratet und zum Kriegsdienst herangezogen. Als der Mönch Lhalung Dpalgyi Rdorje daraufhin 842 den Kaiser Khri Ui Dum Brtsan (reg. 838–842) ermordete – ein Ereignis, dem bis heute in den Klöstern Tibets mit den „Schwarzhut-Tänzen" gedacht wird –, zerfiel die Zentralmacht und das Großreich der Tibeter.[31] Um dieselbe Zeit sollten ähnliche Maßnahmen auch die Blütezeit des Buddhismus in China zu einem Ende bringen.

Der Buddhismus als Inspiration und Konkurrenz

Für die einheimischen Kulte in China wurde der Buddhismus zu einer bedeutenden Konkurrenz, aber auch Vorbild vor allem hinsichtlich der Institutionalisierung von Religion. Ungefähr zur selben Zeit, als die ersten buddhistischen Gemeinschaften im Reich der Han entstanden, begann auf der Grundlage von Bewegungen der Volksfrömmigkeit und mystischen Endzeiterwartungen die Formierung der Lehren des Daoismus. Und ähnlich wie der Buddhismus gewann der Glaube in den Notzeiten des 3. und 4. Jahrhunderts weite Verbreitung. Um 442 gelang es dem Dao-Meister Kou Qianzhi den Kaiser der nördlichen Tuoba/Wei-Dynastie Tai Wu (reg. 424–452) zur „Lehre des Weges" (chines. *Dao jiao*) zu bekehren und das Amt des obersten Ministers zu erlangen. Ab 444 wurden andere Religionen wie der Buddhismus sogar verboten, doch endete diese daoistische ‚Theokratie' nach dem Tod des Kou Qianzhi im Jahr 448 beziehungsweise mit der Ermordung des Kaisers im Jahr 452. Der Daoismus gewann allerdings weiter an Anhängerschaft und nahm bei den Buddhisten sowohl Anleihen bei der Organisation von Tempeln und Gemeinschaften als auch bei Elementen der Jenseits- und Endzeitvorstellungen. Wohl auch um sich von der den Buddhismus besonders fördernden Sui-Dynastie abzusetzen, beschlossen die Tang-Kaiser im Jahr 625 beziehungsweise 637, den Daoismus zum höchstrangigen Staatskult auszurufen. Die Begründung der Lehre des Dao schrieb man nun dem im 6. Jahrhundert v. Chr. lebenden Meister Laotse zu, der auch als ‚Spitzenahn' der neuen Dynastie beansprucht wurde. Schon 624 hatte der Vorsteher des kaiserlichen Observatoriums und daoistische Priester Fu Yi (555–639) vorgeschlagen, den „barbarischen" Kult der Buddhisten zu verbieten. Diese Pläne wurden wegen der Machtergreifung des Taizong (reg. 626–649) nicht umgesetzt, aber

[31] Beckwith 1987, 24–26, 168–170; Bechert/Gombrich 2000, 295–305; von Brück 2008, 54–60; Beckwith 2009, 147 f., 151, 160 f.

auch der neue Kaiser behielt eine distanzierte Haltung gegenüber dem Buddhismus. Als sich nach der neuerlichen Verkündung des Vorrangs der Daoisten 637 Widerspruch unter den buddhistischen Mönchen der Hauptstadt regte, wurden deren Anführer verprügelt und verbannt. Die Einstellung Taizongs änderte sich erst gegen Ende seiner Regierung durch die Begegnung mit dem 643 aus Indien zurückgekehrten Pilger Xuanzang. Danach wurden auch die Buddhisten wieder der Unterstützung des Kaisers und vieler seiner Nachfolger teilhaftig. Aber auch die Daoisten genossen weiterhin die Gunst der Tang. Gelehrte und Traumdeuter aus ihren Reihen dienten als Berater am Hof, darunter der berühmte Ye Fashan (631–720). Ab 678 wurden Texte aus dem daoistischen Kanon verpflichtender Bestandteil der staatlichen Beamtenprüfungen. Und für nicht wenige Frauen des Kaiserhauses und der Aristokratie war die Weihe als daoistische Nonne eine Möglichkeit, einer unliebsamen Ehe zu entgehen beziehungsweise Unabhängigkeit außerhalb des väterlichen Haushalts zu erreichen. Zur Zeit des Kaisers Xuanzong (reg. 712–756) zählte man 1137 Tempel für Männer und 550 für Frauen in der Hauptstadt. Der Daoismus konnte mit der Zahl der buddhistischen Einrichtungen also durchaus konkurrieren.[32]

Kritik am Buddhismus regte sich aber insbesondere aus traditionalistischen Kreisen des Konfuzianismus, der ebenso eine bedeutende Stellung im Staatskult der Tang einnahm. Man beklagte die wirtschaftlichen Kosten des Buddhismus durch extravagante Ausgaben für Tempel, Bilder und Rituale und die Abhängigkeit der Mönche und Nonnen von der Arbeitsleistung anderer. Vermutet wurde auch, dass die den Angehörigen der buddhistischen Klöster gewährten Steuerbefreiungen für nur nominell in den Mönchsstand eingetretene Personen missbraucht wurden.[33] Insbesondere aber stießen die Konfuzianer sich daran, dass ein „fremdländischer“ Kult derart viel Aufmerksamkeit und Ressourcen erhielt. Und so wurde die Aufsicht über die buddhistischen Klöster und Tempel zunächst dem „Hof für ausländische Gäste“ anvertraut, der sich auch sonst um ‚auswärtige‘ Angelegenheiten zu kümmern hatte. Die dem Buddhismus besonders zugeneigte Kaiserin Wu Zetian (reg. 690–705) wies die buddhistischen Mönche und Nonnen dann aber wie andere einheimische Glaubensgemeinschaften dem „Ministerium

32 Lewis 2009a, 196–203, 212–216; Lewis 2009b, 173–175, 206–214; Thilo 2006, 308–310.

33 von Glahn 2016, 201.

für Ritualwesen“ zu, um ihre Gleichrangigkeit deutlich zu machen.[34] Diese und andere Maßnahmen zugunsten der Buddhisten machte Kaiser Xuanzong (reg. 712–756) wieder rückgängig, nachdem der Gelehrte Xin Tipi im Jahr 711 eine Schrift gegen den Reichtum und die Steuerflucht des buddhistischen Mönchtums eingebracht hatte. Der Kaiser ließ daraufhin die Stiftungen und Tempelbauten einschränken und im Jahr 714 30 000 Mönche und Nonnen in den Laienstand versetzten. Grundbesitz und die Rechtmäßigkeit der Weihen von Mönchen und Nonnen wurden in der Folgezeit mehrmals geprüft.[35] Als jedoch nach der An-Lushan-Rebellion Kaiser Suzong (reg. 756–763) die Wiederherstellung der Ordnung dem Wirken buddhistischer Mönche zuschrieb, wurden diese wieder stärker gefördert. Dies rief erneut Kritiker am Hof hervor, insbesondere da die Finanzsituation des Staates angespannt war. Unter Kaiser Dezong (reg. 779–805) folgten deshalb weitere Beschränkungen der Ausgaben für buddhistische Klöster. Man griff auch auf deren Vermögen zu. Allerdings wurden diese Maßnahmen nach 784 eingestellt, nicht zuletzt aufgrund des Einflusses mit dem Buddhismus sympathisierender Eunuchen, die sich gegen die konfuzianische Beamtenschaft durchsetzen konnten. Besonders großen Aufwand betrieb man für die feierliche Einholung einer berühmten Fingerreliquie des Buddha aus dem Kloster Famen (heute in der Provinz Shaanxi) in den Jahren 790 und 819. Zu beiden Anlässen strömten Pilger aus allen Himmelsrichtungen herbei. Den Vizeminister für Justiz Han Yu (768–824) motivierte das Spektakel aber zur Abfassung einer polemischen „Denkschrift über den Buddhaknochen“, in der er den Buddhismus als „Religion der Barbaren“ anprangerte und schrieb, dass, käme der Buddha heute nach China, er zwar am Hof vom Kaiser empfangen, aber entsprechend seines Ranges nur mit bescheidenen Ehren bedacht und dann unter Aufsicht gestellt werden würde, um „nicht die Massen zu täuschen“. Kaiser Xianzong (reg. 805–820) ließ Han Yu daraufhin zuerst zum Tode verurteilen, dann aber verbannen.[36] Das Pendel schlug aber bald wieder in die Gegenrichtung um. Kaiser Wenzong (reg. 826–840) war bestrebt, sowohl die mächtigen Eunuchencliquen unter Kontrolle zu bringen als auch die von ihnen begünstigten Buddhisten. 835 verkündete ein Edikt des Kaisers, dass die Lehre des Buddha eine fremdländische Religion aus dem Westen sei. Gleichzeitig plante man den Abriss

---

34 Thilo 2006, 154 f., 306 f.; Lewis 2009b, 172–178.

35 Bechert/Gombrich 2000, 236–238; Thilo 2006, 314–320.

36 Thilo 2006, 17 f., 320–322; Lewis 2009b, 175 f.; Kuhn 2014, 259 f.

buddhistischer Kultstätten im Palast und die Laisierung unrechtmäßig ordinierter Mönche. Die Durchsetzung scheiterte aber vorerst noch am Widerstand der Hofeunuchen. Kaiser Wuzong (reg. 840–846) jedoch machte Ernst mit dem Verbot des Buddhismus, nachdem ihm schon der Zusammenbruch des Uigurenreiches die Gelegenheit geboten hatte, gegen die Manichäer vorzugehen. Auch aufgrund der Finanznot des Staates kam es zu umfangreichen Konfiskationen von angeblich mehr als 4600 Klöstern und 40 000 Schreinen und Heiligtümern, 265 000 Mönchen und Nonnen wurden in den Laienstand versetzt und mussten forthin Steuern zahlen. Ausländische Gelehrte wurden des Reiches verwiesen, darunter Koreaner, Japaner und Inder, wie der japanische Mönch Ennin als Augenzeuge berichtete. Der Schock für den Buddhismus in China war nachhaltig, auch wenn die Maßnahmen des Wuzong bald nach seinem Tod 846 wieder zurückgenommen wurden. 873 wurde sogar noch einmal der Buddha-Finger aus dem Famen-Kloster unter großem Pomp in den Kaiserpalast von Chang'an transferiert. Die folgenden Aufstände und Bürgerkriege bis zum Zusammenbruch der Tang-Dynastie 904/907 schädigten aber auch Klöster und Tempel der Buddhisten – und die vormals hunderten Bauten in Chang'an wurden samt der Hauptstadt verwüstet.[37] Immerhin ist für die letzte Blütezeit des Buddhismus unter den Tang aus dem Jahr 868 auch der Rest des ältesten gedruckten Buches der Welt erhalten, ein Teil der Diamant-Sutra, der 1907 in Dunhuang entdeckt wurde. Er belegt die verschiedenen Wirkungen der globalen Verbreitung der Lehre des Buddha in den vorangegangenen Jahrhunderten.[38]

Die Etablierung und Dauerhaftigkeit christlicher Netzwerke in der (post)römischen Welt

Unter den ‚ausländischen' Kulten, die Kaiser Wuzong in den 840er Jahren verbieten und verfolgen ließ, waren auch christliche Gemeinschaften. Wenn in China auch zahlenmäßig weit weniger bedeutend als die Buddhisten, hatten sie sich gleich ihnen in den Jahrhunderten zuvor aus dem ‚fernen Westen' bis ins Tang-Reich verbreitet.

Entsprechend des Aufrufs Jesu im Matthäus-Evangelium („Darum geht zu allen Völkern und macht alle Menschen zu meinen Jüngern")

---

37 Bechert/Gombrich 2000, 236–240; von Glahn 2016, 203 f.; Kuhn 2014, 259 f.; Thilo 2006, 20–25, 322–332; Beckwith 2009, 157–160.

38 Bechert/Gombrich 2000, 238; Lewis 2009b, 238–240.

hatten seine Apostel den Glauben an ihn und seine Auferstehung früh so weit als möglich zu verbreiten gesucht. Schon aus Anlass des Pfingstereignisses werden in der Apostelgeschichte damals in Jerusalem anwesende Pilger aus den Gebieten der „Parther und Meder und Elamiter", aus „Mesopotamien und Judäa, Kappadokien, Pontus und der Provinz Asien, Phrygien und Pamphylien, Ägypten und der Gegend von Kyrene in Libyen" erwähnt, sowie „Einwanderer aus Rom, Juden und Judengenossen, Kreter und Araber". Diese Liste weist über die Grenzen des Römischen Reiches hinaus, es war aber vor allem die ‚Infrastruktur' der den gesamten Mittelmeerraum umspannenden Netzwerke des Verkehrs, des Handels und auch der Religion – in Gestalt der bereits weit verbreiteten jüdischen Diasporagemeinden – innerhalb des Imperium Romanum, die die Ausdehnung des neuen Glaubens ermöglichten. Bis zum 3. Jahrhundert waren in fast allen Regionen des Römerreiches christliche Gemeinschaften entstanden, auch wenn ihr Anteil in den östlichen Provinzen größer war als im Westen. Über die tatsächliche zahlenmäßige Entwicklung der Christianisierung der Bevölkerung können wir nur Vermutungen anstellen. Roger Bagnall schätzt für Ägypten auf Grundlage der Papyri und des Namensmaterials den Anteil der Christen um 313, als ihr Glaube nach den Verfolgungen der Zeit Diokletians wieder erlaubt wurde, auf rund 20 Prozent, um 337 (beim Tod Kaiser Konstantins, der das Christentum zur besonders privilegierten Religion machte) auf ca. 50 Prozent, und auf 80 Prozent im frühen 5. Jahrhundert, nachdem das Christentum zur alleinig vom Staat geförderten Religion geworden war. Eine etwas andere Dynamik ist bei den Inhabern der höchsten Ämter in der westlichen Reichshälfte zwischen 324 und 423 zu beobachten, wo die Christen erst gegen Ende des 4. Jahrhunderts eine absolute Mehrheit ausmachten. Wir dürfen also mit unterschiedlichen Geschwindigkeiten der Christianisierung rechnen, je nach Region und gesellschaftlicher Gruppe. In den ersten Jahrhunderten war das Christentum vor allem eine Religion der Städte, wo auch die Bistümer der sich ausbildenden Kirche ihren Sitz hatten. Gerade im ländlichen Raum, wo die umfassende Bekehrung relativ spät begann, haben wir lange Hinweise auf ‚Inseln' des Heidentums.[39]

Nachhaltig verändert wurde das räumliche Gefüge des ganzen Reiches auch durch die Entstehung des Kloster- und Pilgerwesens. Mit der Organisation der Kirche im 4. Jahrhundert intensivierte sich das Streben, die Orte des Heilsgeschehens in der damaligen römischen Provinz

[39] Bagnall 2007; Salzmann 2004.

Palästina zu besuchen, vor allem Jerusalem. Eine zusätzliche Aufwertung erlebte die Stadt durch die Auffindung des Grabes Christi sowie (angeblich) des wahren Kreuzes im Jahr 325 durch die Mutter Kaiser Konstantins, Helena. Darüber hinaus zogen auch die Reliquien verschiedener Märtyrer, Mönchsväter oder Asketinnen viele Pilger an, wie das Abu-Mina Kloster nahe Alexandria in Ägypten, das Heiligtum des Heiligen Nikolaos in Myra (in Lykien in der heutigen Südwesttürkei) oder des Johannes des Evangelisten in Ephesos. Je mehr sich der Ruhm eines oder einer Heiligen verbreitete, desto größer wurde auch die Zahl der Pilger an seiner beziehungsweise ihrer Grabesstätte. Die Gründung von Pilgerstätten konnte allerdings auch als religionspolitische Maßnahme geplant werden. So lässt sich die Etablierung der Sieben-Schläfer-Verehrung unter Kaiser Theodosios II. (reg. 408–450) auch aus einem ‚Investitionspaket' für die Stadt Ephesos und deren Ausbau zu einem bedeutenden frühchristlichen Wallfahrtsort erklären. Großen Zulauf fanden Styliten (auf Säulen lebende Heilige). Nach seinem Tod 459 entstand am Wirkungsort des Symeon Stylites des Älteren in Nordsyrien das Pilgerzentrum von Qal'at Sima'n mit seiner riesigen Kirche, das Gläubige von weither anlockte. Prestigeträchtige Reliquien wurden manchmal auch an andere Orte transferiert, etwa in die neue Hauptstadt Konstantinopel, was auch eine Verlagerung der Heiligenverehrung und eine Aufwertung des neuen Aufbewahrungsorts nach sich zog. Durch solche Entwicklungen veränderten sich, ähnlich wie durch die Ausbreitung des Buddhismus in Ostasien, die Anziehungspunkte der Routen zur See und zu Lande. Das ‚Heilige Land', aber auch Konstantinopel rückten ins Zentrum der ‚mentalen Landkarte' der Gläubigen in allen Teilen des Reiches. Aufgrund der begrenzten Verfügbarkeit primärer Reliquien entwickelte sich parallel dazu ein reger Handel mit Berührungsreliquien sowie mit Eulogien (Segensandenken), darunter die weit verbreiteten Menas-Ampullen aus Ägypten oder die Tonplaketten des Heiligen Symeon aus Syrien.[40]

Solche Menas-Ampullen aus dem 6. bis 8. Jahrhundert wurden von Samarkand in Zentralasien bis zu den Britischen Inseln gefunden. Dort im Westen überlebte die christliche Kirche auch den Zusammenbruch des Römischen Reiches im 5. Jahrhundert. Während es einen römischen Kaiser nur mehr in Konstantinopel gab, residierte in einem an Bevölkerungszahl drastisch geschrumpften Rom nun der Papst, der

40 Piétri/Piétri 1996, 683–687; Mango 2002, 115–119; Külzer 2015, 51–64; Preiser-Kapeller 2016.

gleich anderen Bischöfen in vielen Städten zum neuen Mittelpunkt der Fortsetzung urbanen Lebens wurde. Theoretisch unterstand seiner kirchlichen Jurisdiktion der ganze ehemalige Westen des Reiches, aber vielerorts hingen die nun herrschenden germanischen Könige und ihr Gefolge, im Gegensatz zu den ansässigen ‚Romanen', der arianischen Ausprägung des christlichen Glaubens an, die eigentlich schon auf dem Konzil von Nikaia 325 als Häresie verurteilt worden war. Der Frankenkönig Chlodwig I. (reg. 482–511) ließ sich hingegen 497/499 nach dem Ritus der römischen Kirche taufen und verschuf sich und seinem Reich damit eine besondere Stellung beim Papst. In den anderen Germanenreichen hielt sich der Arianismus sehr viel länger, wurde aber auch bei den Westgoten in Spanien ab 587 und bei den Langobarden in Italien ab 662 durch das Dogma der Kirche Roms ersetzt. Um dieselbe Zeit ging das Papsttum auch daran, für die Christenheit gänzlich ‚verlorene' Gebiete am äußersten Rand der ehemaligen römischen Welt zurückzugewinnen. Im Jahr 597 kam der von Papst Gregor I. (amt. 590–604) entsandte vormalige Kloster-Prior Augustinus mit mehreren Gefährten in England an, um für die Christianisierung der Angelsachsen zu wirken. Um 601 schickte der Papst auf Bitten des Augustinus, dem auch das Pallium des Erzbischofs überbracht wurde, weitere Missionare dorthin, wobei oberster Sitz der neuen Kirche Canterbury wurde. Auch die nachfolgenden Erzbischöfe bis zum Ende des 7. Jahrhunderts entstammten meist dem Kreis der aus Rom entsandten Kleriker, darunter Theodoros (amt. 669-690), der um 600 in Tarsus, dem Geburtsort des Apostels Paulus, in Kleinasien geboren worden und dann in den Dienst der römischen Kirche getreten war. Im Jahr 668 schickte Papst Vitalian (amt. 657–672) Theodoros, obgleich schon im vorgerückten Alter, wie andere Priester der ‚mediterranen' Christenheit vor ihm ans westliche ‚Ende' der christlichen Welt. An der Bekehrung der Angelsachsen beteiligten sich auch Kleriker und Mönche aus Irland, wo sich, obgleich nie Teil des Römischen Reiches, das Christentum seit dem 5. Jahrhundert festgesetzt hatte. Mönche aus Irland und Britannien suchten dann ihrerseits als besondere Form der Aufopferung die ‚Pilgerschaft' in die noch wenig oder nicht christianisierten Gebiete des Kontinents, wie etwa der Ire Columban (540–615), der zuerst 590 die Abtei Luxeuil in Burgund und dann 614 das Kloster Bobbio in der Provinz Piacenza in Italien gründete. Sein gleichfalls aus Irland stammender Schüler Gallus (ca. 550–640) wirkte am Bodensee und gilt als Gründer des Klosters St. Gallen. Winfrid-Bonifatius wiederum wurde um 672/673 nahe Exeter in England geboren und lebte zuerst im Kloster Nursling bei Southampton, bevor er sich ab 718 dauerhaft auf den Kontinent begab. 719 und 732 besuchte er Rom und erhielt vom Papst die Missionsvollmacht für das heutige Deutschland. Sein gewaltsames Ende fand er 754/755 beim Versuch der Bekehrung der Friesen, kurz nachdem die Karolinger die Merowinger als Könige im Frankenreich abgelöst hatten. Ebenfalls in ‚deutschen' Gebieten aktiv wurde Bonifatius' Landsmann Willibald (ca. 700–788), ab 741 Bischof von Eichstätt. Er hatte noch zuvor zwischen 720 und 729 eine Pilgerreise unternommen, die ihn über Rom, Sizilien und Ephesos nach Jerusalem und von dort über Konstantinopel zurück nach Italien geführt hatte. Somit verband er Britannien und das Frankenreich mit den seit dem 4. Jahrhundert etablierten Fixpunkten auf den ‚Landkarten in den Köpfen' der Christenheit – und das 250 Jahre nach dem Zusammenbruch des Römischen Reiches im Westen und fast ein Jahrhundert nach der arabischen Eroberung. Diesen Spuren folgte einige Jahrzehnte später auch der Frankenkönig beziehungsweise Kaiser Karl (reg. 768–814), als er – ähnlich wie seine Zeitgenossen in Südostasien an die Stätten Buddhas – Gesandte nach Jerusalem entbot.[41] Die östlichen Enden der Christenheit hatten sich aber in dieser Zeit noch viel weiter vom ‚Heiligen Land' entfernt.[42]

Christliche Gemeinschaften und Netzwerke unter islamischer Herrschaft

Im ‚nahen' Osten der römischen Kirche sahen sich die christlichen Gemeinschaften im 7. Jahrhundert einer ähnlichen Situation gegenüber wie im Westen im 5. Jahrhundert. Mit der arabischen Expansion brach ab den 630er Jahren die römische Herrschaft in Syrien, Palästina, Ägypten und Nordafrika zusammen. Man fand sich nun unter der Herrschaft der muslimischen Araber wieder, wobei diese eine keineswegs geeinte Kirche in ihren neuen Provinzen vorfanden. Insbesondere die theologischen Debatten um das Verhältnis zwischen göttlicher und menschlicher Natur in Jesus Christus hatten, vermengt mit Machtstreitigkeiten zwischen den Patriarchaten in Konstantinopel, Alexandria und Antiochia, zu einer nachhaltigen Spaltung und der Entstehung paralleler Kirchenstrukturen geführt. Die Anhänger der auf dem Konzil von Chalkedon 451 verkündeten und vom Kaiser und Patriarch in

41 Riché 1994a; McCormick 2001, 129–134; McCormick 2011.

42 Harris 2007.

Konstantinopel vertretenen Zweinaturenlehre (Dyophysitismus) sahen sich Vertretern einer Einnaturenlehre (Miaphysitismus) gegenüber, die im 6. Jahrhundert konkurrierende Patriarchate in Ägypten (Kopten), Syrien (Jakobiten) und Armenien errichteten. Jenseits der Reichsgrenzen hingen auch die neu entstandenen Kirchen in Nubien und Äthiopien (Aksum) weitgehend diesem Dogma an, während sich im Perserreich vor allem eine dritte Richtung (Nestorianer) durchsetzte. Nachdem die miaphysitischen Kirchen durch die oströmischen Autoritäten mehrfach Verfolgung erfahren hatten, schien die neue Herrschaft der Araber, die den Christen zwar erhöhte Abgaben – insbesondere die Kopfsteuer (*djizya*) – auferlegten, aber ihnen als „Volk des Buches" und „Schutzbefohlene" (*dhimmi*) auch freie Glaubensausübung ohne Ansehen des Dogmas zubilligten, manchen dieser Gemeinschaften als attraktive Alternative zum *Imperium Romanum*.

Die dyophysitischen Kirchengemeinden versuchten hingegen, die Verbindungen zu Konstantinopel aufrecht zu erhalten und wurden deshalb auch von den anderen Christen und den Muslimen als Anhänger des Kaisers (syr. *malka*) als Melkiten bezeichnet. Aus diesem Grund unterlagen sie oftmals auch besonderen Beschränkungen und Verfolgungen. Ab der arabischen Eroberung um 640 bis um die Mitte des 8. Jahrhunderts konnten sie ihre Patriarchensitze in Antiochia, Alexandria und Jerusalem nicht besetzen beziehungsweise konnten ihre Inhaber nur im Exil in Konstantinopel residieren. Ihre miaphysitischen Nachbarn nutzten die Umkehrung der bisherigen Machtverhältnisse auch zur Aneignung von Kirchengebäuden und Klöstern. Als die Patriarchen schließlich wieder vor Ort amtieren konnten, ergab sich jedoch durch die gegen die Verehrung der heiligen Bilder gerichtete Politik der byzantinischen Kaiser (Ikonoklasmus) eine zeitweilige Entfremdung zwischen Konstantinopel und den melkitischen Kirchen. Auch der prominenteste Verteidiger der Bilderverehrung entstammte ihren Reihen, Johannes von Damaskus (ca. 650–754), der nach dem Verlust seiner hohen Stellung in der arabischen Verwaltung aufgrund der von Kalif Abd al-Malik (reg. 685–705) verordneten Islamisierung und Arabisierung des Reichsgefüges im berühmten Sabas-Kloster nahe Jerusalem lebte. Zu einer ungeplanten Ausdehnung der melkitischen Gemeinschaft weit nach Osten kam es um 762, als der Abbasidenkalif al-Mansūr (reg. 754–775) aus Anlass der Gründung Bagdads die verbliebenen Bewohner der alten persischen Hauptstadt Seleukia-Ktesiphon nach Transoxanien ins Gebiet von Taschkent deportieren ließ, darunter zahlreiche Christen auch des dyophysitischen Dogmas. Für ihre Betreuung richtete Patriarch Theodoros I. von Antiochia (amt. 750–773) das Katholikat von Romagyris als östlichsten Außenposten seiner Kirche ein, der sich bis in 14. Jahrhundert nachweisen lässt. Die Mobilität melkitischer Kleriker innerhalb des Kalifats bezeugt auch das Leben des großen Theologen Theodoros Abu Qurra (gest. 830), der um 750 in Edessa (heute Şanlıurfa in der Südosttürkei) geboren wurde. Einige Jahre nach dem Eintritt als Mönch ins Sabas-Kloster bei Jerusalem wurde er zum Bischof von Harran nahe seiner Heimat Edessa geweiht, unternahm aber von dort mehrfach Reisen zu den Nachbarkirchen in Armenien und auch Ägypten, wo er sich Glaubensgesprächen widmete, die er ebenso mit Muslimen führte.[43]

Weit nach Osten erstreckte sich auch der Kirchensprengel des miaphysitischen Konkurrenten des melkitischen Patriarchats von Antiochia, der jakobitischen Kirche. Sie hatte eine starke Präsenz in Syrien und im nördlichen Mesopotamien, verfügte aber aufgrund der Ausdehnung christlicher Gemeinschaften in früheren Jahrhunderten auch über Bistümer jenseits der ehemaligen römischen Grenze, die von einem Metropoliten in Tikrit – heute im Irak – aus verwaltet wurden, darunter in Aserbeidschan, in Gurgan südlich des Kaspischen Meeres sowie in Chorasan und in Sidschistān im Osten des Iran. Immer wieder mussten die Patriarchen aber auch selbst nach Osten nach Bagdad reisen, um die Bestätigung durch den Kalifen zu erlangen. Engere Beziehungen versuchte man auch mit der ebenfalls miaphysitischen Kirche von Armenien aufrechtzuerhalten, mit der man 726 eine gemeinsame Synode in Mantzikert – heute Malazgirt in der Osttürkei – abhielt.[44]

Auch die Armenier unterhielten ursprünglich enge Beziehungen zur (ost)römischen Kirche, wurden doch ihre obersten Bischöfe ab dem Beginn der Christianisierung des Landes um 314 bis zum Ende des 4. Jahrhunderts in Kaisareia (heute Kayseri in der Türkei) in der kleinasiatischen Provinz Kappadokien geweiht. Dennoch kam es zu einer Entfremdung zwischen Armeniern und Konstantinopel, nicht zuletzt aufgrund der Versuche der byzantinischen Kaiser, die Annahme des Dogmas von Chalkedon in den zeitweilig großteils von ihren Truppen besetzten armenischen Gebieten Ende des 6. Jahrhunderts und im 7. Jahrhundert mit Gewalt zu erzwingen. Die arabische Herrschaft, die sich im Südkaukasus erst um 700 in vollem Umfang durchsetzte, machte dem byzantinischen Druck vorerst ein Ende. Dennoch erfasste die ähnlich

[43] Dick 1994; Troupeau 1994, 399–422.
[44] Fiey 1993; Troupeau 1994, 425–435.

wie im Falle der weltlichen Eliten hohe Mobilität der armenischen Kleriker und Pilger nicht nur die traditionellen Stätten im Heiligen Land oder auf dem Sinai (das berühmte Katharinenkloster), sondern auch weitere Orte im Byzantinischen Reich, wie etwa Trapezunt, wo in den 630er Jahren der Gelehrte Ananias von Shirak einen Mathematiklehrer fand, oder die Hauptstadt Konstantinopel. Dort studierte zwischen 713 und 717 Stepannos aus der ostarmenischen Provinz Siwnik und reiste innerhalb der den Byzantinern verbliebenen Gebiete auch nach Athen und Rom weiter. Am Tiber wiederum hatte sich im 7. Jahrhundert sogar eine armenische Mönchsgemeinschaft im Kloster von Renati etabliert, die aber zu jener Minderheit gehörte, die das Dogma von Chalkedon anerkannt hatte. Ähnliches gilt wohl für jene armenischen Truppen, die seit dem 6. Jahrhundert dauerhaft in Ravenna und bis zur arabischen Eroberung zwischen 647 und 698 in Nordafrika in römischen Diensten standen.[45]

Die miaphysitische koptische Kirche in Ägypten nutzte ebenso die neuen Möglichkeiten, die sich durch die arabische Eroberung des Landes (640–642) ergaben. So konnte ihr Patriarch Benjamin (amt. 626–665) nach langem Exil in Südägypten 644 nach Alexandria zurückkehren, von wo im Gegenzug sein melkitischer Konkurrent vertrieben wurde. Enge Beziehungen unterhielt man zur syrisch-jakobitischen Schwesterkirche. Anfang des 9. Jahrhunderts ließ sich sogar eine Gemeinschaft syrischer Mönche aus Tikrit im Irak im Kloster Dayr al-Suryan im Wadi El Natrun westlich des Nildeltas nieder. Allerdings erpressten die muslimischen Autoritäten immer wieder hohe Zahlungen von den um ihre Bestätigung ansuchenden koptischen Patriarchen und setzten Kandidaten ab und ein, um die Gelegenheiten zu solchen Gewinnen zu vermehren. Auch der steigende Steuerdruck auf die Christen provozierte Aufstände, so in den Jahren 725, 739, 750, 752, 767 und 773. Die letzten großen Unruhen wurden um 830 von Kalif al-Maʾmūm mithilfe seiner zentralasiatischen Truppen blutig niedergeschlagen. Danach erhöhte sich die Zahl jener Christen, die ihre Lage durch einen Übertritt zum Islam zu verbessern versuchten.[46]

Aufrecht blieben auch nach der arabischen Eroberung die Kontakte zwischen Ägypten und der Kirche von Aksum in Äthiopien, die über die Seewege im Roten Meer seit der Christianisierung des Landes im 4. Jahrhundert und der Weihe eines Bischofs für das Land durch Pat-

45 Garsoïan 1998; Greenwood 2011, 131–186; PmbZ 2017, Nr. 6989.

46 Swanson 2010; Troupeau 1994, 435–446.

riarch Athanasios von Alexandria (amt. 328–373) bestanden. Im 6. Jahrhundert legten auch als „Neun Heilige" bezeichnete miaphysitische Mönchsväter aus Syrien die Grundlagen für das äthiopische Mönchtum. Danach werden Nachrichten rar, aber wir erfahren, dass Patriarch Isaak von Alexandria (amt. 689–692) versuchte, mithilfe von Gesandtschaften zwischen dem – gleichfalls christlichen – König von Nubien und dem Herrscher von Aksum zu vermitteln, die im Krieg miteinander lagen. Diese Boten wurden allerdings von den Arabern abgefangen, der Patriarch wurde eingekerkert und erst freigelassen, als erwiesen wurde, dass seine Briefe nichts für die arabische Herrschaft Nachteiliges enthielten. Eine Gesandtschaft aus Äthiopien erreichte auch Patriarch Simon I. (amt. 692–700) und bat um die Weihe eines Metropoliten. Der von Patriarch Jakob (amt. 819–830) entsandte Bischof, der einem Kloster im Wadi Natrun entstammte, wurde hingegen nach einem politischen Umsturz in Aksum vertrieben und musste zurück nach Ägypten flüchten. Als sich die Situation wieder beruhigte, ersuchte eine Gesandtschaft aus Äthiopien um seine Rückkehr. Somit blieb auch das ostafrikanische ‚Ende' der christlichen Welt an die kirchlichen Netzwerke angebunden.[47]

Noch engere Kontakte bestanden zwischen der Kirche Ägyptens und den im 6. Jahrhundert christianisierten Reichen in Nubien (im heutigen Sudan), vor allem mit dem König von Makuria mit der Hauptstadt Dongola, der auch das nördlich gelegene Gebiet von Nobatia mit der Hauptstadt Faras beherrschte. Faras, Dongola und auch Soba, die Hauptstadt des südlichen Reiches von Alwa, waren Sitze von Bischöfen, die durch den Patriarchen von Alexandria geweiht wurden. Diese Kleriker verwendeten sowohl die griechische Sprache als auch Koptisch. Nach dem Abschluss eines Vertrages zwischen der arabischen Verwaltung in Ägypten und dem König von Makuria im Jahr 652 blieb die Grenze zwischen Kalifat und Nubien meist ruhig. Dementsprechend konnten die nubische und die ägyptische Kirche ihre Verbindungen beibehalten. König Abraham von Makuria etwa vertrieb einen ihm unliebsamen Bischof von Dongola und bat Patriarch Michael I. von Alexandria (amt. 743–767) um die Weihe eines neuen. Als Patriarch Michael jedoch vom arabischen Gouverneur eingekerkert wurde, nutzte Abrahams Nachfolger König Kyriakos die Schwäche des Kalifats während des Umsturzes der Abbasiden 750 zu einem Vorstoß nach Ägypten bis zur Hauptstadt Fustat (bei Kairo), wo er die Freilassung des Patriarchen

47 Letsios 1988; Troupeau 1994, 449 f.

erzwang. Nach Fustat reiste 836 auch Georg, der Sohn des Königs Zacharias von Makuria, um eine Erleichterung der im Vertrag von 652 festgelegten Tributzahlungen zu erwirken. Von dort wurde er nach Bagdad zu Kalif al-Muʿtasim verwiesen, der den nubischen Prinzen ehrenvoll empfing und die Zahlungsverpflichtungen verringerte. In Bagdad feierte Georg auch die heilige Messe mit dem jakobitischen Patriarchen Dionysios (amt. 818–845), der in dem Prinzen aus dem fernen afrikanischen Land einen „rechtgläubigen" (miaphysitischen) Mitbruder erkannte.[48]

Die globale Ausdehnung der Assyrischen Kirche des Ostens

Schon im 3. Jahrhundert hatte sich das Christentum über die römische Grenze nach Osten ins sasanidische Perserreich verbreitet, teils durch Christen, die vor den damaligen Verfolgungen im *Imperium Romanum* flohen, teils durch Deportationen aus den vom sasanidischen Großkönig Schāpūr I. (reg. 240–270) eroberten Städten in Syrien. Zu einem ihrer Zentren wurde die von diesen verschleppten römischen Untertanen angelegte Stadt Gondeschapur (syr. *Beth Lapat*) in der Susiana im südwestlichen Iran, wo unter Schāpūr II. (reg. 309–379) weitere christliche Gefangene angesiedelt wurden. Als die Christen unter dem Einfluss des zoroastrischen Hohepriesters Kartir so wie die Manichäer in den 270er und 280er Jahren erstmals auch im Perserreich verfolgt wurden, unterschied man zwei christliche Gemeinschaften, die meist schon länger ansässigen aramäisch-sprachigen „Nazaräner" und die durch die Deportationen neu hinzugekommenen griechisch-sprachigen „Christen".[49] In der Regierungszeit Schāpūrs II. ist mit Papa bar Aggai um 310 auch der erste gesicherte Bischof der persischen Hauptstadt Seleukia-Ktesiphon belegt. Unter demselben Großkönig wurden die Christen aber auch erneut Ziel der Verfolgung, da man sie nach der mit Kaiser Konstantin I. ab 313 beginnenden Christianisierung des Römischen Reiches als ‚fünfte Kolonne' des Erzfeindes verdächtigte. Schāpūr II. ließ den Besitz der Kirchen konfiszieren, ihre Bauten zerstörten und Bischof Shimun I. von Ktesiphon gemeinsam mit anderen Klerikern im Jahr 341 hinrichten. Bis in die Zeit des Bischofs Ishaq I. (amt. 399–410) blieb der Sitz von Ktesiphon vakant. Erst

48 Welsby 2002; Troupeau 1994, 446–449; Bechhaus-Gerst 2012; Fauvelle 2017, 43–59.

49 Baumer 2005, 71 f.; Garsoïan 2005, 1162–1164; Foltz 2010a, 62 f.; Daryaee 2009, 55 f., 75–77.

danach konnte die Kirche des Ostens an den weiteren Aufbau ihrer Organisation denken. Im Jahre 410 kam mit Zustimmung des den Christen gegenüber duldsameren Großkönigs Yazdegerd I. (reg. 399–420) eine Synode in Ktesiphon zusammen, die den Kern der Bistumsstruktur der wachsenden Christengemeinschaft im Perserreich genauso festlegte wie die Befugnisse des Bischofs der Hauptstadt als „Katholikos“ und Oberhaupt der Kirche, der jeweils vom Großkönig in seinem Amt bestätigt werden musste. An seiner Wahl durften die „inneren“ Metropolitansitze in Mesopotamien und Westiran teilnehmen, die auch regelmäßig auf Synoden präsent sein mussten, während die „äußeren“ Metropoliten, ab 420 unter anderem in Rev Ardashir in der Provinz Fars und in Merw in Chorasan, aufgrund der großen Entfernung dazu nicht verpflichtet waren. Eine weitere Synode 424 beschloss auch die Selbstständigkeit (Autokephalie) der Kirche des Ostens gegenüber den Patriarchaten im Römischen Reich, wo sich zu jener Zeit gerade die dogmatische Debatte über das Verhältnis zwischen göttlicher und menschlicher Natur in Jesus Christus verschärfte. Als Verfechter einer Zweinaturenlehre trat unter anderen Patriarch Nestorios von Konstantinopel (amt. 428–431) auf, der im Patriarchen Kyrill von Alexandria (amt. 412–444) einen mächtigen und skrupellosen Gegner fand. Er sorgte auch dafür, dass die Lehre des Nestorios auf dem dritten ökumenischen Konzil in Ephesos 431 als Irrglaube verworfen und Nestorios seines Amtes enthoben wurde. Eine den Ansichten des Nestorios verwandte theologische Position fand aber über Gelehrte wie Diodoros von Tarsos (gest. 392) und Theodoros von Mopsuestia (352–428) Verbreitung nach Osten ins Perserreich. Dort akzeptierte sie die Kirche auf einer Synode in Ktesiphon 486 als offizielle Lehre – deshalb auch die Bezeichnung Nestorianer – und trennte sich damit sowohl organisatorisch als auch dogmatisch von der Kirche im Römischen Reich, was auch ihre Akzeptanz durch die sasanidischen Großkönige erhöhte. Auf römischen Boden wurden die Nestorianer hingegen als Häretiker verfolgt und mussten ihre wichtige Schule in Edessa schließen, die 489 nach Nisibis (nahe dem heutigen Nusaybin an der türkisch-syrischen Grenze), das seit 363 unter persischer Herrschaft stand, verlegt wurde. Eine bedeutende Rolle für die theologische, aber auch philosophische und medizinische Ausbildung spielte ebenso die Schule von Gondeschapur. Dennoch blieben Kontakte nach Westen bestehen. Katholikos Mar Aba I. (amt. 540–552) unternahm Reisen nach Jerusalem, Alexandria, Korinth, Athen und Konstantinopel. Da er aber als Zoroastrier geboren worden und von dieser Staatsreligion des Sasanidenreiches abgefallen war, wurde er mehrere Jahre inhaftiert und ins Exil nach Aserbeidschan geschickt. Aber insbesondere nach Osten und Süden verbreiteten sich die Gemeinschaften der persischen Kirche auch in entfernte Gebiete. Gegen Ende der Sasanidenzeit verzeichnete Katholikos Ishoyahb III. (amt. 650–658) weitere „äußere" Bischofssitze in Dschibal im Iran, in Chorasan mit der Metropolis Herat (heute in Afghanistan), in Sogdien mit einer Metropolis in Samarkand, außerdem in Turkestan in Zentralasien, in Indien und sogar in China. Diese Metropoliten durften weitgehend eigenständig agieren und Bischöfe weihen und mussten lediglich alle paar Jahre schriftliche Berichte an den Katholikos richten. Diese Berichterstattungspflicht bedingte immerhin den Austausch von Boten, meist Klerikern, über weite Distanzen.[50]

Auch unter arabischer Herrschaft konnte die Kirche des Ostens von der weiten Ausdehnung des Imperiums profitieren, musste aber auch immer wieder Einmischungen der muslimischen Machthaber in die Wahl des Katholikos erdulden. Patriarch Timotheus I. (amt. 780–823) erwies sich aber als geschickter Verhandler mit den Kalifen und verlegte seine Residenz auch in die neue Hauptstadt Bagdad. Unterstützung erhielt er durch eine Reihe nestorianischer Leibärzte, die in Gondeschapur ausgebildet worden waren und den Kalifen dienten. Zeitweilig fielen einige von ihnen wie der Arzt Bochtisho (gest. 870) bei Kalif al-Mutawakkil aber auch in Ungnade, was sich zum Schaden der Kirche auswirkte. Dennoch nahmen die Nestorianer unter den Kirchen im Kalifat eine durchaus besondere Rolle ein und konnten etwa auch die Expansion konkurrierender jakobitischer Bischofssitze in ihr Kerngebiet im Irak unterbinden, während sie neue Bistümer im Westen in Damaskus, Edessa, Jerusalem und sogar in Ägypten einrichteten.[51]

Schon ab Ende des 4. Jahrhunderts dehnte sich die Assyrische Kirche des Ostens in Richtung des Persischen Golfes aus, wo Klöster unter anderem auf den Inseln Bahrain und Tarut vor der arabischen Küste und auf Kharg vor der Küste Irans sowie im heutigen Katar und den Vereinigten Arabischen Emiraten auf der Insel Sir Bani Yas entstanden. Für die Klöster auf Kharg und Sir Bani Yas belegen archäologische und schriftliche Quellen eine besondere Blütezeit im 7. und 8. Jahrhundert, die mit der Zuwendung von Kaufmannsgemeinschaften beziehungs-

---

50 Fiey 1993; Troupeau 1994, 453–455; Ball 2016, 140 f.; Baumer 2005, 12–20, 29–35, 47–55, 65–95; Garsoïan 2005, 1165–1173; Daryaee 2009, 77–80.

51 Troupeau 1994, 460–468; Fiey 1993; Baumer 2005, 89–92, 155–162.

weise auch eigener Beteiligung am Seehandel verknüpft wird, offenbar bis hin nach Indien, wo um dieselbe Zeit auch buddhistische Klöster am Handel partizipierten, und sogar bis China. Für das Selbstbewusstsein der Kirche in der Region spricht der Versuch des Metropoliten Shimun von Rev Ardashir (in Fars im südwestlichen Iran), dem die Bistümer vom Persischen Golf über den Oman bis nach Indien unterstanden, sich aus der kirchlichen Oberhoheit des Katholikos Ishoyahb III. (amt. 650–658) zu lösen. Shimun behauptete, seine Kirche sei vom Apostel Thomas gegründet worden und deshalb höherranging als jene von Ktesiphon. Der Katholikos setzt sich aber – schon mit arabischer Unterstützung – durch und löste in der Folge Indien als eigene Metropolis aus dem Amtsbezirk des Shimun.[52]

Die Tradition, dass der Apostel Thomas im Indischen Ozean und in Indien das Christentum gepredigt habe, ist erst seit dem 3. Jahrhundert belegt. Mit der Erwähnung des Namens des indo-parthischen Königs Gondophares, der auch auf Münzen und in Inschriften zwischen 20 und 50 n. Chr. als Herrscher um Taxila im heutigen Pakistan und Afghanistan belegt ist, wird die Legende aber zumindest in einem authentischen historischen Kontext verortet. Ohne Zweifel existierten Ende des 3. Jahrhunderts christliche Gemeinden an der Küste von Kerala im Südwesten Indiens, wo sie von einem Bischof David aus Mesopotamien besucht wurden. Schon seit vorchristlicher Zeit hatten sich die Handelskontakte zwischen dieser Region und dem Persischen Golf, aber auch Arabien, Ostafrika und dem Roten Meer intensiviert. Um 345 ist auch die Anwesenheit eines Bischofs Joseph von Edessa bei den Christen Indiens belegt, während um 425 ein Priester David von dort nach Persien reiste. Der aus Ägypten stammende christliche Reisende Kosmas, genannt Indikopleustes („der Indiensegler"), beschreibt um 525 auch eine „persische" christliche Gemeinschaft auf Sri Lanka und erwähnt dazu bereits Bischöfe auf der Insel Sokotra vor dem Horn von Afrika und in Kollam in Kerala. Wie soeben erwähnt, erhob Katholikos Ishoyabh III. in den 650er Jahren Indien zu einem der „äußeren" Metropolitansitze der Kirche des Ostens, der danach regelmäßig mit der Zentrale in Ktesiphon in Kontakt bleiben musste. Über den Status der Christen in Kerala informiert uns eine auf einer Kupfertafel erhalte Privilegurkunde des Jahres 774, durch die der König der Region, Vira

---

52 Ray 2003, 183–184; Baumer 2005, 141–150; Payne 2011; Carter 2008; Kennet 2007, 89–94; Schafer 1963, 242–245; Daryaee 2003, 3; Troupeau 1994, 457 f.; Baumer 2005, 156 f.

Raghava Chakravati, dem Christen Iravi Korttan aus Kodungallur als Vorsitzenden der lokalen Händlergilde umfassende und erbliche Privilegien erteilte, darunter das Recht zur Einhebung von Zollgebühren aus dem Handel, an dem die Christen offenbar großen Anteil hatten. Eine weitere Urkunde eines königlichen Statthalters Atikal Tiruvatikal gewährte einer Kirche in Kollam, damals der wichtigste Hafen Südwestindiens insbesondere für den Pfefferhandel, bestimmte Vorrechte, nachdem sie 824 von einem Bischof Sabrisho dort errichtet worden war. Wir finden die indischen Christengemeinden also auch am Ende der ‚langen Spätantike' an den Knotenpunkten jener maritimen Netzwerke beheimatet, denen sie ihre Entstehung verdankten.[53]

Nach Nordosten boten vom Kerngebiet der nestorianischen Kirche in Mesopotamien aus die ebenfalls seit langer Zeit bestehenden Handelsrouten in den Iran und nach Zentralasien die ‚Infrastruktur' für die Mission durch Geistliche und wohl auch die Migration von christlichen Händlern. Schon um 420 bestand eine Metropolis in Merw (im Südosten des heutigen Turkmenistan) und ein Bistum in Samarkand (in Usbekistan). Ende des 5. Jahrhundert entsandte man auch Missionare zu den damals die Vormacht im westlichen Zentralasien darstellenden Hephthaliten, für die um 549 auch ein eigenes Bistum eingerichtet wurde. Kurz danach wurde zwar das Reich der Hephthaliten im Bündnis zwischen Sasaniden und Türkischem Khanat zerschlagen, doch blieben die Nestorianer unter den Reichen der Steppe aktiv. 644 erfahren wir etwa von einer durch Metropolit Elijah von Merw initiierten Mission bei den türkischen Oghusen. An verschiedenen Orten in Usbekistan und im südöstlichen Kasachstan wurden auch Reste von christlichen Klöstern und Kirchen gefunden, die ins 8. bis 11. Jahrhundert, also schon in die Zeit nach dem arabischen Vordringen in diese Regionen, datieren. Um 781 wird auch von der Einrichtung eines neuen Metropolitansitzes für einen türkischen Fürsten in Zentralasien durch Katholikos Timotheus I. (amt. 780–823) berichtet. Zu jener Zeit bestand ebenso ein Bistum in Kaschgar (im Nordwesten des heutigen chinesischen Gebiets Xinjiang), wo sich vielleicht sogar der lokale Fürst zum Christentum bekehrt hatte. Und noch weiter östlich in Kocho am nördlichen Rand der Taklamakan-Wüste weisen syrische

53 Pigulewskaja 1969; Whitehouse/Williams 1973; Ray 2003, 185–187; Baumer 2005, 14, 24 f., 34–38, 235–237; Kulke/Rothermund 2010, 99 f.; Kominko 2013; Stern/Connan 2008.

und sogdische Textfunde auf ein christliches Kloster hin, das dort neben buddhistischen und manichäischen Gemeinschaften – gegen die man auch, zumindest schriftlich, polemisierte – bestand. Eine große Kirche in Taras im heutigen Süden Kasachstan wurde allerdings um 893 in eine Moschee umgewandelt, und insgesamt wurde der Einfluss des Islam auch in Zentralasien in dieser Zeit immer bedeutender.[54]

In einem Brief, in dem um 795 Katholikos Timotheus I. die Errichtung der Metropolis für die Türken in Zentralasien wenige Jahre zuvor schilderte, erwähnte er auch, dass die Errichtung einer Metropolis im Gebiet des tibetischen Großreichs (syr. *Beth Tuptaye*) geplant sei. Immerhin finden sich aus dieser Zeit Spuren christlichen Lebens – neben buddhistischen Texten – in Dunhuang in der heutigen Provinz Gansu im Nordwesten Chinas, das damals zeitweilig unter tibetischer Kontrolle stand. Eine Inschrift aus Ostladakh im heutigen indisch-(tibetisch-)chinesischen Grenzgebiet in Kaschmir verzeichnet für das Jahr 825/826 eine sogdische Gesandtschaft aus Samarkand an den Kaiser von Tibet, der auch der christliche Mönch Nosfarn angehörte. Ob es aber tatsächlich zu einer dauerhaften Errichtung einer Metropolis von Tibet kam, wissen wir nicht.[55]

Über die Handelsrouten Zentralasiens erreichte das Christentum schließlich auch China. Die wichtigste Quelle für die Geschichte der Kirche des Ostens im 7. und 8. Jahrhundert ist eine im Jahr 1623/1625 bei Bauarbeiten westlich der Tang-Hauptstadt Chang'an entdeckte Stele, die sich auf einem schildkrötenförmigen Sockel zur einer Höhe von 2,79 m erhebt. Der teils chinesische, teils syrische Text wurde im Jahr 781 auf Betreiben von mehr als 70 Stiftern, Mitgliedern der Gemeinde, verfasst und beschreibt die „Ausbreitung der Strahlenden Lehre aus Ta-ch'in (die alte chinesische Bezeichnung für das Römerreich) in China". Demnach gelangte im Jahr 635 ein gewisser Aluoben – wohl Yaballaha oder Abraham – aus Persien mit heiligen Schriften aus Ta-ch'in nach Chang'an, vielleicht als Mitglied einer Delegation der Sasaniden, die damals mehrfach um Waffenhilfe gegen die Araber ersuchten. Wohl in dieser offiziellen Funktion wurde Aluoben von Kaiser Taizong (reg. 626–649) empfangen und befragt, der auch die Übersetzung der mitgebrachten Schriften, darunter eines „Buches über Jesus den Messias",

54 Baumer 2005, 173–183; Troupeau 1994, 457 f.; Foltz 2010a, 65–68; Ball 2016, 152.

55 Ficy 1993; Baumer 2005, 14, 86, 178–180.

ins Chinesische anordnete. Nach deren Prüfung wurde das Christentum 638 zu einem der zugelassenen Kulte erklärt, sodass eine erste Kirche, versehen mit einem Porträt des Kaisers, neben den bereits bestehenden zahlreichen daoistischen und buddhistischen Tempeln in der Hauptstadt errichtet werden durfte. Um 745 wurde gemäß eines weiteren kaiserlichen Edikts diese Kirche von „persischer Tempel" in „Tempel von Ta-ch'in" umbenannt. Dass dabei, wie Michael Kordoses annimmt, eine damals in Chang'an angekommene byzantinische Gesandtschaft eine Rolle gespielt haben könnte, ist wenig wahrscheinlich. Schon davor hätte sich, so die Stele, das Christentum auch unter den Einheimischen in weitere Provinzen Chinas verbreitet, wo Kirchen und Klöster errichtet worden seien. Allerdings erlitt man – wohl unter Kaiserin Wu Zetian (reg. 690–705), die den Buddhismus gegenüber anderen Kulten besonders bevorzugte, – kurzzeitig Verfolgung, ehe ab 712 die alten Vorrechte wiederhergestellt wurden. Kurz danach gelangte ein aus der kirchlichen Zentrale in Persien entsandter Bischof Gabriel mit einer arabischen Gesandtschaft in die Hauptstadt der Tang, der weitere Kleriker im Jahr 732 und 744 eine Gruppe von Mönchen um den Bischof und Astronom Georg folgten. Letzterem wurde es auch gestattet, im Kaiserpalast christliche Rituale durchzuführen. Weitere Förderung erfuhr die Gemeinde durch General Guo Ziya (697–781), der auch Anteil am Sieg über die Rebellion des An Lushan hatte, und auch der Khan der danach für die Tang besonders wichtigen Uiguren Alp Qutlugh (reg. 778–790) gestattete, trotz seines Bekenntnisses zum Manichäismus, die christliche Mission in seinem Reich und setzte sich für die Christen beim chinesischen Kaiser ein. Um diese Zeit gelangte auch der Hauptinitiator der Stelle Yisi – wohl Mar Yazdbozid, mittelpers. „Gerettet von Gott" – nach China. Sein Vater Miles war Priester in Balch im heutigen Afghanistan gewesen, das von chinesischen Reisenden ansonsten als Zentrum des Buddhismus beschrieben wird. Wohl auf Geheiß des Katholikos von Ktesiphon Mar Hanan-Ischo II. (amt. 774–780) begab er sich in die Hauptstadt Chang'an und wurde dort Bischof. Die Stele von 781 markiert allerdings gleichzeitig den Höhepunkt christlichen Lebens im China der Tang, wo sich die Stimmung in den nächsten Jahrzehnten gegen die „fremdländischen" Kulte wandte. Vom Verbot dieser Religionen unter Kaiser Wuzong (reg. 840–846) war das Christentum genauso betroffen wie der Manichäismus, der Zoroastrismus und der Buddhismus. Das relative Kräfteverhältnis illustriert aber die Zahl der 265 000 in den Laienstand versetzten buddhistischen Mönche und Nonnen, der insgesamt 3000 christliche und zoroastrische Kleriker, die als „Perser" zu einer Gruppe zusammengefasst wurden, gegenüberstanden. Und während der Buddhismus sich nach dem Tod des Wuzong 846 wieder einigermaßen erholen konnte, war das christliche Leben in China nachhaltig gestört. Als Katholikos Abdischo I. von Bagdad (amt. 963–986) um 980 sechs Mönche nach China entsandte, fanden sie dort das Christentum weitgehend erloschen, die Kirchen zerstört und nur mehr einen Christen am Leben vor. Offenbar hatte die Gemeinschaft, vor allem unter den Einheimischen, nicht jene ‚kritische Masse' erreicht, die einen Fortbestand auch ohne ständige Zuwanderung aus dem Westen und unter weniger günstigen religionspolitischen Bedingungen erlaubt hätte.[56]

Weitere religiöse ‚Globalisierungen': Zoroastrier, Hindus, Muslime und Juden

Gemeinsam mit dem Christentum wurde in China, wie erwähnt, auch der Zoroastrismus als ‚importierter Kult' aus dem Perserreich registriert. Seit der Machtergreifung der Sasaniden um 224/226 war er dort zur offiziellen, vom Staat geförderten Religion aufgestiegen. Die Ausprägung der bis heute in dieser Gemeinschaft (vor allem bei den „Parsen" in Indien und Pakistan) üblichen Glaubenspraktiken und die Entstehung des grundlegenden Textkorpus der Avesta und der zugehörigen Kommentare ist in die Epoche der Sasaniden zwischen dem 3. und 7. Jahrhundert zu datieren. In dieser Zeit verbreitete sich der Glaube aus den Ostgebieten Irans auch nach Zentralasien, wo ihn chinesische Quellen als „Kult des Feuergottes" im 5. und 6. Jahrhundert erwähnen. Von dort brachten ihn Zuwanderer ab dem frühen 6. Jahrhundert auch nach China selbst mit. Regelrechte Feuertempel werden, unter anderem in der Hauptstadt Chang'an, ab 621 verzeichnet und mögen ihre Existenz auch der Fürsprache der damals vermehrt aus dem Sasanidenreich an den Hof der Tang entbotenen Gesandtschaften verdanken, beziehungsweise später auch der Förderung durch die persischen Prinzen Peroz und Narses, die sich ab den 670er Jahren dort aufhielten. Der Kult blieb aber wohl vornehmlich auf „Ausländer" beschränkt, darunter Sogdier, die unter anderem die auch für „Karawanenführer" aus dieser Region belegte Funktion des *Sabao* (Vorsteher) der zoroastrischen Gemeinschaft wahrnah-

[56] Standaert 2001, 2–42; Kordoses 2008; Baumer 2005, 171, 183–196; Troupeau 1994, 457 f.; Thilo 2006, 353–359; Foltz 2010a, 68–71; van Bladel 2016, 53 f.; Chen 2003/2004, 321 f.

men. Und so verschwand der Glaube auch ähnlich wie das Christentum großteils nach den Verfolgungen der 840er Jahre aus China, wiewohl einzelne Inschriften kleine Gruppen noch in den 870er Jahren belegen. Wohl um diese Zeit machten die Muslime nach zwei Jahrhunderten der arabischen Herrschaft und Konversion auch die Mehrheit der Bevölkerung im ehemaligen iranischen Kernland des Zoroastrismus aus, wie Richard Bulliet dokumentiert hat. Zu einem wichtigen Rückzugsgebiet der Zoroastrier wurde Indien, wohin sich zuvor auch schon das Christentum von Persien her ausgebreitet hatte.[57]

Von Indien wiederum konnten sich neben dem Buddhismus auch hinduistische Kulte vor allem nach Südostasien ausdehnen. Sowohl die insbesondere bei den Händlern populäre Verehrung Vishnus als auch der seit dem 7. Jahrhundert in Indien immer bedeutendere Kult um Shiva fanden dort Anhänger unter Eliten und der breiten Bevölkerung. Die gewaltige Anlage von Prambanan mit acht Hauptschreinen und mehr als 250 Nebentempeln, die um 850 auf der Insel Java (in derselben Region wie der buddhistische Großtempel von Borobudur) errichtet wurde, gibt davon beeindruckendes Zeugnis. Fortbestand hatten Hindu-Gemeinschaften aber auch im Grenzraum zum Iran und Zentralasien, wo sie, wieder ähnlich wie der Buddhismus, seit dem 1. Jahrhundert Einzug gehalten hatten. In den Resten des Hindu-Tempels Dargha Pir Rattan Nath in Kabulistan im heutigen Afghanistan fand sich unter anderem eine Marmor-Statue des Gottes Ganesha, die um die Mitte des 8. Jahrhunderts geschaffen wurde, bevor die arabischen Eroberer diese und andere Heiligtümer, wie zuvor schon buddhistische Tempel in Sind im heutigen Südpakistan, als ‚Götzenbilder' zerstörten. Immerhin hielt sich eine dem Hinduismus anhängende Dynastie – die Hindu-Shahi – in der Region bis ins frühe 11. Jahrhundert.[58]

Der Islam wiederum schuf sich durch die arabischen Eroberungen nach dem Tod des Propheten Mohammed selbst einen gewaltigen imperialen Ausdehnungsraum von der Iberischen Halbinsel bis nach Indien und von Zentralasien bis an die Grenzen Nubiens. Wie in Kapitel 2 dargelegt, verbreitete sich der neue Glaube in diesen Regionen sowohl durch muslimische Migration von der Arabischen Halbinsel als auch durch den Übertritt einheimischer Eliten und Bevölkerung,

---

[57] Daryaee 2009, 69–77, 81–97, 107–112; Ball 2016, 485–489; Thilo 2006, 351–353; Baumer 2005, 184 f.; Bulliet 1979; Foltz 2010a, 95 f.; Skaff 2003.

[58] Ray 2003, 287–289; Munoz 2006, 67 f.; Alram 2016; Bechert/Gombrich 2000, 106.

wiewohl derartige Konversionen von den arabischen Autoritäten keineswegs besonders gefördert wurden. Es gingen dadurch Abgaben – etwa die von Nichtmuslimen zu entrichtende Kopfsteuer – verloren. Ebenso stieg die Anzahl derer, die an den Privilegien und Einkünften der Eroberer teilhaben wollten. Die ebenfalls daraus folgende Benachteiligung der als Klienten (*mawali*) ins tribale System der Araber integrierten Neo-Muslime führte zu einer Reihe von Aufständen und trug auch zum Sturz des Umayyaden-Kalifen durch die Abbasiden um 750 bei. Dennoch begann gegen Ende der hier betrachteten Periode in vielen Kernländern des Kalifats ein Prozess beschleunigter Konversion, der die Muslime im Laufe des Mittelalters zur Mehrheit machte. Über die Grenzen des Kalifats hinaus erwiesen sich vor allem (aus Sicht der sunnitischen Mehrheit) heterodoxe Gemeinschaften wie die Ibaditen als höchst mobil. Nach der Gründung durch 'Abdallāh ibn Ibād beziehungsweise durch Abū 'Ubaida Muslim ibn Abī Karīma um die Mitte des 8. Jahrhunderts breitete sich diese mehrfach verfolgte und oft im Verborgenen agierende, sich selbst als einzig wahrhaftige Muslime betrachtende Gemeinschaft vor allem in den Regionen des Persischen Golfs und im Indischen Ozean aus, wo sie unter anderem als Händler tätig waren. Im Jemen und dann vor allem im Oman, wo sie ab dem frühen 9. Jahrhundert auch die politische Macht übernahmen, konnten sie eigenständige Imamate gründen. Von dort dehnten sie ihre Handelsnetzwerke auf Ostafrika und in die entstehenden Hafenorte der Swahili bis hin nach Mosambik aus, wo sie Keimzellen muslimischer Gemeinschaften begründeten. Auch sonst waren damals muslimische Händler im ganzen Indischen Ozean tätig und bevölkerten zum Beispiel in großer Zahl die ‚Ausländerkolonie' in der südchinesischen Hafenstadt Guangzhou (Kanton) bis zu ihrer Zerstörung durch chinesische Rebellen im Jahr 878. Ein Imamat der Ibaditen entstand 761 auch an der westlichen Peripherie des Kalifats in Tahert (Tiaret im heutigen Algerien), von wo sie ähnlich wie im Indischen Ozean als Kaufleute durch die Sahara Handel mit den Reichen Westafrikas betrieben und dort ebenfalls zum Entstehen muslimischer Gemeinden beitrugen. Als ein wahrhaft globales Ereignis führte die vom Propheten Mohammed verfügte Pilgerfahrt nach Mekka (*Haddsch*) regelmäßig Muslime aus all diesen Gebieten zusammen.[59]

[59] Ricks 1970; Feldbauer 1995, 105–121, 129–138; Wilkinson 2010; Horton/Middleton 2000, 64–67; Bulliet 1979; Ray 2003, 286; Ptak 2007, 126–129, 143–145; Porter 2012; Hawkes/Wynne-Jones 2015.

Dem Handel kam ebenso eine wichtige Rolle bei der weiteren Ausbreitung des Judentums zu, dessen Gemeinschaften sich nach der Zerstörung des ersten Tempels durch die Babylonier um 586 v. Chr. und des zweiten Tempels durch die Römer um 70 n. Chr. in der Diaspora in allen Teilen des Nahen Ostens, insbesondere in Mesopotamien unter parthischer und später sasanidischer Herrschaft, und des Römischen Reiches fanden. Jenseits der Grenzen dieser Imperien fand das Judentum über die Routen im Roten Meer beziehungsweise durch Westarabien neue Anhänger im Reich von Himyar im heutigen Jemen, wo es spätestens unter Yusuf As'ar Yath'ar (reg. ca. 520–530) sogar zur ‚Staatsreligion' aufstieg. Die Invasion des mit Rom verbündeten christlichen Königreichs von Aksum führte allerdings zum Sturz dieses Königs. Weitere jüdische Gemeinschaften bestanden auf der Arabischen Halbinsel unter anderem in Yathrib/Medina, von wo sie jedoch nach Konflikten mit der sich dort ab 622 etablierenden ersten muslimischen Gemeinschaft um den Propheten Mohammed vertrieben und teilweise auch getötet wurden. Das arabische Weltreich verband dann einen Großteil der jüdischen Gemeinden vom Mittelmeerraum bis in den Iran in einem politischen Gebilde. Gleich den Christen wurde auch den Juden als „Volk des Buches" gegen eine zusätzliche Kopfsteuer die Ausübung ihrer Religion gestattet. So wie Christen, Manichäer, Zoroastrier oder Muslime nutzten auch Kaufleute jüdischen Glaubens die weitreichenden Netzwerke im Kalifat und darüber hinaus, etwa in Richtung Zentralasien und Indien. Unter den vielen an den Felsen am wichtigen Pass von Shatial im Karakorum im heutigen Pakistan hinterlassenen Inschriften von vorbeiziehenden Pilgern und Händlern finden sich auch hebräische Texte aus dem 7. und 8. Jahrhundert. In Dandan Öiliq nahe Hotan am Südrand der Taklamakan-Wüste wurden Briefe in einem judeo-persischen Idiom aus dem 9. Jahrhundert entdeckt und ein hebräisches Gebet aus derselben Zeit weiter östlich in Dunhuang am Eingangskorridor zum chinesischen Kernland. Dass jüdische Händler auch bis ins Reich der Tang selbst vordrangen, belegt dann um 850 der arabische Geograf Ibn Chordadhbeh (ca. 820–912), der die gewaltige Ausdehnung der Netzwerke der *Rādhāniyya* (die Bedeutung dieser Bezeichnung ist umstritten) im gesamten afro-eurasischen Raum vom Frankenreich bis China und von Osteuropa und Zentralasien bis an die Küsten Indiens darstellt.[60] Die dort beschriebene Aktivität diese Händler jüdischen Glaubens entlang der Routen nördlich des Schwar-

[60] Siehe Kapitel 4.

zen und Kaspischen Meers bildete wohl auch einen der Anknüpfungspunkte für den Übertritt des Khans und der Elite der diese Gebiete beherrschenden Chasaren zum Judentum in der Zeit um 800. Laut der späteren Korrespondenz des chasarischen Fürsten Joseph mit dem jüdischen Wesir des Umayyadenkalifen in Cordoba, Hasday ibn Šaprut, aus der Zeit um 955 und weiteren Quellen riefen die Chasaren in der Folge auch jüdische Gelehrte in ihr Land und gewährten Flüchtlingen aus dem Kalifat und dem Byzantinischen Reich Aufnahme. Auch sollen sie die mosaischen Gesetze mit all ihren Bestimmungen befolgt haben. Dennoch blieb das Judentum im Chasarenkhanat der Glaube einer Minderheit der Eliten, und als das Reich Ende des 10. Jahrhunderts zusammenbrach, verliert sich auch jede Spur jüdischen Lebens bis zur Einwanderung der „Aschkenasim" ab dem späten Mittelalter. Dennoch ist gerade auch das Judentum unter den ‚globalisierten' Religionen der langen Spätantike zu verzeichnen.[61]

Religion erwies sich somit als zumindest gleich wichtiger Faktor für die Etablierung von Fernbeziehungen wie Diplomatie. Sie motivierte den Aufbau weitreichender Organisationen – wie im Fall der Assyrischen Kirche des Ostens vom Irak bis China – ebenso wie den Aufbruch von Menschen zur Pilgerschaft an die heiligen Stätten des Buddhismus, des Christentums oder des Islam. Sie provozierte die Mobilität von religiösen Experten in gleicher Weise wie jene von Handwerkern, sakralen Architekturtypen – etwa in Gestalt buddhistischer und hinduistischer Tempel in Südostasien – oder Materialien, wie den Transport von Marmorteilen aus dem Marmarameer für Kirchen nach Äthiopien.[62] In verschiedenen Fällen hing die Ausbreitung dieser religiösen Ideen von den bereits bestehenden Netzwerken des Handels und der Diplomatie ab oder stand in Wechselwirkung mit ihnen. Oben wurde dies für den Buddhismus auf dem Weg von Indien nach Zentralasien und China beschrieben. Eivind Heldaas Seland hat dies in gleicher Weise für das Christentum im spätantiken Indischen Ozean getan.[63] Die dadurch entstandenen religiösen Bindungen sowie räumlichen Vorstellungen

---

61 Foltz 2010a, 96–98; Daryaee 2009, 55 f., 78-80; Power 2012, 27 f., 42; Phillipson 2012, 87 f.; Silverstein 2007; Preiser-Kapeller 2008.

62 Dark 2007, 8 f.; Bangert 2007; Finneran 2007, 76–87; Seland 2013, 384 f.; Seland 2014, 381; Foltz 2010a, 53–57; Xinru 1995; Fiey 1993; McCormick 2001, 129–138, 151–173, 283–318.

63 Neelis 2010; Ray 2003, 195 f., 246-271; Seland 2013, 385 f.

und Organisationen trugen wiederum zu einer Verdichtung der Netzwerke des Austauschs und der Mobilität bei – so zum Beispiel durch Pilgerreisen oder den Transfer von Reliquien –, die sich dadurch oftmals als dauerhafter erwiesen als politische Verbindungen, etwa nach dem Zusammenbruch imperialer Ordnungen wie im Westen des *Imperium Romanum.*

Doch Religionen veränderten in der ‚vertikalen' Dimension der Globalisierung auch die Gebräuche, Geschmäcker und Wünsche der Menschen. Die Ausbreitung des Buddhismus nach China über die Handelsrouten erzeugte im Gegenzug neue Nachfrage nach den seltenen Gütern, die für buddhistische Rituale benötigt wurden (die „sieben Schätze") und förderte den Konsum von Tee und Zucker.[64] Darüber hinaus motivierten religiöse Institutionen Verbindungen über große Distanzen und beteiligten sich selbst an ihnen, wie etwa im Fall der buddhistischen Klöster in Indien, Zentralasien und China oder der christlichen Klöster am Persischen Golf.[65] Wir beobachten also ‚Rückkopplungsprozesse': Religionen verbreiteten sich über die bereits existierenden Netzwerke, die im Gegenzug verdichtet und hinsichtlich der Qualität und Quantität des Austausches modifiziert wurden und somit die Grundlage für eine weitere Intensivierung der ‚globalen' Verflechtungen schufen. Die Ausbreitung des Buddhismus etwa steigerte insbesondere seit dem 3. Jahrhundert das Interesse an den Routen nach Zentralasien und Indien, über die wiederum weitere religiöse Ideen wie der Zoroastrismus, der Manichäismus oder das Christentum nach Osten transportiert wurden. Die aus weiter Ferne importierten Veränderungen in den Köpfen der Menschen trugen somit im Gegenzug auch zur Ausweitung der Infrastruktur für den Austausch solcher Ideen bei. Dabei wurden auch weite Gruppen der Bevölkerung über den Kreis der Eliten hinaus in diese ‚globalisierenden' Phänomene miteinbezogen.

64 Foltz 2010a, 49–56; Xinru 1995; Pollard 2013.

65 Hodges 2012, 15–18, 67–90; Gernet 1995; Thilo 2006, 307–341.

4. Händler, Künstler, Köche, Sklaven: Mobilität und Diasporagemeinschaften neben den Eliten

In einer Inschrift der indischen Händlergilde der „500 Herren der Ayyavole“, erhalten in einer Fassung aus dem Jahr 1055, aber zurückgehend auf Vorbilder aus dem 8./9. Jahrhundert, heißt es voll Stolz:

> „Sie sind berühmt in aller Welt, geschmückt von zahlreichen guten Eigenschaften, Beschützer des Gesetzes der heldenhaften Händler, im Besitz von 32 veloma [Bedeutung unklar], 18 Hafenstädten, 64 Yoga-Stätten und Aschrams in den vier Himmelsrichtungen, geboren, um durch viele Länder zu wandern, haben sie die Erde als ihren Sack. (…) Sie besuchen die Ceras, Colas, Pandyas, Maleyas, Magadha, die Sosalas, Saurashtra [verschiedene Landschaften Indiens] und die Kambodschas, Gauda [Bengalen], Persien und Nepal auf Wegen, die zu Land und Wasser in die Regionen der sechs Kontinente eindringen (…). Sie verkaufen im Großhandel oder verhökern mit Tragegestellen über der Schulter, sie vermeiden Verlust durch Steuerabgaben, sie füllen des Kaisers [in Sanskrit *Chakravartin*] Schatz mit Gold und Juwelen und seine Rüstkammer mit Waffen, sie (…) haben (…) den mächtigen Ozean als Festungsgraben.“[1]

Selbstbewusst stellen sich die in der Gilde vernetzten Kaufleute als ‚globale‘ Kraft dar, deren Einfluss wie jener der Weltherrscher Indiens und anderer Kontinente in alle vier Himmelsrichtungen reicht und die auf Augenhöhe mit den Kaisern zu Lande und zu Wasser ihren Geschäften nachgehen. Insbesondere ab 200 v. Chr. und dann während der Guptazeit im 4. bis 6. Jahrhundert waren – entgegen früherer Annahmen eines Niedergangs des städtischen Lebens in dieser Periode – in ganz Nordindien Gilden (*sreni*) von Bankiers, (Karawanen-)Händlern und auch Handwerkern weiter aufgeblüht. An ihrer Spitze stand ein Vorste-

[1] Kulke/Rothermund 2010, 160–164 (Übersetzung); Singh 2009, 602–604; Karashima 2014, 140 f.

her mit mehreren Amtsträgern, die Regeln der Gilden wurden schriftlich fixiert. Teilweise kooperierten sie auch mit buddhistischen Klöstern, die als Banken und Kreditgeber dienten, aber ebenso Begünstigte der Stiftungstätigkeit der Gilden waren. Ähnliche Formen der Vereinigungen entstanden in den Städten der südindischen Staaten. Sie umfassten örtliche Händler- und Handwerkergruppen (*svadési*) genauso wie international operierende Gilden (*nanadési* – wörtlich „in vielen Ländern"), die über eigene lokale Handwerkerviertel sowohl für Luxusgüter als auch Alltagswaren sowie Händlerniederlassungen (*nagaram*) unter Selbstverwaltung verfügten. Auch einige große Hafenstädte (*pattinam*) organisierten sie weitgehend autonom, wenn auch unter Aufsicht der jeweiligen Dynastien, die an den Erträgen des Handels partizipieren wollten – wiewohl im Gegenzug die Händler natürlich bestrebt waren, „Verlust durch Steuerabgaben" zu vermeiden, wie es in der Inschrift heißt. Tatsächlich aber wurden die Gilden auch sonst für die Könige des Südens – wie die ab dem späten 6. Jahrhundert herrschenden Pallavas (575–897) – zu einem wichtigen Machtfaktor, da sie als Geldgeber für Bauprojekte und andere Unternehmungen der Herrscher fungierten. Im Gegenzug gewährte man ihnen ein „hohes Maß an Selbstverwaltung", den Schutz vor bestimmten Eingriffen der Herrschenden, auch über Staatsgrenzen hinweg, und sogar den Unterhalt eigener Söldnertruppen zur Bewachung ihrer Handelswege und -plätze. Die mächtigsten dieser Gilden wurden laut Hermann Kulke „nahezu zum Staat im Staate", wie eben die seit dem 8. Jahrhundert bestehenden Ayyavole, die ihren Ursprung in der Hauptstadt Aihole des Chalukya-Reiches hatten, das seit dem 6. Jahrhundert im westlichen Zentralindien bestand. Von dort unterhielten die Ayyavole enge Beziehungen zu benachbarten Königreichen, aber auch zu den anderen Anrainerregionen des westlichen Indischen Ozeans am Persischen Golf, in Arabien und bis hin nach Ostafrika und Ägypten, von wo wiederum Händler an die westindische Küste kamen. Das östliche Gegenstück war die nicht weniger einflussreiche Gilde der Manigramam, die seit dem 5. Jahrhundert belegt ist und vor allem ab dem 9. Jahrhundert Fernhändler von Tamil Nadu im Südosten Indiens vernetzte. Sie handelten vornehmlich in Richtung Südostasien. Aus der Zeit um 850 besitzen wir eine ähnlich selbstbewusste Inschrift der Manigramam aus Takuapa in Südthailand, deren Aktivitäten sich später auch bis Quanzhou (Zaytun) in Südchina erstreckten. Die aus dem Westen kommenden muslimischen, christlichen und jüdischen Händler, wie etwa jene in den Geniza-Dokumenten aus Kairo erwähnten Kaufleute, fanden sich schließlich spätestens ab dem 11. Jahrhundert an der südwestlichen Kerala-Küste ebenso in einer eigenen Gilde (*Ánjuvannam*) zusammen.[2]

Fernhandel im Indischen Ozean und Zentralasien seit der Antike

Ein Hintergrund für die Entstehung dieser merkantilen Netzwerke war neben der ‚endogenen' wirtschaftlichen Dynamik in den Regionen Indiens die Intensivierung des Handelsverkehrs im Indischen Ozean. Der Beginn dieser Entwicklung wird oft mit der ‚Entdeckung' der Nutzung der Monsunwinde für die direkte Schiffspassage von Ägypten beziehungsweise dem Roten Meer an die indische Küste durch den griechischen Seefahrer Hippalos im 1. Jahrhundert v. Chr. verknüpft. Dies ist aber ungefähr genauso zutreffend wie die Annahme, der Seehandel im Indischen Ozean hätte mit dem Eintreffen der Schiffe des Vasco da Gama 1498 begonnen. Denn wie schon vor dem Auftreten der Portugiesen seit Jahrhunderten dort weitreichende Routennetzwerke bestanden hatten, so hatten auch schon vor Hippalos Seefahrer aus Indien, Arabien und Ostafrika die ihnen wohlbekannten Winde genutzt – obwohl Rajan Gurukkal zuletzt wieder eine sehr skeptische Sicht auf die mögliche Beteiligung indischer Kaufleute am Überseehandel vertreten hat. Unter anderem wurde auch seit Langem eine sogar noch (zeit)günstigere Passage als jene ins Rote Meer und nach Ägypten zwischen den westindischen Häfen und dem Persischen Golf befahren, aus dem über Mesopotamien und Syrien – zum Beispiel über die berühmte Oasenstadt Palmyra – die Waren Indiens und östlicherer Gebiete ebenso in den Mittelmeerraum gelangten. Nachdem aber diese Route teilweise unter Kontrolle zuerst der Seleukiden und später der Parther sowie der Sasaniden stand, die die Konkurrenten der Herrscher Ägyptens (zuerst der Ptolemäer, später der Römer) waren, bedeutete die ‚Entdeckung' einer direkten Route nach Indien natürlich eine willkommene Nachricht.[3] Die Vereinigung der Mittelmeerwelt durch die Römer steigerte die Nachfrage nach den ‚exotischen' Gütern aus dem Osten. Jährlich sollen laut dem Geografen Strabon (gest. 23 n. Chr.) 120 Schiffe aus

---

2 Ray 2003, 192–197, 223 f., 235 f., 283–285; Singh 2009, 403–408, 497–504, 584–590, 597–600; Kulke/Rothermund 2010, 113–120, 128–131, 160–164; Karashima 2014, 139–143; Ray 2015, 287–301.

3 Ray 2003, 19–25; McLaughlin 2010, 2527, 40–42; Darley 2013, 95–101; Priestmann 2013, 21–23; Ray 2015; Chaudhuri 1985; Sommer 2017, 51–55; Gurukkal 2016.

Ägypten nach Indien aufgebrochen sein. In der frühen Kaiserzeit hören wir mehrfach Klagen über die Menge an Geld, die für diesen Luxus aufgewandt wurde. Plinius der Ältere (gest. 79 n. Chr.) etwa spricht von 100 Millionen Sesterzen pro Jahr. Ein einzigartiges Dokument ist ein von der Österreichischen Nationalbibliothek 1980 im Antikenhandel erworbener Papyrus, der nach der darin erwähnten wichtigen südindischen Hafenstadt auch als „Muziris-Papyrus" bekannt ist. Der Wert der in diesem Dokument aufgelisteten Schiffsladung, die unter anderem 60 Behältnisse mit indischer Narde, einer im Himalaya heimischen Pflanze, die für Heil- und Duftzwecke verwendet wurde, sowie Elfenbein und auch Seide umfasste, wurde mit sieben Millionen Drachmen berechnet, dem Gegenwert eines größeren Landguts von rund 1000 Hektar Größe in der römischen Welt. Und wie Strabon berichtet, unternahmen die Kaufleute, die nach Indien fuhren, diese Reisen als Privatunternehmer. Der Anteil des römischen Staates am Handelsaufkommen war also, trotz gelegentlicher auch handelspolitisch motivierter Aktionen wie dem Feldzug des römischen Präfekten von Ägypten Aelius Gallus nach Südwestarabien um 25/24 v. Chr., im Gegensatz zum mediterranen Zentralraum hier offenbar geringer. Eine besondere Rolle spielten im 1. bis 3. Jahrhundert n. Chr. die Kaufleute aus der syrischen Oasenmetropole Palmyra, die nicht nur als Zwischenhändler zwischen dem persisch kontrollierten Mesopotamien und dem Römischen Reich auftraten, sondern sowohl nach Osten über den Irak in den Persischen Golf bis nach Indien als auch nach Süden bis Ägypten und ins Rote Meer auf allen wichtigen Routen zwischen dem Mittelmeerraum und dem Indischen Ozean aktiv wurden und an vielen Orten kleinere oder größere Gemeinschaften etablierten. Diese Blütezeit endete allerdings mit der Eroberung Palmyras, das unter seiner Königin Zenobia (reg. 267–272) versucht hatte, auf Kosten Roms ein eigenes Imperium zu errichten, im Jahr 272/273 durch Kaiser Aurelian.[4]

Einer der wichtigsten Häfen im Roten Meer war bis ins 6. Jahrhundert an der ägyptischen Küste Berenike, von wo man, einschließlich einer Strecke von 2600 km über die offene See, in durchschnittlich 50 Tagen nach Muziris an der südwestlichen Kerala-Küste von Indien – die genaue Lokalisierung, vielleicht im Fundort Pattanam, ist noch umstritten – gelangte. Dort erzwang das Warten auf günstige Winde für die

[4] Ray 2003, 173–182; Parker 2008, 78–80; McLaughlin 2010, 2–11, 28–36, 104–106; Ball 2016, 141 f.; Seland 2016; Wilson/Flohr 2016; Sommer 2017, 201–220; Gurukkal 2016, 42–45; Michaels 2017, 865–867.

Rückreise einen Aufenthalt von drei bis vier Monaten, sodass mit einer gesamten Reisedauer von bis zu einem Dreivierteljahr zu rechnen war. Nicht zuletzt deshalb wird die Entstehung dauerhafterer Siedlungen der Händler aus dem ‚Westen' vermutet. Auf der ebenfalls in der Österreichischen Nationalbibliothek verwahrten *Tabula Peutingeriana*, der mittelalterlichen Kopie einer römischen Weltkarte des 4. Jahrhunderts, ist für Muziris sogar ein Tempel des römischen Kaisers Augustus verzeichnet, was aber mangels archäologischer Befunde nicht verifiziert werden kann. Noch länger dauerte die Reise von Berenike nach dem in den griechischen und römischen Texten als südlichsten Handelsort an der ostafrikanischen Küste erwähnten Hafen von Rhapta, der in der Gegend des heutigen Daressalam in Tansania vermutet wird. Dorthin gelangte man erst nach 90 bis 140 Tagen mit einem windbedingten längeren Aufenthalt am Kap Guardafui, dem östlichsten Punkt Afrikas. Die Windverhältnisse erforderten auch ein achtmonatiges Verweilen in Rhapta nach der Ankunft, sodass eine solche Reise eineinhalb Jahre oder mehr dauern konnte.[5] Unsere wichtigste Quelle für die Routen im westlichen Indischen Ozean und die auf ihnen gehandelten Waren ist der aus dem 1. Jahrhundert n. Chr. stammende griechische „Periplus des Roten Meers" (lat. *Periplus Maris Erythraei*). Dieser Text wurde aus einer ägyptisch-römischen Perspektive verfasst, die den sicher großen Anteil der anderen Anrainergruppen in Ostafrika, Arabien, Persien und Indien nicht entsprechend widerspiegelt. Immerhin besitzen wir mit den tamilischen Sangam-Dichtungen auch südindische Zeugnisse, deren Entstehung meist ins 2. Jahrhundert n. Chr. gesetzt wird, wiewohl sie viel später verschriftlicht wurden und ihre Datierung deshalb umstritten bleibt. Dort tauchen mehrfach die *Yavanas* auf, eine Bezeichnung, die wohl vom persischen *Yauna* für die Ionier, also jene Gruppe der Griechen, der die Perser im 6. Jahrhundert v. Chr. als erste begegneten, abzuleiten ist. Der Terminus bezeichnete in den indischen Texten aber nicht nur Griechen und Römer, sondern generell alle ‚Ausländer' aus dem Westen, also auch aus Persien, Arabien oder Ostafrika, ähnlich wie später „Franken" zur Zeit der Kreuzzüge im Nahen Osten für alle Ankömmlinge aus Westeuropa verwendet wurde. Diese *Yavanas* werden als Seefahrer und Händler beschrieben, deren „schön gebaute Schiffe (…) mit Gold und Wein kamen und mit Pfeffer zurückkehrten".[6] Sie arbeite-

5 Cappers 2006, 139–141; McLaughlin 2010, 29–31, 67–69; Priestmann 2013, 218–222; Tomber 2008, 93–100; Prendergast 2017.

6 Zitiert nach Kulke/Rothermund 2010, 135–137.

ten aber auch als Handwerker und sogar als Söldner im Dienst einheimischer Fürsten. Einige sind als Stifter für buddhistische Heiligtümer wie im 2. Jahrhundert in Nasik (nordöstlich von Mumbai), verzeichnet. Dort taucht auch der Terminus *Raumakas* auf, der vielleicht „Römer" im engeren Sinn bezeichnet. Dazu kommen Funde römischer Münzen an 130 verschiedenen Orten in ganz Indien – mit einem Schwerpunkt im Süden –, wobei die Datierungen der Stücke auf eine erste Blüte des indisch-römischen Handels im 1. und 2. Jahrhundert n. Chr., einen signifikanten Rückgang während der römischen Reichskrise des 3. Jahrhunderts und eine zweite intensivere Phase vom 4. bis zum 6. Jahrhundert hindeuten. Deutlich wird aber ebenso, dass neben den ‚Westlern' indische Händler selbst aktiv an diesem Austausch partizipierten. Keramik- und Pflanzenreste im ägyptischen Hafen von Berenike weisen zum Beispiel auf eine indische Präsenz hin.[7] Noch bedeutsamer mögen für die indischen Kaufleute aber die Routen nach Süden Richtung Sri Lanka und insbesondere nach Südostasien gewesen sein, das etwa als „Goldland" (in Sanskrit *Suvarnadhipa*) in den Texten erwähnt wird. Ab dem 1. Jahrhundert wird dort das Reich von Funan im heutigen Kambodscha und südlichen Vietnam, wo der bedeutende Fundort von Óc Eo liegt, erwähnt, das vor allem vom Handelsverkehr über die Landenge der Malaiischen Halbinsel – den Isthmus von Kra – profitierte. Von dort importierte Waren wie zum Beispiel Gewürze wurden dann wiederum in Indien an die *Yavanas* mit guten Profiten weiterverkauft. Einige der ‚Westhändler' reisten aber offenbar auch selbst bis nach Südostasien und sogar weiter bis nach Südchina, wo um 166 n. Chr. sowie im 3. Jahrhundert römische Händler als Gesandte des Kaisers auftraten. In ähnlicher Weise wie die südindischen Städte dienten die Häfen im Nordwesten Indiens als Umschlagplätze für die über Zentralasien aus China herbeitransportierten Waren, darunter Seide in roher und verarbeiteter Form. Im 1. bis 3. Jahrhundert standen diese Routen unter der Kontrolle der Kuschana. Von dort gelangten die Waren weiter in den Persischen Golf oder ins Rote Meer und dann in den Mittelmeerraum.[8]

---

7 Singh 2009, 384–388, 399–401, 408–417, 502–504; McLaughlin 2010, 18–20, 48–52; Karashima 2014, 70–76; Ball 2016, 143 f., 149–151; Darley 2013, 125–155, 352–359; Kulke/Rothermund 2010, 135–137; Priestmann 2013, 13 f.; Tomber 2008, 26–28; Gurukkal 2016, 39–42, 82–90; Seland 2017.

8 Tomber 2008; 30–37; Singh 2009, 408–417; Karashima 2014, 76–80; Kulke/Rothermund 2010, 135–137; Darley 2013, 372–377; Boivin 2017, 370 f.; Borell 2017. Siehe auch Kapitel 1.

Allerdings darf man sich nicht immer allzu großartige Vorstellungen von all diesen Handelsplätzen machen. Grabungen an einigen südindischen Hafenorten erwiesen einen eher bescheidenen Umfang mit Märkten und Werkstätten, aber keine größeren permanenten Behausungen oder gar Monumentalbauten wie den auf der *Tabula Peutingeriana* verzeichneten Augustustempel.[9] Beeindruckender fallen die Reste in der bereits erwähnten ägyptischen Hafenstadt Berenike am Roten Meer aus, wo sich bis zum 6. Jahrhundert neben Magazinen auch Häuser und Heiligtümer fanden. Besonders wertvoll sind die Reste von Keramik und Pflanzen, die unter anderem auch die Präsenz von Händlern aus Indien, Südarabien und Ostafrika nahelegen.[10] Ein weiterer wichtiger Handelsort war das unter dem modernen Akaba in Jordanien liegende Aila, das ursprünglich der Hafen der Nabatäer (berühmt als Händler sowie aufgrund ihrer Hauptstadt Petra) und seit dem Jahr 106 n. Chr. ein Teil des Römischen Reiches war. Es diente sowohl dem Vertrieb der Produkte der nahen Bergbaugebiete im Wadi Araba und Wadi Faynan als auch, so wie Berenike, als Umschlagsort zwischen Rotem Meer und Mittelmeer. Die seit dem 4. Jahrhundert in steigender Zahl sichtbare Keramik von Aila wurde unter anderem in Adulis und Aksum in Ostafrika sowie in Qana im Jemen gefunden. Von dort fuhren Schiffe wiederum bis nach Aila. Noch der Kapitulationsvertrag des lokalen Bischofs Yuhanna ibn Ruba mit den Arabern aus der Zeit um 630 enthält Garantien für die Schiffe und Karawanen der Händler der Stadt. Am Eingang des Golfs von Akaba befand sich auf der Insel Iotabe – heute Tiran – ebenfalls ein wichtiger Hafenort, der im 5. und 6. Jahrhundert über einen Bischof verfügte. Aus dem Handel mit „Indien" – im weitesten Sinn die Nachbarregionen des westlichen Indischen Ozeans – erzielte ein dort stationierter römischer Beamter beträchtliche Zolleinnahmen.[11]

Eine immer wichtigere Rolle als Mittelsmänner zwischen den römischen Provinzen und der weiten Welt des Indischen Ozeans spielte nach der römischen Reichskrise des 3. Jahrhunderts ab dem 4. Jahrhundert das Königreich von Aksum im heutigen Äthiopien mit seiner Hafenstadt

---

9 Ray 2003, 127 f.; Darley 2013, 359–372; Ball 2016, 146; Gurukkal 2016, 24–29.

10 Ray 2003; Cappers 2006; Tomber 2008, 60–67; Gurukkal 2016, 35–38. Siehe auch Kapitel 5.

11 Power 2012, 28–31, 104–109; Tomber 2008, 68–71; McLaughlin 2010, 62–65; Darley 2013, 294–326.

Adulis. Schon der Reisende Scholasticus aus dem ägyptischen Theben musste um 355/360 zuerst nach Adulis reisen, um ein Schiff für die Passage nach Indien zu finden. Ähnliches berichten Palladius (um 420) und Kosmas Indikopleustes (um 525), der in seinem wichtigen Werk auch beschreibt, dass die Kaufleute aus Adulis nach Indien, Arabien und anderen afrikanischen Gebieten segelten und von Aksum Kontakte mit dem Persischen Golf unterhalten wurden. In Aksum bestand ebenso eine griechisch-sprachige Händlerkolonie, die wohl eine der Grundlagen für die ersten Christengemeinden im Land im 4. Jahrhundert bildete. Auch die Könige von Aksum bedienten sich auf ihren Inschriften und Münzen – besonders in Gold – des Griechischen, ersetzten dieses aber ab dem 5. Jahrhundert in den Inschriften durch die altäthiopische Sprache (*Ge'ez*), während die griechischen Münzlegenden mehr und mehr verstümmelt ausfielen. Trotz dieser vielleicht auch auf ein gesteigertes Selbstbewusstsein der Herrscher von Aksum zurückzuführenden Marginalisierung des Griechischen blieben die Kontakte zum Römischen Reich eng. Kaiser Justinian I. (reg. 527–565) erwartete laut Auskunft des Prokop, dass die Aksumiten in der Lage wären, den Kaufleuten aus dem konkurrierenden Sasanidenreich ihre Stellung als Zwischenhändler für Seide und andere exotische Güter abzujagen, sah sich aber darin enttäuscht – nicht zuletzt aufgrund der besseren nautischen Position der persischen Seeleute für den Handel nach Indien. Erfolgreich war König Kaleb von Aksum (reg. ca. 510–540) hingegen 525 bei seiner Intervention im benachbarten, mit Persien verbündeten Königreich von Himyar im Jemen, für die auch verschiedene römische Hafenstädte, darunter Klysma (das heutige Suez, mit 20 Schiffen), Aila (mit 15), Berenike (mit nur zwei) und Iotabe (mit sieben), Flottenunterstützung leisteten.[12]

Auch die Häfen in Südwestarabien, die seit dem 3. Jahrhundert unter Kontrolle von Himyar gerieten, wurden von Schiffen aus dem Römischen Reich angelaufen, wie die Funde von Amphoren, die aus Aila, aber auch Nordafrika und der Ägäis stammen, im Hafen von Qana nahe dem heutigen Mukalla im Jemen belegen. Dazu kam Keramik aus Mesopotamien, Persien und Indien (aus dem 2. bis 4. Jahrhundert). Erwähnt wird in den Quellen ebenso der Silberreichtum der Gebirge des Jemens, der wohl mit dazu beitrug, dass um 570 die Sasaniden nun

---

12 Phillipson 2012, 54–56; Power 2012, 20 f., 46–49, 53, 63–68, 79 f.; Tomber 2008, 88–93; McLaughlin 2010, 65–67; Darley 2013, 160–208; Dimitroukas 1997, 148 f., 506–510; Parker 2008, 236–240. Siehe auch Kapitel 1.

ihrerseits zweimal Interventionstruppen nach Himyar entsandten und dort sogar eine eigene Provinz unter der Verwaltung eines *Marzban* einrichteten. Zur Ausbeutung der Silbervorkommen sollen auch Minenarbeiter aus dem Perserreich dauerhaft dort angesiedelt worden sein. Damit erlangten die Perser eine strategisch wichtige Position am Ausgang des Roten Meeres zum Indischen Ozean – während die Römer zu jener Zeit neue Kontakte zu den Türken und Sogdiern in Zentralasien in Umgehung des Sasanidenreiches knüpften. Daraus aber wie Warwick Ball eine „iranische Seeherrschaft" im Indischen Ozean abzuleiten, scheint übertrieben.[13]

Wir wissen jedoch, dass schon die ersten Sasanidenkönige ab 224 die Expansion in Richtung der Küstengebiete des Persischen Golfs und über das Meer nach Bahrain und Oman forcierten. Neben den traditionellen Handelsorten wie Charax und Apologos am Ort des späteren Basra im südlichen Irak wurden Hafenorte wie Rev Ardaschir (heute Buschehr, an der Küste der Persis), 220 km südlich davon Siraf (vor allem ab dem späteren 5. Jahrhundert) oder Hormuz an der gleichnamigen Straße zwischen Persischem Golf und Indischem Ozean auf- bzw. ausgebaut. Dazu kamen Stützpunkte in Sohar vor dem Eingang zum Persischen Golf im Oman (wohl gegen Ende der Sasanidenzeit) oder der Hafen von Maskat südöstlich davon. Vom Persischen Golf existierte seit Jahrtausenden eine Seeroute nach Nordwestindien, wo etwa über den Hafen von Barbarikon – später genannt Daybul, vermutlich das heutige Banbhore in Pakistan – ein Anschluss an die Handelsrouten aus Zentralasien beziehungsweise China bestand. Der sasanidische Großkönig Bahram V. Gor (reg. 421–438) soll sogar die Kontrolle über diesen Hafen samt umliegender Gebiete als Mitgift bei der Hochzeit mit einer indischen Prinzessin erhalten haben. Persische Schiffe segelten auch weiter nach Süden bis an die Kerala-Küste und nach Sri Lanka, wohin spätestens seit dem 1. Jahrhundert n. Chr. unter anderem Pferde und Bitumen aus dem Irak gehandelt wurden und wo Kosmas Indikopleustes um 525 eine persische „Kolonie" erwähnt. Archäologische Funde deuten sogar auf noch weitergehende Kontakte bis nach Südostasien hin. So wurden sasanidische Münzen etwa aus der Regierungszeit des Großkönigs Kavadh I. (reg. 488–496/499–531) auch in Südchina entdeckt – neben den zahlreicheren Stücken, die über Zentralasien durch

[13] Power 2012, 49–51, 81–83; McLaughlin 2010, 69–75; Daryaee 2009, 28–30; Tomber 2008, 100–108; Ball 2016, 147 f.; Ptak 2007, 105 f. Siehe auch Kapitel 1.

Vermittlung der Sogdier nach Nordchina gelangten. Nachdem auch chinesische Quellen die Präsenz von Kaufleuten und Diplomaten aus „Persien" im Süden des Landes im 6. Jahrhundert erwähnen, mögen tatsächlich einige von ihnen die ganze Strecke vom Persischen Golf bis an die Küsten Chinas zurückgelegt haben, wie es auch später in der arabischen Zeit der Fall war.[14] Seit dem 5. Jahrhundert wurde dazu vermehrt der direkte Seeweg um die Malaiische Halbinsel herum durch die Straße von Malakka zwischen Malaysia und Sumatra gewählt, wie etwa der chinesische Indienpilger Faxian um 413 berichtet, während die Route über den Isthmus von Kra zum Schaden Funans an Bedeutung verlor. Nach Richtung Westen bestanden Handelskontakte aus dem Persischen Golf nach Südwestarabien, wo die Sasaniden, wie geschildert, ab 570 sogar eine Provinz errichteten, und weiter nach Aksum und die ostafrikanische Küste nach Süden hinab bis in die Gegend des heutigen Daressalam, worauf einzelne, wenn auch unsicher datierte Funde hindeuten und wohin auch die Seefahrer aus dem römischen Ägypten gelangten. Doch trotz einzelner Initiativen wie der Feldzüge in den Jemen war das handelspolitische Engagement des sasanidischen Staates in Richtung ‚Übersee', so wie im Falle Roms, beschränkt. Interesse bestand vor allem an der Kontrolle des Zustroms von Waren und Menschen über bestimmte festgelegte Handelsorte – wie auch vertraglich für die persisch-römischen Grenze geregelt – und die damit verbundene Gelegenheit, Zölle und Abgaben zu kassieren. Ansonsten wurde der Handel von privaten Händlern (mittelpers. *wazarganan*) in Partnerschaften (mittelpers. *hambayih*) organisiert, in denen einzelne Gesellschafter, die oft durch die Zugehörigkeit zu einer bestimmten Glaubensgemeinschaft und/oder Herkunft aus einer Region verbunden waren, ihr Kapital für eine oder mehrere Unternehmungen bündelten. Daneben existierten auch wie im Römischen Reich (lat. *collegia mercatorum*) oder, wie oben dargestellt, in Indien größere Vereinigungen (mittelpers. *kirrog*) von Kaufleuten und Handwerkern, an deren Spitze ein *Kirrogbed* stand. Gehandelt wurde auf dem *warzar*, wo Geschäfte sowie Maße, Gewichte und Abgaben durch den *Wazarbed* überwacht wurden. Da in den zoroastrischen Texten eine Geringschät-

---

[14] al-Tabari 1999, 99–103; Thierry 1993; Daryaee 2003; Daryaee 2009, 28–30, 136–142, 148 f.; Stern/Connan 2008; Ritter 2010; McLaughlin 2010, 42–44; Howard-Johnston 2017; Green 2017b; Darley 2013, 294–326; Priestmann 2013, 14–16, 156–166, 192–200, 227–230; Tomber 2008, 109–116, 124–128; Morony 2017.

zung des Handels im Vergleich mit anderen Professionen zum Ausdruck kommt, waren vermutlich andere Gemeinschaften – wie die nestorianischen Christen, die Juden oder die Sogdier (als Anhänger verschiedener Religionen) – umso stärker im Handel aktiv.[15]

Das Kerngebiet der Sogdier erstreckte sich im Norden anschließend an den Iran zwischen dem Oxus (Amu Darya) und dem Jaxartes (Syr Darya), insbesondere im Tal des Flusses Zar-afšān. Sogdien war durch einzelne Stadtstaaten wie Samarkand und Buchara – heute in Usbekistan – und verschiedene Fürstentümer geprägt, deren Eliten im Wettstreit miteinander lagen. Das 4. und 5. Jahrhundert war durch eine Intensivierung der Bewässerungswirtschaft und Landwirtschaft im Bereich des Oxus und seiner Zubringer sowie durch das Wachstum neuer Siedlungen gekennzeichnet, wie etwa Panjikent, 60 km östlich von Samarkand, oder das heutige Taschkent. Von der geografischen Position zwischen dem Westen und Osten Eurasiens profitierten die Händler der sogdischen Städte. Schon die ältesten erhaltenen Dokumente, die sogenannten *Ancient Sogdian Letters* aus der Zeit um 311, beinhalten die Kommunikation zwischen einem Kaufmann in Dunhuang mitten auf der Strecke zwischen Sogdien und China und einem Geschäftspartner in Samarkand. Es berichtet über die Aktivitäten seiner Vertreter in verschiedenen weiter östlich gelegenen chinesischen Städten und jüngere politische Ereignisse wie die Eroberung der chinesischen Hauptstadt Luoyang im Jahr 311, die die Geschäfte erheblich störten.[16] Ab dem 5. Jahrhundert standen die sogdischen Städte unter der Oberhoheit der „Iranischen Hunnen", zuerst der Kidariten und dann der Hephthaliten. Vor allem letztere konnten regelmäßige Tributzahlungen der Sasaniden erzwingen. Der Zustrom von persischem Silber erlaubte den Sogdiern zusammen mit der Ausbeutung eigener Silbervorkommen wiederum eine weitere merkantile Expansion in Richtung China, wo sie neben dem Handel auch in anderer Funktion und sogar im Dienst des Staates immer zahlreicher auftraten. Als dann um 560 die Türken, zuerst noch im Bündnis mit den Sasaniden, die Hephthaliten als Vormacht in der Region ablösten, entwickelte sich rasch wieder eine für beide

---

15 Daryaee 2003; Daryaee 2009, 28–30, 136–142, 148 f.; Tomber 2008; Power 2012, 61–86, 190–202; Ball 2016, 147 f.; Baumer 2005, 146 f.; Howard-Johnston 2017; Green 2017b; Darley 2013, 294–326; Priestmann 2013, 23 f.; Prendergast 2017; Morony 2017. Siehe auch Kapitel 3.

16 de La Vaissière 2005, 43–50; Compareti 2009, 17–35; Hansen 2017, 117–121; Skaff 2003, 508 f.; Livshits 2008; Rezakhani 2017, 147–156, 176–182; Wertmann 2015, 22 f. Siehe auch Kapitel 2.

Seiten nützliche Symbiose. Man spricht sogar von einem sich auch in familiären Banden niederschlagenden „Türkisch-Sogdischen Milieu", das für die nächsten 200 Jahre eine wichtige Rolle im gesamten Raum zwischen Iran und China spielen sollte.[17] Der Khan der Türken, Muqan Kagan (reg. 553–572), und sein Onkel Istemi (reg. 552–575/576), der den Westen des Reiches regierte, nutzten die Kämpfe der Nördlichen Zhou und der Nördlichen Qi um die Kontrolle des Nordens Chinas, um mit beiden Reichen je 100 000 Ballen Seide als jährlichen Tribut auszuhandeln. Wie der byzantinische Historiker Menander Protektor berichtet, schlugen die Sogdier dem Khan der Türken vor, eine Gesandtschaft an die Perser zu schicken, „um zu bitten, dass die Sogdier dorthin reisen und Rohseide verkauften dürften".[18] Für diese Mission wurde ein Sogdier namens Maniach ausgewählt. Auch mit den Persern unterhielten die Sogdier schon lange Zeit Handelskontakte und dienten als Vermittler von Waren in und aus dem Osten und auch Norden. Dies belegt etwa die ungewöhnlich hohe Zahl an sasanidischen – und in einem geringeren Ausmaß auch römischen – Silbergefäßen und Münzen, die in der Kama-Ural-Region nahe dem heutigen Perm in Russland gefunden wurden. Einige von ihnen tragen sogdische Inschriften. Diese Objekte wurden wohl unter anderem für wertvolle Pelze und Felle eingetauscht. Aufgrund der Münzen wird der Höhepunkt dieses Handels in der Zeit zwischen dem späteren 5. und mittleren 6. Jahrhundert vermutet, doch stammen die letzten derartigen Stücke noch aus dem 8. Jahrhundert.[19] Bei der Gesandtschaft des Maniach fiel die Reaktion des sasanidischen Großkönigs Chosrau I. (reg. 531–579) jedoch anders aus, als die Sogdier und Türken, wohl auch aufgrund der jüngsten Allianz gegen die Hephthaliten, erwartet hatten. Als die Sogdier um die Erlaubnis ersuchten, ohne Behinderung Rohseide im Perserreich verkaufen zu dürfen, lehnte der Großkönig dieses Ansinnen nicht nur ab, sondern kaufte auf Anraten seiner Berater die von den Gesandten schon mitgebrachte Seide auf, um sie dann vor ihren Augen in Rauch aufgehen zu lassen. Damit machten die Perser deutlich, dass sie die Sogdier als Mittelsmänner an und jenseits ihrer Gren-

17 de La Vaissière 2005, 103–112, 197; Compareti 2009, 35–37; Baumer 2014, 224–226; Kordoses 2012, 83–86; Hansen 2017, 120–122; Paul 2012, 101–103. Siehe auch Kapitel 2.

18 Menander Protektor 1985, 111.

19 Frye 1972; de La Vaissière 2005, 249–253; Sauer u. a. 2013, 602 f.; Christian 2000.

zen akzeptieren, aber einen ‚ungehinderten' Handel auf ihrem eigenen Boden nicht akzeptieren würden – ebenso wenig wie in den Handelsbeziehungen mit Rom.[20] Doch entwickelten Maniach und die Sogdier nun einen Plan, um Persien sowohl im Handel als auch diplomatisch zu umgehen. Er überzeugte den türkischen Herrscher Istemi, ihn mit einer weiteren Gesandtschaft über eine Route nördlich des Kaspischen Meers und des Kaukasus ans Schwarze Meer und von dort nach Konstantinopel zu schicken, wo sie ein wertvolles Geschenk von Rohseide samt einem Brief des Istemi an Kaiser Justin II. (reg. 565–578) mit der Bitte um Verhandlungen überbrachten. Der Kaiser nahm diesen Vorschlag gern an und sandte mit Maniach seinen eigenen Botschafter Zemarchos zurück an den westtürkischen Hof, wo dieser ein Bündnis gegen die Sasaniden schloss und auch mit einer großen Menge an Seide zurückkehrte. In den folgenden Jahren reisten mehrere Gesandtschaften zwischen Konstantinopel und dem Reich der Türken beziehungsweise Sogdien hin und her. Aus einer späteren Passage im Text des Menander Protektor erfahren wir, dass sich zu einem Zeitpunkt „106 Skythen von den Leuten, die Türken genannt werden" in Konstantinopel aufhielten, die einen anderen byzantinischen Gesandten dann bei seiner Reise nach Zentralasien begleiteten, die über die Krim führte, wo die sogdischen Händler vielleicht sogar eine Kolonie (in Sugdaia, dem heutigen Sudak) etablierten.[21] In der Hoffnung auf Waffenhilfe der Türken verpflichtete sich Kaiser Justin II. dann auch zur Unterstützung einer Rebellion im persischen Teil Armeniens. Die Eroberung des Landes mit seiner als Handelsort wichtigen Hauptstadt Dvin hätte die alternative türkisch-sogdisch-byzantinische ‚Seidenstraße' über den Kaukasus zum Schaden der Perser weiter gestärkt. Diese merkantile Perspektive wurde auch von den armenischen Aufständischen um den mächtigen Adeligen Vardan Mamikonian wahrgenommen, da sie dem Kaiser ebenfalls „eine große Menge an unverarbeiteter Seide" überbrachten, als sie 570 in Konstantinopel empfangen wurden.[22] Der bald ausbrechende Krieg mit den Persern brachte aber keineswegs die erwarteten schnellen Erfolge, sondern dauerte zwanzig Jahre. Ihm folgte nach kurzem

---

20 Menander Protektor 1985, 111–115; de La Vaissière 2005, 209, 228–232; Ertl 2006, 247 f.; Baumer 2014, 177.

21 de La Vaissière 2005, 235–237, 242–249; Pohl 2002, 40–43; Baumer 2014, 177–180; Kordoses 2012, 104–148; Nechaeva 2014, 140–145; Dimitroukas 1997, 149–151, 230–236.

22 Gregor von Tours 1937, 173; de La Vaissière 2005, 235 f.

Frieden ein noch verheerenderer, fast dreißigjähriger Krieg (602–628), der beide Imperien – Rom und das Sasanidenreich – derart geschwächt zurückließ, dass das neue islamische Kalifat binnen weniger Jahrzehnte zur neuen Supermacht im Westen Afro-Eurasiens aufsteigen konnte.[23]

Fernhandel und Händlergemeinschaften im Zeitalter des frühislamischen Kalifats und der Tang

Die Sogdier konnten anfangs vom Zusammenbrach des Sasanidenreiches, mit dem zuletzt handelspolitische Konflikte ausgebrochen waren, durchaus profitieren, vor allem, da die nachrückenden Araber längere Zeit bis Anfang des 8. Jahrhundert noch keine dauerhafte Expansion jenseits des Oxus erreichen konnten. Gleichzeitig blieben die Handelsbeziehungen zum Iran aufrecht, wie etwa der ununterbrochene Zufluss von spät-sasanidischen und dann arabisch-sasanidischen Münzen an Fundorten wie Turfan – heute im Gebiet Xinjiang in China – belegt.[24] An der Ostflanke löste hingegen ab 630 das chinesische Imperium der Tang das osttürkische Khanat als Vormacht in den Steppen ab und unterstellte alle wichtigen Städte entlang der Haupthandelsrouten seiner Kontrolle, einschließlich der großen sogdischen Gemeinschaften an diesen Orten. In Sogdien selbst blieb die chinesische Oberhoheit hingegen weitgehend nominell. Aber wie in den Großreichen der Hephthaliten und der Türken – und in vorangehenden chinesischen Reichen – nutzten Sogdier die Gelegenheiten, die dieses riesige vereinte Imperium der Tang bot, und etablierten sich in noch größerer Zahl in vielen Städten von Zentralasien bis tief in die Provinzen des Nordens Chinas. Sie dienten auch als Generäle und Verwalter, aber insbesondere als Händler und Handwerker, die die kosmopolitische Elite des Tang-Reichs mit exotischen Gütern aus dem Westen, aber auch Massenwaren wie zehntausenden Pferden aus der Steppe für den Bedarf der kaiserlichen Armeen versorgten. Seide fand im Gegenzug in noch größerer Menge ihren Weg nach Zentralasien, auch als Besoldung der tausenden Soldaten, die die Tang in diesen Gebieten stationierten, in den 730er und 740er Jahren bis zu 900 000 Ballen pro Jahr. Dort waren es wiederum sogdische Kaufleute, die Seide gegen den täglichen Bedarf der Soldaten in Zahlung nahmen und zu hohen Preisen weiter west-

23 Siehe Kapitel 1.

24 Skaff 1998; Hansen 2017, 94–96; de La Vaissière 2005, 173.

lich weiterverkauften.[25] In Dokumenten aus der wichtigen Oase von Turfan werden die Sogdier als Herbergswirte, Winzer und Weinhändler – von diesen gibt es auch mehrere berühmte Keramikfiguren aus der Tang-Zeit –, Lederhandwerker, Fleischer, Färber, Kunsthandwerker, Kamelhufschmiede und natürlich als Karawanenhändler, so wie sie die auf dem Umschlag des vorliegenden Bandes abgebildete Keramikfigur aus der Tang-Zeit darstellt, erwähnt. Sie unterstanden ihren eigenen, selbstgewählten Vorstehern (*sabao*), die von den chinesischen Autoritäten bestätigt wurden, wandten innerhalb ihrer Gemeinschaft ihre eigenen Gesetze an und durften auch Kultstätten für die verschiedenen von ihnen praktizierten Religionen betreiben, darunter der Zoroastrismus, der Manichäismus, der Buddhismus und das Christentum. Die Geschäftstüchtigkeit der Sogdier war in China sprichwörtlich, und man sagte ihnen nach, dass ihre Mütter den Kindern Zucker zum Essen geben und eine Paste auf ihre Handflächen schmieren, damit sie als Erwachsene mit süßer Zunge sprechen und die wertvollen Dinge an ihren Händen kleben bleiben.[26] In Chang'an und anderen Städten in den zentralen Provinzen war man allerdings bestrebt, Handel und Handwerker streng zu kontrollieren und zu regulieren. Alle Händler wurden als Mitglieder eines bestimmten Gewerbes (chines. *hang*) registriert und erhielten gemeinsam einen Ort auf einem der beiden riesigen Marktplätze der Hauptstadt zugewiesen, wobei der westliche Markt für ausländische Händler und Waren und der östliche Markt für einheimische Kaufleute reserviert war. Die Marktbehörden kontrollierten die Öffnungszeiten, die Zulassung und Zuweisung der Marktflächen, Maße und Gewichte sowie Preise und Qualität und stellten Zertifikate für den Handel mit Sklaven oder Vieh aus. Neben zentralen Märkten bestanden aber auch weitere, zum Teil illegal angelegte Geschäfte in Wohnvierteln. Darüber hinaus gab es Wanderhändler für Gebäck und Brennholz.[27] Nach dem zeitweiligen Verlust der Hauptstadt in der An-Lushan-Rebellion 756–763 und auch nach der Rückkehr der Tang nach Chang'an ging das Ausmaß der staatlichen Kontrolle über die Wirtschaft jedoch drastisch zurück. Handel und Gewerbe dehnten

---

[25] de La Vaissière 2005, 119–210; de La Vaissière/Trombert 2004; Compareti 2009, 37–41; Hansen 2017, 82, 143–157; Skaff 2003; Baumer 2014, 227–243; Lewis 2009a, 165–167; Lewis 2009b, 147–153, 157–172; Kordoses 2008, 200–204; Schafer 1963, 58–70; Skaff 2012, 241–271.

[26] Lewis 2009a, 164–166; Wertmann 2015, 22–25; von Glahn 2016, 198; Valenstein 2015; Thilo 2006, 90 f.

[27] von Glahn 2016, 92, 113–120, 148–153, 196; Thilo 2006, 260–280.

sich mehr oder weniger frei im ganzen Stadtgebiet aus. Im Zuge der Kämpfe gegen den aufständischen General An Lushan, der sogdisch-türkischer Herkunft war, und seine Gefolgsleute wurden auch andere Sogdier, die man der Kollaboration mit ihrem ‚Landsmann' verdächtigte, zum Opfer von Übergriffen und sogar Massakern. Viele der Überlebenden trachteten nun danach, ihre nicht-chinesische Herkunft stärker zu verbergen, wodurch sich Prozesse der ‚Sinisierung' beschleunigten.[28] Der Verlust der chinesischen Kontrolle über Zentralasien verringerte auch die Gewinnmöglichkeiten für die Händlergemeinschaften unter den Sogdiern. Neue Gelegenheiten ergaben sich aber durch die Zusammenarbeit mit den Uiguren, die aus der An-Lushan-Rebellion als bedeutendste Macht in den Steppen nördlich von China hervorgingen und sowohl wichtige Waffenhilfe als auch Pferdelieferungen für das geschwächte Tang-Regime bereitstellten. Im Gegenzug erhielten sie große Mengen an Seide und anderer Güter als Geschenk oder Tribut aus China. Sogdier dienten wieder als Mittelsmänner für ein Steppenreich. Der Khan und die Elite der Uiguren traten auch zum Manichäismus über, der sich mit den Sogdiern vom Iran her verbreitet hatte. Doch da die Uiguren nie ein ähnliches Ausmaß der Kontrolle über die Routen zwischen Ost und West erzielen konnten wie zuvor die Tang, wurden die Kontakte zwischen den Sogdiern im Heimatland und in China immer lockererer. Und als das Khanat der Uiguren nach 840 zusammenbrach, ging auch diese letzte Blütezeit sogdischer Aktivität in der Wirtschaft Chinas zu Ende.[29]

In Sogdien selbst etablierten die Araber zwischen 705 und 715 erstmals eine dauerhafte Herrschaft. Im Jahr 712 kapitulierte auch Samarkand und erhielt eine arabische Garnison samt Gouverneur. Doch auch die Eroberer hatten ein Interesse an der Aufrechterhaltung des Handels Mehrfach wurden gerade Kaufleute bei der gewaltsamen Einnahme von Städten geschont. Einige Gruppen waren bereit, sich mit dem neuen Regime zu arrangieren und die Möglichkeiten der merkantilen Expansion, die sich durch die Eingliederung in das riesige arabisch-islamische Imperium ergaben, auszuloten. So waren vorher bestehende

---

[28] de La Vaissière 2005, 215–220; de La Vaissière/Trombert 2004; Hansen 2017, 107–111, 157–160; Twitchett 1979, 474–486, 561–571; Lewis 2009b, 157–158.

[29] de La Vaissière 2005, 223–225, 261, 303–322; Skaff 1998; Wang 2013, 45–54, 138-190; Hansen 2017, 185–187; Lewis 2009b, 170 f.; Thilo 2006, 260–280; Paul 2012, 133–138. Siehe auch Kapitel 1 und 3.

Barrieren für den sogdischen Handel in Richtung der vormaligen sasanidischen Sphäre nun beseitigt. Im 8. und 9. Jahrhundert sind sogdische Händler im Irak, dem früheren Kernland der Sasaniden und nach der Gründung Bagdads 762 auch der Abbasidenkalifen, belegt. Von dort stießen manche sogar bis in den Persischen Golf und nach Oman vor. Aber meist fanden sie sich im besten Fall an zweiter Stelle nach den arabischen und persischen Kaufleuten wieder. Das Kalifat eröffnete nicht dieselben Möglichkeiten für die Ausbreitung des sogdischen Handels, wie es das Imperium der Tang tat. Unter den Tang konnten die Sogdier auch ihre verschiedenen religiösen Zugehörigkeiten beibehalten, während die vollständige Integration in die Eliten des Kalifats den Übertritt zum Islam erforderte. Einige Mitglieder der sogdischen Aristokratie wählten diesen Weg, während andere sowohl vor als auch nach dem Sieg der Araber über chinesische Truppen in der Schlacht von Talas 751 hofften, mit auswärtiger Hilfe – etwa der Tang – die arabische Oberhoheit abschütteln zu können, jedoch ohne Erfolg. Dieses Scheitern förderte die Iranisierung und Islamisierung der Region, die zu einem Verschwinden der sogdischen Sprache und anderer kultureller Eigenheiten im 10. und 11. Jahrhundert führten. Nach mehr als 700 Jahren ging die große Zeit der sogdischen ‚Handelsdiaspora' zu Ende.[30]

Während also politische Unruhen und Kriege die Nutzung der Handelswege aus Chinas Zentren nach Zentralasien ab der Mitte des 8. Jahrhunderts erschwerten, blühte der Handel in Richtung der demografisch und ökonomisch immer wichtigeren südlichen Provinzen und von dort nach Übersee auch in der späteren Tang-Periode weiter auf. Die weniger strenge Kontrolle des Staates eröffnete auch einheimischen Kaufleuten neue Freiräume und die Gelegenheit für große Gewinne. In einem Gedicht des Yuan Zhen (779–831) aus dem Jahr 810 heißt es in an die Inschrift der indischen Ayyavole-Gilde erinnernden Worten (in der Übersetzung von Thomas Thilo):

> „Der Kaufmann hat keinen festen Wohnsitz; er geht dorthin, wo er Profit machen kann. (…) Um Perlen zu erlangen, fährt er hinaus auf das weite Meer; um Jade zu erwerben, begibt er sich nach Jing und Heng [im Süden Chinas]. Im Norden kauft er Pferde von den Dang-

30 de La Vaissière 2005, 265–290; Compareti 2009, 41–51; Paul 2012, 82–87; Hansen 2017, 129–138; Baumer 2014, 244–254. Siehe auch Kapitel 2 und weiter unten.

> xiang [ein Volk im Nordwesten Chinas], im Westen fängt er Papageien bei den Tibetern. Der Stoff aus den Tropen ist feuerfest, der Brokat aus Shu [im Westen Chinas] ist vollkommen. Das füllige Fleisch der Sklavin aus Yue [im Südosten Chinas] ist glatt, Brauen und Augen des Xi-Sklaven [ein Volk in der Mandschurei] sind klar. Der Kaufmann berechnet nur die Kosten von Kleidung und Nahrung, und es kommt ihm nicht auf die Länge der Wege an. Wenn er das ganze Reich bereist hat, kommt er in die Stadt Chang'an."

Große Gewinne erzielte der Kaufmann durch den Verkauf an die Eliten der Hauptstadt, die für die Befriedigung ihres exquisiten Geschmacks hohe Preise bezahlten. In ähnlicher Weise erzählt die populäre Geschichte von Dou Yi um diese Zeit den Aufstieg eines fiktiven ‚Selfmade-Millionärs' in Chang'an, dessen findige Geschäftsideen, aber auch Gewinnstreben und Geiz durchaus einem Dagobert Duck Konkurrenz machen.[31]

Eine essentielle Rolle beim Warenaustausch zwischen Nord und Süd spielte das unter den Sui und frühen Tang angelegte gewaltige Kanalnetz. Am Kreuzungspunkt zwischen dem Großen Kanal und dem Jangtsekiang erlebte deshalb Yangzhou ab dem 8. Jahrhundert einen wahren Boom, der Händler und Handwerker aus ganz China und Asien anzog. Die Stadt wurde zu einem Zentrum des Schiffsbaus, der Textil- und Lederherstellung und der Eisen- und Bronzeverarbeitung. Auch der wichtigste Salzmarkt des Landes entwickelte sich dort, weshalb der Vorsteher des 758 eingeführten staatlichen Salzmonopols, das um 780 schon die Hälfte der Einnahmen der Tang-Kaiser ausmachte, dort sein Hauptquartier aufschlug. Zur Finanzierung dieser Geschäfte entwickelte sich ein Bank- und Kreditwesen, das auf privaten Firmen und auch buddhistischen Klöstern beruhte. Staatliche Behörden stellten als ‚fliegendes Geld' bezeichnete Wechselbriefe (chines. *feiqian*) für den bargeldlosen Geldtransfer aus. Um das Jahr 750 mag die Stadt an die 500 000 Einwohner beherbergt haben, darunter mehrere tausende ausländische Händler wie Koreaner, Japaner, Araber und Perser. Letztere wurden aber Opfer von Massakern, als im Jahr 760 während der Krisenzeit nach dem An-Lushan-Aufstand die Truppen des Rebellenführers Tien Shen-Kung die Stadt eroberten und plünderten. Yangzhou konnte sich von diesem Schlag jedoch wieder erholen und fungierte weiter als Handelszentrum, bis die mit dem endgültigen Niedergang der Tang verbundenen Aufstände der 870er und 880er Jahre weitere

31 Thilo 2006, 287–289; Rosa 2008.

Verwüstungen brachten. Mitte des 10. Jahrhunderts wurde die Stadt endgültig zerstört.[32]

Ein ähnliches Schicksal widerfuhr Guangzhou/Kanton – in arabischen Texten Khanfu – in der heutigen Provinz Guangdong, der wichtigsten südchinesischen Hafenstadt. Dort war der Anteil der ausländischen Händler an der zur Blütezeit vielleicht 200 000 Menschen umfassenden Einwohnerschaft noch größer, insbesondere aus Südostasien, Indien und der islamischen Welt. Das Zusammenleben dieser verschiedenen Gruppen untereinander und mit den Chinesen und ihren Autoritäten verlief nicht immer reibungslos. Als im Jahr 684 der Stadtgouverneur Lu Yüan-jui ein Handelsschiff aus Südostasien durchsuchen und plündern ließ, wurde er von dessen Kapitän ermordet. Die Schwächung der Tang-Regierung durch die An-Lushan-Rebellion nutzten die Araber und Perser in Guangzhou 758 um einen ihnen verhassten Gouverneur zu vertreiben. Im Anschluss plünderten und verwüsteten sie die Stadt und flohen auf ihren Schiffen übers Meer. Der Handelsplatz verlor danach für fast fünfzig Jahre viel von seiner Attraktivität und wurde durch Häfen wie Hanoi (im heutigen Vietnam) und Yangzhou ersetzt, ehe die ausländischen Kaufleute ab 792 wieder in größerer Zahl zurückkehren durften. Im Jahr 836 sah sich der Gouverneur Lu Chün sogar veranlasst, Verbote gegen Mischehen mit Chinesen und den Erwerb von Immobilien durch Ausländer zu erlassen. Nicht weniger als 120 000 dieser ‚Ausländer', darunter Muslime, Juden, Christen und Zoroastrier, sollen dann ermordet worden sein, als Guangzhou 879 von den Rebellen des Huang Chao, die kurz danach auch die Hauptstadt Chang'an eroberten, eingenommen wurde. Bis zum Ende der Tang-Dynastie 904/907 erholte sich die Stadt nicht mehr von diesem Massaker. Laut dem um das Jahr 900 schreibenden arabischen Autor Abu Zayd al Sirafi wurden aufgrund der unruhigen Situation in China die Reisen aus dem Persischen Golf in dieses Land eingestellt. Als der Überseehandel dann im 10. Jahrhundert wieder zu blühen begann, lief das nordöstlich in der heutigen Provinz Fujian gelegene Quanzhou (Zaytun) der Stadt Guangzhou den Rang ab.[33]

---

32 Lewis 2009b, 169 f.; Ptak 2007, 113 f.; Schottenhammer 2015. Siehe auch die Einleitung und Kapitel 1.

33 Schafer 1963, 14–16, 22–24; Lewis 2009b, 169 f.; Abu Zayd al-Sirafi 2014, 67–71; Feldbauer 1995, 106–108; Schottenhammer 2002; Schottenhammer 2015.

Noch in die Zeit vor dieser Krise, wohl um 830, ist ein Schiffswrack zu datieren, das im Jahr 1998 vor der Küste der Insel Belitung in Indonesien entdeckt wurde. Die Ladung umfasste mehr als 60 000 Objekte, vor allem Keramik aus Tang-China, die vermutlich für den Verkauf im Kalifat, wo solche Stücke an verschiedenen Fundorten vermehrt ab 825 auftauchen, vorgesehen waren. Schon das Schiff selbst ist ein Zeugnis der weitreichenden Verbindungen im Indischen Ozean des 9. Jahrhunderts. Es folgte dem Design einer arabischen Dhau, war aber mit Holz aus Ostafrika gebaut worden, wobei der Rumpf auch spätere Reparaturen mit Holz aus Südostasien aufwies. Das Schiff befand sich vermutlich auf dem Weg von Guangzhou über Südostasien und Indien in Richtung Persischen Golf. Der Fundort dokumentiert auch die Bedeutung von Palembang auf Sumatra und anderer Häfen Südostasiens, die damals unter Kontrolle des Reiches von Srivijaya standen. Händler von dort reisten neben beziehungsweise gemeinsam mit Indern, Persern, Arabern, Koreanern und Japanern nach Südchina. Von dort brachen hingegen, wie auch arabische Zeitgenossen beobachten, noch wenige chinesische Schiffe nach Übersee auf. Dies änderte sich aber rasch ab dem 10. Jahrhundert, wie ein ähnlich reichhaltiger Wrackfund aus Intan bei Java aus der Zeit um 920–960 belegt. In dieser Periode kamen die chinesischen Schiffe den Händlern aus Indien und Westasien, die nun meist nicht mehr den ganzen Weg bis China zurücklegten, bis zur Straße von Malakka entgegen.[34]

Daneben waren auch die eingangs betrachteten Händlergilden aus Indien über weite Distanzen nach Osten bis Südostasien und nach Westen bis Persien aktiv. Der Blick auf ihre Handelsnetzwerke wie jene anderer südasiatischer Gruppen mag uns auch davor bewahren, die ‚Vasco da Gama-Perspektive' für die Zeit danach oder die ‚Hippalos-Perspektive' für die Zeit davor im 7. bis 9. Jahrhundert durch eine ‚Sindbad-Perspektive' zu ersetzen, obgleich die Quellen für den arabisch-persischen Handel besonders reichhaltig ausfallen. Der Name dieses später in der Sammlung „Tausendundeine Nacht" verewigten fiktiven Seefahrers verweist ebenso auf *Sind* (Indien), wiewohl er in einer der gängigsten Versionen des Textes von Bagdad aus über Basra siebenmal zu seinen gefährlichen, aber ertragreichen Reisen zu wundersamen Orten im ganzen Indischen Ozean aufbricht. Auch folgten die Seefahrer aus

[34] Krahl/Guy/Wilson/Raby 2010; Chaudhuri 1985, 34–60; Ptak 2007, 122–130; Priestmann 2013, 20 f., 99, 420–425; Smith 2015, 240–242; von Glahn 2016, 214–217, 227. Siehe auch Kapitel 1 und 3.

der islamischen Welt dabei den Spuren der südarabischen, ostafrikanischen, indischen und vor allem auch persischen Kaufleute der vorangehenden Jahrhunderte. Sie nutzen am Persischen Golf auch dieselben Hafenplätze, so wie die nahe beim antiken Apologos aufblühenden Städte von Basra und al-Uballah im Irak, Siraf an der Küste der vormaligen sasanidischen Kernprovinz Fars im Iran oder auch Sohar im Oman. Auch in den chinesischen Quellen werden die Händler aus der islamischen Welt weiterhin oft als „Perser" (*Po-ssu*, neben dem Terminus *Ta-chi* für die Araber) geführt, etwa für ihre Präsenz in Guangzhou. Die vielmonatige Passage vom Persischen Golf bis Südchina war sicher die längste der in den arabischen Quellen beschriebenen Reiserouten. Kalif al-Mansūr soll schon bei der Gründung Bagdads 762 festgehalten haben: „Es gibt kein Hindernis zwischen uns und China. Alles auf dem Meer kann über den Fluss Tigris [aus dem Persischen Golf] zu uns gelangen".[35] Der Sammelpunkt für alle Schiffe aus dem Persischen Golf, die nach China reisen wollten, war aber laut dem um 851/852 verfassten anonymen Bericht, der später um 900 in das Werk des von dort stammenden Abu Zayd al-Sirafi integriert wurde, die Stadt Siraf. Die Route führte von dort nach Maskat im Oman, von wo auch Händler der Ibaditen-Sekte nach China reisten, dann über das offene Meer nach Kulam Mali im Südwesten Indiens, von dort weiter nach Malaysia, durch die Straße von Malakka nach Sumatra, in das heutige Vietnam und schließlich nach Südchina. Diese Reise dauerte mindestens 120 Tage. Das Buch des Abu Zayd al-Sirafi enthält darüber hinaus Beschreibungen der Länder am Indischen Ozean von Ostafrika bis hin nach Korea – nach dem damals dort dominierten Königreich als *al-Sila* bezeichnet. Die Häuser in Siraf, das sich zu seiner Blütezeit über eine Fläche von mindestens 250 Hektar erstreckte und wohl mindestens 25 000 Einwohner hatte, wurden mit Teak-Holz aus Indien und Sansibar gebaut, während Getreide, Reis und Wein aus den benachbarten Gebieten des Persischen Golfs an die ansonsten recht unwirtliche Küste der Fars kamen. Siraf fungierte auch als Umschlagplatz für die wichtige Stadt Schiras im Landesinneren, aus der viele Kaufleute ihre Dependancen in der Hafenstadt betrieben.[36]

---

[35] Zitiert nach Kennedy 2011.

[36] Tausendundeine Nacht 1976; Lombard 1992, 131–134; Hourani 1995; Feldbauer 1995, 105–110; Daryaee 2003; Ricks 1970, 351; Seland 2014, 382; Abu Zayd al-Sirafi 2014, 30–35; Power 2014; Priestmann 2013, 18–25, 145–155, 327–335, 420; Ray 2015, 292–294; Morony 2017.

Entlang der Küsten Ostafrikas waren die Kaufleute aus Siraf beziehungsweise aus Schiras früh neben den Händlern der ibaditischen Sekte aus dem Oman bis ins heutige Tansania – wie etwa in Kilwa Kisiwani in der heutigen Region Lindi, 280 km südlich von Daressalam – und Mosambik – etwa in Sofala im Delta des Pungwe-Flusses – zu finden. Dies belegen auch Funde sowohl von islamischer Keramik in Ostafrika, etwa aus Siraf, als auch ostafrikanischer Keramik im Oman, seltener im Persischen Golf, ab der Mitte des 8. Jahrhunderts. Von Ostafrika bestand auch eine weitere Verbindung nach Indien, wo der nach 711 unter arabischer Kontrolle stehende wichtige Hafen von Daybul im Indusdelta (im heutigen Pakistan) als Herkunftsort von muslimischen Händlern (*waDebuli*) an der Swahili-Küste Erwähnung findet. Auch Ähnlichkeiten in der Nutzung bestimmter Keramiktypen und im Münzfuß der ersten Prägungen weisen auf Kontakte zwischen Ostafrika und Indien hin, die sicher zum Teil über Südarabien und den Persischen Golf vermittelt, aber vielleicht auch direkt geknüpft wurden. Die gemeinsame regionale Herkunft, etwa aus Siraf, oder die Glaubensgemeinschaft wie bei den Ibaditen dienten als Grundlage für diese weitreichenden Netzwerke. In ähnlicher Weise bauten sich auch zoroastrische Gemeinschaften in ihren Rückzugsgebieten wie etwa in Indien eine neue Existenz auf. Die Stadt Sanjan im nordwestlichen Gujarat soll etwa schon um 698 durch Zoroastrier aus Persien gegründet worden sein. Unfreiwilliger Mobilität waren hingegen die aus Ostafrika in den Irak und Südwestiran gehandelten Sklaven (*Zandsch*) unterworfen, die zwischen 868 und 883 in einem langen Aufstand die Kerngebiete des Abbasidenkalifats beunruhigten und 871 auch Basra plünderten. Da zur gleichen Zeit auch Rebellionen in China die Händlerkolonien – wie etwa in Guangzhou – schädigten, wurden zumindest die beiden bislang wichtigsten ‚Endpunkte' des Handels im Indischen Ozean Ende des 9. Jahrhunderts in Mitleidenschaft gezogen.[37]

Innerhalb der islamischen Welt trug dies im 10. Jahrhundert zu einer Verlagerung des Fokus der maritimen Fernhandelsrouten an das Rote Meer bei. Dort hatte die arabische Eroberung Ägyptens 640–642 zu einer teilweisen Reorientierung der Verteilungsnetzwerke hin

[37] Hawkes/Wynne-Jones 2015, 19–29; Fauvelle 2017, 40–42, 162–170; Ray 2003, 200–201, 280; Watson 1983, 77–81, 91–98; Abu Zayd al-Sirafi 2014, 121–123; Priestmann 2013, 52–54, 232–233, 357–359; Feldbauer 1995, 109–110; Ptak 2007, 143–145; Prendergast u. a. 2017; Horton u. a. 2017. Siehe auch Kapitel 1 und 3 und weiter unten.

zu den heiligen Stätten des Kalifats in Mekka und Medina geführt, als die arabischen Kommandeure den alten „Kanal des Trajan", danach als „Kanal des Befehlshabers der Gläubigen" bekannt, zwischen dem Nil und dem Roten Meer freischaufeln ließen. Dadurch konnte Getreide aus Ägypten, das vormals Rom und dann Konstantinopel ernährt hatte, über den Hafen von al-Qulzum (das römische Klysma, heute Suez) in den Hedschas und nach Mekka und Medina transportiert werden, wo es vor allem auch zur Zeit des Haddsch wichtiger Bestandteil der Versorgung der Pilgermassen wurde. Nur Kalif al-Mansūr (reg. 754–775) ließ 775 den Kanal zeitweilig unterbrechen, als in Medina ein Aufstand gegen ihn ausbrach. Ein Anzeichen für die stärkere Vernetzung zwischen Arabien und Ägypten war auch die Ansiedlung von Angehörigen der südarabischen Stämme (Yaman) im Land an Nil, insbesondere im neuen Zentrum Fustat (nahe dem heutigen Kairo).[38] Doch während sich somit der Handel im Roten Meer innerhalb der arabischen Provinzen verstärkte, waren die früheren Verbindungen in den Indischen Ozean offenbar schon seit dem 6. Jahrhundert schwächer geworden. Der römische Hafen von Berenike wurde bereits im späten 6. Jahrhundert verlassen, nachdem vermutlich über das Rote Meer noch der Erreger der sogenannten „Justinianischen Pest" um 540 aus Ostasien in den Mittelmeerraum gelangt war. Nach 630 gab das Reich von Aksum seine Hauptstadt auf, und auch der alte Hafen von Qana im früheren Gebiet der Himyariten im Jemen verfiel. Hingegen wurden zwischen den Heiligen Stätten im Hedschas und dem neuen Zentrum des Kalifats in Bagdad die Routen mit neuen Wasserstellen und Raststationen ausgebaut, insbesondere auf Initiative der Zubaida bint Dschafar (gest. 831), der Frau des Kalifen Hārūn ar-Raschīd (reg. 786–809). Doch veränderte sich diese Situation erneut mit dem 9. Jahrhundert, als in Ägypten mächtige, de facto von der abbasidischen Zentrale unabhängige Dynastien wie die Tuluniden (868–905) und die Ichschididen (935–969) herrschten, während die den Abbasiden verbliebenen Kerngebiete im Irak von Krisen erschüttert wurden. Diese Entwicklung kulminierte in der Etablierung des konkurrierenden schiitischen Kalifats der Fatimiden aus Nordafrika am Nil im Jahr 969, die mit Kairo nördlich von Fustat auch eine neue Hauptstadt gründeten. Seit dem späten 9. Jahrhundert wurden die Importe aus dem Indischen Ozean bis hin nach China in den Häfen wie al-Qulzum wieder zahlreicher, und unter den

[38] Power 2009; Power 2012, 86–89, 103–104, 109–112; Power 2014; Cooper 2014, 230–251.

Fatimiden wurde Ägypten – anstelle des Irak – zum westlichen Gegenstück der unter der Song-Dynastie (960–1279) wieder aufblühenden südchinesischen Provinzen. Auch von den Küsten Ostafrikas segelten nun Schiffe vermehrt nach Ägypten und lieferten etwa den Bergkristall für die berühmten Gefäße der Fatimidenzeit.[39]

Zu einer ähnlichen Verschiebung der Hauptachse des Handels kam es infolge des Niedergangs der Abbasiden an der Nordflanke des Kalifats. Auch dort hatte sich der Austausch mit dem Ende der Feindseligkeiten zwischen dem Khanat der Chasaren nördlich des Kaukasus und dem Kalifat und der Gründung von Bagdad ab den 770er Jahren intensiviert. Doch im Gegensatz zu den früheren Jahrhunderten wurden in Zentralasien anstelle der Sogdier nun Kaufleute aus Choresm (südlich des Aralsees) allmählich zu den wichtigsten Mittelsmännern. Söldner aus dieser Region dienten auch in großer Zahl im Reich der Chasaren an der unteren Wolga. Als die Zentralmacht der Abbasiden nach 861 verfiel und ihre Kerngebiete von Aufständen heimgesucht wurden, verschob sich die Hauptachse des Handels von der bis dahin dominierenden Kaukasus-Bagdad-Route auf eine östliche Route von Choresm an die obere Wolga, wo sich auch das Reich der Wolga-Bulgaren aus der chasarischen Oberhoheit zu lösen versuchte. Über die osteuropäischen Flüsse vermittelten von dort ab dem 8. Jahrhundert Kaufleute aus Skandinavien – die sogenannten Waräger oder Rus – Verbindungen an die Ostsee sowie nach Nord- und Westeuropa.[40] Der Umfang dieses Handels, über den unter anderem Pelze und Sklaven in die Zentren der islamischen Welt gelangten, wird durch die zehntausenden arabischen Silbermünzen illustriert, die in Horten in ganz Osteuropa und Skandinavien gefunden wurden. Der Löwenanteil dieser Münzen stammt ab dem späten 9. Jahrhundert – mit einem Höhepunkt in den 940er bis 950er Jahren – aus dem Reich der Samaniden-Dynastie, die sich mit ihrem Zentrum im alten Sogdien ab 874 von Bagdad weitgehend unabhängig gemacht hatte. Doch anstelle der Sogdier, die allmählich aus den Quellen verschwinden, traten nun andere Gruppen – wie die Choresmier – als wichtigste Mittelsmänner auf. Dieser Bruch wird auch durch die Verlegung der Residenz der Samani-

---

[39] Power 2012, 86–89, 103 f., 109–112; Power 2014; Cappers 2006, 15; Sidebotham 2011; Hourani 1995, 139; Seland 2013, 389; Seland 2014; Tsiamis/Poulakou-Rebelakou/Petridou 2009; Horton u. a. 2017.

[40] Noonan 2007; Curta 2013; Lombard 1992, 230–232; Gonneau/Lavrov 2012, 80–86; Jesch 2015, 28–30.

den aus dem traditionellen Zentrum Samarkand in die Stadt Buchara im Jahr 892 symbolisiert.[41]

Die Aktivitäten der Waräger verstärkten wiederum eine Nordachse der Anbindung Westeuropas an die Handelsnetzwerke Afro-Eurasiens, die neben die trotz des Zerfalls des Römischen Reiches und der arabischen Eroberung immer aktiven Verbindungen übers Mittelmeer trat. Deren Fortexistenz, wenn auch gegenüber der römischen Zeit in reduzierter Form, hat vor allem Michael McCormick systematisch aufgezeigt – in Zurückweisung älterer Szenarien, die mit dem Namen Henri Pirenne (1862–1935) verbunden sind. Dieser hatte noch einen vollständigen Zusammenbruch der Fernhandelsverbindungen zwischen dem (post)römischen Westen und dem östlichen Mittelmeer infolge der arabischen Eroberung erkennen wollen.[42] Dementgegen steht jedoch die noch relativ weite Verbreitung ‚exotischer' Objekte über den Ostmittelmeerraum hinaus ins fränkische Merowingerreich zwischen dem 5. und 8. Jahrhundert, die wohl vor allem über Byzanz verlief. Jüngere archäometrische Analysen bestätigen den weit entfernten Ursprung einiger der in Mittel- und Westeuropa verwendeten Materialien, wie etwa des Elfenbeins von afrikanischen Elefanten oder der Kaurimuscheln, die in Gräbern des 6. und 7. Jahrhunderts gefunden wurden, von den Küsten des Roten Meers und des Indischen Ozeans. Auch der Granat, ein für Schmuckstücke eingesetzter Halbedelstein, kam im 5. und 6. Jahrhundert – wie auch in vielen Fundorten am Indischen Ozean – aus Lagerstätten in Indien und auf Sri Lanka, bevor er im 7. und 8. Jahrhundert in Mitteleuropa durch Material schlechterer Qualität aus näherliegenden Vorkommen in Böhmen ersetzt wurde. Man könnte diesen Wandel mit der Unterbrechung der Routen zwischen Byzanz und dem Roten Meer nach der persischen und später arabischen Eroberung Ägyptens (640–642) verknüpfen. So enden die römisch-byzantinischen Münzfunde in Indien mit Prägungen des Kaisers Herakleios (reg. 610–641), von denen auch nur mehr zwei Stücke belegt sind. Jedoch fanden andere Materialien wie Elfenbein oder Amethyst auch danach bis um 700 weiterhin ihren Weg vom Indischen Ozean bis nördlich der Alpen. Andere Gelehrte machten die Auswirkung politischer Konflikte innerhalb Indi-

41 de La Vaissière 2005, 253–258, 292–299; Lombard 1992, 60–62; McCormick 2001, 244–254, 562–564; Feldbauer 1995, 110–117; Curta 2013; McCormick 2002; Rotman 2009, 57–81; Ibn Fadlan 2012; Ibn Fadlan 2014; Wamers 2005; Paul 2012, 140–144.

42 McCormick 2001; Hodges 2012.

ens vor allem in den Ursprungsregionen des Granats dafür verantwortlich. Doch zeigte Jörg Drauschke in einer bahnbrechenden Studie, dass auch ein schlichter Wechsel in den modischen Präferenzen der Kunden im Merowingerreich für Änderungen im Gebrauch und Handel des Granats verantwortlich gewesen sein kann. Unter den möglichen Verbreitungswegen für diese ‚exotischen' Materialien (Austausch, diplomatische Geschenke oder Beute) präferiert Drauschke einen primär kommerziell orientierten Vertrieb aus dem östlichen Mittelmeerraum an urbane Zentren in Italien und in Südfrankreich – wie Marseilles –, von wo über verschiedene Routen entlang der Land- und Flusshandelswege diese Objekte aus dem Fernhandel ins merowingische ‚Hinterland', zum Beispiel bis ins heutige Oberösterreich, gelangten. Im frühen 10. Jahrhundert wiederum konnte sich dann der aus dem islamischen Spanien kommende Jude Ibrahim ibn Yayub bei einem Aufenthalt in Mainz darüber wundern, dass er dort auf dem Markt nicht nur „Gewürze aus dem fernsten Orient (…) wie zum Beispiel Pfeffer, Ingwer und Gewürznelken", sondern auch arabische Silbermünzen aus der Prägestätte von Samarkand in Zentralasien fand. Diese wurden nun über die neuen Routen durch Osteuropa von den Warägern bis nach Mitteleuropa vermittelt.[43]

Zumindest bis ins frühe 7. Jahrhundert bestanden auch noch direkte maritime Kontakte zwischen dem östlichen Mittelmeer und den Britischen Inseln. Neben Funden von Keramik und anderen Objekten konnte ein Team um Katie Hemer aufgrund einer Isotopenanalyse der Knochen die Herkunft mehrerer in Gräbern des 6. und 7. Jahrhunderts in Wales bestatteter Individuen aus dem mediterranen Raum nachweisen. Und auch eine in der Vita des Patriarchen Johannes des Almosengebers von Alexandria (amt. 606–616) kurz vor der persischen Eroberung Ägyptens erwähnte Reise führte vom Land am Nil bis nach England.[44] Das Byzantinische Reich fungierte aber nicht nur als Vermittler zwischen der weiten Welt Afro-Eurasiens und Westeuropa, es spielte weiterhin eine bedeutende Rolle als Produzent und Handelsmacht, wenn auch nach den ab 542 einsetzten Pestepidemien und den arabischen Eroberungen des 7. Jahrhunderts auf reduzierter territorialer und demografischer Grundlage. Insbesondere Konstantinopel blieb auch in

---

43 Drauschke 2007; Drauschke 2010; Drauschke 2011; Drauschke/Hilgner 2012; Sorg 2011; Darley 2013, 249–251; Hodges 2012, 121–123; García Vargas 2011, 76 f.; Wamers 2005, 26 f. (mit dem Zitat); Thoresen 2017.

44 Hemer 2013; Dimitroukas 1997, 135 f.

der Imagination der arabischen Nachbarn eine reiche Stadt, die Kaufleute aus Syrien oder Ägypten, also ihren früheren östlichen Provinzen anzog. Dies zeigen gegen Ende der in diesem Band betrachteten Periode die Regelungen im sogenannten *Eparchenbuch*, das unter Kaiser Leon VI. (reg. 886–912) für den Stadtgouverneur von Konstantinopel erlassen wurde. In einem an Chang'an in der frühen Tang-Zeit erinnernden Bestreben, Handel und Gewerbe in der Hauptstadt zu regeln und zu kontrollieren, enthält es Vorschriften für 22 in zunftartigen Korporationen organisierte Berufsgruppen. Darunter waren die Bäcker, Fleischer, Viehhändler und Fischer, deren Gewerberegelung vor allem aber der Gewährleistung einer geordneten und wohlfeilen Nahrungsmittelversorgung der großen und bei Hunger womöglich aufrührerischen Bevölkerung Konstantinopels diente. Aber daneben werden auch ‚ausländische' Kaufleute erfasst, wie solche aus dem nun arabischen Syrien, oder – in anderen Handelsverträgen – auch Bulgaren oder Waräger, die über die osteuropäischen Flüsse ab dem früheren 9. Jahrhundert nicht nur in die islamische Welt, sondern auch nach Byzanz gelangten. Sie mussten sich in eigenen Quartieren aufhalten und durften nur eine bestimmte Zeit ihren Geschäften in der Hauptstadt nachgehen. Unter den exotischen Waren, die unter anderem über ihre Vermittlung nach Konstantinopel gelangten, werden in den Bestimmungen für die Drogisten erwähnt:

> „Pfeffer, Narde [jene schon im Muziris-Papyrus erwähnte Heil- und Duftpflanze aus dem Himalaya], Zimt, Aloe, Ambra [ein damals vor allem im Indischen Ozean aus dem Verdauungstrakt von Pottwalen gewonnener Duftstoff], Moschus [die am meisten geschätzte Form dieses Duftstoffes kam aus Tibet, wo sich eine kleine muslimische Handlergemeinschaft etabliert hatte], Weihrauch, Myrrhe, Balsam, Indigo [das vor allem aus Indien kam], Gummilack, Lasurstein und Gelbholz [ein in Ostasien heimisches, als Färbungsmittel genutztes Gehölz]"[45].

Besondere Aufmerksamkeit musste der Stadteparch auch der Produktion und dem Verkauf der Seide widmen. Zumindest seitdem angeblich unter Kaiser Justinian I. um das Jahr 553 Mönche aus China Eier des Seidenspinners nach Byzanz geschmuggelt hatten, besaß das Byzantinische Reich eine eigene Seidenproduktion. Dieser Gewerbezweig unterteilte sich in die Seidenhändler, die die Rohseide nur kaufen und ver-

45 Eparchenbuch 1991, 111 (Übersetzung von Johannes Koder).

kaufen, aber nicht weiter veredeln durften, die Seidenaufbereiter, die die Rohseide weiterbearbeiteten und verkauften, sie aber nicht unbearbeitet weitergeben konnten, und schließlich die Seidenfabrikanten, die das Endprodukt des Seidenstoffes herstellten, aber nicht gleichzeitig Kleiderhändler, die die Gewänder an den Mann brachten, sein durften. Gänzlich untersagt waren die Produktion und der Verkauf gewisser purpurgefärbter Seidenstoffe und -kleider, deren Herstellung und Weitergabe – etwa als Geschenk an auswärtige Herrscher – ein Reservat des Kaisers war. Dies erfuhr auch Liutprand von Cremona leidvoll, der einige dieser verbotenen Stoffe während seines Gesandtschaftsaufenthaltes in Konstantinopel 968 erwarb, sie aber dann bei seiner Abreise nach einer Gepäckkontrolle zurücklassen musste.[46] Trotz dieser relativ strikten staatlichen Regelungsversuche zumindest in der Hauptstadt kamen Kaufleute und Schiffseigner auch auf eigene Initiative zu verschiedenen Formen der Partnerschaft zusammen, um Handel zu treiben, wie sie etwa in den Bestimmungen der privaten Rechtssammlung des *Seegesetzes der Rhodier* (griech. *Nomos Rhodion nautikos*) aus dem 7. bis 9. Jahrhundert belegt sind.[47] Wichtige Umschlagplätze insbesondere zwischen der islamischen Welt und Byzanz stellten auch an der kleinasiatischen Südküste Attaleia, das heutige Antalya in der Türkei, sowie die Insel Zypern dar, die als zeitweiliges arabisch-byzantinisches ‚Kondominium' auch politisch einen Zwischenraum bildete. Besondere Aufmerksamkeit erhielt auch bei arabischen Beobachtern seit dem 7. und 8. Jahrhundert die Stadt Trapezunt, das heutige Trabzon in der Nordosttürkei, in der „in jedem Jahr mehrere Märkte" stattfinden, „zu denen viele Völker kommen, um Handel zu treiben, Muslime ebenso wie Byzantiner, Armenier und andere, und sogar Leute aus dem Land der Kirgisen".[48] Anschluss nicht nur an die Handelsnetze der Waräger in Osteuropa, sondern auch zu den Chasaren an der Wolga und weiter bis nach Zentralasien vermittelten ebenso die Städte an der Südküste der Krim so wie Cherson (nahe dem heutigen Sewastopol), das aber zeitweilig nur recht lose an das Byzantinische Reich gebunden war.[49]

---

46 Eparchenbuch 1991; Dimitroukas 1997, 130–167, 600–605; Laiou/Morrisson 2007, 70–84; El Cheikh 2004; Gonneau/Lavrov 2012, 87–97; Akasoy/Yoeli-Tlalim 2007. Siehe auch Kapitel 2.

47 Humphreys 2017; Dimitroukas 1997, 133–135, 426–431; Laiou/Morrisson 2007, 80–82.

48 Zitiert nach Dimitroukas 1997, 475–477.

49 Dimitroukas 1997, 154–157, 475–477; Albrecht/Daim/Herdick 2013; Laiou/Morrisson 2007, 80–84; Lombard 1992, 228–230.

Die für Trapezunt erwähnten Händler aus Armenien waren auch an vielen anderen Orten in Byzanz und im Kalifat zu finden und eiferten in ihrer Mobilität ähnlich wie bei den Sogdiern der in vielen Regionen der benachbarten Imperien aktiven Aristokratie nach. Schon im 6. Jahrhundert streicht der byzantinische Historiker Prokop die Bedeutung der armenischen Hauptstadt Dvin, südlich von Jerewan gelegen, als Handelsort heraus, der nicht nur Kaufleute aus allen Nachbarländern, sowohl unter römischer als auch persischer Herrschaft, anzog, sondern angeblich sogar aus Indien. Kontakte zumindest zu den sasanidischen Provinzen am Persischen Golf belegen Funde von Warensiegel aus diesen Gebieten in Dvin. Mitte des 7. Jahrhunderts erwähnt der Gelehrte Ananias von Shirak die Handelsreise eines Verwandten aus Armenien bis nach Balch im heutigen Afghanistan, einem Ort, wo zu jener Zeit auch Händler und Reisende aus Sogdien, Indien und sogar China nachgewiesen sind, die unter anderem die vielen buddhistischen Heiligtümer der Stadt bewunderten. Auch in seiner auf der griechischen Geografie des Claudius Ptolemäus (ca. 100–160) basierenden, aber aktualisierten Beschreibung der Welt erwähnt Ananias um 650 Kaufleute und Produkte aus Zentralasien, Indien, Sri Lanka und China, aber auch Routen in den Norden über den Kaukasus und nach Westen ins Byzantinische Reich. Dorthin führte die wichtigste Strecke über Theodosiupolis – das heutige Erzurum in der Nordosttürkei –, das ebenfalls zu einem wichtigen Marktort aufstieg. Den ‚kosmopolitischen' Charakter Dvins spiegelt auch der Kapitulationsvertrag wider, den die Stadt um 640 mit den ersten arabischen Truppen, die nach Armenien vordrangen, schloss. Er inkludierte nicht nur die Christen, sondern auch die in der Stadt lebenden Juden und Zoroastrier. Nach der arabischen Eroberung kam eine wachsende muslimische Gemeinde hinzu, die zur kontinuierlichen Bedeutung der Stadt als Handelsort beitrug. Berühmt war Dvin in der islamischen Welt für Kleidung und Teppiche, die unter anderem mit dem dort im Umland aus Schildläusen gewonnenen Kermes rot gefärbt wurden. Diese Textilien wurden nicht nur im ganzen Kalifat einschließlich der Hauptstadt Bagdad nachgefragt, sondern auch nördlich des Kaukasus bei den Chasaren. In diese Richtung weisen auch die zahlreichen Funde arabischer Dirhems aus der Prägestätte *Arminiya*, die wie andere Silbermünzen aus dem Kalifat über die Flussrouten Osteuropas im 8., 9. und 10. Jahrhundert Verbreitung nach Skandinavien und bis nach England fanden. Aufsehenerregende Artefakte für den weitreichenden Handel mit Textilien und Seide förderte man auch im Gräberfeld von Moščevaja Balka im nordwestlichen Kaukasus in der heutigen russischen Region Karatschai-Tscherkessien aus dem 8. bis 9. Jahrhundert zutage, wo Stoffe aus Byzanz, der islamischen Welt, Sogdien und China zusammenkamen und sogar gemeinsam in einem prächtigen Kaftan für ein Mitglied der lokalen Elite ‚recycelt' wurden. Offenbar verschlug es sogar einen chinesischen Kaufmann in diese Ecke der Welt, der in chinesischer Schrift auf Papier eine Liste mit erworbenen Gütern und Zeilen eines buddhistischen Texts hinterlassen hat.[50]

Eine steigende Bedeutung als Routen für Edelmetall, vor allem Gold, gewannen schließlich auch die Handelswege, die immer dichter zwischen den entstehenden Staaten Westafrikas wie Ghana und Gao am Niger oder Kanem am Tschad-See und den Städten des islamischen Nordafrika, wie etwa Sidschilmasa im Südosten Marokkos, etabliert wurden. Auch für die Intensivierung des Trans-Sahara-Handels spielten so wie in Ostafrika ibaditische Gemeinschaften eine wichtige Rolle. Dabei folgten sie älteren Routen, die zumindest zwischen der Mittelmeerküste und dem Reich der Garamanten im Fessan (im Südwesten des heutigen Libyen) schon in römischer Zeit genutzt wurden, worauf Münz- und andere Funde, wie etwa Oliven- und Mandelkerne, hindeuten. Auch Kauri-Muscheln und Glasperlen vom Indischen Ozean fanden im 5. bis 7. Jahrhundert schon ihren Weg nach Burkina Faso. Neben Gold und Salz wanderten in islamischer Zeit in immer größerer Anzahl auch Sklaven – nach einer Schätzung in der Zeit um 800 bis zu 1000 Menschen pro Jahr – über diese Routen nach Norden, während im Gegenzug Textilien, Metallwaren, Getreide und Früchte sowie wiederum aus weiter entfernten Regionen der islamischen Welt importierte exotische Luxuswaren nach Süden verkauft wurden.[51]

Netzwerke des Handels und Diasporagemeinschaften

Die Mehrzahl all dieser bislang geschilderten Fernhandelswege durch Afro-Eurasien wird am Ende der „langen Spätantike" um 850 durch den arabischen Geografen Ibn Chordadhbeh (ca. 820–912) in

---

50 Procopius 1961, 2,25,3–4; Al-Balādhurī 2002, 314 f.; Mousheghian u. a. 2000–2003; Manandian 1965; Lombard 1992, 188 f., 213 f.; Morony 2017; Ierusalimskaja 1996; Hermitage Amsterdam 2014. Siehe auch Kapitel 2 und 3.

51 Lombard 1992, 73-74, 214-215, 224-226; Feldbauer 1995, 129-138; Schörle 2012; Messier/Miller 2015, 22-24, 64-80; Green 2017a; Green 2017c; Boivin 2017, 377-378. Siehe auch Kapitel 1 und 3.

seiner Beschreibung der Routen der jüdischen Kaufleute „genannt *al-Rādhāniyya*" zusammengefasst:

> „Diese Kaufleute sprechen Arabisch, Persisch, Griechisch, Latein, Fränkisch, Andalusisch und Slawisch. Sie reisen von West nach Ost, von Ost nach West, zu Lande und zu Wasser. Von Westen exportieren sie Eunuchen, junge Mädchen und Knaben, Brokat, Biberfelle, Marder und andere Pelze und Schwerter. Sie segeln von der Mittelmeerküste des Landes der Franken und steuern auf Farama [das alte Pelusium] in Ägypten zu. Dort verladen sie ihre Waren auf den Rücken von Kamelen und reisen nach Qulzum [heute Suez] am Roten Meer, eine Strecke von 25 farsakh [ca. 150 km]. Sie segeln das Rote Meer hinab nach al-Jar, dem Hafen von Medina, und nach Dschidda, dem Hafen von Mekka. Dann reisen sie weiter nach Sind, Indien und China. Sie kehren aus China mit Moschus, Aloe-Holz, Kampfer, Zimt und anderen östlichen Produkte zurück, landen in Qulzum, reisen dann nach Farama, von wo sie wieder auf dem Mittelmeer in See stechen. Einige segeln nach Konstantinopel, um ihre Waren den Byzantinern zu verkaufen. Andere gehen zum Palast des Königs der Franken. Manchmal segeln diese jüdischen Kaufleute übers Mittelmeer aus dem Land der Franken nach Antiochia [in Nordsyrien]. Sie reisen dann auf dem Landweg nach al-Jābiya am Euphrat, eine Reise von drei Tagen. Sie segeln den Euphrat hinab nach Bagdad, dann den Tigris hinab nach al-Ubulla, von wo sie auf dem Persischen Golf hinab nach Oman, Sind, Indien und China segeln. (...). Die jüdischen Kaufleute folgen auch einer Landroute. Händler, die von Spanien oder Frankreich aufbrechen, fahren in den Süden Marokkos und dann nach Tanger, von wo sie sich auf den Weg nach Ifriqiyya [die Provinz des Kalifats in Nordafrika] machen und dann in die ägyptische Hauptstadt. Von dort aus fahren sie in Richtung Ramla, besuchen Damaskus, Kufa, Bagdad und Basra, durchqueren dann Ahwaz, Persien, Kerman, Sind und Indien und kommen schließlich in China an. Manchmal nehmen sie eine Route nördlich von Rom, in Richtung Khamlīj über die Länder der Saqaliba [= die Slawen]. Khamlīj [= Itil an der Wolga] ist die Hauptstadt der Chasaren. Sie segeln über das Kaspische Meer, finden ihren Weg nach Balch [im heutigen Afghanistan], von dort nach Transoxanien, dann zu den Jurten der Toghuzghuz [einem Turkvolk in Zentralasien], und von dort nach China."[52]

52 Ibn Fadlan 2012, 111 f.; Lombard 1992, 206–213; McCormick 2001, 582–604, 688–693; Rotman 2009, 66–68; Power 2009. Siehe auch Kapitel 3.

Dieser Text deutet an, dass am Ende des betrachteten Zeitraums ein wirklich ‚globales' System von Routen und Handel entstanden war, das ungehinderte Reisen von einem Ende Afro-Eurasiens zum anderen ermöglichte. Das war aber so nicht der Fall. Während einzelne Kaufleute tatsächlich solche interkontinentalen Reisen unternommen haben, waren sie für ihre Mobilität auf ein komplexes Zusammenspiel von Verbindungen auf lokaler, regionaler und überregionaler Ebene angewiesen. Diese räumlichen Ebenen unterschieden sich auch stark in der Häufigkeit und Intensität des internen Austausches von Objekten und Individuen. Die Fernverbindungen blieben eine relativ dünne – aber höchst relevante – oberste Schicht über diesen ineinandergreifenden Netzwerken zwischen Personen, Gemeinschaften und Orten.[53] Wie Michael Morony deutlich macht, war eines der Kennzeichen der spätantiken Periode in ganz Afro-Eurasien „die Entstehung von Netzwerken von Handelsdiaspora-Gemeinschaften basierend auf dem Herkunftsort und / oder Religion". Er nennt als Beispiel die syrischen Händler im Mittelmeerraum seit dem 4. Jahrhundert, die Sogdier in China und die (christlichen) Perser im Indischen Ozean sowie für die islamische Periode die Ibaditen oder die jüdischen *Rādhāniyya*-Kaufleute.[54]

Der Begriff der „Handelsdiaspora" (engl. *trade diaspora*) wurde durch Abner Cohen und Philip D. Curtin geprägt im Sinne von „Gemeinschaften von Kaufleuten, die in miteinander verknüpften Netzwerken unter Fremden leben". Auf der Grundlage eines gemeinsamen Hintergrunds unterhielten solche Gemeinschaften untereinander weitreichende Verbindungen. Dadurch entstand für umherziehende Kaufleute aus diesen Gemeinschaften die Möglichkeit, Anknüpfungspunkte für ihre Geschäfte zu finden und die Probleme der Informationsbeschaffung über kommerzielle Gelegenheiten und der Etablierung von Vertrauen zwischen Geschäftspartnern über mehr oder weniger große Distanzen und längere Zeiträume zu lösen. Wie zum Beispiel Avner Greif im Detail analysiert hat, wurde Treu und Glauben durch soziale Kontrolle innerhalb dieser Gemeinschaften garantiert, die das Ansehen eines unzuverlässigen Partners schnell dauerhaft zerstören konnte. Rogers Brubaker kritisierte jedoch den mittlerweile fast inflationären Gebrauch des Begriffs „Handelsdiaspora" (so spricht Judith Jesch etwa auch von einer „Wikinger-Diaspora") und definierte drei Kriterien für

53 McCormick 2001, 784; Dark 2007; Priestmann 2013, 417–425; Smith 2015; Morony 2017.

54 Morony 2004, 178, 184 f.

eine Gemeinschaft, um sich tatsächlich als Diaspora zu ‚qualifizieren': Solche Gemeinschaften „müssen erstens weit verstreut, zweitens auf ein reales oder imaginiertes Heimatland hin ausgerichtet sein, und drittens eine ausgeprägte Identität gegenüber der Gastgesellschaft bewahren."[55] Dementsprechend könnten die auf eine Heimatregion bezogenen Sogdier oder die sich von der Stadt Aihole ableitenden Ayyavole tatsächlich als „Handelsdiaspora" bezeichnet werden, während dies für andere, mehr polyzentrisch orientierte Gemeinschaften nicht der Fall wäre. Für diese Fälle schlägt Sebouh David Aslanian den Begriff „Zirkulationsgemeinschaft" (engl. *circulation society*) vor. So eindeutig sind diese Unterscheidungen aber oft nicht zu treffen. Im Fall der jüdischen *Rādhāniyya* etwa ist unklar, ob sich die Bezeichnung wie im Fall der Ayyavole auf eine bestimmte geografische Ursprungsregion (diskutiert wurden unter anderem die Stadt Rayy im Iran oder die Rhone – lat. *Rhodanus* – im Frankenreich) bezieht. Als weiteres ‚reales oder imaginiertes Heimatland' käme das ‚gelobte Land Israel' infrage, wobei bei seiner in der Diaspora oftmals idealisierten Darstellung ebenso die Grenzen zwischen real und imaginiert verschwimmen. Die wahrhaft globale Ausdehnung der Handelsnetze der *Rādhāniyya* würde wiederum eher für eine polyzentrische „Zirkulationsgemeinschaft" sprechen.[56]

Ähnlich komplex fällt der Befund für die Sogdier aus. Die Handelstätigkeit und Mobilität der sogdischen Kaufleute über verschiedene räumliche Skalen hing jedenfalls von der Existenz von Gemeinschaften von Landsleuten entlang dieser Wege ab, wie Jonathan Karam Skaff in seinem grundlegenden Artikel feststellt:

> „Sogdische Siedlungen in den Oasenstädten Ostturkestans waren wichtige Knotenpunkte in einem größeren eurasischen Handelsnetzwerk. Sie dienten als Heimatbasis und Wegstation für Kaufleute und versorgten sogar neue Generationen von Händlern. Im Dorf Anle in Turfan z. B. verließ etwa die Hälfte aller sogdischen Buben vor ihrem fünfzehnten Lebensjahr ihr Zuhause, und vermutlich gehörten viele zu den reisenden Kaufleuten. Selbst unter Beibehaltung ihrer Traditionen integrierten sich Sogdier in lokalen Städte und Gemeinden und bildeten (…) eine offene Diaspora (…), die im weiteren Rahmen der Gesellschaft wurzelte, anstatt sich in geschlossenen Gemeinschaften zurückzuziehen. Die Verbindung zwischen den beiden Kulturen ermöglichte es den

[55] Brubaker 2005, 1–19; Curtin 1984; Greif 2006; Cohen 2008; Jesch 2015.

[56] Curtin 1984; Greif 2006; Seland 2013, 373–377; Brubaker 2005, 1–19; Aslanian 2011; Temin 2013, 13–15; Hodges 2012, 9; Goldberg 2012; Cohen 2008.

> Sogdiern, als Bindeglied zwischen den Gastkaufleuten und der lokalen Gesellschaft und der Regierung zu fungieren. Viele der Händler wären nicht in der Lage gewesen, ohne die Dienste sogdischer Übersetzer und Bürgen zu arbeiten, die in Ostturkestan geboren wurden oder sich dort niedergelassen hatten."[57]

Für die Sogdier waren mögliche Anknüpfungspunkte für ihr ‚Gruppengefühl' die gemeinsame ethnische Herkunft beziehungsweise Sprache sowie die Abkunft aus einer Region (Sogdien) beziehungsweise – noch enger definiert – aus derselben Stadt, wie sich etwa im (nicht konsequenten) System der Familiennamen widerspiegelt, die chinesische Quellen Sogdiern je nach ihrem Herkunftsort zuweisen. Dies deutet aber auch an, dass sie nicht als völlig homogene Gruppe wahrgenommen wurden oder sich als solche identifizierten. Zusätzlich mögen gemeinsamer Glaube – vor allem Zoroastrismus und Manichäismus – von einiger Bedeutung für manche Gruppen innerhalb der sogdischen „Diaspora" gewesen sein.[58] Eivind Heldaas Seland analysiert in ähnlicher Weise die Netzwerke und den sozialen Zusammenhalt innerhalb von Handelsdiaspora- oder Zirkulationsgemeinschaften im westlichen Indischen Ozeans, wo Distanzen und die von den Rhythmen des Monsun diktierten Reisezeiten ebenfalls die mehr oder weniger permanente Präsenz von Mitgliedern einer Händlergemeinschaft an weit entfernten Orten erforderten. Dies trifft auf die Händler aus Palmyra (bis zum 3. Jahrhundert) genauso so zu wie auf die christlichen (nestorianischen) Händler aus Persien im 6. und 7. Jahrhundert oder die Ibaditen aus dem Oman im 8. und 9. Jahrhundert.[59]

Gleich ob „Diaspora" oder „Zirkulationsgemeinschaft", viele dieser Netzwerke erwiesen sich auch über längere Zeiträume als erstaunlich widerstandsfähig gegenüber den politischen und ökonomischen Umwälzungen des 3. bis 9. Jahrhunderts. Die *Ancient Sogdian Letters* beklagen zwar die geschäftsschädigenden Unruhen in der Folge des Zusammenbruchs der Jin-Dynastie im Norden Chinas und der Eroberung Luoyangs im Jahr 311, aber sogdische Kaufleute und Handwerker konnten ihre Verbindungen zwischen Zentralasien und China bis ins 9. Jahrhundert bewahren und sogar noch ausbauen. Auch die offenbar schon in der Sasanidenzeit etablierte ‚Fernverbindung' zwischen dem Persi-

57 Skaff 2003, 510, 513.

58 Skaff 2003; Seland 2013, 379; Seland 2014.

59 Seland 2012; Seland 2013; Seland 2014; McCormick 2001, 444–468.

schen Golf und Südchina wurde, samt dem damit verbundenen nautischen und merkantilen Wissen, innerhalb der in chinesischen Quellen als *Po-ssu* bezeichneten Gemeinschaften von Kaufleuten und Seefahrern über den Zusammenbruch des Perserreiches hinaus bewahrt und ab der Mitte des 8. Jahrhunderts noch intensiver genutzt. Die *Ancient Sogdian Letters* sind aber auch ein Zeugnis für das Vermögen dieser Netzwerke, zumindest Informationen über weite Distanzen zu bewegen. Im frühen 4. Jahrhundert vermittelte hier der Verfasser in Dunhuang zwischen seinem Geschäftspartner in Samarkand mehr als 4000 km westlich und seinen Vertretern in Chinas Hauptstädten mehr als 3000 km im Osten. Solche Netzwerke konnten sich auch als effizienter als Diplomatenpost erweisen. Als der jüdische Wesir des Umayyadenkalifen in Cordoba, Hasday ibn Šaprut, um 950 in Kontakt mit dem Herrscher des Chasarenreiches Joseph treten wollte, wählte sein Gesandter zuerst den Seeweg durchs Mittelmeer, der ihn bis nach Konstantinopel führte. Dort fingen jedoch die Byzantiner, die aufgrund ihrer damals bereits verschlechterten Beziehungen zum Chasarenreich kein Interesse an einer solchen Kontaktaufnahme hatten, den Boten Hasdays ab. Der Wesir vertraute daraufhin auf die Kontakte jüdischer Händler, die entlang einer auch im Text über die *Rādhāniyya* beschriebenen Route zu Lande durch Mittel- und Osteuropa sein Schreiben aus Spanien über mehr als 4300 km an sein Ziel an der unteren Wolga brachten. Die reichhaltige, großteils nach der hier betrachteten Periode ab dem 11. Jahrhundert einsetzende Überlieferung des in der Geniza, dem Archivraum der Ben-Esra-Synagoge in Kairo, erhaltenen Materials zu den Netzwerken der jüdischen Händler zwischen Nordafrika und Indien schließlich dokumentiert auch, wie neben Briefen ebenso Waren über weite Strecken transportiert wurden. In einem Brief aus dem Jahr 1133 teilte Madmun ben Hasan in Aden im Jemen seinem Geschäftspartner Abraham Ben Yiju an der Malabarküste im südwestlichen Indien über eine Distanz von mehr als 3400 km über die offene See mit: „Ich übermittle Dir mit Scheich Abu Said b. Mahfuz einen halben Korb Datteln, ein Quantum Rosenwasser und zwei Päckchen Zucker und Rosinen (...) sowie zwei Pakete Seife.“[60] Diese Ladung erreichte zwar sicher nicht den Millionenwert, der laut dem oben erwähnten Papyrus in der Österreichischen Nationalbibliothek im 1. Jahrhundert n. Chr. aus Muziris in Indien nach Ägypten verschifft wurde, beide Dokumente

---

60 Goitein/Friedman 2008, Dokument II, 20; Goldberg 2012; Ray 2015, 300–302.

zusammen illustrieren aber die Nachhaltigkeit merkantiler Netzwerke über ein Jahrtausend hinweg.

Köche und andere Reisende sowie Migranten aus eigenem und fremdem Antrieb

Im Jahr 711 diente im Haushalt des Würdenträgers Elias in Konstantinopel ein (nicht namentlich genannter) Koch aus Indien. Als Elias sich während eines Feldzugs gegen die Stadt Cherson auf der Krim an einer Verschwörung gegen den bereits einmal vom Thron vertriebenen Justinian II. (reg. 685–695 und 705–711) beteiligte, ließ der Kaiser die in der Hauptstadt verbliebenen Kinder des Würdenträgers töten und zwang die Frau des Elias, ihren als außerordentlich hässlich beschriebenen Koch zu heiraten. Das in den byzantinischen Quellen als abstoßend bezeichnete Äußere bezog sich wohl vor allem auf sein ‚exotisches' Aussehen, ohne dass wir erneut mit Sicherheit sagen könnten, aus welchem der unter ‚Indien' subsummierten Anrainergebieten des westlichen Indischen Ozeans zwischen Ostafrika und dem eigentlichen Indien der Koch gekommen wäre. Ebenso wenig erfahren wir etwas darüber, wie es ihn an den Bosporus verschlagen hatte – sei es als Sklave, sei es aus eigenem Antrieb.[61] Immerhin wissen wir, dass im Sasanidenreich im südlichen Irak tatsächlich aus Indien oder sogar aus Südostasien stammende Gruppen in der Armee dienten und siedelten, die in den späteren arabischen Quellen als *Sayābidja* und *Zutt* bezeichnet werden. Nach der arabischen Eroberung wurde ein Teil von ihnen um 669/670 in die Gegend um Antiochia in Nordsyrien und Kilikien nahe an die Grenze zum Byzantinischen Reich umgesiedelt. Dazu kamen später offenbar weitere Kriegsgefangene aus Feldzügen in Sind im heutigen Pakistan. Um 855 wurde eine größere Anzahl der *Zutt* mit ihren Familien und Zugtieren von den Byzantinern auf einem Feldzug gefangengenommen und nach Kleinasien deportiert. Aufgrund der späteren Verwendung des Terminus *Zutt* im Persischen für jene Gruppen, die dann im deutschen Sprachraum ab dem 15. Jahrhundert auch als ‚Zigeuner' bezeichnet werden, deutet man diese Ereignisse als einen möglichen Hintergrund des Beginns der Migration dieser in Byzanz auch *Athinganoi* genannten Gemeinschaften weiter nach Südost- und schließlich Mittel- und Westeuropa im Lauf der folgenden Jahrhunderte. Sie dürften

[61] PmbZ 2017, Nr. 1474/corr und 10834/corr.

somit zu den Trägern der globalen Verflechtung schon in der langen Spätantike gerechnet werden.[62]

Die Schicksale des indischen Kochs und der Zutt illustrieren, dass sich ähnlich wie bei anderen bislang betrachteten mobilen Gruppen immer wieder die Interessen und Konflikte der großen Imperien zum Teil mit Gewalt in die Lebensläufe von Menschen einmengten. Zu all den Spielarten des Zwangs und der Verfolgung gesellte sich aber auch immer eigener Antrieb, die Suche nach besseren oder zumindest erträglicheren Lebensumständen. Selbst Flüchtlingen oder Deportierten verblieb ein Rest an Handlungsspielraum in den Aushandlungsprozessen mit neuen Autoritäten. So berichtet der armenische Historiker Łewond über eine größere Fluchtbewegung aus dem arabisch beherrschten Armenien nach Byzanz im Jahr 788:

> „Ohne Besitz und Nahrung, nackt und bloßfüßig, waren sie dem Schrecken der Hungersnot ausgesetzt. Sie verließen ihr Land und flohen auf byzantinisches Territorium, um Zuflucht zu finden. Die Mehrzahl der Bevölkerung, über 12 000 Männer, Frauen und Kinder (…) verließ ihr Land unter der Führung des Shapuh aus dem Haus der Amatunik, seinem Sohn Hamam, und anderer armenischer Adeliger mit ihrer Reiterei. (…) Als sie den Fluss [Akampsis, heute Çoruh in der Nordosttürkei] überquerten, wurde der byzantinische Kaiser Konstantin [VI., reg. 780–797] sofort davon in Kenntnis gesetzt. Er rief sie zu sich und gab den Adeligen und ihrer Reiterei große Ehrungen. Er siedelte auch die Mehrzahl der nichtadeligen Menschen auf gutem fruchtbaren Land an.“[63]

Die Bedingungen dieser Aufnahme und Ansiedlung war sicher Gegenstand vorheriger Verhandlungen zwischen den Anführern der Flüchtlinge und dem Kaiser, der aber in der Regel bereitwillig Menschen in sein Reich aufnahm, dessen demografische Basis durch die Pestepidemien und Kriege der vorangegangenen zwei Jahrhunderte geschwächt war.[64] Übel erging es hingegen jenen tausenden Uiguren, die nach der Eroberung ihrer Hauptstadt Karabalgasun durch die Kirgisen 840 und dem Zusammenbruch ihres Reiches auf chinesisches Gebiet flohen. Denn der Tang-Kaiser Wuzong (reg. 840–846) und seine Bera-

62 Al-Balādhurī 2002, 250 f., 259, 264; Fraser 1995, 33–40; Lombard 1992, 160 f.

63 Łewond 1982, 149.

64 Łewond 1982, 149; Preiser-Kapeller 2015a.

ter nutzten diese Gelegenheit nicht nur zur Verfolgung der Uiguren beziehungsweise der von ihnen geförderten Manichäer in der Hauptstadt, sondern auch zu einem Massaker an diesen unwillkommenen Flüchtlingen, für das sie in Abwesenheit einer Schutzmacht der Opfer keine Rache fürchten mussten. Einige der Überlebenden wurden später gemeinsam mit tibetischen Kriegsgefangenen nach Guangzhou (Kanton) im äußersten Süden Chinas deportiert.[65]

Auch ansonsten bestand in China eine lange Tradition der An- bzw. auch Umsiedlung von Bevölkerung zur Stärkung der Ressourcenbasis (sprich: Arbeitskräfte und Steuerzahler) in bestimmten Regionen. Insbesondere in der Zeit der politischen Fragmentierung und schnellen Abfolge einzelner Dynastien im Norden Chinas zwischen dem 4. und 6. Jahrhundert ging fast jeder Machtwechsel mit großangelegten Deportationen einher. Als der Tuoba/Wei-Kaiser Daowu (reg. 371–409) die Gründung einer Hauptstadt nach chinesischem Vorbild, Pingcheng nahe dem heutigen Datong in der nordostchinesischen Provinz Shanxi, beschloss, wurden im Jahr 398 mehr als 360 000 Bauern aus der großen nordchinesischen Ebene und rund 100 000 Handwerker aus allen Teilen des Reiches in und um die neue Hauptstadt zwangsumgesiedelt. Ein knappes Jahrhundert später entschied sich jedoch Kaiser Xiaowen (reg. 471–499) im Jahr 493 zur Verlegung seiner Residenz in die alte Han-Hauptstadt Luoyang, was erneut mit der Umsiedlung von über 500 000 Menschen, nun unter anderem aus der Region um Pingcheng, einherging. In Luoyang wurde auch ein eigenes Stadtviertel für ausländische Besucher und Migranten eingerichtet, die sich im Rest der Stadt nicht frei bewegen durften. Ausnahmen galten nur für adelige Flüchtlinge aus dem Südreich Chinas und hochrangige buddhistische Mönche. Die Sui- und Tang-Kaiser des erneut vereinten Chinas setzten diese Praktiken im 7. bis 9. Jahrhundert fort, auch bei der Neugründung der Hauptstädte in Chang'an und in Luoyang sowie in den neu eroberten Gebieten. Nach dem Sieg über das koreanische Reich Koguryo 668 etwa wurden von dort 200 000 Menschen deportiert und insbesondere in und um Chang'an angesiedelt. Einige dieser Deportierten und ihrer Nachkommen machten in der Folge durchaus Karriere im Reich der Tang, darunter Ko Sonji, der Befehlshaber der chinesischen Armee in der Schlacht bei Talas 751. Auch das Ende der Tang-Herrschaft ging mit einer großen Bevölkerungsverschiebung

[65] Schafer 1963, 40–43; Beckwith 2009, 157–160; Baumer 2014, 308–315. Siehe auch Kapitel 1 und 3.

einher, als im Jahr 904 Chang'an offiziell für aufgelöst erklärt und die noch verbliebene Einwohnerschaft nach Luoyang umgesiedelt wurde.[66]

Die sasanidischen Großkönige unternahmen ebenso ihre Feldzüge gegen das Römische Reich unter anderem mit dem Ziel, durch Deportationen größerer Bevölkerungsgruppen und mitunter ganzer Städte die eigene Macht zu stärken und die Provinzen des Feindes zu schwächen. Das nordsyrische Antiochia – heute Antakya in der Türkei –, immerhin die drittgrößte Stadt des römischen Ostens, wurde zweimal (253/256 und 540) von den Persern erobert. Zehntausende Einwohner, darunter viele begehrte Fachkräfte, wurden jeweils in die Susiana (im Südwesten des heutigen Iran) deportiert, wo von Großkönig Schāpūr I. (reg. 240–270) sogar eine neue Stadt – Weh-Andiyok-Shāpūr („Besser als Antiochia hat Schāpūr diese Stadt gemacht") – gegründet wurde. Die Stadt, später als Gondeschapur bekannt, wurde zu einem Zentrum der Christen im Perserreich.[67] Auch als die Sasaniden im Jahr 610 die wichtige Grenzstadt Theodosiupolis, heute Erzurum, im römischen Teil Armeniens eroberten, wurde die Bevölkerung auf Geheiß des Großkönigs Chosrau II. (reg. 590–628) nach Medien umgesiedelt. Um diese Zeit unternahm auch der armenische General Smbat Bagratuni, der im Dienst des Großkönigs zu höchsten Ehren aufgestiegen war, einen Feldzug im Gebiet südöstlich des Kaspischen Meers im Bereich der heutigen Grenze zwischen Iran und Turkmenistan. Dort begegnete er Nachkommen von armenischen Landsleuten, die von den Persern zusammen mit Menschen aus dem Römerreich einige Jahrzehnte zuvor an die nordöstliche Peripherie des Sasanidenreiches transferiert worden waren:

> „In diesem Land gab es eine Gemeinschaft, die aus Armenien deportiert und am Rand der großen Wüste, die sich von Turkastan und Delhastan weg erstreckte, angesiedelt worden war. Sie hatten ihre eigene Sprache vergessen, den Gebrauch der [armenischen] Schrift verloren und entbehrten eines priesterlichen Standes. Es gab dort auch (...) nicht wenige [Deportierte] aus dem Römischen Reich und aus der Region von Syrien. (...) Sie wurden in ihrem Glauben [durch die Tätigkeit des Smbat Bagratuni] bekräftigt und erlernten, ihre Sprache zu schreiben

---

66 Lewis 2009a, 77–79, 114–116; Lewis 2009b, 154; von Glahn 2016, 96–97, 170–175.

67 Daryaee 2009, 135 f.; Ball 2016, 133–140; Morony 2017. Siehe auch Kapitel 3.

> und zu sprechen. Ein Priester aus ihren Reihen namens Abel wurde als Hirte in diesem Land eingesetzt."[68]

Der Historiker Sebēos gewährt hier einen seltenen Blick auf das Schicksal der Opfer solcher Deportationen, die wie in diesem Fall gut 1000 km von ihrer Heimat entfernt im Lauf von wenigen Generationen wesentliche Kennzeichen ihrer Gruppenidentität wie Sprache und Religion verloren hatten. Diese Umsiedlungsaktionen standen wohl im Zusammenhang mit der Sicherung der Großen Mauer von Gorgān, einem gewaltigen Befestigungswerk, mit dem die Sasaniden zwischen dem 5. und dem 7. Jahrhundert über eine Strecke von fast 200 km diese neuralgische Grenzregion östlich des Kaspischen Meers schützen wollten. Zur Bemannung und zur Versorgung der Garnisonen wurden Menschen aus dem ganzen Perserreich umgesiedelt. In ähnlicher Weise versetzte man Gruppen aus dem Iran und Zentralasien, darunter Sogdier, in die wichtigen Grenzfestungen im Kaukasus wie in Derbent am Kaspischen Meer im heutigen Dagestan oder in Dariali nördlich von Tbilisi in Georgien. Diese Politik setzten auch die Araber an denselben strategisch wichtigen Orten fort. Schon kurz nachdem sie die Kontrolle über den Südkaukasus um 700 endgültig erlangt hatten, wurden 24 000 Araber aus Syrien in und um Derbent angesiedelt und eine Garnison in Dariali eingerichtet. Die Rekrutierung letzterer aus nicht einheimischer Bevölkerung konnte jüngst auch durch Isotopenuntersuchungen an Knochen im Gräberfeld südlich der Festung schon für die Zeit ab dem frühen 8. Jahrhundert erwiesen werden. Wie in Kapitel 2 beschrieben, folgten dann weitere Zuwanderer aus anderen Teilen der arabischen Welt, aus dem östlichen Iran und aus Zentralasien.[69]

Die Verlegung von Bevölkerung von einem Ende ihres Reiches an das andere praktizierten ebenso die Byzantiner. Nachdem er schon mehrere armenische Adelige mit hunderten ihrer Gefolgsleute auf den südosteuropäischen Kriegsschauplatz gegen die Awaren und Slawen verlegt hatte, plante Kaiser Maurikios (reg. 582–602) im Jahr 602 die Umsiedlung von nicht weniger als 30 000 Familien aus Armenien nach Thrakien – ein Unternehmen, das nur aufgrund des Sturzes des Kaisers im selben Jahr nicht umgesetzt wurde. Durchgeführt wurde hingegen die

---

68 Sebēos 1999 I, 44 (Zitat) und 64; Preiser-Kapeller 2015a. Siehe auch Kapitel 2.

69 Alizadeh 2014, 254–288; Sauer u. a. 2013; Sauer u. a. 2015; Preiser-Kapeller 2017; Kristó-Nagy 2016.

Deportation auf die Balkanhalbinsel von tausenden armenischen und syrischen Familien, die die Truppen des Kaisers Konstantin V. (reg. 741–775) um die Städte Theodosiupolis, heute Erzurum, und Melitene, nahe dem heutigen Malatya in der Südosttürkei, auf Feldzügen gegen die Araber versammelt hatten. In die Gegenrichtung deportierte man mehrfach tausende Slawen – bei einer Gelegenheit angeblich mehr als 200 000 Menschen –, die an den byzantinischen Balkangrenzen gefangen genommen wurden, in die kleinasiatischen Provinzen. Von dort entschlossen sich aber wiederum nicht wenige, nach entsprechenden Verhandlungen zu den Arabern überzulaufen. Eines der Kalküle solcher Politik, nämlich die Sicherung von Loyalität durch Lösung aus der alten und Verpflanzung in eine neue und fremde Heimat, ging in diesem Fall nicht auf.[70]

Trotz solcher Zwischenfälle entwickelte sich unter Byzantinern und Arabern eine Art Konsens zur wechselseitigen Behandlung von Kriegsgefangenen. Als nach der erfolglosen arabischen Belagerung Konstantinopels 717/718 zahlreiche Muslime in byzantinische Gefangenschaft gerieten, sah das Abkommen über den Abzug der arabischen Armee auch den Bau einer „Moschee" – wohl anfänglich nur eines Gebetsraums – für diese Gefangenen im kaiserlichen Prätorium vor. Diese Moschee wurde weiter ausgebaut, diente in der Folge auch als Gebetsort für in Konstantinopel zeitweilig etwa als Händler anwesende Muslime und existierte bis zur Zerstörung während Unruhen in der Stadt im Jahr 1201 – eine im 12. Jahrhundert errichtete zweite Moschee wurde hingegen 1203 durch flämische, pisanische und venezianische Kreuzfahrer zerstört. Im Gegenzug garantierten die muslimischen Herrscher die Ausübung des Glaubens für die Christen im Kalifat und den Erhalt wichtiger Kirchenbauten wie etwa der Grabeskirche in Jerusalem. Ebenfalls schon ab dem 8. Jahrhundert etablierte sich die Praxis, regelmäßig Gefangene zwischen Byzanz und der islamischen Welt auszutauschen, ab dem 9. Jahrhundert meist am Fluss Lamos in Kilikien – dem heutigen Limonlu Çayı in der Türkei. Bei diesen Gelegenheiten wechselten oft mehrere tausend Menschen auf einmal wieder über die Grenze und konnten in ihre Heimat zurückkehren.[71]

---

70 Greenwood 2009, 337–338; Ditten 1993; Müller/Preiser-Kapeller/Riehle 2009, Nr. 137.

71 Ditten 1993; Preiser-Kapeller 2012; Campagnolo-Pothitou 1995; Müller/Preiser-Kapeller/Riehle 2009, Nr. 284b, 318a, 330, 363a, 368d; Rotman 2009, 36–39.

Zu den ‚berühmtesten', wenngleich auch meist namenlosen Verschleppten dieser Zeit gehörten jene chinesischen Kriegsgefangenen, die nach der Schlacht bei Talas im Jahr 751 von den arabischen Siegern nach Samarkand und weiter bis in den Irak deportiert wurden. Darunter sollen Fachleute für die Papierherstellung gewesen sein, für die es in China schon seit mehr als 600 Jahren staatliche Werkstätten gab. Dieses Wissen sei durch die Chinesen nun an die Araber weitergegeben worden. Tatsächlich verstand man es in Samarkand und Zentralasien schon seit längerer Zeit davor, den neuen Beschreibstoff herzustellen und bedurfte dazu nicht der Gefangenen des Jahres 751. Immerhin gelang einem von ihnen, Du Huan, 762 vom Persischen Golf aus zur See sogar die Rückkehr nach China, wo er einen (leider verlorenen) Reisebericht verfasste.[72]

Handwerker, Künstler und andere Spezialisten gehörten aber in jedem Fall zur begehrten ‚Beute' bei Feldzügen und Umsiedlungsaktionen, wie schon mehrfach erwähnt. Ihre Vermittlung konnte auch Teil diplomatischer Verhandlungen sein. Im Jahr 706/707 übersandte der byzantinische Kaiser Justinian II. auf Verlangen des Kalifen al-Walid I. (reg. 705–715) nicht nur Gold, sondern auch 100 Fachkräfte und 40 Ladungen Mosaiksteinchen für den Neubau der Moschee des Propheten Mohammed in Medina. In den 830er Jahren umfasste die von Kaiser Theophilos (reg. 829–842) unter dem Kommando des Petronas Kamateros aus Konstantinopel entsandte Truppe ebenfalls Handwerker, die auf Bitten des Chasarenkhans die Festung Sarkel am Don errichteten, die 1955 in den Fluten des Zimljansker Stausees verschwand.[73] Solche Fachleute wurden gleichfalls als ‚diplomatische Geschenke' übersandt. Schon im Jahr 243 war eine Musikergruppe Teil der aus dem Reich von Funan im heutigen Kambodscha und Südvietnam an den südchinesischen Hof der Wu überbrachten Präsente. Das Interesse an ‚exotischer' Musik steigerte sich in China in den nächsten Jahrhunderten, vor allem unter den Tang ab dem 7. Jahrhundert. In der Hauptstadt Chang'an wurden eigene Quartiere für Tänzer und Musiker aus dem Ausland errichtet, die teils ebenso als ‚Geschenke', teils aus eigenem Antrieb nach China gelangten. Als Herkunftsländer werden Korea, Japan, Java, Sumatra, Indien oder Burma erwähnt, von wo

---

72 Beckwith 1987, 137–140; von Glahn 2016, 147; Fauvelle 2017, 31–33; Schottenhammer 2014, 7–14.

73 De Administrando Imperio 1995, 199 f.; Dimitroukas 1997, 178–194; Müller/Preiser-Kapeller/Riehle 2009, Nr. 265a, 438a; Signes Codoñer 2014.

etwa im Jahr 802 Diplomaten 35 Musiker und auch zwölf Musikstücke (mit Notation?) mitbrachten. Besonderes Ansehen gewannen aber wie in anderen Bereichen Musikanten sowie Tänzer und Tänzerinnen aus zentralasiatischen Regionen, darunter Taschkent und Samarkand, deren ‚westliche Tänze', oft mit erotischen Anklängen, steigende Popularität genossen. Aus dieser Richtung kamen auch einige berühmte Maler an den Hof der Tang, wie etwa Yuchi Yiseng aus Hotan im heutigen Gebiet Xinjiang, der mehrere aufsehenerregende Wandgemälde in Tempeln gestaltete, oder die Vorfahren der gleichfalls gepriesenen Maler Yan Lide (gest. 656) und Yan Liben (gest. 673). Textilhandwerker kamen ebenso schon ab dem 5. und 6. Jahrhundert aus Zentralasien nach China und brachten neben Webtechniken auch neue Muster und Motive wie etwa exotische Tiere (Löwen und Elefanten) mit. Aus dem koreanischen Reich von Silla stammte hingegen Kim Chungui, der nach 806 wegen seiner Fertigkeiten zum Chef der Verwaltung der staatlichen Handwerksbetriebe in Chang'an ernannt wurde.[74] Sonst war Korea eines der Gebiete, in das chinesische Handwerker und Künstler insbesondere im 4. bis 6. Jahrhundert in größerem Umfang auswanderten. Manche reisten dann zusammen mit Kollegen aus Korea nach Japan weiter, wo ebenfalls gesteigertes Interesse an chinesischer Handwerkskunst und Technologie bestand. Um das Jahr 540 werden bereits 7000 Haushalte von Einwanderern um die Residenz des japanischen Yamato-Reiches registriert, und die von ihnen hergestellten Waren galten als besondere Prestigegüter. Dazu kamen auch Künstler. Schon im Jahr 435 wurden für ein Begräbnis am Hof 80 Musiker aus Korea nach Japan gerufen. Und im Jahr 735 begleiteten den Gesandten Hironari bei seiner Rückkehr aus China nicht nur ein indischer Brahman und ein „persischer" Arzt, sondern ebenso ein Musiker vom Volk der Cham im heutigen Vietnam.[75] Die Präsenz weithin berühmter Spezialisten am Hof steigerte auch das Prestige eines Herrschers. Manchmal entstand deshalb ein richtiger Wettstreit um die ‚besten Köpfe'. Als etwa Kalif al-Ma'mūn (reg. 809–833) beziehungsweise sein Bruder und Nachfolger al-Mu'tasim (reg. 833–842) über byzantinische Kriegsgefangene von den besonderen mathematischen Kenntnissen des in Konstantinopel lebenden Gelehrten Leon erfuhren, versuchten sie, ihn über ihre

---

[74] Schafer 1963, 50–57; Bielenstein 2005, 82 f., 94; Vollmer 2012; von Glahn 2016, 195 f.; Kuhn 2014, 248–250; Thilo 2006, 86–90, 558 f.; Lewis 2009b, 171 f.

[75] Kuhn 2014, 197; von Glahn 2016, 160–166, 200; Schafer 1963, 2.

Botschafter durch das Versprechen reicher Belohnung dazu zu überreden, an den Abbasidenhof in Bagdad zu kommen. Kaiser Theophilos (reg. 829–842) wollte aber den Mathematiker, dem auch die Planung einer Feuersignalkette zwischen der Ostgrenze und Konstantinopel als Frühwarnsystem vor arabischen Angriffen zugeschrieben wird, nicht an den arabischen Konkurrenten verlieren und wies ihm seinerseits eine attraktive Lehrstelle samt hohen Einkünften in Konstantinopel zu. Als der Kalif daraufhin sein Angebot erneuerte und erhöhte, zog Theophilos noch einmal nach und ließ Leon zur ‚Berufungsabwehr' sogar zum Erzbischof von Thessaloniki wählen. Denn er wollte nicht „das Wissen um die höchsten Dinge, das das Ansehen der Römer ausmacht, den Heiden zur Kenntnis gelangen" lassen.[76]

Verschiedene Gruppen waren nicht nur im Auftrag oder unter Zwang des Staates, sondern auch sonst berufsmäßig über verschiedene Distanzen mobil – vom zwischen Dörfern reisenden Wanderhändler bis zum Fernkaufmann oder vom Fischer bis zum Seefahrer, der auf dem Indischen Ozean vom Persischen Golf nach China und wieder zurück segelte. Insbesondere letztere waren Experten der Mobilität, deren nautische Kenntnisse – neben jenen der Schiffsbauer – auch wiederum bei den imperialen Autoritäten begehrt waren. Als die Araber die Küsten des Mittelmeers erreichten, waren sie in den ersten Jahrzehnten des Kalifats auf dieses Wissen der regionalen Seeleute angewiesen und mussten auf ihre Kooperation vertrauen, obwohl die meisten von ihnen Christen waren. Auch als im Frühjahr 718 zwei Flotten, eine aus Ägypten, die andere aus dem heutigen Tunesien, den ausgehungerten arabischen Truppen bei der Belagerung Konstantinopels den dringend benötigten Nachschub bringen sollten, befanden sich unter den Besatzungen beider Flotten viele Christen. Einige von ihnen konnten nach Konstantinopel gelangen, wo sie Kaiser Leon III. (reg. 717–741) über die beiden Nachschubflotten informierten. Dieser entsandte daraufhin seine mit der Spezialwaffe des berühmten Griechischen Feuers ausgerüsteten Schiffe, die in einem Überraschungsangriff beide arabische Flotten vernichten konnten. Der Kalif musste daraufhin den Abbruch der Belagerung befehlen.[77]

Derartige Ereignisse trugen auch zu Vorurteilen gegenüber den Seeleuten als einer nicht vertrauenswürdigen ‚Randgruppe' bei, deren

---

[76] Aschoff 1984 (mit Zitaten); Müller/Preiser-Kapeller/Riehle 2009, Nr. 426; Dimitroukas 1997, 195–211.

[77] Preiser-Kapeller 2013; Ray 2015, 291–293.

‚unstetes‘, nicht an einen Ort gebundenes Leben den Argwohn weniger mobiler Gruppen wecken mochte. Zu den ‚Außenseitern‘ gehörten auch Akrobaten, Artisten, Gaukler und anderes ‚fahrendes Volk‘, die mit ihren Kunststücken, aber auch Kuriositäten wie etwa einer ‚Riesenfrau‘, die um 525 aus Kilikien kommend durch ganz Kleinasien bis nach Konstantinopel zog, die Menschen an wechselnden Orten unterhielten. Auch wenn manch besonders gelungene Vorführung sogar bei Hof vorgelassen wurde – der Gesandte Liutprand etwa wurde im Jahr 949 eines Balancieraktes im byzantinischen Kaiserpalast ansichtig –, so erhielten sie in den Texten der Zeitgenossen meist eine schlechte Presse, die sie auch in die Nähe der Prostitution rückte. Prominentes Opfer war Kaiserin Theodora (ca. 500–548), die im Zirkus durch das ganze Römische Reich gezogen war, ehe sie um 520 in Konstantinopel Justinian, den Neffen und designierten Nachfolger des Kaisers Justin I. (reg. 518–527), kennenlernte. Justinian konnte sie erst nach der Änderung eines Gesetzes, das Mitgliedern der obersten Schicht des Römischen Reiches die Heirat mit Zirkusleuten untersagte, heiraten. Der dem Kaiserpaar in innigem Hass verbundene Historiker Prokop dichtete dann der Kaiserin aufgrund ihrer Herkunft verschiedene sexuelle Ausschweifungen und eben auch die Ausübung käuflicher Liebe an. In der Tang-Hauptstadt Chang'an wiederum wurden die ebenfalls aus verschiedenen Teiles des Reiches und auch darüber hinaus zuwandernden Prostituierten auf bestimmte Stadtquartierte beschränkt und von den Behörden registriert. Einige waren als Schankmädchen in oft von Wirten zentralasiatischer Herkunft (Sogdier und Tocharer) betriebenen Schenken tätig, die sich etwa im berühmten Vergnügungsviertel „Nördlicher Weiler“ in größerer Zahl fanden. Besser ausgebildete Kurtisanen bedienten als ‚kultivierte Gesellschafterinnen‘ auch einen exklusiveren Kundenkreis von reichen Händlern, Adeligen sowie Beamten und Kandidaten für die Beamtenprüfungen, die ebenfalls aus ganz China kamen.[78]

Am Rand der Gesellschaft fanden sich auch jene Menschen ohne festen Wohnsitz wieder, die in den Quellen als Landstreicher, Bettler oder auch Wandermönche – man findet sie sowohl bei den Christen als auch Buddhisten – meist wenig schmeichelhaft verzeichnet werden. Manchmal treten sie in hagiografischen Texten als Nutznießer der Wohltat oder des Wunders eines oder einer Heiligen auf. Andererseits

78 Dimitroukas 1997, 216–222; PmbZ 2017, Nr. 30409; Thilo 2006, 67–71, 90 f., 558 f.; Daryaee 2009, 49–51; Lewis 2009b, 101–109, 170 f.

konnte der Umgang mit ihnen das Ansehen gefährden. Als ein gewisser Meizoteros in Bithynien in Nordwestkleinasien in den 840er Jahren einem herumwandernden Bettler, der der als Häresie verfolgten Sekte der Paulikianer angehörte, eine Gabe zuteilwerden ließ, wurde er selbst verdächtigt, ein Häretiker zu sein, nach Konstantinopel gebracht und dort öffentlich verprügelt. In der von offiziellem Ordnungsstreben gelenkten chinesischen Hauptstadt Chang'an wurde 734 ein Bettelverbot erlassen. Dabei ertappte Personen steckte man in Armenhäuser. Besonderen Unwillen erregten bei den Autoritäten als verwahrlost geschilderte, zum Teil aus anderen Regionen des Landes kommende jugendliche Übeltäter, die „mit kahlgeschorenen Köpfen und Tätowierungen auf Armen und Körpern" die Straßen der Hauptstadt unsicher machten. Immerhin erhoben sich diese Banden im Jahr 763 gegen die Truppen der Tibeter, die Chang'an überraschend besetzt hatten, und erschreckten sie durch nächtlichen Trommellärm derart, dass sie wieder abzogen. Als jedoch um 844 die Gewalttaten überhandnahmen, ließ der Stadtpräfekt mehrere dieser Jugendlichen gefangen nehmen und töten.[79]

Gänzlich durch fremden Willen der Mobilität unterworfen waren schließlich die Sklaven, die damals in allen Gesellschaften unter verschiedenen Bezeichnungen und Rechtsformen zu finden waren. Über die allgemeinen Parameter dieses Status verständigte man sich aber derart, dass ein grenzüberschreitender Handel auch in größerem Umfang möglich war. Allenfalls vor der Versklavung und dem Verkauf der jeweiligen Glaubensgenossen oder Landsleute schreckte man zurück oder versuchte ihn seitens der staatlichen und kirchlichen Autoritäten zu unterbinden beziehungsweise durch Freikauf rückgängig zu machen.[80]

Innerhalb der Grenzen des chinesischen Reiches stellten nicht-chinesische Bevölkerungsgruppen des Südens wie die Thai eine der Hauptquellen für Sklaven dar – auch viele Eunuchen kamen aus diesen Regionen an den Kaiserhof. Als allerdings die ‚Sklavenjagd' in diesen Gebieten überhandnahm, erließ der Gouverneur von Guangzhou (Kanton) um 817 Bestimmungen gegen den Verkauf von Frauen, die aus ihren Geburtsorten verschleppt worden waren. Aus Übersee gelangten Sklaven aus Südostasien und Korea nach China, die unter anderem Opfer von Piratenangriffen etwa an der Küste des koreanischen Königreichs Silla geworden waren. Besonderes Aufsehen erregte die Ankunft von Sklaven dunkler Hautfarbe aus Java, die wie im arabischen Raum als

---

79 Dimitroukas 1997, 195–211; PmbZ 2017, Nr. 11900; Thilo 2006, 100–104.

80 Smith 2015, 236 f.; Rotman 2009, 30–35.

Zangi / *Zandsch* bezeichnet wurden. Ob einige von ihnen wie im Kalifat auch ursprünglich aus Ostafrika stammten, ist schwer zu entscheiden. Manche dieser Sklaven waren diplomatische Geschenke an den Kaiser der Tang. An seinen Hof gelangten so auch Sklaven aus Indien und aus verschiedenen Regionen Zentralasiens sowie im Jahr 659 wegen ihrer langen Barttracht bestaunte Ainus, Angehörige der Urbevölkerung Japans. Solche ‚exotischen' Sklaven steigerten wiederum das Prestige ihres Besitzers.[81]

Im westlichen Afro-Eurasien wurden ab dem 7. Jahrhundert verschiedene eine slawische Sprache sprechende Gruppen aus Ost- und Südosteuropa zu einer wichtigen ‚Quelle' unfreier Arbeitskräfte. Diese Gruppen wurden in lateinischen Texten als *Sclavi*, in griechischen als *Sklaviniai* und in arabischen als *Saqaliba* bezeichnet, und davon leitet sich mit hoher Wahrscheinlichkeit auch das moderne Wort Sklave ab. Die damals noch weitgehend nicht christianisierten (oder islamisierten) und in kleineren Verbänden siedelnden Slawen wurden zum Opfer von Feldzügen und Sklavenjagden aus dem Frankenreich, aus den italienischen Seestädten, aus dem Bulgarenreich, aus Byzanz, von den Wikingern und von den Chasaren, aber auch von konkurrierenden slawischen Nachbarn, die Gefangene an Händler aus diesen Reichen verkauften. 694/695 fand sogar ein von Staats wegen organisierter Verkauf tausender slawischer Kriegsgefangener in vielen byzantinischen Provinzen in Kleinasien statt, vermutlich die ‚Beute' aus den vorangegangenen Feldzügen des Kaisers Justinian II. auf der Balkanhalbinsel. Wichtigster Abnehmer für die *Saqaliba* waren insbesondere ab dem 8. Jahrhundert aber die Höfe und Länder der islamischen Welt. Für diese wurden auch besonders geschätzte ‚Spezialsklaven' wie Eunuchen – über ‚Kastrationszentren' wie in Verdun im Frankenreich oder Derbent am Kaspischen Meer – oder Krieger (Mamluken, viele davon waren auch Türken aus Zentralasien) bereitgestellt. Die diesbezüglichen Handelsrouten verliefen von Norden nach Süden, vom äußersten Westen (aus dem Frankenreich und aus Italien nach Spanien und Nordafrika) über das östliche Mittelmeer (vom Balkan nach Ägypten und Syrien) und den Kaukasus (aus dem Chasarenreich nach Armenien und in den Irak) bis nach Zentralasien (aus Osteuropa bis in den Ostiran und auch in den Irak). Christen, Juden – wie die oben genannten *Rādhāniyya* –, Muslime und ‚Heiden' partizipierten in gleicher Weise an diesem Handel, der im Lauf der Jahrhunderte vermutlich zehntau-

81 Schafer 1963, 43–50; Thilo 2006, 91–98; Bielenstein 2005, 82 f., 104.

sende Menschen gegen ihren Willen über weite Strecken ‚mobilisierte', wenn man die Zahl an teilweise im Gegenzug für die Sklaven nach Ost- und Nordeuropa gelangten arabischen Silbermünzen in Betracht zieht, wie es Marek Jankowiak getan hat.[82]

Eine andere Hauptherkunftsregion von Sklaven für die islamische Welt war Afrika, insbesondere der Osten als Anrainer der Handelsnetze des Indischen Ozeans, aber auch der Westen über den Trans-Sahara-Handel. Aus Aksum gelangten schon in vorislamischer Zeit Sklaven auf die arabische Halbinsel. Einige werden sogar unter den ersten Gefolgsleuten des Propheten Mohammed erwähnt, darunter Bilāl ibn Rabāh al-Habaschī, dem die Ehre zuteil wurde, nach der Einnahme Mekkas als erster vom Dach der Kaaba zum Gebet zu rufen. Dennoch wurden die Küsten Aksums, das sich im 7. Jahrhundert allmählich vom Roten Meer zurückzog, nach der Expansion des Kalifats zu einem der Ziele der Sklavenhändler. Auch der Vertrag, den 652 der arabische Statthalter Ägyptens mit dem König von Makuria in Nubien im heutigen Sudan schloss, sah eine jährliche Tributleistung von 365 Sklaven vor. Dazu kam später auch der Handel mit den wachsenden Hafenstädten an den Küsten Ostafrikas bis in den Süden nach Mosambik. Die aus den verschiedenen Gebieten Afrikas stammenden Sklaven dunkler Hautfarbe wurden in den arabischen Quellen als *Zandsch* bezeichnet, wobei die Herkunft des Begriffs unklar ist. In diesen Texten werden sie als geschätzte Arbeitskräfte, vor allem in der Landwirtschaft, beschrieben, aber auch mit mancherlei ‚rassistischem' Vorurteil etwa hinsichtlich ihrer Intelligenz oder der Fähigkeit zum vorausschauenden Handeln bedacht. Andererseits erhielten manche eine besondere Ausbildung wie etwa in Medina, wo Sänger, Musiker und Tänzer herangezogen wurden, auch aus dem slawischen oder indischen Raum.[83] Die wachsende Zahl der *Zandsch* lässt sich an ihrer Mobilisierung im Rahmen verschiedener Aufstände ab dem späteren 7. Jahrhundert ablesen, so im Irak erstmals um 689/690 und erneut um 694, als sie mit Rabah, genannt „der Löwe der *Zandsch*", auch schon einen eigenen Anführer hatten. Im 9. Jahrhundert wurden viele Sklaven aus Afrika im südlichen Irak und im benachbarten Chusistan, heute im Südwest-Iran, in der Landwirtschaft auf größeren Plantagen, die zum Beispiel Zuckerrohr produzierten, und

---

82 Rotman 2009, 59–76; Jankowiak 2012; McCormick 2002; Lombard 1992, 198–202; Paul 2012, 175 f. Siehe auch Kapitel 2.

83 Popovic 1999, 14–22; Power 2012, 92–95, 141–143; Heers 2007, 27–33; Lombard 1992, 202–204.

in der Landerschließung bei der Trockenlegung größerer Sumpfgebiete eingesetzt. Diese Sumpfgebiete dienten aber auch als Rückzugsgebiet von Rebellen, Räubern und religiösen Abweichlern. Dazu gehörte Ali ibn Muhammad, der zu einem unbekannten Datum in Rayy im Iran geboren wurde, wobei seine Mutter nach einer Quelle selbst eine Sklavin aus Indien war. Er strebte zuerst eine Karriere als Dichter und Lehrer am Kalifenhof in Samarra an, begab sich aber um 863/864 nach Bahrain, wo er sich als Abkömmling des bei den Schiiten besonders verehrten Kalifen Ali (reg. 656–661) ausgab und eine Anhängerschaft unter einigen Stämmen der Gegend um sich scharte. Sein folgender Aufstand endete in einer Niederlage und Ali ibn Muhammed musste flüchten. Um 868 findet man ihn zurück im Irak in Basra, wo er erneut versuchte, für seinen Anspruch, der eigentlich legitime Anführer der Muslime zu sein, Gefolgsleute zu finden. Ali wurde daraufhin verhaftet, jedoch bald wieder freigelassen. Nach einem Aufenthalt in Bagdad kehrte er im August/September 869 nach Basra zurück und nahm von dort Kontakt zu Gruppen der *Zandsch* auf. Nach kurzer Zeit hatte Ali ibn Muhammad dort eine neue Anhängerschaft versammelt, auf die gestützt er im September 869 zum Aufstand der Sklaven aufrief und sich selbst zum Erben des Kalifen Ali und einzig rechtmäßigen Oberhaupt des Islam erklärte. Erste Erfolge und die Befreiung von verschiedenen Sklavengruppen vermehrten die Zahl seiner Gefolgsleute, sodass er in al-Muchtara östlich von Basra sogar eine eigene Hauptstadt eines *Zandsch*-Staates einrichtete, von der aus die Dörfer der Umgebung zu Abgaben gezwungen oder geplündert wurden. Die geschwächte Zentralmacht der Abbasiden in Samarra konnte sich längere Zeit zu keinen effektiven Gegenmaßnahmen durchringen. Die gegen die *Zandsch* in zu geringer Zahl entsandten Truppen wurden besiegt. In den folgenden Monaten konnten die Rebellen auch größere Städte einnehmen und 871 sogar Basra erobern, wobei die Bevölkerung ausgeplündert und teilweise massakriert wurde. Erst jetzt setzte die Regierung in Samarra größere Armeen in Marsch, die die Rebellion aber nur einhegen, nicht jedoch besiegen konnten. Um ihre Hauptstadt al-Muchtara in den Sümpfen organisierten die *Zandsch* unter Ali ibn Muhammad weiter ihren ‚Staat' und prägten sogar eigene Münzen. Nur als ab 879/880 bis zu 50 000 Soldaten gegen die *Zandsch* aufgeboten wurden, brach ihr Regime allmählich zusammen. Es dauerte aber noch weitere drei Jahre, bis der Aufstand niedergeschlagen und die letzten Rebellen im August 883 besiegt werden konnten. Ali ibn Muhammad wurde getötet und sein Kopf im Triumphzug nach Bagdad gebracht.[84] Der lange Krieg gegen die *Zandsch* hatte aber nicht nur die Herrschaft der Abbasiden in ihren verbliebenen Kernprovinzen erschüttert, sondern auch den Handel der Region mit ihren Fernverbindungen in den Indischen Ozean bis hin nach China geschädigt.

Wandel und Handel über und unter dem Radar des Historikers

Der Handel mit fernen Ländern und exotischen Gütern regte die Vorstellungskraft sowohl der zeitgenössischen Beobachter als auch der modernen Forschung an – vielleicht weit über Gebühr, da sein quantitativer Anteil am Wirtschaftstreiben gegenüber der Landwirtschaft, in der wohl 90 Prozent der Bevölkerung beschäftigt waren, und auch im Vergleich zum lokalen und regionalen Warenaustausch relativ gering war. Staaten und Imperien schöpften meist ebenso den Großteil ihrer Steuern und Abgaben aus den agrarischen Erträgen ab[85], die wiederum vor allem zur Finanzierung von Armee, Verwaltung und Hof eingesetzt wurden. Entsprechend fällt auch das Ergebnis der neuesten quantitativen Untersuchungen des Anteils der über den Fernhandel vermittelten Keramik, wie sie Seth M. N. Priestmann für den westlichen Indischen Ozean unternommen hat, selbst für zentrale Drehscheiben des 7. bis 9. Jahrhunderts wie Siraf am Persischen Golf mit nie mehr als sieben Prozent recht ernüchternd aus. Auch ein vermuteter ‚Abbasidenboom' des Fernhandels wird zahlenmäßig nicht sichtbar. Den sehr viel größeren Rest machten lokale und regionale Keramikprodukte aus, die über auf entsprechend räumlich nähere Märkte ausgerichtete Handelsnetzwerke vertrieben wurden. Jedoch war die wachsende Dichte dieser regionalen Verflechtungen überhaupt die Vorbedingung, dass ein Ort auch als Umschlagplatz überregionaler Bedeutung fungieren konnte. Und auch wenn der Gesamtanteil der aus fernen Gebieten stammenden Keramik nicht signifikant anstieg, so fallen die Funde ab dem 8. Jahrhundert doch deutlich ‚exotischer' aus, insbesondere mit der Ankunft gleich mehrerer Typen chinesischer Töpferwaren. Diese wachsende Vielfalt deutet daraufhin, dass in der Periode der Hochblüte der Abbasiden und der

84 Popovic 1999, 22 f., 33–43; Heers 2007, 231–240; Lombard 1992, 33 f., 160–162. Siehe auch Kapitel 1.

85 Nicht immer, in der Zeit der späten Tang machte zum Beispiel das 758 eingeführte Monopol auf den Salzhandel den Löwenanteil der Staatseinahmen aus, vgl. von Glahn 2016, 210-213.

Tang im Vergleich zum 5. bis 7. Jahrhundert nicht unbedingt insgesamt größere Mengen an Waren über größere Distanzen gehandelt wurden, dass aber die Netzwerke des Handels in der Distanz etwas weitreichender und das Spektrum an Waren vielfältiger ausfielen.[86]

Die Bedeutung von ‚exotischen' Gütern und Prestigeobjekten für die Eliten und die – oft gleichfalls importierten – neuen religiösen Kulte wurde in Kapitel 2 und 3 schon beobachtet. Wie in Kapitel 5 geschildert werden wird, trugen die mehr oder weniger in die Ferne führenden Verbindungen auch zur Vermittlung neuer Nutzpflanzen und neuer Techniken bei, die wiederum die Dynamik der Landwirtschaft als der wichtigsten ökonomischen Grundlage der agrarischen Gesellschaften beeinflussten, auch wenn ihr rein quantitativer Anteil am Wirtschaftsleben insbesondere auch im Vergleich mit unserer heutigen ‚globalisierten' Welt gering ausfiel. Ein qualitativer Wandel konnte auch durch quantitativ überschaubaren Handel motiviert werden.[87]

Gleichfalls wurden diese Kontakte durch die Mobilität von Menschen vermittelt, und selbst ein in diesem Kapitel unternommener beschränkter Blick auf die erzwungenen oder selbst initiierten Wanderungen außerhalb der Eliten mag die Fülle der dadurch entstandenen Neukombinationen von Lebenshintergründen und Vorstellungen andeuten. Noch viel umfangreichere Bevölkerungsbewegungen dürften unterhalb des ‚Radars' des Zugriffs der staatlichen Autoritäten oder des Interesses der offiziellen Historiografie geblieben sein. Als Beispiel können die sich über tausende Kilometer erstreckenden Wanderungen großer nomadischer Gruppen dienen, die in wechselnden Kombinationen und unterschiedlichen Namen im Gesichtskreis der Schriftlichkeit benachbarter Imperien wie etwa des chinesischen auftauchen, dann daraus verschwinden und nach einiger Zeit in erneut anderer Zusammensetzung und Benennung vielleicht am westlichen Ende der eurasischen Steppe in den Blick der römischen Historiografie gelangen. Entsprechend undeutlich bleibt oft der genaue Zusammenhang zwischen diesen ‚Völkern', so zwischen den Xiongnu und den Hunnen im 4. Jahrhundert oder zwischen den Rouran und den Awaren im 6. Jahrhundert. Neue Erkenntnisse über den geografischen und demografischen Umfang solcher Migrationen versprechen Methoden der *Genetic History* – so wurde etwa die Verbreitung der Y-DNA Haplo-Gruppe J1/M

---

86 Darley 2013, 398–401; Priestmann 2013, 2–5, 330–361, 398–420.

87 Watson 1983; Decker 2009; Priestmann 2013, 9 f.; Prendergast u. a. 2017; Boivin 2017.

267 vom Atlantik bis nach Zentralasien als ein Marker der arabischen Auswanderung infolge der Eroberungen des Kalifats interpretiert –, jedoch sagen auch genetische Merkmale wenig über die tatsächliche Identitätswahrnehmung solcher Gruppen aus.[88]

Gänzlich jenseits der großen Imperien wurden schließlich die wohl ausgedehntesten und kühnsten Wanderungen jener Jahrhunderte unternommen, so die Migrationen austronesische Sprachen sprechender Gruppen zu Schiff über tausende Kilometer offener See auf dem Pazifik. Um 1000 v. Chr. waren sie in Neuguinea angekommen und drangen in den nächsten Jahrhunderten Insel für Insel weiter nach Osten bis an die äußersten Ränder Ozeaniens vor. Vermutlich zwischen dem 2. und 6. Jahrhundert erreichten sie von den Marquesas-Inseln aus das mehr als 3800 km entfernte Hawaii, eine zweite Besiedlungswelle erfolgte aus dem mehr als 4400 km entfernten Tahiti im 11. Jahrhundert. Vielleicht ebenso von den Marquesas aus gelangten Siedler im 5. oder 6. Jahrhundert auf die Osterinsel, 3800 km im Südosten. Ein westlicher Ausläufer dieser Migrationen erreichte, vielleicht von Borneo aus, zwischen 200 und 500 n. Chr. die Insel Madagaskar, und ritt dabei über eine Distanz von mehr als 7000 km auf den Strömungen der maritimen ‚Zimtstraße', die eine direkte Passage aus Südostasien bis nach Ostafrika ermöglichten und auch für den Transport des namengebenden Gewürzes genutzt wurden.[89] Über diese nautischen Großtaten schweigen aber der *Periplus des Roten Meers*, Kosmas Indikopleustes oder Abu Zayd al-Sirafi. Die Austronesier blieben unter dem Radar der Seefahrer der Weltreiche.

[88] Khazanov 2015; Beckwith 2009; Paul 2012, 71–78; Manco 2015, 84–86; Feuchter 2016. Siehe auch Kapitel 1.

[89] Adelaar/Himmelmann 2005; Oliver 2002; Ptak 2007, 62–64.

5. Die Macht der Seidenraupe und die Mobilität nicht-menschlicher Akteure

Seide war im Mittelmeerraum eines der begehrtesten Produkte aus dem ‚Fernen Osten'. Sogar der Tribut, mit dem die Einwohner Roms im Jahr 408 den Westgotenkönig Alarich zum – vorläufigen – Abzug bewegten, umfasste nicht nur 5000 (römische) Pfund Gold und 30 000 Pfund Silber, sondern auch 3000 Seidengewänder und 3000 Pfund Pfeffer.[1] Herrscher, Eliten und Kaufleute betrieben deshalb einigen Aufwand, um an diese edlen Stoffe zu gelangen. Im griechischen Geschichtswerk des Prokopios von Kaisareia (ca. 500–562) wird dazu berichtet:

> „Einige Mönche, die zu dieser Zeit [um das Jahr 551] aus Indien einen Besuch machten, erkannten, dass Kaiser Justinian sehr daran interessiert war, seine Seide nicht mehr von den Persern kaufen zu müssen. Sie begaben sich daher zum Kaiser und behaupteten, dass sie die Sache mit der Seide in die Hand nehmen könnten, sodass die Römer diese Ware nicht mehr von ihren eigenen Feinden, den Persern, oder einem anderen Volk beschaffen müssten. Sie hätten nämlich eine lange Zeit in einem Land verbracht, das noch hinter den meisten indischen Völkern liege und das Serinda heiße, und dort hätten sie genau in Erfahrung gebracht, wie es einmal möglich sein werde, im Römischen Reich Seide herzustellen. Als aber der Kaiser immer wieder nachfragen und wissen wollte, ob ihre Geschichte wahr sei, erzählten die Mönche, dass eine Art von Würmern die Seide herstelle, wobei die Natur ihre Lehrmeisterin sei und sie zwänge, ununterbrochen zu arbeiten. Allerdings könne man es nicht bewerkstelligen, die Würmer lebend hierher zu bringen, ihre Brut aber seit ganz leicht zu transportieren. Jeder dieser Würmer lege eine unzählige Menge von Eiern. Eine lange Zeit, nachdem sie gelegt wurden, könne man diese Eier mit Mist bedecken und, indem man sie hierdurch entsprechende Zeit wärme, die Tiere schlüpfen lassen. Nach diesen Ausführungen versprach der Kaiser den Männern, er werde sie großartig beschenken, und überredete sie, ihre Worte

[1] Cappers 2006, 111–120; van der Veen 2011, 41–48. Ein römisches Pfund entspricht ca. 325 g.

> in die Tat umzusetzen. Sie reisten daraufhin wieder nach Serinda und brachten besagte Eier nach Byzanz, schafften es auf die beschriebene Weise, dass aus ihnen Würmer wurden, und fütterten sie mit Maulbeerblättern – und es ist ihr Verdienst, dass seit der Zeit im Römischen Reich Seide hergestellt wurde."[2]

Tatsächlich fügt sich diese berühmte Geschichte über spätantike ‚Industriespionage', die in früherer Zeit auch in Geschichtsschulbüchern zu finden war, gut zu sonstigen Informationen, die wir über Bemühungen des Kaisers Justinian I. (reg. 527–565) erhalten, den persischen Konkurrenten als Zwischenhändler Richtung Osten zu umgehen. Um 530 entbot er eine Gesandtschaft an den König von Aksum in Ostafrika, um ihn nicht nur als Verbündeten gegen die Sasaniden zu gewinnen, sondern auch die aksumitischen Händler zu motivieren, die Kaufleute aus Persien auf den Märkten Indiens auszustechen. Der Kaiser musste jedoch erfahren, dass die persischen Seefahrer schlichtweg leichter und schneller in die indischen Häfen gelangen konnten als jene aus Aksum und somit kaum vom Handel verdrängt werden konnten. Die Mönche aus Serinda hätten demnach eine andere Lösung für dieses Problem angeboten.[3]

Allerdings waren die beiden Mönche nicht die ersten Schmuggler, die in Geschichten um die Enthüllung des chinesischen Geheimnisses der Seidenherstellung auftauchen. Bereits um 300 soll ein Botschafter aus Japan in China nicht nur Eier des Seidenspinners entführt haben, sondern auch vier junge Frauen, die in der Seidenkultur und -herstellung ausgebildet waren. Doch handelt es sich dabei um eine Legende. Schon für das Jahr 243 wird nämlich berichtet, dass Gesandte aus Japan Seide aus eigener Produktion als Geschenk an den chinesischen Hof mitbrachten. Vermutlich hatte sich die Kenntnis ihrer Herstellung wie andere Technologien von der Koreanischen Halbinsel, wo in den ehemals chinesischen Provinzgebieten schon seit dem 1. Jahrhundert n. Chr. Seide produziert wurde, nach Japan verbreitet.[4]

Noch spektakulärer fällt eine andere Geschichte vom Transfer des Geheimnisses der Seide nach Zentralasien aus. Dort soll im 5. Jahrhundert der König von Hotan (im Süden des heutigen Gebiets Xinjiang im Nordwesten Chinas) erfolgreich um die Hand einer chinesi-

---

2 Procopius 1961, 4,17,1–8; Übersetzung aus: Winter/Dignas 2001, 217 f.; Muthesius 1997; Feltham 2009.

3 Coedès/Sheldon 2010, 125 f.; Power 2012, 79 f.; Dörler/Preiser-Kapeller 2012.

4 Brown 1993, 21 f., 291.

schen Kaisertochter angehalten haben. Als zusätzliche geheime ‚Mitgift' für ihren Gemahl schmuggelte die Prinzessin in ihrem Diadem und in ihrer hochgesteckten Frisur Seidenspinner-Eier und ebenso Samen des Maulbeerbaums, der als Nahrung für die Raupen diente, aus China. Immerhin wird diese romantische Story auch beim buddhistischen Pilger Xuanzang erwähnt, der um 640 auf seinem Weg zurück von Indien nach China durch Hotan reiste. Darüber hinaus existiert sogar eine bildliche Darstellung der ‚Seiden-Prinzessin' auf einer ursprünglich in einem buddhistischen Heiligtum in Hotan aufbewahrten hölzernen Votiv-Tafel aus dem 6.–7. Jahrhundert, die sich heute im British Museum in London befindet.[5]

Auf jeden Fall hatte sich bis zum 5. Jahrhundert die Seidenkultur nach Zentralasien verbreitet, und deshalb hätten auch die Mönche des Justinian, so sie es denn tatsächlich gab, nicht den gesamten Weg nach China zurücklegen müssen, um an ihre Schmuggelware zu kommen. Gleichzeitig war mit dem Diebstahl von Eiern des Seidenspinners alleine noch nichts gewonnen, wenn nicht auch die entsprechenden Kenntnisse um die komplexe Aufzucht, Fütterung und Verarbeitung der Seidenraupen und des von ihnen produzierten Fadens mitgeliefert wurden – so wie im Fall der vier angeblich nach Japan entführten Fachkräfte. Insbesondere die Kultivierung der als Nahrung für die Raupen besonders geeigneten Weißen Maulbeere (*Morus alba*), die im Gegensatz zur Schwarzen Maulbeere, deren Blätter ebenfalls zur Ernährung der Raupen dienen konnten, in der Antike im Mittelmeerraum noch nicht heimisch war, bedurfte einiger Anstrengung, wiewohl der Baum Trockenheit, Hitze und karge Böden recht gut verträgt und andererseits bei günstigen Bedingungen rasch wächst. In diesen ersten Gliedern der Produktionskette lag wohl auch das tatsächliche Geheimnis, das man in der Zeit des Kaisers Justinian zu ergründen versuchte. So wurde etwa im Werk des Romanautors Heliodor um 300 noch vermutet, die Seidenfäden würden von einer speziellen Spinnenart hervorgebracht. Aus dem ‚Fernen Osten' importierte Rohseide wurde hingegen schon länger in den östlichen Provinzen des Imperiums, vor allem in Syrien, zu Stoffen und Gewändern weiterverarbeitet, die man für besonders exklusive Stücke mit dem gleichfalls teuren Sekret der Purpurschnecke einfärbte – solche Kleider trieb auch Alarich 408 von den Römern als Tribut ein.[6]

5 Scott 1993, 26; Wertmann 2015, 14 f.

6 Genaust 1989, 396; Muthesius 1997; Vainker 2004, 12–17; Coedès/Sheldon 2010, 113 f.; Lieberei/Reisdorff 2012, 212 f.; Simeonov 2013, 59–62.

Ab dem 6. Jahrhundert gelang nun im Oströmischen Reich die Rekonstruktion des gesamten Herstellungsablaufs, wobei wir über den weiteren (staatlich oder privat finanzierten?) Aufwand, der für die Etablierung der Maulbeer- und Seidenkultur betrieben wurde, nur Vermutungen anstellen können. Eine von Nikos Oikonomides in einem Aufsatz 1986 postulierte großangelegte Aktion des byzantinischen Staates, im späteren 7. Jahrhundert in einem Großteil der nach der arabischen Eroberung verbliebenen Provinzen in Kleinasien zur Stärkung der Reichsfinanzen die Seidenherstellung zu etablieren, wird mangels Quellenevidenz in der Forschung verworfen. Seidenstoffe wurden jedenfalls, sei es auf Grundlage eigener Zucht, sei es mit importierter Rohseide, im 5. Jahrhundert schon weit über China hinaus in Korea, Japan, Zentralasien, Persien, Byzanz und auch in Indien hergestellt, wo um diese Zeit eine Inschrift auf einem Tempel in Mandasor in Zentralindien eine Gilde der Seidenweber erwähnt. Neben Rohware und Techniken tauschte man auch diese Endprodukte samt den dafür verwendeten Motiven zwischen all diesen Regionen aus.[7]

China blieb allerdings der bei weitem größte Produzent. Hier war die Seidenkultur Teil der dörflichen Landwirtschaft. Seit dem 3. Jahrhundert dienten Seidenstoffe sogar als Zahlungsmittel für Abgaben und Löhne und stellten zeitweilig das Münzgeld in den Schatten. Die Produktion wurde von den Dynastien im Norden Chinas im 3. bis 6. Jahrhundert planmäßig ausgeweitet. Unter der Tang-Dynastie stellten ab dem 7. Jahrhundert 25 staatliche Werkstätten Seidenstoffe besonderer Qualität her. Über den Handel, aber auch als Tribut und seit der Zeit der Tang als Sold für die in Zentralasien stationierten Truppen – im früheren 8. Jahrhundert mit bis zu 900 000 Ballen pro Jahr – gelangte ein Teil dieser Produktion auf die Routen nach Westen, die jedoch erst die moderne Forschung als „Seidenstraßen" tituliert hat. Die ‚Macht der Seidenraupe' bewegte also die Wünsche und Vorstellungen der Eliten über tausende von Kilometern. Sie setzte aber auch – nach dem Import der notwendigen Kenntnisse – tausende Hände von Bauern und Handwerkern in Bewegung, die die Maulbeerbäume pflanzen und pflegen, die Raupen aufziehen und hegen und schließlich zu den hauchdünnen Fäden verarbeiten mussten (für 250 Gramm Faden benötigt man 3000 Kokons von verpuppten Raupen, von denen jede einen Faden von bis

7 Ray 2003, 223 f.; Jacoby 2004; Oikonomides 1986; Muthesius 1997; Feltham 2009; Feltham 2010.

zu 1000 m Länge spinnt), die wiederum an Weber, Färber und Händler oder Vertreter des Staates weitergereicht wurden.[8]

Die mobilisierende Kraft teurer Düfte und edler Geschmäcker

In ähnlicher Weise motivierten andere Luxuswaren beträchtlichen Aufwand über große Distanzen, darunter der exklusive Duftstoff Moschus. Das Wort stammt vom griechischen *moschos*, das sich vom altpersischen *musk* herleitet, welches wiederum das altindische Wort *muskah* für Hoden zum Vorbild hat. Es verweist damit auf den Ursprung der Substanz im zwischen Nabel und Penis befindlichen Moschusbeutel des männlichen Moschustiers, das für die Gewinnung des begehrten Stoffes gejagt und getötet wurde. Das Moschustier lebt vor allem im Himalaya auf 2500 bis 4800 m Seehöhe, und von dort verbreitete sich die Nutzung des Duftstoffes früh nach Indien, wo er in der Guptazeit im 4. bis 6. Jahrhundert in Gedichten besungen wird. Aus Indien gelangte der Moschus wiederum nach Persien und Arabien, wo man ihn in vorislamischer Zeit als indisches Produkt betrachtete. Erst nach dem Vordringen der Araber bis an die Grenzen Indiens und Tibets erhielt man deutlichere Kenntnis über Ursprung und Herkunft des Moschus. Jener, der direkt aus Tibet über den Landweg durch Zentralasien und Persien bis nach Bagdad und in den Mittelmeerraum importiert wurde, galt, etwa laut der Schrift des christlichen Arztes Ibn Masawayh (777–857), als besonders qualitätsvoll und war am teuersten, auch aufgrund des aufwendigen Transports über die in der heutigen Forschung manchmal so genannte „Moschusstraße". Moschus, der hingegen über Indien und dann auf dem Seeweg etwa vom Hafen von Daybul im heutigen Pakistan an den Persischen Golf gelangte, erhielt weniger Wertschätzung, da man annahm, dass Seereisen und das feuchte Element die Güte der Substanz verminderten. Entsprechend die geringsten Preise erzielte Moschus, der direkt aus China über den langen Seeweg in die islamische Welt eingeführt wurde. Dieser ‚Vertriebsweg' wird etwa um 850 für die jüdischen *Rādhāniyya*-Kaufleute erwähnt. Nur die höchsten Amtsträger und Mitglieder der Elite konnten sich die besten Moschusqualitäten für ihre Duftmischungen leisten, die am Hof der Abbasiden zur Mode bei Männern und Frauen wurden. Das Prestige des Stoffes spiegelt sich in tausenden von Versen wider, die den Geliebten etwa mit fol-

8 Needham/Kuhn 1988; Vainker 2004, 54–100; Muthesius 1997; Christian 2000; Rezakhani 2010.

genden Worten preisen: „Du bist wie Aloe-Holz aus Kambodscha, wie der Moschus aus Tibet, wie die Ambra aus dem Jemen und Hedschas".[9]

Die in diesen Versen erwähnte Ambra war ein ähnlich kostbarer Duftstoff, der im Verdauungstrakt von Pottwalen entstand und bei der Jagd auf diese Tiere oder nach ihrer Strandung vor allem im Indischen Ozean gewonnen beziehungsweise in grauen Klumpen auch als Ausscheidungsprodukt an Strände gespült wurde. Als beste Sorte galt jene aus dem „Meer der *Zandsch*", also dem westlichen Indischen Ozean insbesondere vor den Küsten des Jemen und Ostafrikas. Dorthin soll Kalif Hārūn ar-Raschīd (reg. 786–809) eine Mission geschickt haben, um den Ursprung der Substanz näher zu erforschen. Über den Fernhandel gelangte die Ambra im 9. Jahrhundert auch nach Westeuropa und Byzanz, wo sie um das Jahr 900 im Eparchenbuch von Konstantinopel erwähnt wird.[10]

Neben Moschus und Aloe-Holz taucht unter den Handelswaren der jüdischen *Rādhāniyya*-Kaufleute im 9. Jahrhundert auch der Kampfer auf, ein für Salben, Räucherwerk und – aufgrund seiner durchblutungsfördernden Wirkung – in der Medizin genutzter Duftstoff, der durch die Destillation des Holzes des in China und Japan heimischen Kampferbaums (*Cinnamonun camphora*) und des im heutigen Indonesien verbreiteten Borneokampfers (*Dryobalanops aromatica*) gewonnen wird. Das Wort leitet sich von der altindischen Bezeichnung *karpura* für letzteren Baum ab. Der südostasiatische Kampfer wurde trotz des heimischen Vorkommens einer ähnlichen Pflanze ab dem 1. Jahrhundert n. Chr. auch nach China importiert. In die andere Richtung gelangte zusammen mit dem Wort der Stoff wohl im 5. Jahrhundert von Indien nach Persien, wo er als mittelpersisch *kapur* auftaucht. Von dort lernten ihn auch die Araber kennen, die bei der Eroberung der sasanidischen Hauptstadt Ktesiphon im heutigen Irak im Jahr 637 größere Mengen davon erbeutet haben sollen. Der hohe Preis des Kampfers ergab sich erneut aus den weiten Transportwegen. Besondere Wertschätzung genoss in der islamischen Welt der von der Insel Sumatra importierte.[11]

---

9 Akasoy/Yoeli-Tlalim 2007 (Zitat); King 2016; Akasoy 2016, 19 f.; Melikian-Chirvani 2016, 93–95; Ibn Fadlan 2012, 111 f. Siehe auch Kapitel 4.

10 Fauvelle 2017, 38–40; Unger 2006, 39–42; Eparchenbuch 1991, 111. Siehe auch Kapitel 4.

11 Unger 2006, 119–121; von Glahn 2016, 199 f.

Schon seit der römischen Kaiserzeit hatte sich hingegen der Schwarze Pfeffer im ganzen Mittelmeerraum verbreitet, dessen Import von der Westküste Indiens Plinius der Ältere und auch der *Periplus des Roten Meers* im 1. Jahrhundert n. Chr. erwähnen. Unter den 478 Rezepten im berühmtesten römischen Kochbuch des Apicius, das in der uns vorliegenden Form aus der Zeit um 400 stammt, wird das Gewürz für 369 Einträge verwendet und darin unter anderem nur von der aus fermentierten Fischen hergestellten berühmten Würzsauce *garum* mit 388 Rezepten übertroffen. Dennoch blieb es ein exquisites und teures Produkt, dessen Wertschätzung sich nicht nur in der Anfertigung silberner Pfefferbüchsen, wie sie aus dem frühem 5. Jahrhundert in Hoxne in Suffolk (Großbritannien) gefunden wurden, widerspiegelt, sondern auch in der Seltenheit der Funde von Pfefferkörnern im *Imperium Romanum*. Nur ein Korn wurde bislang im römischen England – in Bath im Süden – entdeckt, mehrere Streufunde stammen aus Lagern am Limes im heutigen Deutschland – darunter als größter der von Straubing mit 52 Körnern. Selbst an einem der vermutlichen Haupteinfuhrhäfen in Berenike am Roten Meer in Ägypten hatte man nur 71 Körner aufgelesen, bis ein vermutlich auch in Indien hergestelltes Gefäß mit 7,5 kg Pfeffer ausgegraben wurde, das alle Funde bislang in den Schatten stellte und immerhin dokumentiert, in welchen Mengen das Gewürz tatsächlich übers Meer transportiert wurde. In den südindischen Sangam-Texten vermutlich aus dem 2. Jahrhundert n. Chr. wird auch angedeutet, wie teuer man sich den Pfeffer bezahlen ließ, wenn es heißt, „es kamen die schön gebauten Schiffe der *Yavanas* [der „Leute aus dem Westen"] mit Gold und kehrten zurück mit Pfeffer". Es nimmt deshalb auch nicht Wunder, dass, wie eingangs erwähnt, die Tributzahlung Roms an die Westgoten unter Alarich im Jahr 408 neben 3000 Seidengewändern auch 3000 Pfund Pfeffer umfasste, und dass ein Jahrhundert zuvor Kaiser Konstantin I. (reg. 306–337) in seine jährlichen üppigen Zuwendungen an die neugebaute Peterskirche in Rom 755 Pfund Pfeffer einschloss.[12] Von Indien gelangte um 100 v. Chr. der Pfeffer ebenso nach Südostasien und von dort nach China. Zur Zeit der Tang war er ähnlich wie im römischen Kochbuch des Apicius zu einer üblichen Zutat der chinesischen Küche der Eliten geworden, blieb aber gleichfalls eine Kostbarkeit. Als man im Jahr 777 den Besitz des in Ungnade gefallenen

---

12 Cappers 2006, 111–120; van der Veen 2011, 41–48; Kulke/Rothermund 2010, 135–137 (Zitat); Lieberei/Reisdorff 2012, 337 f.; Koder 1993, 95-97; Harper 2017, 215–217.

Kanzlers Yuan Zai konfiszierte, wurden 800 Scheffel Pfeffer als wesentlicher Teil des Vermögens registriert.[13]

Einen noch weiteren Weg nach China nahmen jene als Weihrauch und Myrrhe bekannten Harze der Balsambaumgewächse, die vor allem in Südarabien und am Horn von Afrika gewonnen wurden. Auf dem Seeweg über Indien und Südostasien gelangten sie in chinesische Hände und tauchen bereits in dem auf 123 v. Chr. zu datierenden prachtvollen Grab des Königs Wen des südchinesischen Reiches Nan-Yue im Gebiet von Guangzhou (Kanton), dem späteren Hauptimporthafen, auf, zusammen mit offenbar aus Persien stammenden Silber- und Goldarbeiten. Mit der Ausbreitung des Buddhismus stieg so wie für Zucker und Tee auch der Bedarf an exotischen Duftstoffen für verschiedene Riten, der aus dem weiten Raum des Indischen Ozeans gedeckt wurde. Kürzer waren die Wege für Weihrauch und Myrrhe in den Mittelmeerraum, wo sie schon im Alten Testament und in der älteren griechischen Dichtung erwähnt werden. Bereits lange davor bemühte sich die Pharaonin Hatschepsut (reg. 1479–1458 v. Chr.), Myrrhe-Gewächse aus dem ostafrikanischen Land Punt nach Ägypten zu transferieren. Berühmt werden Weihrauch und Myrrhe als Geschenke der drei Magier an das Jesuskind in der Weihnachtsgeschichte. Aber auch am Kreuz bietet man Jesus Christus mit Myrrhe vermischten Wein an. Der Gebrauch von Weihrauch setzte sich nach anfänglichen Vorbehalten wegen seiner Nutzung im ‚heidnischen' Kult ab dem 5. und 6. Jahrhundert auch im christlichen Gottesdienst durch. Prosaischer ist dagegen die Nutzung der Myrrhe gegen Zahnfleischbluten, die sowohl der griechische Arzt Dioskurides im 1. Jahrhundert n. Chr. – die wertvollste illuminierte Handschrift dieses Texts, die um 500 in Konstantinopel erstellt wurde, befindet sich heute in der Österreichischen Nationalbibliothek – als auch spätere arabische Mediziner im Kalifat verzeichnen. Dementsprechend fanden Weihrauch und Myrrhe weiterhin hohe Nachfrage und sind auch um 900 unter den beim Drogisten käuflichen Produkten im Konstantinopler Eparchenbuch aufgelistet.[14]

13 von Glahn 2016, 196; Beckwith 2009, 137–140; Thilo 2006, 531 f.; Boivin 2017, 365 f.

14 Ray 2003, 31; Anderson 2014, 142 f.; von Glahn 2016, 196–200; Boivin 2017, 355 f.; Unger 2006, 61–63, 175–177; Eparchenbuch 1991, 111; Leiberei/Reisdorff 2012, 397.

Die Mobilität von Pflanzen und Tieren in und zwischen den Imperien: Rom und China

Der Aufwand, den die Beschaffung dieser tierischen und pflanzlichen Stoffe motivierte, rührte nicht zuletzt aus der Beschränkung ihres Vorkommens auf eine bestimmte, oft weit entfernte oder im Fall des Himalaya auch schwer zugängliche Region. Doch dienten die Handelsnetzwerke zwischen und innerhalb der Imperien auch der ‚Verpflanzung' ganzer Spezies aus ihrem Ursprungsgebiet in neue Lebensräume, sei es nach menschlicher Planung, sei es aber auch unabsichtlich als ‚Bio-Invasoren', wie sie bis heute Schlagzeilen machen. Zu den sicher ungeplanten Profiteuren der römischen Expansion und der Entstehung dichter Austauschnetzwerke vom Nil bis Britannien und von Portugal bis Ostanatolien etwa gehörte die Hausratte (*Rattus rattus*). Sie stammte wohl ursprünglich aus Südindien und verbreitete sich schon in der Bronzezeit in den Nahen Osten. Von dort gelangte sie dann in römischer Zeit, unter anderem an Bord der Getreideflotten aus Ägypten, in den ganzen Mittelmeerraum und kam im 2. Jahrhundert n. Chr. in Mitteleuropa an. Eine fatale Rolle spielte die Hausratte bei der Ausbreitung der Pest im 6. Jahrhundert, wie weiter unten noch zu besprechen sein wird. Neben der Ratte verbreitete sich aber auch die Hauskatze von Ägypten und dem östlichen Mittelmeerraum her über die Routen des *Imperium Romanum* bis nach Westeuropa.[15] Die planmäßige Verbreitung neuer Nutzpflanzen wurde hingegen nicht nur durch die politischen und wirtschaftlichen Verflechtungen innerhalb des *Imperium Romanum* begünstigt, sondern auch durch das sogenannte „Römische Klimaoptimum" (ca. 200 v. Chr.–150 n. Chr.), das durch wärmere Wetterbedingungen die Verpflanzung von Spezies aus dem Mittelmeerraum in nördlichere Gefilde erleichterte. Eine neue Studie für das römische Britannien verzeichnet die Einführung von zumindest 50 neuen Obst-, Gemüse- und Kräuterarten, wovon einige dauerhaft heimisch wurden, darunter verschiedene Apfelsorten – die Römer kannten um die 30 –, die Birne, die Kirsche, die Zwetschke (Pflaume), die Walnuss, die Esskastanie und die Mispel. Exotischere Neuankömmlinge waren in römischer Zeit in West- und Mitteleuropa die Marille (Aprikose) und der mit ihr verwandte Pfirsich, die ursprünglich aus Zentral- bzw. Ostasien stammten. Über Zentralasien gelangte ihre Kultivierung nach Persien und in die Kaukasusregion, wo sie ab 300 v. Chr. die Griechen und im

15 McCormick 2003; Boivin 2017, 359 f., 369–375; Harper 2017, 211–215.

1. Jahrhundert v. Chr. die Römer kennenlernten. Davon rühren auch die lateinischen Bezeichnungen *Prunus armeniaca* (Armenischer Apfel) für die Marille und *Prunus persica* (Persischer Apfel) für den Pfirsich. Im Römischen Reich verbreiteten sich die beiden Früchte dann in den Obstgärten im gesamten Mittelmeerraum und in den nördlichen Provinzen. Durch bei den römischen Agrarschriftstellern beschriebene Methoden der Veredelung – wie verschiedene Formen der Pfropfung – wurden Erträge und Widerstandsfähigkeit weiter gesteigert. In konservierter Form verkaufte man die Früchte über die Anbaugebiete hinaus, so auch bis in den ägyptischen Hafen von Berenike am Roten Meer, wo ihre Kerne gefunden wurden.[16]

Die wohl bedeutendste neue Kultur, die unter römischer Herrschaft in Mittel- und Westeuropa Einzug hielt, war der Wein. Laut den römischen Fachschriftstellern vertrug die Pflanze bis auf extreme Hitze oder Kälte viele der im Imperium zu findenden Klimabedingungen, und ihr Anbau konnte somit weiter ausgedehnt werden als etwa jener des Olivenbaums – wiewohl auch dieser zum Beispiel in Kleinasien in der römischen Zeit in höheren Lagen zu finden war als heute. Bis ins 2. Jahrhundert wurde die Nachfrage in den nördlichen Provinzen noch großteils durch umfangreiche Importe aus dem Mittelmeerraum gedeckt. Doch mit der „Reichskrise des 3. Jahrhunderts" verlegte man sich mehr auf eine Versorgung aus dem Umland. Gerade ab dieser Zeit kam es deshalb zu einer Expansion des Weinanbaus in den Gebieten an Rhein und Donau.[17]

Auch ansonsten waren die spätrömischen Jahrhunderte nicht nur von Krisen, sondern ebenso von neuen Entwicklungen gekennzeichnet. Ausgebaut wurde etwa mancherorts die Nutzung der Wasserkraft für große Mühlenanlagen wie zum Beispiel jene bei Barbegal östlich von Arles in Südfrankreich, die im 4. Jahrhundert mit 16 Mühlsteinen Mehl für mehr als 2000 Menschen produzierte. Einen ähnlichen ‚Großbetrieb' gab es in Ephesos in Westkleinasien, wo auch eine Steinsäge für das Schneiden von Marmorplatten in Betrieb war. Ebenfalls in Gallien entwickelte man mit Zugtieren betriebene Maschinen für die Getreideernte, die um 400 unter anderem vom Agrarschriftsteller Palladius

---

16 Cappers 2006, 60 f., 122; Unger 2006, 44–46; Flach 1990, 258–266; Lieberei/Reisdorff 2012, 187–189, 197 f., 223 f., 282 f.; Boivin 2017, 356–380; Koder 1993, 75–80; Simeonov 2013, 24–31, 70–73; Harper 2017, 14–16, 39–54.

17 Tietz 2015, 333–345; Flach 1990, 274–283.

beschrieben werden. Sie waren allerdings nur für größere und ebene Flächen geeignet und fanden deshalb keine reichsweite Verbreitung. Doch im Verlauf des 5. Jahrhunderts erlebten die westlichen römischen Provinzen einen dramatischen Einschnitt mit dem Zusammenbruch der imperialen Ordnung, der durch die Verschlechterung der klimatischen Bedingungen und ab dem 6. Jahrhundert mit den Pestepidemien noch verschärft wurde und zu einem Rückgang der Bevölkerung und der Landnutzung führte. So manche Sonderkultur wie jene der Marille ging in dieser Zeit in vielen Regionen wieder verloren, während der Wein, auch aufgrund seines nunmehrigen Gebrauchs für die christliche Liturgie, seinen gewonnenen Platz besser behaupten konnte.[18]

Im Gegensatz zum politischen Zerfall der (west)römischen Welt erhielt andernorts die Landwirtschaft ab dem 7. Jahrhundert neue Impulse durch die Integration vorher getrennter Räume, insbesondere durch die Vereinigung des Nordens und Südens Chinas im Reich der Sui und Tang und durch die Etablierung des frühislamischen Kalifats über die vormalige persisch-römische Grenze hinweg im westlichen Afro-Eurasien von Spanien bis Indien. Für beide imperialen Räume spielten wiederum Indien und Südasien eine wichtige Rolle sowohl als Herkunftsregion einiger Nutzpflanzen als auch durch ihre Mittlerposition von einem Ende Afro-Eurasiens zum anderen.[19]

Noch in der Zeit der Han-Dynastie (206 v. Chr.–220 n. Chr.) gelangten der Flachs und die Weintraube aus Westasien, Taro (*Colocasia esculenta*) aus Indien und die Gurke aus Südostasien nach China. Nach dem Zerfall des Reiches im frühen 4. Jahrhundert sind unterschiedliche Entwicklungen im politisch voneinander getrennten Norden und Süden des Landes zu beobachten, die auch mit den jeweiligen naturräumlichen Voraussetzungen zusammenhingen. Wesentliche Informationen liefern so wie im Römischen Reich agrarische Fachschriften. Noch am Beginn der Periode der Teilung zwischen Nord und Süd kompilierte man im 4. Jahrhundert unter dem Namen *Guanzi* früheres Material angeblich aus der Zeit seit dem 7. Jahrhundert v. Chr. bis zur Han-Dynastie zu verschiedenen Themen, darunter Landwirtschaft und Ackerbau. Im Text werden unter anderem 90 verschiedene Bodentypen nach der Färbung identifiziert und Anweisungen für ein ausgefeiltes

18 Tietz 2015, 333–345; Cheyette 2008; Unger 2006, 44–46; Flach 1990, 204–215, 274–283, 290–324; Mangartz 2010; Lieberei/Reisdorff 2012, 169–171; Boivin 2017, 360 f., 369 f.

19 Watson 1983; Boivin 2017, 370 f.

Wassermanagement erteilt. Aus dem 6. Jahrhundert, an dessen Ende mit den Kaisern der Sui China politisch wieder geeint wurde, stammt hingegen das wichtige Werk *Wesentliche Methoden der einfachen Leute* mit umfangreichen Angaben zu Anbautechniken. Zuerst führten im Süden die im 4. Jahrhundert einsetzenden Migrationen aus dem Norden zum Zustrom von Arbeitskraft und Kenntnissen. Gleichzeitig förderte unter anderem das Aufblühen des Buddhismus mit seinen Klöstern die Erschließung von Hügeln und Gebirgsregionen. Bis zum 6. Jahrhundert wurden dann agrarische Techniken weiter- und neuentwickelt. So praktizierte man nun eine gezielte Auswahl von Saatgut mit einer Vorkeimung in Nährstofflösungen vor der Aussaat. Daneben nutzte man bestimmte Chemikalien als Insektizide. Angewandt wurden diese Verfahren auch für den Anbau von neuen Sorten von Feuchtreis, darunter aber noch nicht der später berühmte Champa-Reis aus Südostasien, der erst im 10. Jahrhundert eingeführt wurde. Dennoch sorgten die vorhandenen Reissorten mit immer größeren Erträgen für wachsende agrarische Überschüsse und den Aufstieg Südchinas zum ‚Brotkorb' des Landes. Reis erbrachte im Durchschnitt einen fünfmal höheren Flächenertrag als Weizen oder Hirse, erforderte aber auch einen entsprechend höheren Arbeitseinsatz. In den trockeneren Ebenen des Nordens widmete man sich hingegen vor allem Maßnahmen zum Erhalt der Feuchtigkeit und der Bodenfruchtbarkeit. Dazu diente auch früh der Einsatz von tierischen und menschlichen Düngern. Ein Gewerbezweig spezialisierte sich sogar auf die Sammlung von und den Handel mit menschlichen Fäkalien. Die Abfolge des Fruchtwechsels wurde optimiert, wobei man Hirse durch Weizen ersetzte und dazu Winterfrucht wie Sojabohnen, die aus Westasien eingeführten Zuckerschoten, Ackerbohnen oder Raps und Klee, die auch als Tierfutter genutzt wurden, anbaute. Verstärkt zum Einsatz kamen, nicht zuletzt aufgrund des Mangels an menschlicher Arbeitskraft in den nördlichen Dynastien, Zug- und Arbeitstiere, deren Effektivität man mit neuen Pflügen und Jochkonstruktionen steigerte. Buddhistische Klöster und andere Landbesitzer investierten zur selben Zeit in den Ausbau der Nutzung von Wasserkraft für Getreidemühlen und Ölpressen[20]. Der Buddhismus trug ebenso zur Verbreitung des Anbaus des Tees bei, der in Südchina seit Jahrhunderten bekannt war und seit dem 3. Jahrhundert ver-

---

20 Needham/Bray 1984; Needham/Daniels/Menzies 1996; Thilo 2006, 539–545; Lewis 2009a, 121–144; Lewis 2009b, 118–127; Lieberei/Reisdorff 2012, 288–290; Anderson 2014, 120–125, 142, 155–171.

mehrt als Getränk erwähnt wird. Über die Nutzung als ,Wachhalter' während der langen Meditations- und Fastenzeiten der Mönche und Nonnen wurde er in weiten Kreisen der Bevölkerung populär. Klöster begannen auch selbst, Tee anzubauen. In der Sui- und Tang-Zeit wurden ab dem späten 6. Jahrhundert die jüngeren agrarischen Entwicklungen im vereinten Reich zwischen Nord und Süd wieder ausgetauscht, soweit es die jeweiligen naturräumlichen Bedingungen erlaubten. Der Tee blieb aber vor allem ein Produkt der südchinesischen Provinzen und wurde von dort ins ganze Reich vertrieben. Um 760 verfasste Lu Yu ein klassisches Werk über die Sorten des Tees, deren Qualitäten und verschiedene Zubereitungsformen. Das Buch hatte großen Erfolg und trug zur weiteren Beliebtheit des Getränks bei, sodass Lu Yu am Ende der Tang-Zeit in Teehäusern posthum sogar als göttlicher Held verehrt wurde. In der Zeit um 800 hielt der Tee aus China und Korea auch in Japan Einzug.[21]

Auch Zucker fand in bestimmten buddhistischen Ritualen und als belebender Sirup in den Klöstern verstärkt Verwendung. Zuckerrohr war ebenfalls seit mindestens dem 3. Jahrhundert v. Chr. in Südchina bekannt und aus Südostasien oder Indien eingeführt worden. Nach der Vereinigung Chinas interessierte sich Kaiser Taizong (reg. 626–649) für neue Verfahren der Zuckerverarbeitung und beauftragte 647 eine Gesandtschaft nach Indien unter anderem damit, die Herstellung des „Steinhonigs" – einer kristallinen Form des Zuckers – zu erkunden, die dort wohl um 300 n. Chr. entwickelt worden war. Die neue Technik wurde dann in einer staatlichen Fabrik in der heutigen Provinz Zhejiang an der Küste im Südosten Chinas erprobt und im Reich verbreitet. Die Nachfrage stieg im Laufe der Tang-Zeit weiter, auch durch die wachsenden Händlerkolonien der Araber und Perser in den Hafenstädten des Südens. Doch blieb der Zucker bis ins 10. Jahrhundert ein relativ exklusives Produkt, sodass zwanzig Zuckerstangen noch als bedeutendes Geschenk des Kaisers Daizong (reg. 762–779) in den Quellen Erwähnung finden konnten.[22] Zu den Agrarprodukten des Südens, die mit der Vereinigung unter den Sui und Tang Abnehmer in ganz China fanden, gehörten neben Tee und Zucker sowie speziellen Reissorten, aus denen Reiswein hergestellt wurde, auch Früchte wie Oran-

21 Benn 2015; Thilo 2006, 539–545; Zürcher 2007; Lewis 2009a, 121–144; Anderson 2014, 120–125, 142, 155–171; Boivin 2017, 367, 378 f.

22 Mazumdar 1998, 15–28; Lewis 2009a, 143 f.; Anderson 2014, 160 f.; Unger 2006, 242 f.

gen und Litschis, die seit der Han-Zeit in Südchina verspeist wurden. Yang Guifei, die Lieblingskonkubine des Kaisers Xuanzong (reg. 712–756), soll eine solche Vorliebe für frische Litschis besessen haben, dass man diese mit Postpferden aus der südlichen Lingnan-Region durch ganz China an den Kaiserhof im Norden bringen ließ, wo auch eigene Eiskeller und Kühlräume für derart leicht verderbliche Waren unterhalten wurden. Manche Regionen spezialisierten sich auf den Anbau solcher Kulturen und importierten dafür Grundnahrungsmittel aus Nachbargegenden. Dies wurde auch durch die Steigerung der Kapazitäten des Transportnetzwerks mit dem Ausbau der großen Kanäle im früheren 7. Jahrhundert ermöglicht, die nun Märkte nahe bei Tempeln oder Klöstern sowie Marktstädte auf lokaler, regionaler und überregionaler Ebene miteinander verknüpften. Die neuen Kanalsysteme verbesserten ebenso die Möglichkeiten der Flutkontrolle, und es ging damit die Erschließung von Neuland um den Dongting-See in der heutigen Provinz Hunan und um den See Tai im Delta-Gebiet des Jangtsekiang einher. Die Mobilität von Nutzpflanzen, Techniken und Produkten innerhalb des imperialen Raums der Tang, aber auch von außerhalb, schuf somit die Grundlagen für eine enorme Entwicklung der Landwirtschaft, die sich über den Zusammenbruch der Dynastie um 907 hinweg fortsetzte und unter der erneut den Großteil Chinas beherrschenden Dynastie der Song (960–1279) noch intensivieren sollte.[23]

Eine „Agrarrevolution" im frühislamischen Kalifat?

Auch das arabische Kalifat vereinte ab dem 7. Jahrhundert Öko-Zonen und Agrartraditionen von Indien bis Spanien und von Zentralasien bis Ostafrika auf „einer Landfläche, dreimal so groß wie das *Imperium Romanum* zur Zeit seiner größten Ausdehnung", wie Gottfried Liedl und Peter Feldbauer in ihrer jüngsten Monografie zur islamischen Landwirtschaft festhalten.[24] Andrew M. Watson entwarf 1983 das Bild einer regelrechten frühislamischen „Agrarrevolution", die sich aus dem Austausch und der intensivieren Nutzung von Techniken, etwa der Bewässerung, und der Einführung und Verbreitung neuer Nutzpflanzen, die zum Beispiel im Mittelmeerraum sogar eine zusätzliche Wachstumsperiode in den Sommermonaten ermöglichten, gespeist hätte. Als besonders wichtige

---

23 Needham/Bray 1984; Needham/Daniels/Menzies 1996; Schafer 1963, 117–121; Lewis 2009a, 124–140; Lieberei/Reisdorff 2012, 218 f.; Boivin 2017.

24 Liedl/Feldbauer 2017, 28.

Neulinge auf den Äckern nannte er Sorghum (eingeführt aus Afrika beziehungsweise Indien), Reis (aus China über Indien), Baumwolle (aus Indien), Zuckerrohr (aus Südostasien beziehungsweise Indien), Zitrusfrüchte (aus Süd- und Südostasien), Banane (aus Südostasien), Kokosnuss (aus Südasien), Wassermelone (aus Afrika), Spinat (aus Zentralasien), Taro (aus Indien und Südostasien), Melanzani/Aubergine (aus Indien) und Mango (aus Indien und Südostasien). Gegen dieses Szenario erhob sich in jüngerer Zeit allerdings beträchtliche Kritik, etwa durch Michael Decker, der darauf verweist, dass Watson Belege für die Nutzung entsprechender Techniken und auch einiger dieser Pflanzen in bereits vorislamischer Zeit ignoriert habe. Dazu kommen neue archäobotanische Untersuchungen am Roten Meer durch René T. J. Cappers im bis zum 6. Jahrhundert aktiven ägyptischen Hafen von Berenike und durch Marijke van der Veen in Myos Hormos/Quseir al-Qadim, das bis um 250 n. Chr. und dann erneut zwischen 1050 und 1500 als Hafen genutzt wurde. Sie dokumentierten ebenfalls die vorislamische Verbreitung einiger dieser Pflanzen, aber auch die größere Vielfalt und stärkere Mobilität vieler Spezies nach der Entstehung des arabischen Weltreichs und der Intensivierung der bestehenden Netzwerke des Austauschs insbesondere im Indischen Ozean. In mehreren Fällen ist die erste Ankunft einer Pflanze bereits in die Jahrhunderte vor dem Islam zu datieren, ihre weitreichendere Integration in die Landwirtschaft erfolgte aber oft erst in islamischer Zeit.[25]

Der Reis (*oryza sativa*) etwa wurde ohne Zweifel in China um 5000 v. Chr. domestiziert, verbreitete sich aber schon früh nach Südostasien und Indien, wo ihm im 4. Jahrhundert v. Chr. auch griechische Autoren begegneten. Bis zum 1. Jahrhundert n. Chr. hatte sich sein Anbau nach Mesopotamien und ins Perserreich verbreitet, wo 394 Reiskörner in einem Grab aus dieser Periode in Susa im Südwestiran gefunden wurden. Auch römische Autoren erwähnen den Reisanbau vor allem im heutigen Irak, wo er eine immer wichtigere Rolle spielte und auch im jüdischen Babylonischen Talmud um 500 n. Chr. verzeichnet wird. Dort lernten auch die Araber nach ihrer Eroberung des Landes in den 630er Jahren den Reisanbau in größerem Umfang kennen. Aus dem Perserreich verbreitete sich der Reis in die römischen Provinzen, zuerst wohl nach Syrien und Palästina, wo er etwa im Jerusalemer Talmud

[25] Watson 1983; Koder 1993, 79 f.; Cappers 2006; Decker 2009; van der Veen 2011, 7577, 111–117; Lieberei/Reisdorff 2012, 100 f., 191 f., 234 f., 257 f.; Boivin 2017, 380–383; Liedl/Feldbauer 2017, 24–87.

um 400 n. Chr. belegt ist, aber auch nach Kleinasien, wo im 4. Jahrhundert Reisanbau um Ephesos im Westen und im 6. Jahrhundert in Kilikien im Südosten nachzuweisen ist. Aus dem östlichen Mittelmeer wurde Reis im 5. Jahrhundert bis nach Nordafrika und Gallien gehandelt und ist auch schon im Jahr 301 im Maximalpreis-Edikt des Kaisers Diokletian verzeichnet. Allerdings blieb seine kulinarische Nutzung noch beschränkt, unter den 478 Rezepten im bereits erwähnten Kochbuch des Apicius aus der Zeit um 400 sind nur vier aufgelistet, die Reis als Zutat einsetzen. Der Anbau von Reis war also auf jeden Fall keine Innovation der islamischen Zeit, jedoch breitete er sich im Kalifat weiter aus und wurde unter anderem auch in Ägypten heimisch. Über die Seerouten im westlichen Indischen Ozean gelangte die Pflanze ebenso an die Küsten Ostafrikas.[26]

Die Baumwolle wurde zuerst an verschiedenen Orten in Asien und Afrika kultiviert, im großen Stil dann vor allem in Indien seit dem 4. Jahrtausend v. Chr. Von dort wurden Baumwolle und Baumwollstoffe schon früh in den Persischen Golf exportiert und die Pflanze selbst wohl seit dem 4. Jahrhundert v. Chr. eingeführt. In der Zeit der Sasaniden wanderte der Baumwollanbau im 3. und 4. Jahrhundert n. Chr. nach Aserbeidschan und Zentralasien – vor allem in die Region um Merw im heutigen Turkmenistan – und wird so wie der Reis im Babylonischen Talmud um 500 als wichtiger Sektor der Landwirtschaft in Mesopotamien erwähnt. Ähnlich wie der Reis verbreitete sich die Pflanze auch in die östlichen römischen Provinzen wie Palästina (im 3. Jahrhundert) und Ägypten, wo jedoch der einheimische Flachs lange Zeit dominant blieb und Baumwollgewänder weiter aus Indien importiert wurden. In Obermesopotamien verdrängte hingegen die Baumwolle den Flachs in islamischer Zeit und auch sonst waren die Jahrhunderte des Kalifats von einer Ausdehnung des Anbaus in weitere Regionen des östlichen Iran gekennzeichnet, wo die Baumwolle zu einer wesentlichen *cash crop* wurde. Sie konnte im Sommer zwischen zwei Anbauperioden des Winterweizens angepflanzt werden, beanspruchte somit aber stärker die Bodenfruchtbarkeit, die durch den vermehrten Einsatz von Düngern tierischen und pflanzlichen Ursprungs erhalten werden musste. Die Baumwolle expandierte ebenso in den ‚Fernen Osten' und gelangte im 5. und 6. Jahrhundert zuerst als diplomatisches Geschenk

[26] Watson 1983, 15–19; Cappers 2006, 104–105; van der Veen 2011, 46–48, 77–82; Decker 2009, 194–197; Lieberei/Reisdorff 2012, 77–80; Liedl/Feldbauer 2017, 93 f.; Boivin 2017, 368, 382; Prendergast u. a. 2017.

aus Indien, Südostasien und Zentralasien an die Höfe Chinas, ehe mit dem Anbau begonnen wurde. Nach Japan traf einer Legende nach Baumwolle um 800 mit schiffbrüchigen Hindus aus Südostasien ein. In jedem Fall müssen diese Transfers auch mit der Vermittlung der notwendigen Anbau- und Verarbeitungstechniken einhergegangen sein.[27]

Aus Neuguinea stammt die Kultivierung des Zuckerrohrs, verbreitete sich aber schon bis um 1000 v. Chr. bis nach Indien und Südchina. Aus Indien wurde Zucker bereits in vorchristlicher Zeit nach Persien, Arabien und in den Mittelmeerraum gehandelt, wo ihn der Gelehrte Theophrast um 300 v. Chr. in Athen erwähnt. Verwendet wurde er damals vor allem als Bestandteil von Arzneien und noch kaum als Süßungsmittel. Im 5. Jahrhundert führte man den Anbau aus Indien im Sasanidenreich ein, wo Mesopotamien und das östlich benachbarte Chusistan – heute im südwestlichen Iran – zu wichtigen Produktionsgebieten wurden. Die islamische Herrschaft sorgte dann wieder für eine Intensivierung und Expansion des Anbaus in Richtung Westen nach Syrien, Palästina, Ägypten, Nordafrika und Spanien, nach Osten bis Zentralasien und im Süden nach Ostafrika. In den älteren Anbaugebieten im Irak und in Chusistan entwickelten sich größere Plantagen, die teilweise mit aus Ostafrika eingeführten Sklaven – den *Zandsch* – bearbeitet wurden, also eine auch später bei Zuckerrohr zu beobachtende Kombination von importierter Nutzpflanze und importierter Arbeitskraft. Die *Zandsch* erhoben sich allerdings zwischen 868 und 883 in einem langen Aufstand, der die Kerngebiete des Abbasidenkalifats erschütterte.[28]

In Afrika südlich der Sahara hatte der Sorghum seinen Ursprung, verbreitete sich aber schon im 2. Jahrtausend v. Chr. auf unbekannten Kanälen nach Indien, wo weitere ertragreiche Sorten entwickelt wurden. Aus Indien gelangte die Pflanze um 1000 v. Chr. nach Südostasien und nach China. Im 5. Jahrhundert n. Chr. wird Sorghum im Reich von Aksum in Ostafrika angebaut, wobei unklar ist, ob es sich um Sorten aus benachbarten Regionen Afrikas oder aus Indien, mit dem die Aksumiten in Handelskontakt standen, handelte. In islamischer Zeit waren es dann ab dem 8. Jahrhundert tatsächlich Sorghum-Sorten

[27] Watson 1983, 31–40, 102; Ray 2003, 217–219; van der Veen 2011, 89 f.; Decker 2009, 197–201, 205 f.; Lieberei/Reisdorff 2012, 359–361; Liedl/Feldbauer 2017, 72–79; Boivin 2017, 366 f.

[28] Watson 1983, 24–30; Cappers 2006, 125 f.; van der Veen 2011, 90–93; Lieberei/Reisdorff 2012, 107–109; Boivin 2017, 383; Liedl/Feldbauer 2017, 93 f., 98–100. Siehe auch Kapitel 4.

aus Indien, die sich im ganzen Kalifat bis in den Mittelmeerraum verbreiteten, was sich auch in der Bezeichnung „indische Gerste“ niederschlug. Für viele, vor allem halbaride Zonen Afrikas und Asiens wurde die Pflanze zu einem der wichtigsten Nahrungsmittel.[29]

Unter den Zitrusfrüchten, die ihren Ursprung ebenso in Südasien haben, hatte sich in der Zeit vor dem Islam vor allem die Zitronat-Zitrone (auch Zedrat) bis in den Mittelmeerraum verbreitet, wobei die Bezeichnung „medischer Apfel“ bei Theophrast um 300 v. Chr. erneut auf eine Vermittlung über Persien hinweist. Die Frucht wird auch vom römischen Agrarschriftsteller Palladius um 400 und im 7. Jahrhundert vom berühmten Gelehrten Isidor von Sevilla (ca. 560–636) beschrieben, wobei sie vor allem wegen ihres Dufts sowie als Heil- und Zierpflanze und nicht wegen ihres Geschmacks geschätzt wurde. Im Kochbuch des Apicius taucht sie nur in einem Rezept auf. Erst nach dem Vordringen der Araber bis an die Grenzen Indiens im frühen 8. Jahrhundert und mit der Intensivierung der Handelskontakte mit dem Subkontinent wurden weitere, ‚geschmackvollere‘ Spezies wie Orangen – darunter auch die Bitterorangen –, Zitronen und Limetten eingeführt, wobei die islamischen Autoren Klage führten, dass diese an Geschmack verloren, wenn sie außerhalb der indischen Heimat angepflanzt wurden. Der Transfer war also offenbar mit einigen Schwierigkeiten verbunden und sogar Kalifen wie al-Ma'mūn (reg. 809–833) und Al-Qahir (reg. 932–934) sollen für die Verpflanzung von Orangen- und Zitronenbäumen nach Bagdad beziehungsweise in den Iran Sorge getragen haben. Erst ab dem 10. Jahrhundert wurden die neuen Zitrusfrüchte in weiteren Gebieten der islamischen Welt und im Mittelmeerraum heimisch.[30]

Wieder über Indien lernten Perser, Araber und Griechen die Banane kennen, die dort seit ungefähr 500 v. Chr. belegt ist und über Südostasien eingeführt wurde. Diese Frucht exportierte man dann auch Richtung Westen, wobei in Ägypten bei archäologischen Grabungen Bananenblätter aus dem 5. Jahrhundert n. Chr. gefunden wurden. Vielleicht schon vor der islamischen Zeit wurden Bananen in Mesopotamien und Arabien angepflanzt, ihren ‚Siegeszug‘ trat die Pflanze aber

[29] Watson 1983, 12–14; Phillipson 2012, 14 f., 108–110; van der Veen 2011, 100–102; Lieberei/Reisdorff 2012, 88; Boivin 2017, 382 f.

[30] Watson 1983, 42–47, 89 f.; Isidor von Sevilla 2008, 621; van der Veen 2011, 83–89; Lieberei/Reisdorff 2012, 160–163; Simeonov 2013, 82 f., 99–103; Boivin 2017, 382.

erneut im Kalifat ab dem 9. Jahrhundert an, wo sie sich bis Ägypten und Spanien und entlang der ostafrikanischen Küste bis nach Uganda und Sansibar verbreitete.[31]

Als „große indische Nüsse“ beschrieb im 6. Jahrhundert der ägyptische Reisende Kosmas Indikopleustes Kokosnüsse, die er in Indien und Sri Lanka kennenlernte. Dorthin waren sie wiederum im 5. Jahrhundert v. Chr. aus Südostasien gelangt. Als Delikatesse wurden sie auch nach Ägypten und an den Hof des sasanidischen Großkönigs importiert, eine Anpflanzung in Persien ist hingegen noch nicht anzunehmen. In der islamischen Zeit stieg die Nachfrage weiter. Der um das Jahr 900 schreibende Autor Abu Zayd aus Siraf am Persischen Golf erwähnt Seefahrer aus dem Oman, die Inseln im Indischen Ozean anfuhren, dort Kokosbäume fällten und daraus Schiffe bauten, die sie mit Kokosnüssen beluden und nach ihrer Rückkehr mit hohem Gewinn verkauften. Diese Händler waren vielleicht auch für die Einfuhr der Pflanze auf die Arabische Halbinsel verantwortlich, von wo sie sie wiederum nach Ostafrika bis nach Madagaskar brachten. Allerdings ist gerade die Kokosnuss nicht unbedingt auf menschliche Helfer bei der Ausbreitung angewiesen, können doch ihre schwimmfähigen Früchte nachweislich in keimfähigem Zustand über 4500 km auf offener See mit Meeresströmungen an neue Gestade zurücklegen.[32]

Diese Beispiele bestätigen die Relativierung des Szenarios einer „islamischen Agrarrevolution“ von Watson dahingehend, dass im gewaltigen Imperium der Kalifen viele der von ihm aufgelisteten „neuen“ Nutzpflanzen zwar nicht zum ersten Mal eingeführt, aber in ihrer Verbreitung wesentlich durch die Netzwerke im arabischen Weltreich unterstützt wurden.[33] Deutlich wird auch die zentrale Rolle Indiens sowohl als Ursprungsregion einiger der Nutzpflanzen als auch Vermittler zwischen Südost- und Westasien. Entsprechend dienten die Seerouten im Indischen Ozean als wichtige Verteilungswege – aus der islamischen Welt auch weiter in Richtung Ostafrika. Nach der Ankunft an den Ostküsten des Mittelmeers sorgten ebenso die maritimen Verbindungen für die Ausbreitung von Zuckerrohr, Baumwolle oder Zitrusfrüchten innerhalb der islamischen Welt bis auf die Iberische Halbinsel und dar-

---

[31] Watson 1983, 51–54; Cappers 2006, 167 f.; van der Veen 2011, 97–100; Lieberei/Reisdorff 2012, 165–167; Boivin 2017, 381; Prendergast u. a. 2017.

[32] Watson 1983, 53–57; Cappers 2006, 73–79; van der Veen 2011, 48 f.; Lieberei/Reisdorff 2012, 143 f.; Boivin 2017, 381.

[33] Watson 1983; Decker 2009; van der Veen 2011, 75–77, 111–117.

über hinaus nach Byzanz und Westeuropa, wenn auch zum Teil erst in den Jahrhunderten nach der in diesem Band betrachteten Periode. Als ‚Agenten' der Verbreitung werden manchmal Herrscher wie die beiden oben erwähnten Kalifen, die für den Transfer von Zitrusfruchtbäumen sorgten, erwähnt. Einige Pflanzen gelangten mit wertvollen Objekten, Sklaven oder Musikern auch als diplomatische Geschenke an fremde Höfe, so wie nach China die Baumwolle aus Süd- und Südostasien oder der Spinat um das Jahr 647 aus Nepal. Ebenso schmückten Mitglieder der Eliten ihre Gärten mit exotischen Spezies, nicht nur in der islamischen Welt, sondern auch schon davor im Römischen Reich und in Persien oder in China. Der erste Umayyaden-Emir im spanischen Cordoba Abd ar-Rahman I. (reg. 756–788) stattete die Parks seines Palastes mit Bäumen aus der gesamten islamischen Welt aus, auch in Erinnerung an seine durch die Machtübernahme der Abbasiden verlorene syrische Heimat. Manche Pflanze mag sich, so wie heute, aus diesen Gärten ungeplant in die ‚freie Wildbahn' ausgebreitet haben, wobei aber moderne Studien zu solchen ‚Bio-Invasoren' zeigen, dass für ihre dauerhafte Festsetzung eine ‚kritische Masse' an Pflanzen und längere Zeiträume bis zu mehreren Jahrhunderten notwendig sind. Hauptverantwortlich für den Erfolg solcher Transfers waren aber wohl jene von Watson als „unbesungene Helden" bezeichneten Händler, Landbesitzer und Bauern, die das nötige Wissen für Transport, Pflege, Anbau, Aufzucht und Verarbeitung mitbrachten und dafür Sorge trugen. Dies gilt insbesondere für weniger ‚prestigereiche' Pflanzen wie Sorghum, das von den Eliten als minderwertiges Getreide missachtet, für immer größere Kreise der Bevölkerung aber wichtiger Teil der Ernährung wurde. Ähnlich wie bei religiösen Glaubensvorstellungen entfalteten diese botanischen Austauschprozesse somit eine Wirkung weit über die Eliten hinaus und veränderten nachhaltig landwirtschaftliche Praktiken und kulinarische Gewohnheiten, also die elementarsten Lebensbereiche eines Großteils der Bevölkerungen in den verschiedenen Imperien, Reichen und Gemeinschaften.[34]

‚Bio-Transfers', ihre ungeplanten Folgen und die großen Epidemien

Die Mobilität von Lebewesen innerhalb und zwischen den imperialen Räumen erfasste ebenso Tiere, wie oben am Beispiel der Hausratte, die

34 Watson 1983, 77–81, 87–98, 103–119; Boivin 2017, 388 f.; Kegel 2013.

ab dem 7. Jahrhundert mit den muslimischen Seefahrern auch nach Ostafrika einwanderte, und der Katze kurz gezeigt wurde. Das *Imperium Romanum* beschleunigte ebenso die Ausbreitung des Haushuhns, das einen weiten Weg aus Südostasien und Indien in den Nahen Osten zurückgelegt hatte, bevor es um 500 v. Chr. von Persien nach Griechenland und unter römischer Herrschaft im ganzen Mittelmeerraum importiert wurde. Auch bereits heimische Haustierrassen wanderten innerhalb des Römischen Reiches und wurden mit anderen gekreuzt, und selbst innerhalb Italiens existierte eine große Vielfalt an Rinder- und Schafrassen. Die unter römischer Herrschaft in den nördlichen Provinzen gezüchteten Rinder waren auch größer als jene in den Perioden davor und danach.[35] Im China der Tang-Zeit importierte man in großer Zahl Pferde für die Ausrüstung der Armee von den benachbarten Steppenvölkern. Ihre Züchtungen galten auch den einheimischen als weit überlegen. Schon während der Kämpfe um den Thron richteten zwei Generäle an den ersten Kaiser der Tang, Gaozu (reg. 618–626), folgende Worte: „Wir haben nun die Soldaten versammelt, aber es fehlt uns an Pferden. (…) Unsere Soldaten benötigen dringend türkische Pferde; sie verlangen nach ihnen so sehr wie durstige Männer Wasser wollen."[36] Besonders schöne und starke Exemplare, die aus Zentralasien und den Steppen an den Kaiserhof, zum Teil als Geschenke, gelangten, wurden als „Himmelspferde" und „Drachenpferde" gepriesen und so wie im Grabmal des Kaisers Taizong (reg. 626–649) sogar in Stein verewigt. Zu Spitzenzeiten hielten die Tang im 7. und 8. Jahrhundert in acht großen staatlichen Weidegebieten mehr als 700 000 Pferde, während weitere Tiere Jahr für Jahr importiert wurden. Nach der Krise der An-Lushan-Rebellion (756–763) war auch dieses Zuchtsystem zusammengebrochen – um 762 befanden sich nur mehr 30 000 Pferde auf den kaiserlichen Weiden – und die Tang hingen für ihren Pferde-Bedarf umso mehr von Importen aus der Steppe ab, die nun insbesondere von den verbündeten Uiguren geliefert wurden. Wie über andere Aspekte der Beziehungen zu diesen ungeliebten Alliierten wurde in den chinesischen Quellen auch über die Qualität der von ihnen gegen hohe Preise verkauften Pferde ständig Klage geführt. Dennoch wanderten bis zum Zusammenbruch des Uiguren-Khanats um 840 jährliche tausende Pferde aus den Steppen der Mongolei nach Nordchina. Als die Lieferungen dann ausblieben, wurden die Armeen der Tang noch wei-

35 Flach 1990, 290–324; Boivin 2017; Prendergast u. a. 2017.

36 Wang 2013, 18.

ter geschwächt. Die importierten Tiere konnten jedoch auch gefährliche neue Krankheitserreger mit sich tragen und bei einer Gelegenheit gingen in der Folge 180 000 Pferde aus kaiserlichem Besitz zugrunde.[37]

Aufsehen erregten exotische Tiere oder solche, die besondere Fertigkeiten mitbrachten – wie die „tanzenden Pferde" des chinesischen Kaisers Xuanzong (reg. 712–756). Sie dienten auch als diplomatische Geschenke. Ein um 600 an den chinesischen Hof aus Zentralasien übermittelter „römischer Hund" soll in der Lage gewesen sein, Pferde am Zügel zu führen und Kerzen in seinem Maul zu tragen. Dazu kamen ‚Monstrositäten' wie ein zweiköpfiger Hund, der aus derselben Region im Jahr 697 der Kaiserin Wu Zetian zum Geschenk gemacht wurde. Als Neuigkeit bestaunt wurden Straußenvögel, die zu zwei Gelegenheiten im 7. Jahrhundert aus Zentralasien nach China gebracht wurden, und sogar Murmeltiere, die der Kaiser von Tibet nebst einer großen Menge an Moschus übermittelte. Ebenfalls beliebte Präsente zentralasiatischer Höfe an die Tang waren Löwen. Solche Tiere kamen 635 aus Samarkand oder 719 aus Tocharien (im heutigen nördlichen Afghanistan) nach China.[38]

Besonderen Eindruck hinterließen große Tiere wie Nashörner, die es zwar damals auch noch in Südchina in freier Wildbahn gab. Doch Herrscher in Südostasien übermittelten gezähmte und auch weiße Nashörner, von denen aber eines im Jahr 796 in der Hauptstadt Chang'an aufgrund des kalten Wetters zugrunde ging – ähnlich wie der weiße indische Elefant, den um diese Zeit Karl der Große von Kalif Hārūn ar-Raschīd aus Bagdad erhalten hatte. Immerhin war – und ist leider bis heute – auch das Horn toter Nashörner für die chinesische Medizin hochbegehrt. Ähnliches gilt für die Stoßzähne der Elefanten, die als Elfenbein Absatz in allen Regionen Afro-Eurasiens fanden. Sie werden als Teil der Ladung des von Muziris in Südwestindien im 1. Jahrhundert nach Ägypten reisenden Schiffs erwähnt, und von dort fand Elfenbein auch in den folgenden Jahrhunderten seinen Weg in den Mittelmeerraum und selbst nach dem Zusammenbruch des Weströmischen Reiches in die Gebiete nördlich der Alpen. Dazu kamen Tiere, die als Kriegselefanten, für den Kampf in der Arena oder als Schaustück importiert wurden. Auf dem Grabungsgelände des bei U-Bahnbauarbeiten in Istanbul entdeckten Theodosius-Hafens, der zwischen dem 5. und dem 11. Jahrhundert einer der wichtigsten Umschlagplätze der byzan-

---

37 Schafer 1963, 58–71; Drompp 2005; Baumer 2014, 300; Lee 2010.

38 Schafer 1963, 76–78, 84–87; Bielenstein 2005.

tinischen Hauptstadt Konstantinopel war, wurden die Reste von neun Elefanten gefunden, die vermutlich die Überfahrt aus Afrika nicht überstanden hatten und gleich am Hafen ‚entsorgt' wurden. Daneben entdeckte man die Knochen von anderen exotischen Spezies wie Gazelle (ein Exemplar), Affe (zwei) oder Vogel Strauß (32), aber auch von großen Zahlen an Rindern (4209) und Pferden (6816). Auch am chinesischen Kaiserhof kamen immer wieder Elefanten als Geschenke an, die aus Südostasien und über Zentralasien teilweise noch weitere Wege nach Chang'an zurücklegen mussten als ihre Artgenossen im Mittelmeerraum. Als Kaiser Dezong (reg. 779–805) kurz nach seiner Thronbesteigung 779 die exotischen Tiere aus den Palastparkanlagen freiließ, um Kosten zu sparen, befanden sich darunter nicht weniger als 32 Elefanten, die ohne die Pflege des Hofes im Norden Chinas wohl nach kurzer Zeit zugrunde gingen. Immerhin beobachteten einige Zeitgenossen auch die Folgen der Übernutzung der Fauna, etwa das Verschwinden von Elefanten und anderer Tiere rund um Umschlagplätze für Elfenbein und exotische Spezies am Roten Meer. Der oströmische Gesandte Nonnosos berichtete um 530 sogar, dass der König von Aksum im heutigen Äthiopien nahe seiner Hauptstadt eine Herde von 5000 Elefanten seinem besonderen Schutz unterstellt hatte.[39]

Die Forschung entdeckt – auch auf Grundlage neuer Methoden der Paläobotanik, Archäozoologie und Genetik – eine steigende Anzahl von ‚biologischen Transfers' in der Antike und Spätantike, deren Austausch sich mit den großen Imperien und ihren Netzwerken intensivierte. Die Biologie verwendet den Begriff der „Hemerochorie" für die Ausbreitung oder Verschleppung von Arten durch die menschliche Kultur, wobei dazu auch die Verbreitung durch Haustiere oder den Menschen begleitende Gattungen – wie etwa die Hausratte oder die Hausmaus –, genannt „Zoochorie", zählt. Unterschieden wird auch zwischen bewusster und ungewollter Einführung von Arten. Wie sehr diese Phänomene, die in der modernen ‚globalisierten' Welt heftig diskutiert werden, schon in der Antike und im Mittelalter verschiedene Ökosphären betrafen, wird Gegenstand weiterer Untersuchungen sein. Doch dürfen wir vermuten, dass es schon damals kaum mehr ‚unberührte' Landschaften gab, die nicht in unterschiedlichem Ausmaß durch menschliche

39 Schafer 1963, 79–84; Ray 2003, 231–233; Elvin 2004; Bielenstein 2005, 36–40, 83–85, 95–97; von Brück 2008, 152 f.; Drauschke 2011; Drauschke/Hilgner 2012; Phillipson 2012, 209–213; Onar u. a. 2013; Külzer 2017.

Aktivität willentlich oder unwissentlich – etwa durch mitgereiste ‚Bio-Invasoren' – verändert wurden.[40]

Zu den ‚ungebetenen Passagieren' all dieser Bio-Transfers gehörten in jedem Fall die Mikrobiome, also die jeweilige Gesamtheit aller einen Menschen oder andere Lebewesen besiedelnden Mikroorganismen. Diese umfassten auch Krankheitserreger, die sich teilweise erst an neue ‚Lebensumstände' anpassen mussten, dann aber eine verheerende Wirkung bei Tier und Mensch entfalten konnten. Für den spätantiken Mittelmeerraum etwa spricht Kyle Harper in seiner jüngsten Monografie von einer „ungewollten Verschwörung mit der Natur", durch die die Römer in ihrem Imperium von den Subtropen bis nahe an den Polarkreis „eine Krankheitsökologie schufen, die die verborgene Kraft der Evolution der Pathogene entfesselte".[41]

Dabei ist ein enger Zusammenhang zwischen den großen Seuchen und den klimatischen Veränderungen dieser Epoche zu beobachten. Als das „Römische Klimaoptimum" um 150 n. Chr. in eine deutlich unbeständigere Periode überging, suchte zwischen 165 und 180 die sogenannte „Antoninische Pest" das *Imperium Romanum* heim. Ihren Ursprung hatte sie laut den Berichten der Zeitgenossen in der Plünderung der parthischen Hauptstadt Seleukia-Ktesiphon im heutigen Irak durch römische Legionäre, wobei auch der Tempel Apollos nicht verschont wurde, was die Rache des Gottes hervorgerufen habe. Eher hatten sich die römischen Soldaten jedoch mit einem über den Indischen Ozean in das mesopotamische Handelszentrum eingeschleppten Erreger infiziert. Schon davor gibt es um das Jahr 160 Berichte über eine solche Seuche im heutigen Jemen. Mit den heimkehrenden Legionären gelangte der Erreger ins Römische Reich und verbreitete sich über See- und Landrouten im gesamten Mittelmeerraum. Die Beschreibung der Seuche durch Zeitgenossen, darunter den berühmten Arzt Galen (ca. 129–205), lassen am ehesten auf eine Pockenerkrankung schließen, die durch das Orthopoxvirus variola verursacht wird, das sich durch Tröpfchen- und Schmierinfektion verbreitet und hoch ansteckend ist. In Großstädten wie Rom gab es tausende Tote pro Tag. Insgesamt fielen der Epidemie vielleicht bis zu zwanzig Prozent der Bevölkerung des Reichs zum Opfer. Auch Lucius Verus (reg. 161–169), der Schwiegersohn und Mitkaiser des Marcus Aurelius Antoninus (reg. 161–180, deshalb auch die Bezeichnung „Antoninische Pest"), starb

[40] Boivin 2017, 386–388; Kegel 2013.

[41] Kayser u. a. 2010; Kegel 2015; Harper 2017, 3–10 (Zitat).

daran. Diese demografischen Verluste hatten dramatische Auswirkungen auf die Wirtschaft und Gesellschaft des Imperiums, das in eine deutlich unruhigere Periode seiner Geschichte eintrat. Nach überstandener Krankheit erwarben die Überlebenden allerdings lebenslange Immunität, sodass die Seuche nach einigen Jahren wohl um 180 vorerst verschwand.[42] Doch schon siebzig Jahre später brach um 249 in der ebenfalls durch klimatische Extreme begleiteten Krisenzeit des 3. Jahrhunderts die sogenannte „Pest des Cyprian" aus, benannt nach dem zeitgenössischen christlichen Autor Cyprian (ca. 200–258), Bischof von Karthago im heutigen Tunesien. Laut ihm und anderen Zeitgenossen wurde die Seuche aus Ostafrika und über Ägypten ins Imperium eingeschleppt und erreichte um 249 Alexandria und im Jahr 251 Rom. Eine zweite Welle brach um das Jahr 260 aus und gelangte bis ins heutige Rumänien, damals noch römische Provinz. Die verschiedenen Schilderungen der Krankheit ließen manche Forscher einen erneuten Ausbruch der Pocken vermuten, da auch die Immunität vorangegangener Generationen mittlerweile wieder verloren gegangen wäre, jedoch scheint dies wenig wahrscheinlich. Eine weitere Theorie nimmt Influenzaviren ins Visier, deren verheerendes Potential am Ende des Ersten Weltkriegs die „Spanische Grippe" mit weltweit 50 Millionen Toten illustrierte. Als noch ‚aussichtsreicherer' Kandidat gilt aber ein hämorrhagisches, also von starken Blutungen begleitetes Fieber, für das mehrere Erreger der Familien der Bunyaviren, der Arenaviren – darunter das Lassavirus – und der Filoviren – darunter Ebola – infrage kommen. Als ihre natürlichen Wirte dienen Nagetiere und Haustiere wie Schafe und Ziegen. Die Übertragung erfolgt oft durch Insekten wie Zecken, Sandfliegen oder Stechmücken, bei den letztgenannten Filoviren aber auch von Mensch zu Mensch. Diese Viren sollen weniger ansteckend als die Pocken gewirkt, aber eine höhere Mortalität verursacht haben. Auf jeden Fall wurde die Krise des Imperiums dadurch zusätzlich verschärft.[43]

Ab dem Ende des 3. Jahrhunderts folgten im Mittelmeerraum etwas stabilere klimatische Bedingungen und für mehr als 250 Jahre gab es auch keinen weiteren großen Seuchenausbruch. Dann aber veränderte die sogenannte „Justinianische Pest" zwischen 540 und 750 die spätantike Welt für immer.[44] Der Erreger der Pest ist das Bakterium Yersinia

42 Harper 2017, 17–22, 65–115; Kayser u. a. 2010, 484–487, 510–516.

43 Harper 2017, 129–145; Kayser u. a. 2010, 527–536.

44 Harper 2017, 160–200; Preiser-Kapeller 2016.

pestis, so benannt aufgrund der Entdeckung durch Alexandre Yersin (1863–1943) während eines Ausbruchs in Hongkong 1894. Sein Primärwirt sind Nagetiere, wobei die Übertragung zwischen Wirten durch Flöhe erfolgt. Jedoch ist ein Überspringen der Seuche von Nagetierpopulationen auf Menschen möglich, wobei dann neben der Übertragung durch Flöhe eine weitere Verbreitung zwischen Menschen, gelegentlich sogar über die Luft, erfolgen kann. In der Forschung gibt es eine lange Debatte, ob der 1894 identifizierte Erreger mit jenen der Pestepidemien des 14. bis 17. Jahrhunderts („Schwarzer Tod") und des 6. bis 8. Jahrhunderts („Justinianische Pest") identisch ist. Neue Ergebnisse der DNA-Analysen von Erregern in den Überresten von Opfern der spätmittelalterlichen und der spätantiken Pest haben aber diese Identität bestätigt. Für das 6. Jahrhundert lieferten Gräberfelder in Aschheim und in Altenerding in Deutschland (beide im Landkreis München) für die maßgebliche Studie von David M. Wagner und seinen Kollegen 2014 wertvolle Hinweise. Die dort rekonstruierten genetischen Merkmale verweisen auf einen Yersinia-Erregerstamm, der sich auf dem Gebiet des heutigen China, genauer vermutlich auf der Qinghai-Tibet-Hochebene, zwischen 1000 v. Chr. und 500 n. Chr. entwickelt hatte. Die besonders feucht-kühlen Bedingungen, die nach einer ab 536 einsetzenden Kaltperiode – die sogenannte „Spätantike Kleine Eiszeit" (ca. 536–660) – in weiten Teilen Afro-Eurasiens vorherrschten, begünstigten das Überspringen des unter den Nagetierpopulationen in der ostasiatischen ‚Heimat' endemischen Erregers auf andere Nagetiere beziehungsweise auf den Menschen. Über die Handelswege nach Westen verbreitete sich die Pest dann in den nächsten Jahren bis zum Indischen Ozean und erreichte über das Rote Meer, dessen Anrainerstaaten wie Aksum im heutigen Eritrea und Äthiopien und Himyar im heutigen Jemen ebenfalls betroffen wurden, um 540 Ägypten, vermutlich im Hafen von Klysma (das heutige Suez). Im Jahr 541 traf die Seuche in Pelusion (30 km südöstlich des heutigen Port Said) am Mittelmeer ein. Von Ägypten reisten infizierte Ratten und Menschen mit den alljährlichen Getreideflotten für die Versorgung der Reichshauptstadt nach Konstantinopel, wo die Pest im Jahr 542 während der Regierungszeit des Kaisers Justinian ausbrach. Auf den immer noch intakten Handels- und Verkehrsrouten wurde die Krankheit im ganzen Nahen Osten, Mittelmeerraum und darüber hinaus bis nach Irland verbreitet, wobei die früher im *Imperium Romanum* erfolgte unbeabsichtigte Expansion der Hausratte zur ‚Infrastruktur' der Ausbreitung beitrug. In Konstantinopel forderte die Pest 250 000 bis 300 000 Tote unter den

500 000 Einwohnern und weitere Millionen Opfer im ganzen Imperium, im Perserreich und in den angrenzenden Staaten. Da die Seuche für die nächsten 200 Jahre in regelmäßigen Wellen bis um 749 zurückkehrte, wurde die Bevölkerung des westlichen Afro-Eurasiens nachhaltig dezimiert. Für den östlichen Mittelmeerraum geht man von einer dauerhaften Reduktion auf die Hälfte bis ein Drittel der Bevölkerungszahl vor der Pandemie aus, ehe sich die Demografie ab dem späteren 8. Jahrhundert wieder erholen konnte.[45]

Insgesamt mögen die offenbar von weit außerhalb des Mittelmeerraums über die Fernhandelsnetzwerke eingeschleppten Erreger der drei Epidemien im 2., 3. und 6. Jahrhundert auf die ‚jungfräulichen' Populationen im *Imperium Romanum* und in angrenzenden Regionen weit verheerender gewirkt haben als in ihren ‚Heimatgebieten' benachbarten Landstrichen. Diese waren vielleicht häufigeren, aber weniger heftigen Ausbrüchen ausgesetzt, solange ein Pathogen sich nicht erheblich weiterentwickelte und somit zumindest teilweise vorhandene Immunitäten – das „immunologische Gedächtnis" – wieder aushebelte. So sind die Informationen über mit der „Justinianischen Pest" oder dem „Schwarzen Tod" vergleichbare Pandemien für die viel näher an den endemischen Gebieten der Yersinia pestis gelegenen chinesischen Regionen vor dem großen Ausbruch des 19. Jahrhunderts weniger eindeutig. Eine möglicherweise als Pest zu identifizierende Epidemie wird immerhin für das Jahr 549, also zeitnah zum Auftreten der Seuche im Mittelmeerraum, im Süden Chinas verzeichnet. Darüber hinaus wurde China jedoch immer wieder von (anderen) Seuchen heimgesucht wurde. Eine mit hohem Fieber verbundene Krankheit soll unter Kaiser Gaozu (reg. 618–626) Millionen Opfer gefordert haben. Bis zum Ende der Tang-Dynastie um 907 werden achtzehn weitere größere Epidemien, darunter wohl auch die Pocken, erwähnt. Einige der Erreger wurden offenbar aus den neuerschlossenen subtropischen Regionen des Südens eingeschleppt, andere aus den Steppen Zentralasiens, darunter auch Tierseuchen, die die kaiserlichen Pferdebestände dezimierten. Für vergleichsweise isolierte Populationen konnten die Konsequenzen eines Kontakts mit neuen Pathogenen umso fataler sein. Zwischen 735 und

[45] Kayser u. a. 2010, 303–305; Benedictow 2010; Wagner 2014; Stathakopoulos 2004; Little 2006; Koder 1993, 22-24; Tsiamis/Poulakou-Rebelakou/Petridou 2009; Power 2012, 189–193; Phillipson 2012, 206 f.; Prendergast u. a. 2017; Campbell 2016, 286–331; Achtman 2017, 459–465; Harper 2017, 18-19, 205–245.

737 verursachte in Japan eine verheerende Pocken-Epidemie, die durch ein Schiff aus dem koreanischen Reich von Silla eingeschleppt worden sein soll, eine schwere demografische, wirtschaftliche und politische Krise, die unter anderem zu einer stärkeren Zuwendung zum – gleichfalls aus Korea importierten – Buddhismus führte.[46]

Während also Mönche und Prinzessinnen Seidenraupen aus China nach Westen schmuggelten und Kalifen Orangenbäume verschiffen ließen, erwiesen sich noch viel kleinere biologische blinde Passagiere an Bord von Menschen und Tieren als die zumindest unmittelbar wirkmächtigsten ‚Profiteure' der globalen Verflechtungen der langen Spätantike. Zu den ungeplanten Konsequenzen des Austauschs zwischen den Weltregionen gehörte auch die ‚mikrobielle Vereinigung' Afro-Eurasiens, gegen die selbst die größten Imperien der Zeit machtlos blieben.[47]

---

[46] Kayser u. a. 2010, 126–130; Elvin 2004; Lee 2010; Sussmann 2011; Farris 1985, 64–81; Brown 1993, 43–46, 250 f.; Kuhn 2014, 267 f.

[47] Le Roy Ladurie 1973.

6. Weltstädte auf Abruf: Klimawandel, imperiale Ökologie und urbane Dynamik

In den Jahren 535 und 536 verdunkelte sich für mehrere Monate der Himmel über dem Norden Chinas. Die daraus resultierende Kälte und Schlechtwetter schädigten die Ernten und führten zu Hungersnöten. Damit verschlimmerte sich die Situation in den Gebieten des seit mehr als zehn Jahren von Bürgerkriegen heimgesuchten Kaiserreichs der Tuoba/Wei-Dynastie noch mehr. Kurz zuvor hatte sich ein Teil der Dynastie abgespalten und in der alten westlichen Han-Hauptstadt Chang'an selbstständig gemacht, während das alte Regime in Luoyang nur mehr über den Osten des Reiches regierte. Den Zerfall des Imperiums sollten aber beide Zweige des Kaiserhauses nicht für lange Zeit überstehen und innerhalb der nächsten zwanzig Jahre wurden die Tuoba/Wei sowohl im Osten als auch im Westen Nordchinas gestürzt.[1]

Dieses unheimliche meteorologische Phänomen suchte in den Jahren 535 und 536 auch andere Teile Afro-Eurasiens und darüber hinaus sogar die Neue Welt heim, wo die Texte der Maya in Guatemala und Yucatán davon berichten. Für das Sasanidenreich hielt etwa der armenische Chronist Samuel von Ani fest:

> „Es kam zu einer völligen Verdunkelung der Sonne, die von einer außerordentlich heftigen Hungersnot gefolgt wurde, wie sie Armenien noch nie ergriffen hatte. Sie erfasste auch Persien sowie Mesopotamien für einen Zeitraum von drei Jahren."[2]

Im Oströmischen Reich beobachtete der Zeitgenosse Prokopios von Kaisareia (ca. 500–562) Ähnliches:

---

1 Baillie 2006, 77–80; Houston 2000; Lewis 2009a, 81–84; Kuhn 2014, 162 f.

2 Samuel von Ani 1876, 391.

> „Die Sonne nämlich entsandte ihr Licht ohne Strahlen, wie der Mond, und ganz wie bei einer Verfinsterung war ihr Glanz nicht rein wie gewöhnlich. Und seit dies geschehen ist, haben Krieg und Seuche und alle tödlichen Verderben von den Menschen nicht mehr abgelassen."[3]

Im äußersten Westen Europas verzeichneten auch die Annalen in Irland eine Verdunkelung des Himmels, Schlechtwetter, Missernte und Hungersnot.[4]

Das globale „Staubschleier-Ereignis" (engl. *Dust Veil*) der Jahre 535/536 und seine Ursachen haben in der modernen Forschung einige Debatten ausgelöst, bis hin zu Spekulationen über Asteroiden- oder Kometeneinschläge. Als wahrscheinlichster Auslöser gilt mittlerweile eine oder mehrere mächtige vulkanische Eruptionen, die – ähnlich wie im berühmten „Jahr ohne Sommer" infolge des Vulkanausbruchs des Tambora in Indonesien 1815 – durch den Ausstoß größerer Mengen an Material und Aerosolen in die Atmosphäre für die von den Zeitgenossen beobachteten Verfinsterungserscheinungen sowie die daraus resultierende Abkühlung samt Missernten und Versorgungskrisen sorgten.[5]

Die klimatischen Bedingungen hatten sich schon in den Jahrzehnten zuvor durch manche Widrigkeit ausgezeichnet. So wurde etwa das Sasanidenreich in der Regierungszeit des Großkönigs Peroz I. (reg. 459–484) durch eine siebenjährige Dürre heimgesucht, die sogar den Fluss Tigris in Mesopotamien fast austrocknen ließ und zu einer schrecklichen Hungersnot führte, die zusammen mit den verlustreichen Kriegen gegen die Hephthaliten in Zentralasien Persien in eine schwere Krise stürzte. Auch das Reich der Gupta in Indien wurde um diese Zeit aufgrund von Schwankungen in den Monsunniederschlägen von schweren Dürren geplagt, die ohnehin schon bestehende innere Konflikte verschärften und zusammen mit dem Vorstoß von Gruppen „iranischer Hunnen" nach Nordwestindien ab 500 zum Zusammenbruch des Imperiums beitrugen.[6]

Die Eruptionen um das Jahr 535/536 beschleunigten aber das endgültige Kippen der Klimaverhältnisse auf der Nordhalbkugel in eine dauerhaft kältere und widrigere Periode, die Ulf Büntgen und sein Team

---

3 Procopius 1961, 4,16,5–6.

4 Vgl. auch Arjava 2006; Gräslund/Price 2012; Harper 2017, 249–259.

5 Gunn 2000; Keys 1999; Abbott u. a. 2014; Baillie 2006; Sigl 2015; Behringer 2016; Newfield 2016.

6 al-Tabari 1999, 111 f.; McCormick u. a. 2012; Brooke 2014, 343 f.; Fleitmann u. a. 2007. Siehe auch Kapitel 1.

in ihren Temperaturrekonstruktionen auf der Grundlage von Baumringen aus Mitteleuropa und dem russischen Altai für den gesamten Zeitraum von 536 bis 660 identifizieren konnten und 2016 als „Spätantike Kleine Eiszeit" bezeichneten.[7] Die nun vermehrt auftretenden Wetterextreme verschlimmerten so manche bereits prekäre wirtschaftliche und politische Situation in den Imperien des 6. Jahrhunderts und diese Kombination von endogenen Problemen und widrigen Umweltbedingungen stellte Herrscher und Bevölkerungen vor zum Teil kaum zu bewältigende Herausforderungen. Die wohl schlimmste Folge der Abkühlung war das dadurch begünstigte Überspringen des in Nagetier-Populationen auf der Qinghai-Tibet-Hochebene endemischen Erregers der Pest (*Yersinia pestis*) auf den Menschen und dessen Verbreitung über die Handelsrouten in den westlichen Indischen Ozean, den Nahen Osten, den Mittelmeerraum und bis nach Europa. Die ausbrechende Pandemie tötete ab 541 ein Drittel bis zur Hälfte der damaligen Bevölkerung dieser Regionen und kehrte in Wellen regelmäßig bis zur Mitte des 8. Jahrhunderts wieder.[8] Aus diesen Erfahrungen rührt auch die Bemerkung des Prokopios, dass nach der Verdunkelung des Jahres 536 „Krieg und Seuche und alle tödlichen Verderben von den Menschen" nicht mehr abließen.

Das Klima und der Stoffwechsel der Imperien: Rom und Konstantinopel

Die moderne Klimageschichte versucht eine langfristige Rekonstruktion von Klima und Witterungsbedingungen, um sie als ständige Begleiter menschlicher Gesellschaften, deren Reaktion auf Witterungsveränderungen wesentlich für die tatsächliche Wirkung solcher Ereignisse ist, zu analysieren. Keineswegs verfolgt sie klimadeterministische oder monokausale Erklärungsansätze, wie sie etwa David Keys in seinem 1999 erschienenen Buch *Als die Sonne erlosch. 535 n. Chr. Eine Naturkatastrophe verändert die Welt* präsentierte, in dem er linear die gesamten Umwälzungen weltweit ab dem 6. Jahrhundert nur mit dem Vulkanausbruch um das Jahr 535 verknüpfte.[9]

Die tatsächlichen Wechselwirkungen zwischen Klima und menschlichen Gesellschaften erweisen sich als vielschichtiger. Beobachten las-

7 Büntgen u. a. 2016; Brooke 2014, 341–343; Harper 2017, 249–259.

8 Siehe Kapitel 5.

9 Keys 1999.

sen sich zwar Korrelationen zwischen klimatischen und soziopolitischen Veränderungen, die aber immer der Analyse im Detail bedürfen. Zu berücksichtigen ist etwa die Komplexität der Infrastruktur und Organisation, die notwendig war, um die „vom imperialen Zentrum gelenkten Flüsse von Ressourcen und Menschen" zu gewährleisten, auf denen der Erfolg und das Überleben eines Imperiums basierte. Sam White hat dies für das Osmanische Reich als „imperiale Ökologie" bezeichnet.[10] Als zum Beispiel der römische Kaiser Julian (reg. 360–363) im Jahr 362 in die nach einer Missernte im unmittelbaren Umland hungernde Großstadt von Antiochia in Nordsyrien – heute Antakya in der Türkei – Weizen von den kaiserlichen Gütern mehr als 100 km östlich bringen ließ, mobilisierte er den Ertrag von mehr als 6600 Hektar Land, zusätzlich zu 28 000 Kamelen samt Treibern für den Transport über Land. Diese Menge reichte aus, um ungefähr 260 000 Menschen für einen Monat zu versorgen. Aber die Quellen berichten auch, dass die erste Maßnahme des Kaisers angesichts der Hungersnot eine Verordnung zur Festlegung der Getreidepreise war. Diese bewegte jedoch die großen Produzenten und Händler dazu, ihr Getreide vom Markt zurückzuhalten, da ihnen die zu erzielenden Gewinne nicht mehr attraktiv erschienen. Erst dann musste der imperiale Apparat einspringen. Diese Episode spiegelt die Komplexität eines Systems wider, in dem verschiedene – staatliche und private – wirtschaftliche Akteure interagierten und ihre Strategien in Reaktion auf Ergebnisse änderten, die sie teilweise im Wechselspiel untereinander hervorbrachten. Umweltfaktoren spielten dabei eine oft wesentliche, aber nicht alleine ausschlaggebende Rolle.[11]

Die größte Herausforderung für die ‚imperiale Ökologie' des Oströmischen Reiches war zweifelsohne der ‚urbane Stoffwechsel' oder ‚Metabolismus' von Konstantinopel, also die Summe der für den Erhalt der Bevölkerung und Infrastruktur der Hauptstadt notwendigen Inputs an Energie, Wasser, Ressourcen, Material und auch Menschen sowie der Outputs, also auch der Ausscheidungsprodukte wie Müll und Abwasser. Zwischen dem 4. und 6. Jahrhundert war die Bevölkerung Konstantinopels von 20 000 auf nicht weniger als 500 000 Einwohner gewachsen.[12]

---

[10] White 2011, bes. 16–51; Davies 2005, 127–156.

[11] Decker 2009b, 83 f. (mit den Quellen), 257; Ward-Perkins 2000, 366 f.; Ward-Perkins 2005.

[12] Haldon 1995, 144 f.; Schott 2014, 171–198, bes. 172 f.; Schreiner 2007; Rapp 2002.

Diese Entwicklung verlief im Gegensatz zu jener des ‚alten' Rom im Weströmischen Reich, wo die territorialen Verluste des Imperiums auch eine Schrumpfung der Hauptstadt herbeiführten, insbesondere nach der Eroberung der reichsten Provinz des Westens in Nordafrika durch die Vandalen um 439. Wie Peter Baccini und Paul H. Brunner ausführen, war das kaiserzeitliche Rom ein Beispiel für einen urbanen Stoffwechsel,

> „der seine Größe (...) nur auf der Grundlage eines politischen Systems, das die Versorgungsströme garantierte, aufrechterhalten konnte. Die dramatische Schrumpfung [der Stadt Rom] war nicht auf einen ökologischen Zusammenbruch zurückzuführen, sondern auf einen institutionellen Zusammenbruch. Der Stoffwechsel solcher Großsysteme ist nicht robust, weil er sich ohne ein großes kolonisiertes Hinterland nicht behaupten kann. Somit muss seine Bevölkerung auf eine Größe schrumpfen, die mit seinem ökonomisch und ökologisch definierten Hinterland im Gleichgewicht steht."[13]

Demensprechend ging mit dem Zerfall des imperialen Systems und der ‚imperialen Ökologie' im Westen die Bevölkerung Roms von noch einer Million Einwohner um das Jahr 400 vermutlich auf rund 100 000 um das Jahr 500, weniger als 50 000 um das Jahr 600 und vielleicht 20 000 um das Jahr 700 zurück.[14] Nach Konstantinopel wurden hingegen seit der Zeit Konstantins des Großen um 330 Getreidelieferungen aus Ägypten umgeleitet. In der Zeit Justinians I. erreichten diese Lieferungen um das Jahr 540 einen Umfang von rund 163 000 Tonnen pro Jahr. Dies entsprach etwa 1000 Schiffsladungen (ca. 220 000 m^3), ein enormes logistisches Unterfangen. Auf der Grundlage von Berechnungen von Johannes Koder können wir annehmen, dass ein wohlbevölkertes agrarisches Hinterland von 16 000 bis 21 000 km^2 notwendig war, um solche Überschüsse zu erzielen.[15]

Das „(andere) Zeitalter Justinians", wie es Mischa Meier genannt hat, läutete aber auch das Ende der spätantiken Periode der Prosperität im Oströmischen Reich ein. An Bord der Getreideflotte aus Ägypten erreichte die Pest 542 Konstantinopel als eine der unbeabsichtigten Konsequenzen sozio-ökonomischer Verflechtungen.[16] In den fol-

[13] Baccini/Brunner 2012, 58.

[14] Baccini/Brunner 2012, 58; Wickham 2005, 709–712.

[15] Müller 1991; Teall 1959; Koder 1993, 100–103; Koder 2012, 147–175; Schreiner 2007; Pfeilschifter 2013.

[16] Meier 2003; Boerner/Severgnini 2014.

genden Monaten und Jahren wurde die Bevölkerung in den Provinzen des Reiches um vielleicht 30 Prozent und mehr reduziert. Periodische Ausbrüche der Seuche in den folgenden Jahrzehnten bis zur Mitte des 8. Jahrhunderts verhinderten eine demografische Erholung.[17] Zur selben Zeit veränderten sich auch die außenpolitischen Umweltbedingungen zum Nachteil des Oströmischen Reiches. Insbesondere die lang andauernden Kriege mit dem sasanidischen Persien im 6. und früheren 7. Jahrhundert schädigten die Finanzen des Reiches und seine reichsten östlichen Provinzen. Als die Araber ab den 630er Jahren ihre Invasionen begannen, war die Stellung Ostroms nach diesen Jahrzehnten des Krieges mit Persien geschwächt. Bis 642 gingen Syrien, Palästina und Ägypten verloren und mit ihnen vermutlich zwei Drittel der Einkünfte des Imperiums.[18] Dennoch erwies sich auch das so dramatisch geschrumpfte Byzantinische Reich weiterhin in der Lage, Ressourcen zu mobilisieren und neue Versorgungslinien der imperialen Ökologie für seine Zwecke zu etablieren. Nach dem Verlust Ägyptens traten das westliche Kleinasien sowie Sizilien und – bis zur arabischen Eroberung um das Jahr 698 – Nordafrika als Lieferanten von Getreide und anderen Gütern für Konstantinopel an seine Stelle. Dabei wurde diese Umorientierung des ‚urbanen Metabolismus' Konstantinopels durch die Bevölkerungsverluste aufgrund der Pestwellen gleichsam erleichtert, sank doch dessen Bevölkerung von 500 000 im früheren 6. Jahrhundert auf vermutlich 80 000 im frühen 8. Jahrhundert. Konstantinopel war somit immer noch die größte Stadt der Christenheit, wurde aber in globaler Sicht nun von den Metropolen des Kalifats und der chinesischen Tang in den Schatten gestellt.[19]

In ähnlicher Weise wurde auch die Hauptstadt des mit Byzanz oft verbündeten ostafrikanischen Königreichs Aksum von den klimatischen, epidemiologischen und politischen Herausforderungen des 6. und 7. Jahrhunderts betroffen. Aufwendige Feldzüge über das Rote Meer ins Nachbarkönigreich Himyar im heutigen Jemen dürften schon ab 525 die Ressourcen des Reiches über Gebühr belastet haben. Die ab 535 einsetzende Kälteperiode bescherte auch den ostafrikanischen Regionen insta-

[17] Behringer 2007, 94–97; Stathakopoulos 2004; Little 2006; Laiou/Morrisson 2007, 39–42; McCormick u. a. 2012; Haldon u. a. 2014; Izdebski/Pickett/Roberts/Waliszewski 2016.

[18] Donner 1981; Kaegi 1992.

[19] Howard-Johnston 1995, 136 f.; Teall 1959; Wickham 2005, 716–726, 737 f., 788 f.; Brubaker/Haldon 2011, 563; Kislinger 2001, 120–129; Vaccaro 2013, 34–69; Izdebski 2013.

bilere Witterungsverhältnisse und Missernten. Ab 540 gelangte schließlich über die Netzwerke des Seehandels die Pest ins Land. Die Verluste an Bevölkerung und Erträgen zwangen die aksumitischen „Könige der Könige" ab dem späteren 6. Jahrhundert die alte Hauptstadt schrittweise aufzugeben. Schließlich wurde im 7. Jahrhundert das politische Zentrum weiter nach Osten verlegt, auch aufgrund der neuen Bedrohung durch die Araber vom Roten Meer her. Im alten Aksum wurden nur mehr die großen Kirchengebäude instand gehalten.[20]

Für diese historischen Prozesse liefern naturwissenschaftliche Daten in steigendem Ausmaß die klimageschichtlichen Parameter, innerhalb derer die damaligen Gesellschaften leben und handeln mussten. Eine langfristige Rekonstruktion der Temperatur- und Niederschlagsverhältnisse vor der Epoche instrumentaler Messung, die in weiten Teilen der Welt erst ab dem späteren 19. Jahrhundert beginnt, erlaubt die Auswertung von sogenannten Proxydaten, die zum Beispiel aus Baumringen, Tropfsteinen, Ablagerungen in Seen oder Pollenanalysen gewonnen werden, dazu auch von zeitgenössischen Beschreibungen von Wetterphänomenen und –extremen. Auf globaler Ebene für die nördliche Hemisphäre geschieht dies etwa durch Eiskernbohrungen in Grönland. Dadurch ließen sich einige generelle Temperaturtrends rekonstruieren: Auf eine seit ungefähr 200 v. Chr. anhaltende Warmzeit („Römisches Klima-Optimum") folgte ab dem 2. Jahrhundert n. Chr. eine Abkühlung mit ihrem ‚Tiefpunkt' in der „Spätantiken Kleinen Eiszeit" zwischen 536 und 660. Ab dem 9. Jahrhundert trat wieder eine Warmperiode ein („Mittelalterliche Klima-Anomalie"), die ab dem 14. Jahrhundert durch eine Abkühlung beendet wurde, die in eine bis in das 19. Jahrhundert anhaltende Kaltzeit („Kleine Eiszeit") überleitete, ehe ab dem Ende des 19. Jahrhunderts die bis heute anhaltende „moderne Warmzeit" anbrach.[21]

Von diesen globalen Trends konnten sich aber spezifische regionale und lokale Entwicklungen des Klimas durchaus unterscheiden. Das Wetter in Afro-Eurasien etwa wird durch ein komplexes weltweites Zusammenspiel verschiedener Hoch- und Tiefdruckgebiete bestimmt, vom Islandtief und Azorenhoch über dem Nordatlantik im Westen – deren Unterschiede in der Nordatlantikoszillation gemessen werden –, über das Sibirienhoch im Osten, das bei stärkerer Ausprägung kalte Luft

[20] Schmidt 2000; Phillipson 2012, 42–47, 50, 70–73, 209–213, 227–243; Finneran 2007; Gebre Selassie 2011.

[21] Schönwiese 2008; Bradley 2014; Brooke 2014; Telelis 2008.

bis an das östliche Mittelmeer bringt, bis zu den Subtropischen Hochdruckgebieten und Monsun-Systemen im Süden, die auch mit den Strömungssystemen der südlichen Hemisphäre und deren Oszillationen, etwa der berühmt-berüchtigten El Niño-Oszillation zusammenhängen. Deshalb ergeben Messungen auf der Grundlage von Proxydaten aus verschiedenen Orten der Region und auch Auswertungen schriftlicher Quellen zum Teil signifikante Abweichungen von den oben skizzierten globalen Trends.[22] Diese unterschiedlichen Auswirkungen der Klimadynamik betrafen wiederum Gesellschaften mit jeweils spezifischen ökologischen Voraussetzungen, Macht- und Wirtschaftsstrukturen und Kapazitäten, um kurz- oder langfristige Krisen zu meistern – oder eben nicht. Daraus resultierten dann die verschiedenen Entwicklungen vom Zusammenbruch alter bis zum Aufbau neuer Imperien, vom Wachstum bis zur Schrumpfung oder gar der Aufgabe imperialer Großstädte.

Sturzfluten im Irak und Hungerwinter in der Steppe, 620–640

Im August des Jahres 626 standen die Truppen des Khans der Awaren, der mit 80 000 Mann aus seinem Reichszentrum im heutigen Ungarn heranmarschiert war, vor den Mauern Konstantinopels. Auf der östlichen Seite des Bosporus hatte eine Armee der persischen Sasaniden ihr Lager aufgeschlagen und versuchte, mit awarischer Hilfe über die Meerenge zu gelangen, um der Hauptstadt des römischen Erzfeindes den Todesstoß zu versetzen. Um dieselbe Zeit marschierte eine große Armee des Khans des osttürkischen Reiches mit 100 000 Mann auf die chinesische Hauptstadt Chang'an zu, in der erst wenige Jahre zuvor die Kaiser der Tang die Macht übernommen hatten. Nun mussten sie um den Bestand ihres Reiches zittern. Tatsächlich schienen sich wesentliche politische Umstürze in ganz Afro-Eurasien abzuzeichnen. Das Ergebnis war allerdings anders, als man im Sommer 626 vielleicht erwarten konnte. Wenige Jahre später befanden sich die Reiche der Awaren, Perser und Osttürken in schweren Krisen oder waren bereits völlig zusammengebrochen.[23]

Die Türken verdankten ihren Aufstieg einem Sieg über die Rouran, die seit dem späten 5. Jahrhundert die Steppen nördlich von China dominiert hatten. Seit den 530er Jahren war es unter den Rouran immer wieder zu inneren Kämpfen gekommen, wobei die Spannungen durch

22 Luterbacher u. a. 2012; Brooke 2014; Schönwiese 2008; Bradley 2014

23 Pohl 2002, 248–250; Kardaras 2010.

mehrere extreme Winter und Dürreperioden, die Menschen, Herden und Felder schädigten, mit der ab 536 einsetzenden Abkühlung noch zusätzlich verschärft wurden. Im Jahr 552 unterlagen die Rouran unter ihrem Khan A-na-kuei einem Bündnis unter der Führung des Türkenkhans Bumın. Teile der besiegten Rouran flohen vermutlich nach Westen und erschienen als Awaren 557/558 nördlich des Kaukasus, von wo sie ins Karpaten-Becken gelangten und zum unangenehmen Nachbarn des Oströmischen Reichs an der Donau wurden.[24] Profitieren konnten die Türken anfangs auch von der Uneinigkeit ihrer chinesischen Nachbarn, bis Kaiser Wendi aus der Sui-Dynastie 581 die Kontrolle im Norden des Landes übernahm und die Tributzahlungen an das türkische Khanat einstellte. Gleichzeitig kam es zu inneren Machtkämpfen im Türkenreich, das in ein westliches und ein östliches Khanat zerfiel. Schon im Jahr 584 musste einer der unterlegenen Kandidaten Zuflucht an der Grenze der Sui suchen und die Oberhoheit des chinesischen Kaisers anerkennen. Das osttürkische Reich wurde in den nächsten Jahrzehnten zu einem wichtigen, wenn auch manchmal unzuverlässigen Verbündeten des Sui-Reichs. Die relative Ruhe im Norden erlaubte es Kaiser Wendi, bis zum Jahr 589 auch den Süden Chinas zu erobern. Er begann den Bau eines großen Kanalsystems, das die neue Kornkammer des Reiches im Süden am Jangtsekiang-Fluss mit dem Reichszentrum im Norden verband und zur Lebensader des Reiches für die nächsten Jahrhunderte wurde. Bereits 582 gründete Wendi auch eine neue Hauptstadt mit dem Namen Daxingchen nahe dem Ort der früheren Han-Residenz Chang´an am Fluss Weihe, einem westlichen Zubringer des Gelben Flusses. Die streng geometrisch nach einem Schachbrettmuster angelegte Metropole sollte innerhalb ihrer Mauern eine Fläche von nicht weniger als 85 Quadratkilometern einschließen (zum Vergleich: Konstantinopel erstreckte sich in dieser Zeit über 14 Quadratkilometer). Allerdings wurde dieses Areal bis zum Ende der Sui-Dynastie 36 Jahre später nie vollständig besiedelt. Dazu trug auch der Ehrgeiz von Wendis Sohn und Nachfolger Yangdi (reg. 604–618) bei, der kurz nach seiner Thronbesteigung am 17. Dezember 604 die Gründung einer zweiten Hauptstadt am Ort der östlichen Han-Residenz in Luoyang am Zusammenfluss des Flusses Luo mit dem Huang He mit folgendem Edikt verfügte:

24 Barfield 1989, 131–134; Pohl 2002; Cook 2013.

> „Luoyang war seit dem Altertum eine Hauptstadt. In den Bezirken seines königlichen Territoriums verschmelzen Himmel und Erde, und Yin und Yang arbeiten in Harmonie. Es kontrolliert die umliegenden drei Provinzen und wird durch vier Gebirgspässe bewacht. Mit ausgezeichnetem Land- und Wassertransport bietet es eine Vielfalt von Steuern und Tributen dar."[25]

Luoyang wurde mit 47 Quadratkilometern zwar weniger groß als Daxingchen geplant, aber dafür noch prächtiger. Für seinen Bau soll Kaiser Yangdi bis zu zwei Millionen Menschen eingesetzt haben. Als er jedoch auch hunderttausende Arbeitskräfte für den weiteren Ausbau des Kanalnetzes zwischen Nord und Süd und mehrere Armeen für verlustreiche und erfolglose Kriege insbesondere gegen das koreanische Königreich Koguryo mobilisierte, regte sich wachsender Widerstand gegen sein Regime.[26] Widrige Witterungsverhältnisse verursachten zusätzlich mehrere Naturkatastrophen wie Überflutungen und Dürren und trugen zum Kippen der ‚imperialen Ökologie' bei. In mehreren Provinzen brachen Aufstände aus und Kaiser Yangdi wurde 618 gestürzt und ermordet. Vom folgenden Bürgerkrieg profitierte das osttürkische Khanat, das für seine Unterstützung oder sein Stillhalten große Tributzahlungen mit den um die Macht streitenden Parteien aushandeln konnte. Als aber die Dynastie der Tang bis um 626 den Kampf um den Thron für sich entscheiden konnte, marschierten die Türken gegen das mittlerweile in Chang'an umbenannte Daxingchen, um ihre Ansprüche gegen ein noch nicht gefestigtes Regime durchzusetzen. Allerdings gelang es Li Shimin, dem Sohn des ersten Tang-Kaisers Gaozu, in persönlichen Verhandlungen gegen größere Zahlungen den Abzug der Türken zu erreichen, wodurch auch sein Putsch gegen seinen Vater und seine Brüder legitimiert wurde. Als Kaiser Taizong (reg. 626–649) bestieg er nun den Thron und bald bot sich ihm die Gelegenheit, seinerseits gegen die Osttürken vorzugehen. Im Jahr 626 kam es nämlich offenbar nochmals zu einer längeren, durch eine Vulkaneruption verursachte Verdunkelung der Sonne, über die erneut Beobachter vom Nahen Osten bis nach Irland berichten. Die folgende Abkühlung bescherte Teilen der nördlichen Hemisphäre zwischen 626 und 632 einige der kältesten Winter innerhalb dieser ohnehin ‚eiszeitlichen' Periode. Zu leiden hatten darunter insbesondere die Herden der

---

25 Xiong 2006.

26 Xiong 2006; Xiong 2017; Thilo 1997; Lewis 2009b, 86–101, 113–118; von Glahn 2016, 181–184.

türkischen Nomaden in der mongolischen Steppe, wie auch chinesische Quellen berichten. Die großen Verluste an Tieren und in der Folge auch an Menschen führten zum Zusammenbruch der Herrschaft des osttürkischen Khans Ellig (reg. 619–630). Kaiser Taizong nutzte die ausbrechenden Bürgerkriege und konnte bis um 630 den Großteil des Osttürkenreichs unter seine Oberhoheit bringen, während Ellig nach Chang'an geführt wurde. Die Stadt, die er nicht erobern hatte können, betrat er nun als Gefangener.[27]

Im Oströmischen Reich war die Lage im Sommer 626 noch kritischer als in China. Schon 614 hatten die Truppen des sasanidischen Großkönigs Chosrau II. (reg. 590–628) Jerusalem und im Jahr 619 sogar Ägypten erobert, wodurch Konstantinopel von den jährlichen Getreidelieferungen abgeschnitten wurde. Dies führte kurzzeitig zu einer Hungersnot, doch gelang es allmählich, die nach den Pestepidemien der vorangegangenen Jahrzehnte dezimierte Bevölkerung aus anderen Provinzen zu versorgen. Allerdings gingen immer größere Gebiete des Reiches an die Perser verloren, weshalb Kaiser Herakleios (reg. 610–641) ab 622 persönlich das Kommando über die verbliebenen Truppen übernahm und weitreichende sowie riskante Feldzüge im Rücken der persischen Truppen im Kaukasus durchführte. Diese Abwesenheit des Kaisers und eines Großteils der Armee wollte nun im Sommer 626 der Khan der Awaren, die in den Jahrzehnten zuvor immer wieder hohe Tributzahlungen von den Byzantinern erpresst hatten, nutzen, um Konstantinopel anzugreifen. Zur gleichen Zeit marschierte eine persische Armee durch Kleinasien bis auf die asiatische Seite des Bosporus. Es gelang den beiden Heeren, miteinander in Kontakt zu treten. Allerdings scheiterten Versuche, persische Truppen mit Hilfe der slawischen Boote im Heer der Awaren über die Meerenge zu setzen, an der Überlegenheit der byzantinischen Flotte. Auch ein Angriff der Awaren und Slawen am Goldenen Horn schlug ebenso fehl wie der vom Khan befohlene Sturm auf die dreifachen, über sieben Kilometer langen, unter Kaiser Theodosios II. (reg. 408–450) errichteten Landmauern Konstantinopels. Auch eine Zerstörung der Fernwasserleitungen der Hauptstadt hatte nicht den gewünschten Erfolg, da die gegenüber einem Jahrhundert zuvor geschrumpfte Bevölkerung aus Zisternen und Brunnen versorgt werden konnte. So musste der Awarenherrscher schließlich die Belagerung abbrechen. Diese Schlappe schwächte

27 Barfield 1989, 140–142; Skaff 2012; Kuhn 2014, 165–171; Baumer 2014, 190–202; Brooke 2014, 347 f.; di Cosmo/Oppenheimer/Büntgen 2017.

seine Stellung unter seinen Gefolgsleuten und Hilfsvölkern sehr und die nächsten Jahre waren von großen Unruhen im Khanat gekennzeichnet. Zu einer vergleichbaren Bedrohung des Byzantinischen Reiches wie vor 626 sollten die Awaren nie wieder werden.[28]

Auch die persische Armee musste wieder unverrichteter Dinge vom Bosporus abziehen. Gleichzeitig war es mittlerweile Kaiser Herakleios gelungen, die noch unsichere Kontrolle der Perser über das östliche Kleinasien und die Kaukasusregion in einer Reihe von Feldzügen zu erschüttern. In Armenien und Georgien konnte er wertvolle neue Gefolgsleute anwerben. Vor allem aber verbündete sich der Kaiser mit dem westtürkischen Khanat, das nach der Abspaltung vom osttürkischen Reich die Steppen im Norden des Kaukasus und des Iran in Zentralasien kontrollierte. Im Jahr 627 verwüsteten türkische Reiter die Grenzprovinzen des sasanidischen Kernreiches, während Herakleios eine persische Armee bei Ninive im nördlichen Irak besiegen konnte. Die Römer marschierten dann gegen die Residenz Chosraus II. in Dastagird nahe der persischen Hauptstadt Ktesiphon unweit des heutigen Bagdad, in die der Großkönig fliehen musste.[29] In dieser schon kritischen Situation brach eine Flutkatastrophe über das Perserreich herein. Der arabische Historiker al-Baladhuri berichtet:

> „(…) im Jahr 7 oder 6 der Hedschra [627/628 n. Chr.] trat eine enorme Flut der Flüsse Euphrat und Tigris auf, wie sie noch nie jemand zuvor gesehen hatte. Große Dammbrüche öffneten sich, die [der sasanidische Großkönig] Chosrau [II.] zu schließen versuchte; das Wasser aber war stärker, erreichte die tiefer liegenden Gebiete und überschwemmte Dörfer, Ackerfrüchte und mehrere Bezirke in dieser Region. Chosrau [II.] kam persönlich vor Ort, um die Dammbrüche zu stoppen; (…) er verurteile die Arbeiter zum Tode, die nicht hart genug arbeiteten (man sagt, dass er an einem einzigen Deich 40 von jenen, die dort arbeiteten, ans Kreuz schlagen ließ). Er konnte aber die Wassermassen nicht aufhalten. (…) Die Perser waren von da an mit dem Krieg beschäftigt, sodass die Dammbrüche wuchsen, ohne dass sich jemand darum kümmerte.“[30]

Wie im Khanat der Osttürken wurden hier die Folgen der ab 626 einsetzenden zusätzlichen Abkühlung spürbar. Verschiedene Texte belegen

28 Hurbanic 2010; Howard-Johnston 1995; Daim 2000; Pohl 2002; Kardaras 2010.

29 Kaegi 2003; Greatrex/Lieu 2002.

30 Al-Balādhurī 2002, 453 f.; Verkinderen 2015.

eine Reihe von extrem kalten und schneereichen Wintern in den Quellregionen des Euphrats, des Tigris und ihrer Nebenflüsse in Ostanatolien, Armenien und dem Zagros-Gebirge in den Jahren zwischen 626 und 628. Diese harten Wetterbedingungen erlaubten es der römischen Armee, ihre persischen Gegner in der Südkaukasusregion durch überraschende winterliche Gewaltmärsche auszumanövrieren. Der Überfluss an Schmelzwasser führte aber auch zu den katastrophalen Fluten des Euphrat und des Tigris. Darüber hinaus wurden die persischen Provinzen in den Jahren 627 und 628 durch einen weiteren Ausbruch der Pest heimgesucht. Die Verluste an Bevölkerung durch die Seuche und an produktivem Land durch die Flutkatastrophe destabilisierten das Sasanidenreich, das sich bereits an der Schwelle zur Niederlage gegen die Römer befand, weiter. Nach Schätzungen trug der Irak etwa 50 Prozent zu den Einkünften des Perserreiches bei und davon mögen wiederum die Hälfte durch die Flut von 628 verloren gegangen sein. Das prominenteste Opfer dieser Verknüpfung militärischer und natürlicher Desaster wurde Großkönig Chosrau II. selbst. Im Februar 628 wurde er durch eine Verschwörung von führenden Vertretern des Adels abgesetzt und später im Kerker ermordet. An seiner Stelle setzte man seinen Sohn Kavadh II. auf den Thron, der zwar einen Frieden mit Kaiser Herakleios aushandeln konnte, aber schon im September 628 unter unklaren Umständen seinerseits ums Leben kam. Das Regime lief nun vollständig aus dem Ruder. In den folgenden vier Jahren lösten einander nicht weniger als sieben Könige und Königinnen auf dem Thron der Sasaniden ab. Erst Yazdegerd III. (reg. 632–651) konnte wieder eine dauerhaftere Regierung etablieren. Er aber war der letzte der persischen Großkönige und verlor sein bereits brüchiges Imperium an die Araber, die zuerst den Irak und dann den gesamten Iran eroberten.[31]

Die Reihe an durch die außergewöhnlichen Klimabedingungen (mit)verursachten Katastrophen (Wetterextreme, Epidemien und die Flut) trieben gemeinsam mit dem verheerenden, fast dreißigjährigen Krieg gegen die Römer und später auch Araber in den 620er bis 640er-Jahren das Perserreich an seine Belastbarkeitsgrenzen und schließlich darüber hinaus – ähnlich dem osttürkischen Khanat. Beide Imperien können somit zu den Opfern der „Spätantiken Kleinen Eiszeit" gerechnet werden.

---

[31] Christensen 1993; Howard-Johnston 2010; Verkinderen 2015.

Eisberge am Bosporus, Überfluss im Irak, Heuschrecken in China, 740–770

Um die Mitte des 8. Jahrhunderts hatte sich das Byzantinische Reich mit seinen verbliebenen Provinzen in Kleinasien, auf dem Balkan und in Italien weitgehend stabilisiert. Nicht nur hatte man die große arabische Belagerung Konstantinopels 717/718 abgewehrt, wobei die Belagerer auch unter einem besonders kalten Winter zu leiden hatten, und einige erfolgreiche Feldzüge an der Ostgrenze durchgeführt. Im Jahr 747 erreichte zwar noch einmal die Pest von Sizilien, wohin sie vermutlich von Nordafrika her eingeschleppt worden war, über Kalabrien und die Peloponnes die Hauptstadt, weitere Ausbrüche blieben danach jedoch aus.[32] Um die Metropole neu zu bevölkern, ließ Kaiser Konstantin V. (reg. 741–775) Menschen aus anderen Teilen des Reiches umsiedeln. Um 767 trug er angesichts des wieder steigenden Bedarfs und einer längeren Dürreperiode auch für die Reparatur der während der Awaren-Belagerung 140 Jahre zuvor beschädigten Fernwasserleitungen Sorge und mobilisierte dafür mehrere Tausend Arbeitskräfte aus Westkleinasien, dem Schwarzmeergebiet, Griechenland und Thrakien.[33] Doch erwies ein meteorologisches Extremereignis wenige Jahre zuvor, dass auch nach dem Ende des Höhepunkts der „Spätantiken Kleinen Eiszeit" die Umweltbedingungen nach wie vor äußerst wechselhaft und potentiell katastrophal sein konnten. Der byzantinische Chronist Theophanes beschrieb rückblickend den Rekordwinter von 762/763:

> „Im gleichen Jahr gab es ab Anfang Oktober eine sehr bittere Kälte, nicht nur in unserem Land, aber mehr noch im Osten, Norden und Westen, so dass an der Nordküste des Schwarzen Meeres das Meer vor Kälte bis zu einer Entfernung von 100 Meilen (von der Küste) und bis zu einer Tiefe von 30 Ellen zufror. Das Gleiche passierte von Zikchia [an der Nordostküste des Schwarzen Meeres] bis zur Donau, einschließlich der Flüsse Kuban, Don, Dnjepr und Dnjestr und des Restes der Küste bis hin nach Mesembria [an der bulgarischen Schwarzmeerküste] und Medeia [nördlich von Konstantinopel]. All das Eis wurde eingeschneit und wuchs um weitere zwanzig Ellen, so dass das Meer nicht mehr von Land unterscheidbar wurde. (…) Im Monat Februar

---

[32] McCormick 2001, 502–508, 565-569; Kislinger 2001, 33 f.; Haldon u. a. 2014; Haldon 2016.

[33] Crow/Bardill/Bayliss 2008; Rapp 2002; Koder 2016. Siehe auch die Einleitung.

> der gleichen zweiten Indiktion wurde dieses Eis, durch Gottes Befehl, in viele verschiedene Berg-artige Abschnitte aufgeteilt, die durch die Kraft des Windes nach Daphnusia und Hieron getrieben wurden, und über die Meerenge (des Bosporus) die Stadt (Konstantinopel) erreichten und die ganze Küste bis nach der Propontis, den Inseln, und Abydos [an den Dardanellen] hin erfüllten. Davon war ich selbst ein Augenzeuge, denn ich kletterte auf einen dieser [Eisberge] und spielte auf ihm zusammen mit einigen dreißig Buben im gleichen Alter. Einige meiner wilden und zahmen Tiere starben. Wer wollte, konnte ohne Hindernis wie auf dem Trockenen aus Sophianai in die Stadt (Konstantinopel) und aus Chrysopolis nach St. Mamas und Galata gehen."[34]

Wie Michael McCormick 2007 mit einem Team von Vulkanologen durch Analyse von Eisbohrkernen aus Grönland nachweisen konnte, war die Ursache dieser Extremkälte, die ebenso in anderen Teilen Europas registriert wurde, wieder eine größere vulkanische Eruption. Das seltene Phänomen eines zugefrorenen Bosporus wurde auch später zu besonderen Kälteperioden beobachtet, so etwa im Jahr 1011 oder während der „Kleinen Eiszeit" in den Jahren 1669 und 1755, im 20. Jahrhundert unter anderem 1928, 1929 und zuletzt 1954, als man tatsächlich übers Eis von Europa nach Asien marschieren konnte.[35]

Während sich also die Bevölkerungszahl von Konstantinopel nach den Katastrophen des 6. bis 8. Jahrhunderts wieder stabilisierte und vielleicht wieder die 100 000 erreichte, feierte der Abbasiden-Kalif al-Mansūr (reg. 754–775) im Jahr 762 die Einweihung seiner neuen Hauptstadt Madinat as-Salam („Stadt des Friedens"), die aber vor allem als Bagdad („Geschenk des Herrn") bekannt werden und bald Konstantinopel bei weitem in den Schatten stellen sollte. An die 100 000 Arbeitskräfte hatte der Kalif in den Jahren seit seiner Thronbesteigung jährlich in Marsch gesetzt, um auf einer Fläche von 4,5 Quadratkilometern die sogenannte „Rundstadt" mit dem Kalifenpalast und der Hauptmoschee als Kern der neuen Residenz zu errichten. Doch schon bei der Auswahl des Orts hatte der Kalif die Bedürfnisse des urbanen Metabolismus einer noch viel größeren Metropole im Sinn gehabt:

> „Die Preise sollen dort nicht steigen und die Versorgung soll nicht schwierig sein. Wenn ich mich an einem Platz niederließe, an dem

34 Theophanes 1997, AM 6255 = 763/764 n. Chr.

35 McCormick/Dutton/Mayewski 2007; Yavuz/Akçar/Schlüchter 2007; Haldon u. a. 2014; Haldon 2016, 217–248.

> nicht alles über Land und Wasser eingeführt werden könnte, würden die Vorräte zu gering und die Versorgung zu schwierig sein.“[36]

Die nunmehrige Lage von Bagdad als Zentrum der imperialen Ökologie des arabischen Weltreichs pries hingegen ein anderer Autor mit folgenden Worten:

> „Es ist eine Insel zwischen dem Tigris und dem Euphrat (…) und ein Hafen für die ganze Welt. Alles, was auf dem Tigris aus Wasit [im Süden des Irak], Basra, al-Ahwaz [im Südwesten des Iran], Fars, Oman (…) Bahrain und den benachbarten Orten kommt, kann dort hingebracht und entladen werden. Ebenso kann alles, was auf dem Tigris auf Booten aus Mosul, Nordostmesopotamien, Aserbaidschan und Armenien kommt, und was auch immer auf dem Euphrat von Nordwestmesopotamien, ar-Raqqa [am Euphrat im heutigen Syrien], Syrien, den Grenzgebieten zu Byzanz, Ägypten und dem Maghreb [dem äußersten Westen des Kalifats] kommt, zu diesem Hafen gebracht und hier entladen werden. Die Stadt kann auch ein Treffpunkt für die Menschen aus dem Iran und Isfahan (…) und Chorasan [im Osten Irans und in Zentralasien] sein.“[37]

Tatsächlich wuchs Bagdad in den nächsten Jahrzehnten rasant auf eine Fläche von mehr als 70 Quadratkilometern und wohl über eine Million Einwohner an, wodurch es zur größten Stadt im Westen Afro-Eurasiens und um ein Mehrfaches größer als Konstantinopel wurde. Aufbauend auf den Infrastrukturprojekten der Sasaniden, deren Hauptstadt Seleukia-Ktesiphon nahe bei Bagdad gelegen war, wurde das Kanalnetz im Süden des Iraks für die Bewässerung und den Warentransport von den Kalifen und Mitgliedern der Eliten, die damit hohe Profite erzielten, weiter ausgebaut. Die Intensivierung der Landwirtschaft und auch der vermehrte Anbau von ursprünglich aus Indien stammenden Nutzpflanzen wie Zuckerrohr und Baumwolle ermöglichte die Versorgung der wachsenden Bevölkerung Bagdads, das ebenso zum Hauptumschlagplatz von exotischen Gütern aus aller Herren Länder bis hin nach China wurde. Nicht zuletzt profitierte die Demografie der Stadt davon, dass mit der Mitte des 8. Jahrhunderts so wie in Byzanz auch

---

36 Zitiert nach Kennedy 2011. Vgl. auch Lombard 1992; Rührdanz 1991; Gaube/Leisten 1993.

37 Zitiert nach Kennedy 2011; Lombard 1992; Kennedy 2005; Gaube/Leisten 1993.

in den Gebieten des Kalifats die seit zwei Jahrhunderten wütende Pest verschwunden war.[38]

Während Bagdad aufblühte, hatte die wohl einzige Metropole, die in Afro-Eurasien an Fläche und Bevölkerung mit ihm konkurrieren konnte, mit Problemen der imperialen Ökologie zu kämpfen. Das Umland von Chang'an im Nordwesten des historischen Zentrums Chinas wurde von Erosion und Trockenheit heimgesucht, die die Erträge der Landwirtschaft minderten. Schon im früheren 7. Jahrhundert hatte der Hofbeamte Gao Jifu (gest. 651) unter impliziter Kritik an der kaiserlichen Standortwahl festgehalten: „Der Boden ist begrenzt, und die Leute leben dicht beieinander. Der Ackerbau ist nicht ausgiebig; Bohnen und Hirse sind zwar billig, aber die Vorräte sind nicht zahlreich."[39] Umso mehr waren die wohl zwei Millionen Menschen zählende Bevölkerung Chang'ans und auch die zahlreichen zur Sicherung der Hauptstadt im Umkreis eingerichteten Militärgarnisonen auf die Versorgung durch das unter den Sui und frühen Tang errichtete und ausgebaute Kanalsystem zwischen Jangtsekiang und Huang He angewiesen, mit dem die Region über den Fluss Weihe verbunden war. Alleine der kaiserliche Hofstaat verbrauchte eine enorme Menge an Ressourcen. Die drei zwischen 600 und 714 in Chang'an errichteten Palastkomplexe nahmen eine Gesamtfläche von fast 900 Hektar ein, das entspricht der mehr als dreißigfachen Fläche der Hofburg in Wien, der achtfachen Fläche von Schloss Schönbrunn (inklusive des Parks) und annähernd der doppelten Fläche von Schloss Versailles (einschließlich der Parkanlagen). Allerdings erwies sich der Fluss Weihe als unzuverlässige Transportachse, war er doch je nach Witterungsbedingungen ständigen Verlandungen oder Fluten und Verlagerungen des Flusslaufs um bis zu zwei Meter pro Jahr unterworfen. Dementsprechend schwankte die Menge an Getreide, die in einem Jahr über den Fluss herangebracht werden konnte, zwischen vier Millionen und 100 000 Scheffeln. Brach die Versorgung derart zusammen, sahen sich der Kaiser und der gewaltige Hofstaat gezwungen, die Residenz unter großem Aufwand in das mehr als 320 km weiter östlich gelegene Luoyang zu verlegen, das eine günstigere Position am Kanalnetz besaß. Im Jahrhundert zwischen 640 und 740 wanderte die Hauptstadt nicht weniger als vierzehnmal von Chang'an nach Luoyang und nach mehr oder weniger langem Aufenthalt wieder zurück. Nicht immer war eine Versorgungskrise der Grund

38 Watson 1983, 129–135; Kennedy 2011; Fletcher 1995. Siehe auch Kapitel 5.

39 Zitat nach Thilo 2006, 183.

für eine solche Maßnahme. Kaiserin Wu Zetian (reg. 690–705) etwa wollte sich bewusst von den Tang abheben und residierte fast ausschließlich in Luoyang, dessen Kaiserpalastdistrikt immerhin auch mehr als 290 Hektar einnahm.[40] Aber bei zumindest sieben dieser Residenzwechsel erzwangen extreme Witterung und/oder Missernten die zeitweilige Aufgabe Chang'ans. In den Jahren 716 und 717 etwa verwüsteten Flutkatastrophen die Provinzen um und nahe bei der Hauptstadt, während zusätzlich Heuschreckenschwärme die verbliebenen Erntefrüchte vernichteten. Diese Zeit war insgesamt von Wetterextremen in Afro-Eurasien gekennzeichnet. So wird auch ein außerordentlich frostiger Winter 717/718 um Konstantinopel beschrieben, der die Truppen der arabischen Belagerer dezimierte, und eine schwere Überflutung in Rom im Winter 716/717. Erneut wanderte der Hof der Tang deshalb 717 von Chang'an nach Luoyang, von wo er erst am Ende des folgenden Jahres wieder zurückkehrte. In ähnlicher Weise erzwangen Naturkatastrophen und Missernten in den Jahren 722 bis 727, 731 bis 732 und 734 bis 736 die Verlegung der Hauptstadt nach Luoyang.[41] Eine dauerhaftere Lösung für die Versorgungsprobleme der Hauptstadt brachten erst die Maßnahmen des Ministers Wei Jian in den Jahren 742 und 743. Er ließ vom Huang He parallel zum Weihe-Fluss einen neuen, verlässlicheren Kanal graben, an dessen Endpunkt ein „Hafen des weitreichenden Transports" als neuer Umschlagplatz für die Lieferungen in die Hauptstadt eingerichtet wurde. Die jährlichen Getreidetransporte nach Chang'an stabilisierten sich auf hohem Niveau. Dennoch blieb die Versorgung der Hauptstadt eine schwere Belastung der imperialen Ökologie des Tang-Reiches. Um diese Zeit gewähren auch Budgetaufzeichnungen einen Einblick in den Anteil, den Chang'an an den damals über die Transportnetzwerke verteilten Abgaben forderte. Von 25 Millionen Scheffeln Getreide gingen neun Millionen (36 Prozent) an die Hauptstadt und ihr Umland, von 27 Millionen Ballen Stoff sogar 13 Millionen (48 Prozent). An den in Münzen entrichteten Steuern fanden von 30 Millionen Geldschnüren neun Millionen (30 Prozent) ihren Weg in die Region um Chang'an· Ähnlich wie im Fall des kaiserzeitlichen Rom war der urbane Metabolismus der Tang-

[40] Thilo 2006, 193 f.; Thilo 1997; Lewis 2009b, 37; von Glahn 2016; Xiong 2017.

[41] Twitchett 1979, 357; Brooke 2014, 347 f.; Telelis 2004, Nr. 249, 321–323; Stathakopoulos 2004, Nr. 208; Newfield 2010, 418 (Nr. 1–11).

Metropole fast vollständig auf die intakten Abgaben- und Verteilungsnetzwerke des ganzen Weltreichs angewiesen.[42]

Trotz dieser Herausforderungen wurde die streng geometrisch angelegte, riesige Hauptstadt Chang'an so wie andere Aspekte der imperialen Repräsentation der Tang Vorbild für benachbarte Herrscher. König Munmu von Silla (reg. 661–681), dem es unter Vertreibung der Truppen der Tang gelang, die ganze koreanische Halbinsel zu vereinen, ließ um 668 eine neue Hauptstadt namens Kumsong („Goldfestung", heute Gyeongju im Südosten Südkoreas) anlegen, die 55 nach dem Schachbrettmuster angelegte Stadtviertel umfasste und bis zum 9. Jahrhundert auf bis zu eine Million Einwohner anwuchs. Sein Sohn und Nachfolger Sinmun (reg. 681–692) befahl darüber hinaus die Errichtung von fünf weiteren Nebenhauptstädten nach chinesischem Vorbild, in denen auch Bevölkerung aus den neu hinzugewonnenen früheren Nachbarreichen von Koguryo und Paeckche angesiedelt wurde. Sein Versuch, die Hauptresidenz von Kumsong ins westlich davon gelegene Dalgubeol – heute Daegu – zu verlegen, scheiterte allerdings.[43] Als mobiler erwiesen sich die Herrscher Japans: Im Jahr 694 ließ Kaiserin Jitō (reg. 686–697) nördlich der bisherigen Residenz Asuky-kyo (in der heutigen Präfektur Nara) eine neue Hauptstadt Fujiwara-kyo auf einer Fläche von 25 Quadratkilometern nach dem Vorbild Chang'ans anlegen. Schon um 710 wurde allerdings mit Heijo-kyo, dem späteren Nara, noch weiter nördlich eine neue Hauptstadt angelegt, auf einer Fläche von 24 Quadratkilometern und nach dem aus China übernommenen Muster. Heijo-kyo blieb nun für die meiste Zeit des 8. Jahrhunderts die Residenz der Kaiser, wurde allerdings auch zwischen 726 und 732 zugunsten von Naniwa-kyo (im Westen) und zwischen 740 und 744 für das nordöstlich gelegene Kuni-kyo verlassen. Um 784 plante Kaiser Kanmu (reg. 737–806) wiederum die permanente Verlegung der Hauptstadt von Heijo-kyo ins nördlich gelegene Nagao-kyo, das verkehrstechnisch günstig nahe am Fluss Yodo zwischen dem See Biwa und dem Meer lag. Allerdings wurde die neue Residenz immer wieder von Überflutungen und – so heißt es in den Quellen – bald auch vom Geist eines dort zu Tode gekommenen kaiserlichen Prinzen heimgesucht, sodass bereits zehn Jahre später 794 mit Heian-kyo – das heutige Kyoto – eine neue Hauptstadt angelegt wurde. Auf einer Fläche von 23 Quadratkilometern (einschließlich eines Palastbezirks von 143 Hek-

42 Xiong 2006; Thilo 2006, 199 f.; Thilo 1997; von Glahn 2016.

43 Kuhn 2014, 190–192, 222–224; Nelson 2017.

tar) sollte sie sich in der Uta-Ebene südwestlich des Biwa-Sees erstrecken und somit sowohl zugänglich als auch vor Angriffen und Fluten geschützt sein. Auch die geomantische Erkundung der Stätte verlief verheißungsvoll und garantierte die Abwesenheit störender Geister. Tatsächlich war dieses letzte Hauptstadtprojekt des 8. Jahrhunderts dauerhaft erfolgreich und die japanischen Kaiser residierten für mehr als 1000 Jahre bis 1868 in Heian-kyo/Kyoto. Als zu ambitioniert erwies sich jedoch die Planung der Stadt. Die Westhälfte Heian-kyos wurde nie richtig besiedelt und Kaufleute und Bauern ignorierten die dortigen Marktplätze, wie ein Beobachter schon um das Jahr 842 knapp ein halbes Jahrhundert nach der Gründung festhielt. Und auch der Ostteil der Stadt zerfiel bald in eine nördliche, an den Kaiserpalast angrenzende Stadt der Eliten (Kamigyo) und eine südliche Stadt der Händler und Handwerker (Shimogyo) unter weitgehender Vernachlässigung des vorgegebenen Schachbrettmusters.[44] Ähnlich wie im Vorbild Chang'an, wo um diese Zeit nach der An-Lushan-Rebellion das städtische Leben sich schon weitgehend über die Regelungswut der kaiserlichen Autoritäten hinweggesetzt hatte, zeigten sich die Grenzen der Planbarkeit. Darüber hinaus erwies sich die mehrfache Verlegung der Hauptstadt als große Belastung für die Ressourcen des japanischen Reiches und die Landschaft im unmittelbaren Umland der Residenzen. Durch den Bedarf an Bau- und Brennholz wurden weite Landstriche entwaldet oder Waldungen nachhaltig geschädigt. Ein unbeabsichtigter Profiteur dieser Entwicklung war der Japanische Kiefernpilz (Matsutake), der in den übernutzten Wäldern besonders günstige Lebensbedingungen vorfand. Im Gegenzug stieg er ab dem 8. Jahrhundert zu einer besonderen Delikatesse der japanischen Küche auf.[45]

Eine gänzliche Ablehnung des Vorbilds China verkündete man hingegen in einem anderen Nachbarreich, dem zweiten Khanat der Osttürken, die sich um 692 aus der seit 630 anhaltenden Oberhoheit der Tang lösen konnten und nun umso mehr bestrebt waren, sich von der Supermacht abzugrenzen. Entsprechend warnte Tonyukuk (ca. 646–726), der führende Feldherr des osttürkischen Reiches, um 720 in einer in türkischen Runen auf einer Säule im heiligen Gebiet des Khanats am Fluss Orchon (in der heutigen Mongolei) angebrachten Inschrift vor der Übernahme chinesischer Praktiken wie festen Städten oder Glaubensinhalten:

---

44 Stavros 2014; Totman 2014, 76–82; Lewis 2009a, 154 f.; Kuhn 2014, 224 f.

45 Totman 2014, 85–90; Tsing 2015, 1–9.

> „Dies darf nicht sein! Die Zahl der Türken ist sehr klein und macht nicht einmal ein Hundertstel der Bevölkerung der Tang aus. Dass wir ihnen immer widerstehen können, verdanken wir der Tatsache, dass wir herumziehen auf der Suche nach Wasser und Gras, dass wir keine dauerhafte Heimstätte haben und von der Jagd leben. Alle unsere Leute sind in den Kriegskünsten geübt. Wenn wir stark sind, lassen wir unsere Krieger auf Beutezüge ziehen; wenn wir jedoch schwach werden, fliehen wir in die Berge und Wälder und verstecken uns. (…) Aber wenn wir Festungen errichten, um darin zu leben, und unsere alten Gewohnheiten ändern, dann werden wir eines Tages geschlagen und mit Sicherheit von den Tang unterworfen werden! Außerdem machen die Lehren in den buddhistischen und daoistischen Tempeln die Menschen nur weich und unterwürfig. Dies ist nicht der Weg, um Krieg zu führen und Macht zu erlangen. Deshalb dürfen wir keine Tempel bauen."[46]

Allerdings erwies sich auch das zweite osttürkische Khanat nicht von Dauer. Nach dem Tod des Bilgä Kaghan (reg. 716–734) kämpften verschiedene Gruppen um die Macht, während jene Wetterextreme, die in den 730er Jahren zweimal die Verlegung der chinesischen Hauptstadt von Chang'an nach Luoyang erzwangen, auch die mongolischen Steppen heimsuchten und Herden und Menschen dezimierten. Im Jahr 742 unterlagen die Türken schließlich einem Bündnis der Basmïl, Karluken und Uiguren, von denen die letzteren nun zur Vormacht in den östlichen Steppen aufstiegen und eine der Warnung des Tonyukuk entgegengesetzte Strategie verfolgten, die die Anlage befestigter Hauptstädte und die Bekehrung zu einer der Religionen der Nachbarn beinhaltete.[47]

Verlassene Hauptstädte und extreme Kälte, 820–840

Im Gegensatz zu den Osttürken etablierten die Uiguren ein enges Verhältnis mit den Tang, insbesondere nachdem sie entscheidende Waffenhilfe bei der Niederschlagung der An-Lushan-Rebellion (756–763) geleistet hatten. Die Uiguren unterhielten eine ständige Präsenz in Chang'an und viele von ihnen beziehungsweise der in ihren Diensten stehenden Sogdier nahmen eine wichtige Stellung im Wirtschaftsleben der Hauptstadt und der umliegenden Regionen ein. Dazu gehörte auch der lukrative Handel mit Pferden aus der Steppe für die chinesische Armee. Darüber hinaus bekehrten sich der Khan und die Elite

---

[46] Zitiert nach Baumer 2014, 261.

[47] Beckwith 1987, 108–114; Barfield 1989, 145–150; Beckwith 2009, 141 f.

der Uiguren um 762 zum Manichäismus und förderten diesen Glauben und seine Institutionen in Chang'an, was auch die Autoritäten der Tang anerkennen mussten. Auf Ersuchen der Uiguren wurde sogar eine Verbindungsroute mit 68 Straßenstationen zwischen dem Reichszentrum des Khanats und dem mehr als 1500 km entfernten Chang'an angelegt, um den Verkehr von Menschen und Gütern zu erleichtern. Im Gegenzug wanderten Handwerker und andere Fachleute aus China ins Reich der Uiguren und trugen dort gemeinsam mit sogdischen Architekten etwa zum Aufbau der Hauptstadt Ordu-Baliq – auch Karabalgasun, rund 300 km westlich von Ulan Bator – bei, die innerhalb ihrer Mauern eine Fläche von 25 Quadratkilometern (ähnlich wie die japanischen Kaiserstädte und ungefähr das Doppelte von Konstantinopel) einschloss. Allerdings, so ergaben jüngste Ausgrabungen, war dieses Areal keineswegs so dicht besiedelt wie die chinesischen Hauptstädte, sondern wies neben einer festen Residenz des Khans und Vierteln mit Werkstätten weite Flächen für Handel, Landwirtschaft, Viehzucht und die saisonalen Zeltlager der Nomaden auf. Dies entspricht auch der Beschreibung des arabischen Reisenden Tamim ibn Bahr, der aus Transoxanien im westlichen Zentralasien kommend Ordu-Baliq um das Jahr 821 besuchte.[48] Roland Fletcher hat solche Mischformen urbanen und agrarischen Lebens, die die Anlage und den Erhalt größerer Siedlungskomplexe in marginaleren Regionen ermöglichten, als „low density cities" bezeichnet. Es gibt dafür auch Beispiele in ‚sesshaften' Gesellschaften dieser Zeit wie bei den Maya in Meso-Amerika oder den Khmer im heutigen Kambodscha (mit ihrer Hauptstadt Angkor, dessen Agglomeration sich bei einer Million Einwohner über 500 Quadratkilometer erstreckte).[49] Neben Ordu-Baliq errichteten die Uiguren auch weitere Siedlungen und Festungen im Umland, das zu einer ganzen ‚imperialen Landschaft' umgestaltet wurde. Damit wurde auch die Aneignung dieses früheren Zentralraums des Türkenkhanats am Fluss Orchon manifestiert. Ähnlich wie ihre Nachbarn in China oder Korea legten die Uiguren-Khane darüber hinaus eine Nebenhauptstadt in Bay-Baliq 400 km nördlich von Ordu-Baliq an, die aus mehreren kleineren ummauerten Arealen bestand. Als weitere Residenz diente ungefähr ab 770 schließlich der auf einer Insel im 1300 m hoch gelegenen See Tere-Chol im heute russischen Gebiet Tuwa in

---

48 Dähne 2017; Rogers/Ulambayar/Gallon 2005; Atwood 2015; di Cosmo 2015; Barfield 1989, 150–154; Wang 2013, 49.

49 Fletcher 1995; Barthel/Isendahl 2013; Forman 2014.

Sibirien entdeckte Palast von Por-Baschyn, der deutliche chinesische Einflüsse zeigt. Diese wohl nur im Sommer benutzte Residenz befand sich innerhalb eines Festungsgürtels, der den Grenzraum zu den Kirgisen, den ‚Erzfeinden' der Uiguren schützen sollte.[50] Diese Ansammlung von imperialen Landschaften und wechselnden Residenzen findet ihr Gegenstück am anderen Ende des eurasischen Steppengürtels im Reich der Bulgaren an der Donau, das unter den Khanen Krum (reg. 803–814) und Omurtag (reg. 814–831) zu einer bedeutenden Macht in Südosteuropa aufgestiegen war, die das Byzantinische Reich mehrfach herausforderte. Auch ihre Hauptstadt Pliska im Nordosten des heutigen Bulgarien umfasste innerhalb ihrer Mauern eine Fläche von 21,8 Quadratkilometern – also um einiges mehr als Konstantinopels 14 Quadratkilometer –, von denen aber die eigentliche Residenz nur 42 Hektar ausmachte und der Rest von Werkstätten, kleineren Siedlungen, Bewässerungskanälen und Äckern eingenommen wurde. Südwestlich davon ließ Omurtag bei Catalar einen weiteren Palast errichten, der gemeinsam mit dem westlich von Pliska gelegenen Komplex von Kabiyuk umso mehr an die ‚imperialen Landschaften' der Uiguren erinnert. Ebenso befahl Omurtag die Anlage einer prächtigen Nebenresidenz etwa 80 km weiter nördlich an der Donau bei Silistra. Damit inszenierte sich der Khan auch als imperialer Herausforderer des byzantinischen Kaisers, dem er „den Fuß auf den Nacken" setzen wollte, wie es in einer der erhaltenen Inschriften heißt.[51] Die Residenzkomplexe der Uiguren und Bulgaren illustrieren, in welchem Ausmaß auch Steppenreiche große Gebiete für die Bedürfnisse ihrer imperialen Ökologien umgestalteten, und mögen ebenso einen Eindruck von für die Archäologie verlorenen ‚Landschaften der Herrschaft' nomadischer Imperien dieser Zeit wie dem berühmten Ring der Awaren im Karpatenbecken oder der Hauptstadt Itil der Chasaren an der unteren Wolga geben.[52]

Allerdings erwies sich die imperiale Ökologie des Khanats der Uiguren schon bald als verwundbar. Der im äußersten Nordwesten des Reiches gelegene Palast Por-Baschyn wurde nach nur zwanzigjähriger Nutzung offenbar bereits um 790 wieder aufgegeben. In dieser Zeit begann eine neuerliche Kälteperiode, die laut den auf Baumringen aus dem russischen Altai basierenden Temperaturrekonstruktionen bis in

[50] Dähne 2017; Rogers/Ulambayar/Gallon 2005; Atwood 2015; di Cosmo 2015.

[51] Henning 2007; Ziemann 2007; Beševliev 1963, 260–277 (Nr. 56, Zitat).

[52] Pohl 2002; Noonan 2007; Preiser-Kapeller 2008; Anderson 2014, 146; Atwood 2015.

die ersten Jahrzehnte des 9. Jahrhundert anhielt.[53] Sie suchte auch die Nachbarreiche heim und trug etwa im koreanischen Reich von Silla in den 820er und 830er Jahren zur Verschärfung der Konflikte zwischen Königtum und Adel bei, die in eine dauerhafte Schwächung der Zentralgewalt mündeten. Auch Tibet hatte mit politischen und wirtschaftlichen Problemen zu kämpfen, derer sich Kaiser Khri Ui Dum Brtsan (reg. 838–842) unter anderem durch die Konfiskation des Besitzes der buddhistischen Klöster zu entledigen versuchte. Als Reaktion wurde der Kaiser 842 von einem buddhistischen Mönch ermordet, was den Zerfall des tibetischen Großreichs innerhalb der nächsten zwanzig Jahre einleitete.[54] Auch das Uigurenreich hatte ab den 820er Jahren unter mehreren extremen Wintern zu leiden, während sich die Eliten in Machtkämpfe verstrickten. Um 840 verbündete sich einer der Kontrahenten mit den kirgisischen ‚Erzfeinden', die daraufhin in einem überraschenden Angriff bis nach Ordu-Baliq vorstoßen und die Hauptstadt erobern konnten. Das Khanat der Uiguren brach daraufhin zusammen, Ordu-Baliq wurde verlassen, blieb aber in Resten als Inspiration für die Mongolen erhalten, die 400 Jahre später nur 27 km südöstlich ihre Hauptstadt Karakorum errichten sollten. Den Kirgisen gelang es trotz ihres Erfolges nicht, eine mit den Uiguren vergleichbare Machtstellung zu erreichen.[55] Vom Kollaps ihrer ungeliebten Alliierten meinten die Kaiser der Tang zuerst profitieren zu können, mussten aber bald erkennen, wie sehr das Fehlen der uigurischen Waffenhilfe auch ihre Position nach innen und nach außen schwächte, während eine Reihe von Naturkatastrophen insbesondere in der zweiten Hälfte des 9. Jahrhunderts zu steigenden sozialen Spannungen in vielen Provinzen Chinas beitrug.[56]

Wetterextreme suchten gemeinsam mit Seuchen in diesen Jahrzehnten auch Europa heim. Um 791 unternahm der Frankenkönig Karl (reg. 768–814) einen ersten Feldzug gegen das Khanat der Awaren im heutigen Ungarn. Anfängliche Erfolge wurden jedoch durch eine Pferdeseuche zunichtegemacht, die die Reiterei der karolingischen Armee schädigte. Allerdings waren vermutlich auch die noch viel stärker auf ihre Pferde angewiesenen Awaren von der Epidemie betroffen, was ihre

53 Büntgen u. a. 2011; Büntgen u. a. 2016; Cook 2013; Atwood 2015.

54 Beckwith 1987, 168–170; von Brück 2008, 59 f.; Beckwith 2009, 160 f.; Kuhn 2014, 191–193.

55 Drompp 2005; Barfield 1989, 157–160; Beckwith 2009, 157–160; Baumer 2014, 308–315; Atwood 2015.

56 Brooke 2014, 347 f.; Drompp 2005.

Verteidigungskraft zusammen mit inneren Spaltungen entscheidend geschwächt haben mag. Im Jahr 796 gelang es den Franken bis zum Ring, dem Reichszentrum der Awaren, vorzustoßen und dort große Beute zu machen. Das Awaren-Khanat zerfiel in der Folge in verschiedene Fürstentümer, von denen einige auch die karolingische Oberhoheit anerkannten. Zwei weitere Vieh- und Pferdeseuchen brachen 801 und 809/810 aus und schädigten die Herden der Awaren, aber auch der Franken. Die Epidemie von 810 wurde ebenso von einer Dürre in weiten Teilen Mittel- und Westeuropas begleitet, die etwa an Baumringen in der Tschechischen Republik abgelesen werden kann. Bis um 822 waren auch die letzten Reste awarischer Herrschaft verschwunden, jedoch sollte auch das vorerst siegreiche Frankenreich unter den schlechteren Wetterverhältnissen zu leiden haben, die zur Verschärfung der nach dem Tod Karls des Großen 814 ausbrechenden Nachfolgestreitigkeiten beitrugen.[57] Denn ähnlich wie in Zentral- und Ostasien waren die Jahre zwischen 820 und 840 in Europa von einer Kälteperiode gekennzeichnet. Auch byzantinische Quellen berichten von extremen Wintern, starken Stürmen und Hungersnöten in den 820er Jahren. Seuchen befielen eine Armee der Karolinger am Fluss Drau im Jahr 820, während zur selben Zeit zwischen 820 und 822 Starkregen, Hochwasser und Missernten die Gebiete des Frankenreichs schädigten. Nach den Untersuchungen von Michael McCormick könnten erneut Vulkaneruptionen zu diesen Wetterkapriolen in ganz Afro-Eurasien beigetragen haben.[58]

Diese klimatischen Extreme betrafen auch das Kalifat: 832 und 835 führten strenge Winter zu Hochwassern im Irak, 833 ebenso im Südkaukasus, der 838 auch von einer Heuschreckenplage und 840 von einer extremen Winterkälte, die Haustiere und Menschen tötete, heimgesucht wurde. Wohl als Folge dieses extremen Winters in den Quellregionen der Flüsse wurden 841 Nordmesopotamien und Nordsyrien von Überschwemmungen geplagt. Im Jahr 842 brach hingegen in Syrien und Mesopotamien eine Dürre aus. Im Südkaukasusraum richteten 851 und 852 zuerst starke Regenfälle und Hochwasser und dann ext-

---

57 Newfield 2010, 76–78, 169 f., 196–200, 423 f., 432–435; Newfield 2012, 200–204; Cook u. a. 2015; Dobrovolný u. a. 2015; Sümegi u. a. 2016; Pohl 2002, 312–328; Curta 2006, 130 f.

58 Telelis 2004, Nr. 302, 303, 307, 308; Newfield 2010, 437–440; Glaser 2008, 56 f.; Cook u. a. 2015; Sümegi u. a. 2016; McCormick/Dutton/Mayewski 2007, 881–884.

rem kalte und schneereiche Winter große Schäden an, während eine Armee des Kalifen Mutawakkil unter dem Kommando des türkischstämmigen General Bugha versuchte, die rebellischen christlichen und muslimischen Fürsten der Region zum Gehorsam zu zwingen.[59] Bugha gehörte auch zu jenen neuen Gefolgsleuten, die Kalif al-Ma'mūn (reg. 809–833) und sein Bruder und Nachfolger al-Mu'tasim (reg. 833–842) unter den Adeligen des östlichen Iran und Sogdiens rekrutiert beziehungsweise als Militärsklaven (Mamluken) vor allem bei den türkischen Völkern Zentralasiens eingekauft hatten. Als ihre Ansiedlung in Bagdad ab 819 zu Konflikten mit den alteingesessenen Bewohnern und Eliten führte, entschied sich al-Mu'tasim 836 zum Bau der neuen Hauptstadt Samarra weiter nördlich am Tigris. Schon davor blieb die Stellung des 762 eingeweihten Bagdad als Residenz der Abbasiden nicht ohne Konkurrenz. Bereits unter dem Umayyadenkalifen Hischām (reg. 724–743) hatte ar-Raqqa am Euphrat – heute in Syrien – zeitweilig als Hauptstadt gedient. Während der Regierungszeit des Gründers von Bagdad, Kalif al-Mansūr (reg. 754–775), ließ sein Sohn und späterer Nachfolger al-Mahdi (reg. 775–785) ab 772 nahe bei ar-Raqqa eine dem Vorbild der Rundstadt von Bagdad nachempfundene Residenz namens ar-Rāfiqa („der Begleiter") errichten. Al-Mahdis Sohn Hārūn ar-Raschīd (reg. 786–809) wiederum zog es dann zwischen 796 und 808 vor, hauptsächlich in ar-Rāfiqa zu residieren, von wo aus auch seine Feldzüge gegen das Byzantinische Reich leichter koordiniert werden konnten.[60] Nach der von Hārūn ar-Raschīd verfügten Teilung des Reiches zwischen seinen Söhnen sollte der ältere, al-Amīn, von Bagdad aus herrschen, während al-Ma'mūn den Osten von der Stadt Merw (im Südosten des heutigen Turkmenistan) aus verwaltete. Dort blieb al-Ma'mūn allerdings auch, als seine Truppen im bald ausbrechenden Krieg mit seinem Bruder 813 den Sieg davongetragen und Bagdad besetzt hatten. Erst im Jahr 819 kam al-Ma'mūn mit seinem Gefolge in die alte Hauptstadt, was allerdings bald die erwähnten Konflikte zwischen Neuankömmlingen und eingesessener Bevölkerung hervorrief. Die von al-Mu'tasim daraufhin 836 verfügte Neuanlage einer Hauptstadt in Samarra stellte allerdings eine große Belastung der Ressourcen des Reiches dar. Auf eine Länge von 15 km wurden entlang des Tigris neue Stadtviertel, Märkte

59 Telelis 2004, Nr. 315, 319, 325–327; Preiser-Kapeller 2017; Preiser-Kapeller 2018.

60 Heidemann 2006; Gordon 2000, 20 f., 47–55; de la Vaissière 2007, 188–194; Kennedy 2005, 217–219; Northedge 2007, 97–99. Siehe auch Kapitel 2.

und auch Pferderennbahnen und Polospielplätze für die verschiedenen Kontingente der Truppen des Kalifen und ihre Familien angelegt, die schließlich eine Fläche von insgesamt 45 Quadratkilometer einnahmen. Auch der urbane Metabolismus einer zweiten Metropole dieser Größe neben Bagdad stellte die imperiale Ökologie vor große Herausforderungen. Insbesondere die Wasserversorgung Samarras blieb ein ständiges Problem, das sich in Dürrezeiten wie um 842 noch verschärfte. Als nach der Ermordung des Kalifen al-Mutawakkil (reg. 847–861), der eine Verlegung der Residenz aus Samarra zurück nach Bagdad geplant hatte, die Zentralmacht des Abbasidenreiches immer mehr verfiel und selbst die Kernprovinzen im Irak und im westlichen Iran durch Aufstände wie jene der *Zandsch*-Sklaven (868–883) in Aufruhr versetzt und dabei die wichtigen Kanalnetzwerke in Mitleidenschaft gezogen wurden, erwies sich der Erhalt der neuen Hauptstadt als immer weniger verkraftbar. Schon kurz nach dem Tod al-Mutawakkils wurden einzelne Paläste und Stadtviertel aufgegeben. Zwischen 870 und 880 folgten weitere Gebiete im Norden und Süden Samarras, bis schließlich ab 887 auch das Stadtzentrum immer mehr verfiel. Im Jahr 892 wurde letztlich die Residenz des Kalifen wieder nach Bagdad verlegt. Doch auch dort hatten die vorangegangenen Krisenjahrzehnte die urbane Landschaft verändert. Größere Gebiete waren nun ebenfalls verlassen, darunter sogar die alte zentrale Rundstadt mit dem während der Residenz der Kalifen in Samarra verwaisten Kalifenpalast. Dafür bildeten sich neue Schwerpunkte städtischen und wirtschaftlichen Lebens heraus, die nun unter anderem auf dem vormals wenig besiedelten Ostufer des Tigris zu finden waren. Dort wurde nach 892 auch die neue Kalifenresidenz (Dār al-hilāfa) errichtet, in der die Abbasiden bis zur Eroberung Bagdads durch die Mongolen 1258 bleiben sollten. Auch im arabischen Weltreich spiegelte das Schicksal der Hauptstadt somit jenes der imperialen Ökologie und den Einfluss der politischen und umweltbedingten Umwälzungen wider.[61]

Der Übergang zur „Mittelalterlichen Klima-Anomalie" im 9. bis 11. Jahrhundert

Das 9. Jahrhundert wurde auf der nördlichen Hemisphäre klimageschichtlich durch den Übergang von der spätantiken Kaltzeit zur „Mit-

61 de la Vaissière 2007, 39 f., 131–138; Stark 2012, 236–239; Northedge 2007; Rührdanz 1991, Gaube/Leisten 1993.

telalterlichen Klima-Anomalie" gekennzeichnet, die vor allem für West- und Nordeuropa meist wärmere und günstigere Bedingungen bedeutete, weshalb man dort auch von einem Klima-Optimum spricht. Als ein illustratives Beispiel für dieses Optimum dient oft die Ansiedlung der Wikinger auf Island und Grönland.[62] Doch entwickelten sich die klimatischen Parameter in anderen Weltgegenden weit weniger optimal. Die zweite Hälfte des 9. Jahrhunderts war in China von starken Schwankungen in den Monsun-Systemen gekennzeichnet, die in wechselnden Flut- und Dürrekatastrophen resultierten, begleitet von Heuschreckenplagen und Hungersnöten. Sie verschärften die soziale Unruhe im Reich, die sich in großen Aufständen wie jenem des Huang Chao entlud, der 880 sogar die Hauptstädte Luoyang und Chang'an eroberte. Chang'an wurde auch in den folgenden Bürgerkriegen noch mehrfach verwüstet, sodass weite Teile bereits verlassen waren, als die Stadt im Jahr 904 offiziell für aufgelöst erklärt und der Tang-Hof ein letztes Mal nach Luoyang verlegt wurde, wo 907 auch die Dynastie endete. Mit dem Zusammenbruch der imperialen Ökologie konnte auch der urbane Stoffwechsel der Metropole nicht mehr aufrechterhalten werden. Erst unter den Song, die ab 960 erneut die meisten Gebiete Chinas beherrschten, stabilisierten sich sowohl die politischen und ökonomischen als auch die klimatischen Verhältnisse wieder. Sie bauten mit Kaifeng eine neue große Hauptstadt aus, die aber direkt am Gelben Fluss für die Versorgung durch das Kanalsystem viel günstiger gelegen war als Chang'an.[63]

Auch die Staaten Indiens und Südostasiens konnten ab dem 10./11. Jahrhundert für eine gewisse Zeit von stabileren Monsunbedingungen profitieren. Angkor, die Hauptstadt des Khmer-Reiches im heutigen Kambodscha, erlebte in dieser Zeit seine Blüte mit insgesamt bis zu einer Million Einwohner.[64] Im Nahen Osten blieben die Klimabedingungen hingegen auch im 10. und 11. Jahrhundert sehr unbeständig. Bagdad wurde mehrfach von noch nie dagewesenen Kälteeinbrüchen heimgesucht, die mit Schneefällen und dem Zufrieren des Tigris sowie der Bewässerungs- und Transportkanäle einhergingen, was die Versorgung der Stadt noch mehr erschwerte. Auf diese extremen Winter folgten Überschwemmungen, Heuschreckenschwärme, Epidemien und Hungersnöte. Mehrfach kam es zu gewalttätigen Ausschreitun-

62 Glaser 2008; Hoffmann 2014, 169–174.

63 Brooke 2014, 347 f.; Thilo 2006, 24–28; Twitchett 1979, 696, 720–728.

64 Brooke 2014, 353; Fleitmann u. a. 2007; Lieberman 2009.

gen in der Stadt, und die Abbasiden mussten zur Stabilisierung ihres Regimes zuerst ab 945 die ‚Schutzherrschaft' der im westlichen Iran herrschenden schiitischen Buyiden-Dynastie anerkennen und dann ab 1055 jene der aus Zentralasien über Persien in den Irak vorgedrungenen türkischen Seldschuken. Erst ab dem späteren 12. Jahrhundert konnten die Kalifen zumindest im südlichen Irak wieder eine eigenständige Herrschaft ausüben, wurden aber schon 1258 zum Opfer der Mongolen.[65] Weniger dramatisch, aber bei weitem nicht ‚optimal' entwickelten sich die Umweltbedingungen für das Byzantinische Reich, das im 10. und früheren 11. Jahrhundert eine Periode neuer außenpolitischer und wirtschaftlicher Stärke erlebte. Doch trugen Extremereignisse wie ein Hungerwinter 927/928 zur Schwächung des kleineren und mittleren Bauerntums zugunsten des Großgrundbesitzes der Aristokraten bei, die wiederum in immer stärkerem Ausmaß die kaiserliche Zentralmacht herausforderten. Daraus resultierende Bürgerkriege schwächten das Imperium insbesondere ab 1055, während mit den Normannen in Süditalien im Westen und den Seldschuken im Osten neue mächtige Gegner auf den Plan traten. Nach dem Verlust Kleinasiens an letztere schien das Byzantinische Reich um 1080 ähnlich wie nach den arabischen Eroberungen im 7. Jahrhundert kurz vor dem Zusammenbruch zu stehen, konnte sich aber auch von dieser Krise noch einmal erholen. Konstantinopel blieb in all dieser Zeit die größte Stadt der Christenheit, eines der wichtigsten Handelszentren des Mittelmeerraums und die Hauptstadt des Römischen Imperiums, als das sich die erst von der modernen Forschung so genannten „Byzantiner" nach wie vor verstanden. Erst die Eroberung durch den Vierten Kreuzzug im Jahr 1204, die erste Einnahme der Stadt von außerhalb des Reiches seit der Gründung durch Kaiser Konstantin im 4. Jahrhundert, versetzte der Stadt einen nachhaltigen Schlag. Konstantinopel erwies sich somit über fast ein Millennium als widerstandsfähigstes unter den in diesem Kapitel betrachteten imperialen Zentren der langen Spätantike, auch wenn es zeitweilig von den viel größeren Hauptstädten der Supermächte der Tang oder des Kalifats in den Schatten gestellt wurde.[66]

Die Wechselwirkungen zwischen den Hoch- und Tiefdruckgebieten, Oszillationen und Strömungssystemen vom Atlantik bis zum Pazifik und von Sibirien bis zum Indischen Ozean bildeten einen weite-

[65] Busse 2004; Feldbauer/Liedl 2008; Bulliet 2009; Ellenblum 2012; Preiser-Kapeller 2015c.

[66] Telelis 2008; Preiser-Kapeller 2015c.

ren Rahmen globaler Verflechtung, der von den menschlichen Gesellschaften nicht oder noch kaum beeinflusst werden, aber enorme Auswirkungen auf deren Entwicklung haben konnte. Erneut ist dabei die Vielfalt an Naturräumen, Wirtschaftsweisen und politischen Systemen zu beachten, jedoch weist das Beispiel der imperialen Ökologien und der urbanen Stoffwechsel imperialer Zentren auf die Vergleichbarkeit einiger der Herausforderungen hin, der sich die Weltreiche der langen Spätantike gegenübersahen. Einige ‚Weltherrscher' wie die Kaiserinnen und Kaiser Japans wandten dabei offenbar sogar ein Verfahren von ‚Versuch und Irrtum' an und bauten im Laufe des 7. und 8. Jahrhunderts sechs Hauptstädte nach chinesischem Vorbild, bis mit Heian-kyo (Kyoto) eine Residenz für die nächsten tausend Jahre gefunden wurde. Doch war jede neue Großstadtgründung ein Experiment mit ungewissem Ausgang, wie Cyril Mango sogar für das relativ erfolgreiche Beispiel von Konstantinopel festhält:

> „Kaiser Konstantins vermeintlich einleuchtende Entscheidung war tatsächlich ein ziemliches Wagnis. (…) Seine unmittelbaren Nachfolger mussten den Preis in Form von ungeheuer teuren Bauarbeiten und einer Umlenkung der Mittel in großem Umfang zahlen, um sicherzustellen, dass die Reichshauptstadt ordnungsgemäß versorgt und verteidigt wurde. (…) Nachdem die Investitionen in den fünfzig bis achtzig Jahren nach Konstantins Tod getätigt worden waren, war es zu spät, den Kurs zu ändern, das heißt die Hauptstadt verlegen."[67]

Die Entwicklungen in Japan, China oder dem Kalifat zeigen, dass letztere Ansicht von Mango nicht unbedingt den Tatsachen entspricht, wenn ein Regime bereit war, erneut enorme Ressourcen zu mobilisieren. Damit wurden allerdings auch imperiale Ökologien in Zeiten politischer, ökonomischer und klimatischer Krisen über Gebühr belastet, was sowohl die Aufrechterhaltung der imperialen Herrschaft als auch des imperialen Zentrums in Frage stellen konnte. Das 330 n. Chr. feierlich eingeweihte Konstantinopel blieb immerhin sogar über das Ende des Byzantinischen Reiches im Jahr 1453 hinaus bis 1923 Hauptstadt des Imperiums der Osmanen – ein Zeitraum von annähernd 1600 Jahren.

[67] Mango 1995, 5 f. Vgl. auch Rollason 2016, 183–187.

7. Schlussbetrachtung: Jenseits von Rom und Karl dem Großen

Verschiedene Aspekte der globalen Verflechtung in der langen Spätantike wurden im vorliegenden Buch auf getrennte Kapitel verteilt. Sie müssen aber als miteinander in Überlappungen und Wechselwirkungen stehende Netzwerke zwischen Orten, Personen und Objekten verstanden werden: Kleriker reisten im Gefolge eines imperialen Gesandten an Bord eines Handelsschiffs, dessen Laderaum mit exotischen Pflanzen und Gütern gefüllt war. Mit sich führten sie diplomatische Korrespondenz, heilige Texte und Münzen, Vorstellungen, Kenntnisse und Ideen – und als blinde Passagiere unzählige Mikroorganismen, von denen sich einige als gefährliche Krankheitserreger entpuppten. Manche dieser neben- und aufeinander geknüpften Netzwerke erwiesen sich als widerstandsfähiger, während andere schwächer wurden oder gar verschwanden. Und so reisten Pilger aus England weiterhin ins Heilige Land, als keine Legionäre mehr aus der Levante nach Britannien versetzt wurden, und sogdische Händler weiter nach China, als sich die Truppen der Han-Dynastie aus Zentralasien zurückgezogen hatten.

Was der Blick jenseits von Rom und Karl dem Großen jedoch deutlich macht, ist das Ausmaß, in dem solche Verflechtungen in anderen Weltgegenden auch in jenen Jahrhunderten weiterbestanden und sogar dichter wurden, nachdem der gemeinsame Rahmen der imperialen Herrschaft im poströmischen Westen im 5. Jahrhundert verloren gegangen war. Der Zusammenbruch des Weströmischen Reiches illustriert auch die Relevanz dieses Rahmens für den Erhalt komplexer Verteilungsnetzwerke. Insbesondere auf der Grundlage der archäologischen Evidenz – vor allem Keramik – wird deutlich, dass sich der römische Westen durch eine weitreichende Verbreitung von Gütern auszeichnete, „nicht nur geographisch (mit Transportdistanzen von mehreren hundert Kilometern), sondern auch sozial (sodass sie nicht nur die Reichen, sondern auch ärmere Gruppen erreichten)“, wie Bryan Ward-Perkins ausführt. Im Gegensatz dazu wurde das „Ende der Komplexität“ ab dem 5. beziehungsweise 6. Jahrhundert durch eine Reduktion sowohl der lateralen (Distanzen überbrückenden) als auch vertikalen (alle Schichten der Gesellschaft erreichenden) Erstreckung der Konnektivität angezeigt, sodass „sogar in den wenigen Orten, so wie Rom, in denen Importe und Produktion außergewöhnlich lebhaft waren, das mittlere und untere Marktsegment für hochqualitative Güter vollkommen verschwunden war." Die „Zerstückelung des römischen Staates und das Ende der Sicherheit waren die wesentlichen Faktoren für die Zerstörung der komplexen Wirtschaft der Antike".[1] Eine solche Interpretation des Endes des weströmischen Systems impliziert ein bemerkenswertes Ausmaß an Interdependenz in den vorangegangenen Jahrhunderten, denn ansonsten hätte sein Zusammenbruch die wirtschaftliche Komplexität sogar relativ peripherer Regionen wie des römischen Britannien nicht so dramatisch beeinträchtigt.[2] Im Gegenteil wären nach dem Verschwinden des übergreifenden imperialen Rahmens isolierte, vielleicht autarke Cluster von Siedlungen erschienen, deren nur geringfügig reduzierter oder nach dem Ende der römischen Steuerlast sogar gestiegener Wohlstand vor allem auf ihrer inneren sozio-ökonomischen Dynamik basiert hätte, so wie vor der römischen Herrschaft. Offensichtlich war dies nicht der Fall und die Fragmente des früheren Systems waren alleine weniger als ihre Summe – wie man es für ein komplexes System erwarten konnte. Ward-Perkins erklärt zusammenfassend:

> „Eine zentrale und wesentliche Voraussetzung für das Verständnis des Niedergangs der römischen Wirtschaft ist (…) die Annahme, dass es sich um eine eng miteinander verflochtene Struktur handelte, in der Handel und regionale Spezialisierung sowie die Umverteilungsmacht des Staates alle eine wichtige Rolle spielten. Wenn wir die römische Wirtschaft (...) als eine Reihe von im Wesentlichen autonomen, lokalen Wirtschaftsräumen sehen, dann ist es äußerst schwer, die allgemeinen Entwicklungstendenzen zu verstehen, die ganze Regionen erfasst zu haben scheinen. Aber wenn wir akzeptieren, dass regionale und transmaritime Kontakte wichtig waren, dann ist es viel einfacher zu verstehen, wie sich diese komplexen Netzwerke langsam auflösen konnten."[3]

Auch in anderen Weltgegenden brachen Imperien auseinander – jenes der Han in China bereits im 3. Jahrhundert, das der Gupta in Indien

---

1 Ward-Perkins 2005, 88, 106–107 (Zitate); Ward-Perkins 2000, 348 f., 367 f. Vgl. auch McCormick 2001, 53–60, 778–783; Temin 2013.

2 Ward-Perkins 2000, 350–352.

3 Ward-Perkins 2000, 369–377; McCormick 2001, 782 f.; Temin 2013.

im 6. Jahrhundert –, jedoch traten insbesondere ab dem 7. Jahrhundert mit dem Kalifat im Westen und dem Imperium der Tang im Osten Afro-Eurasiens noch größere Formationen an ihre Stelle. Dazu gesellten sich die Fortsetzungen ‚alter' Imperien wie das Römische (Byzantinische) Reich im östlichen Mittelmeerraum oder neue Mitspieler wie die Kaiser von Tibet oder die Könige von Srivijaya in Südostasien. Diese Weltherrscher nahmen einander auch in ihren Ansprüchen wahr und unterhielten diplomatische Kontakte. Dabei vermengten sich erneut die politischen Netzwerke mit jenen des Handels oder der Religion, die von vorangegangenen imperialen Systemen profitiert hatten – etwa bei der Intensivierung der merkantilen Beziehungen und der Expansion des Buddhismus zwischen Indien, Zentralasien und China im Reich der Kuschana im 1. bis 3. Jahrhundert. Sie bestimmten nun wiederum die Ausrichtung der Achsen neuer imperialer Interessenspolitik mit, etwa im intensiven Bemühen der Tang um exotische Güter und buddhistische Reliquien aus Indien.[4] Trotz dieser weitreichenden und durchaus häufigen Kontakte wäre es aber vermessen, eine Interdependenz innerhalb eines spätantiken „Afro-Eurasischen Weltsystems" zwischen diesen Reichen anzunehmen – im Gegensatz zu den wechselseitigen Abhängigkeiten innerhalb der imperialen Systeme, so wie oben für das Weströmische Reich skizziert. Trotz diplomatischer Missionen, des Austausches von Geschenken und vorübergehender Bündnisse war die politische oder wirtschaftliche Dynamik in Byzanz oder Bagdad nicht von der Entscheidungsfindung in Chang'an abhängig oder umgekehrt. Was wir jedoch beobachten können, ist, wie zum Beispiel im türkisch-persisch-byzantinischen Allianz-Dreieck der 570er Jahre, ein ‚Weitersickern' von Auswirkungen politischer Umstürze von einem Ende Afro-Eurasiens zum anderen – mit einigen Verbänden der Rouran, die zu dieser Zeit nach dem Kollaps ihres Reiches in der Mongolei tatsächlich den ganzen Weg bis an die byzantinische Donaugrenze zurücklegten.[5]

Auch andere Gruppen waren über die ‚volle Distanz' mobil. Die Interaktionen und Kontakte, die stattfanden, beruhten in erheblichem Maße auf den Fernstrecken und Netzwerken, die von den Sogdiern und anderen ‚Handelsdiaspora-Gemeinschaften' etabliert wurden, wie auch im Fall der byzantinisch-türkischen Verhandlungen im 6. Jahrhundert.[6] Gleichzeitig reichten die Auswirkungen dieser Verflechtungen über den

4 Siehe Kapitel 2, 3 und 4.

5 Siehe Kapitel 2 und 6.

6 Siehe Kapitel 2 und 4. Vgl. auch Thierry/Morrisson 1994.

Kreis der Eliten hinaus. Sie veränderten die religiösen Vorstellungen, die agrarischen Praktiken, die kulinarischen Vorlieben, aber auch die Immunsysteme von weiten Teilen der Bevölkerung von Japan bis nach Ghana und von Skandinavien bis nach Mosambik. Eine globalgeschichtliche Perspektive auf die lange Spätantike ist deshalb kein Ausflug in ‚unendliche Weiten', der von den harten Fakten der vor allem bäuerlichen Arbeit in den Dörfern am Jangtsekiang, am Ganges, am Tigris, an der Donau oder am Niger ablenkt, sondern unmittelbar in den Alltag der Menschen vom Sklaven bis zum Kaiser hineinreicht. Dies gilt ebenso für die globalen Wechselwirkungen der Klimasysteme und ihre Einflüsse auf die natürliche Umwelt der Menschen.[7]

An all diesen Verflechtungen hatte auch der poströmische Westen Europas Anteil. So gelangten Materialien aus Indien selbst im 7. Jahrhundert noch über die Alpen und in Folge in mitteleuropäische Gräber, ebenso wie der Erreger der Pest.[8] Man zählte aber zu den Randgebieten dieses Systems und nicht zu den Zentren, von denen das kaiserzeitliche Rom noch eines gebildet hatte. Dessen war sich auch der Frankenkönig Karl (reg. 768–814) bewusst, nachdem er mit Gallien, Italien und Germanien wesentliche Teile des Weströmischen Reiches noch einmal vereint hatte und sich deshalb auf Augenhöhe mit den anderen Weltherrschern Afro-Eurasiens, wie sie sich im Thronsaal des Chosrau oder im Wandgemälde in Qusair 'Amra versammelten, wähnen konnte. Aus diesem Grund entbot er seine Gesandten an die zumindest unmittelbar benachbarten Imperien in Konstantinopel und in Bagdad, um seine Ansprüche anzumelden.[9] Doch zur selben Zeit hatten bereits andere Akteure abseits von Karl dem Großen ihre Netzwerke an die globalen Verflechtungen Afro-Eurasien angeknüpft. Neue Handelswege außerhalb des Mittelmeers eröffneten sich im 8./9. Jahrhundert über das osteuropäische Flusssystem vom Kalifat und Byzanz nach Nord- und Westeuropa, wo vor allem die Wikinger als Vermittler auftraten. Im Gegenzug für Edelmetall und Luxuswaren lieferte die westeuropäische Peripherie damals vor allem Pelze und Sklaven in die Zentren des Ostens.[10]

Den traditionellen mediterranen Routen, die das Land am Nil mit dem vormaligen Kernland des *Imperium Romanum* verbanden, folgen hingegen jene Händler aus Venedig, die im Jahr 828 den Hafen

---

7 Siehe Kapitel 3, 5 und 6.

8 Drauschke/Hilgner 2012; Wagner 2014; Thoresen 2017; Seland 2017.

9 Siehe Kapitel 1 und 2. Vgl. auch Riché 1994b.

10 Siehe Kapitel 4. Vgl. auch Hodges 2012; Wamers 2005.

von Alexandria in Ägypten anliefen. Doch trieb sie nicht nur das Streben nach Profit in das Kalifat. Heimlich raubten sie – so zumindest die Legende – die Gebeine ihres Stadtpatrons, des Apostels Markus, aus der Stadt und schmuggelten sie unter einer Kiste voller gepökeltem Schweinefleisch auf ihr Schiff – in der Hoffnung, dass sie damit den muslimischen Zöllner von einer zu genauen Kontrolle abhalten könnten. Symbolisiert wurde durch diese Übertragung eine dauerhaftere, erneut sowohl auf Handel als auch Religion gegründete Verbindung der Markusrepublik mit dem Orient, die eine Basis für ihren weiteren Aufstieg zur wirtschaftlichen Großmacht und für den Beginn einer neuen ökonomischen Dynamik in Italien und Westeuropa bilden sollte.[11] Aus der Sicht der großen Weltreiche und Handelsnetzwerke in Afro-Eurasien stellte Westeuropa aber nach wie vor die äußerste Peripherie dar, als mit Marco Polo (1254–1324) – neben anderen Reisenden und Missionaren – tatsächlich ein Venezianer den gesamten Weg bis nach China zurücklegte. Folgt man der Darstellung von Andre Gunder Frank (1929–2005), änderte sich selbst nach der Entdeckung Amerikas daran nichts bis zur Industriellen Revolution um 1800, also die längste Zeit der zwei nachchristlichen Millennien.[12]

Franks Ansichten sind zwar nicht unwidersprochen geblieben. Aber sie machen noch einmal deutlich, wie sehr wir des Blicks jenseits von Rom und Karl dem Großen bedürfen, auch wenn wir ihn eigentlich nur auf Europa richten möchten.

---

11 Feldbauer/Morrissey 2002; Wickham 2004.

12 Reichert 1992; Frank 2016.

Quellen und Literatur

Abbott u. a. 2014 = Dallas H. Abbott u. a., What Caused Terrestrial Dust Loading and Climate Downturns between A.D. 533 and 540?, in: Geological Society of America Special Papers 505 (2014), 421–437.

Abramson 2007 = Marc S. Abramson, Ethnic Identity in Tang China, Philadelphia 2007.

Abu Zayd al-Sirafi 2014 = Two Arabic Travel Books: Accounts of China and India and Mission to the Volga, übers. von Tim Mackintosh-Smith/James E. Montgomery, New York–London 2014, 1–161.

Achtman 2017 = Mark Achtman, Multiple Time Scales for Dispersals of Bacterial Disease over Human History, in: Nicole Boivin/Rémy Crassard/Michael Petraglia (Hg.), Human Dispersal and Species Movement. From Prehistory to the Present, Cambridge 2017, 454–476.

Adelaar/Himmelmann 2005 = Alexander Adelaar/Nikolaus P. Himmelmann, The Austronesian Languages of Asia and Madagascar, London 2005.

Adshead 2004 = Samuel Adrian M. Adshead, T'ang China. The Rise of the East in World History, Adshead 2004.

Akasoy 2016 = Anna Akasoy, Tibet in Islamic Geography and Cartography: A Survey of Arabic and Persian Sources, in: Anna Akasoy/Charles Burnett/Ronit Yoeli-Tlalim (Hg.), Islam and Tibet. Interactions along the Musk Routes, London–New York 2016, 17–41.

Akasoy/Yoeli-Tlalim 2007 = Anna Akasoy/Ronit Yoeli-Tlalim, Along The Musk Routes: Exchanges Between Tibet and the Islamic World, in: Asian Medicine 3 (2007), 217–240.

Akasoy u. a. 2016 = Anna Akasoy/Charles Burnett/Ronit Yoeli-Tlalim (Hg.), Islam and Tibet. Interactions along the Musk Routes, London–New York 2016.

Al-Balādhurī 2002 = Philip Khuri Hitti, The Origins of the Islamic State. Being a Translation from the Arabic accompanied with Annotations and geographic and historical Notes of the Kitâb Futûḥ al-Buldân of al-Imâm abu-l ʻAbbâs Ahmad ibn-Jâbir al-Balâdhuri, New Jersey 2002.

Albrecht/Daim/Herdick 2013 = Stefan Albrecht/Falko Daim/Michael Herdick (Hg.), Die Höhensiedlungen im Bergland der Krim. Umwelt, Kulturaustausch und Transformation am Nordrand des Byzantinischen Reiches, Mainz 2013.

Alizadeh 2014 = K. Alizadeh, Borderland Projects of Sasanian Empire: Intersection of Domestic and Foreign Policies, in: Journal of Ancient History 2 (2014) 2, 254–288.

Alram 2016 = Michael Alram, Das Antlitz des Fremden. Die Münzprägung der Hunnen und Westtürken in Zentralasien und Indien, Wien 2016.

al-Tabari 1999 = The History of al-Tabari Vol. 5: The Sasanids, the Byzantines, the Lakhmids, and Yemen, translated by Clifford Edmund Bosworth, New York 1999.

Althoff 2013 = Gert Althoff, Die Macht der Rituale. Symbolik und Herrschaft im Mittelalter, Darmstadt 2013.

Anderson 2014 = Eugene N. Anderson, Food and Environment in Early and Medieval China, Philadelphia 2014.

Arjava 2006 = Antti Arjava, The Mystery Cloud of 536 CE in the Mediterranean Sources, in: Dumbarton Oaks Papers 59 (2006), 73–94.

Arnold 2012 = David Arnold, Südasien (Neue Fischer Weltgeschichte 11), Frankfurt am Main 2012.

Aschoff 1984 = Volker Aschoff, Der byzantinische Feuertelegraph und Leon, der Mathematiker, Berlin–Heidelberg 1984.

Aslanian 2011 = Sebouh D. Aslanian, From the Indian Ocean to the Mediterranean: The Global Trade Networks of Armenian Merchants from New Julfa, Berkeley 2011.

Atwood 2015 = Christopher P. Atwood, Imperial Itinerance and Mobile Pastoralism. The State and Mobility in Medieval Inner Asia, in: Inner Asia 17 (2015), 293–349.

Azarnouche 2013 = Samra Azarnouche. Husraw ī Kawādān ud Rēdag-ē «Khosrow, fils de Kawād, et un page», texte pehlevi édité et traduit, Paris 2013.

Baccini/Brunner 2012 = Peter Baccini/Paul H. Brunner, Metabolisms of the Anthroposphere. Analysis, Evaluation, Design, Cambridge, Mass.–London 2012.

Bagnall 2007 = Roger S. Bagnall (Hg.), Egypt in the Byzantine World, 300–700, Cambridge 2007.

Baillie 2006 = Mike Baillie, New Light on the Black Death. The Cosmic Connection, Stroud 2006.

Ball 2016 = Warwick Ball, Rome in the East. The Transformation of an Empire, London–New York 2016.

Bangert 2007 = S. Bangert, Menas ampullae: A Case Study of Long-Distance Contacts, in: A. Harris (Hg.), Incipient Globalization? Long-Distance Contacts in the Sixth Century, Oxford 2007, 27–33.

Barfield 1989 = Thomas J. Barfield, The Perilous Frontier. Nomadic Empires and China, 221 BC to AD 1757, Cambridge, Mass.–Oxford 1989.

Barthel/Isendahl 2013 = Stephan Barthel/Christian Isendahl, Urban Gardens, Agriculture, and Water Management: Sources of Resilience for long-term Food Security in Cities, in: Ecological Economics 86 (2013), 224–234.

Baumer 2005 = Christoph Baumer, Frühes Christentum zwischen Euphrat und Jangtse. Eine Zeitreise entlang der Seidenstraße zur Kirche des Ostens, Stuttgart 2005.

Baumer 2012 = Christoph Baumer, The History of Central Asia. The Age of the Steppe Warriors, London–New York 2012.

Baumer 2014 = Christoph Baumer, The History of Central Asia. The Age of the Silk Road, London–New York 2014.

Bayly 2004 = Christopher A. Bayly, The Birth of the Modern World, 1780–1914, Oxford 2004.

Bechert/Gombrich 2000 = Heinz Bechert/Richard Gombrich (Hg.), Der Buddhismus. Geschichte und Gegenwart, München 2000.

Bechhaus-Gerst 2012 = Marianne Bechhaus-Gerst, Nubier, Beja, Griechen, Kopten und Araber in Dongola. Der Nordsudan als kosmopolitischer Raum im mittelalterlichen Jahrtausend, in: Michael Borgolte/Matthias M. Tischler (Hg.), Transkulturelle Verflechtungen im mittelalterlichen Jahrtausend. Europa, Ostasien, Afrika, Darmstadt 2012, 21–33.

Beckwith 1987 = Christopher I. Beckwith, The Tibetan Empire in Central Asia, Princeton 1987.

Beckwith 2009 = Christopher I. Beckwith, Empires of the Silk Road. A History of Central Eurasia from the Bronze Age to the Present, Princeton–Oxford 2009.

Behringer 2007 = Wolfgang Behringer, Kulturgeschichte des Klimas. Von der Eiszeit bis zur globalen Erwärmung, München 2007.

Behringer 2016 = Wolfgang Behringer, Tambora und das Jahr ohne Sommer: Wie ein Vulkan die Welt in die Krise stürzte, München 2016.

Benedictow 2010 = Ole J. Benedictow, What Disease was Plague? On the Controversy over the Microbiological Identity of Plague Epidemics of the Past, Leiden–Boston 2010.

Benn 2015 = James A. Benn, Tea in China: A Religious and Cultural History, Honolulu 2015.

Beševliev 1963 = Veselin Beševliev, Die protobulgarischen Inschriften, Berlin 1963.

Bielenstein 1996 = Hans Bielenstein, The Six Dynasties, Vol. I, Stockholm 1996.

Bielenstein 1997 = Hans Bielenstein, The Six Dynasties, Vol. II, Stockholm 1997.

Bielenstein 2005 = Hans Bielenstein, Diplomacy and Trade in the Chinese World 589–1276, Leiden–Boston 2005.

Boerner/Severgnini 2014 = Lars Boerner/Battista Severgnini, Epidemic Trade (London School of Economics Economic History Working Papers 212), London 2014.

Böhlig 1997 = Alexander Böhlig, Die Gnosis. Der Manichäismus, Düsseldorf–Zürich 1997.

Boivin 2017 = Nicole Boivin, Proto-Globalisation and Biotic Exchange in the Old World, in: Nicole Boivin/Rémy Crassard/Michael Petraglia (Hg.), Human Dispersal and Species Movement. From Prehistory to the Present, Cambridge 2017, 349–408.

Borell 2017 = Brigitte Borell, Gemstones in Southeast Asia and Beyond: Trade along the Maritime Networks, in: Alexandra Hilgner/Susanne Greiff/Dieter Quast (Hg.), Gemstones in the First Millennium AD. Mines, Trade, Workshops and Symbolism, Mainz 2017, 21–44.

Borgolte 1976 = Michael Borgolte, Der Gesandtenaustausch der Karolinger mit den Abbasiden und mit den Patriarchen von Jerusalem, München 1976.

Borgolte/Tischler 2012 = Michael Borgolte/Matthias M. Tischler (Hg.), Transkulturelle Verflechtungen im mittelalterlichen Jahrtausend. Europa, Ostasien, Afrika, Darmstadt 2012.

Börm 2007 = H. Börm, Prokop und die Perser. Untersuchungen zu den römisch-sasanidischen Kontakten in der ausgehenden Spätantike, Stuttgart 2007.

Bradley 2014 = Raymond S. Bradley, Paleoclimatology. Reconstructing Climates of the Quaternary, Amsterdam–Waltham–San Diego 2014.

Brooke 2014 = John L. Brooke, Climate Change and the Course of Global History. A Rough Journey, Cambridge 2014.

Brown 1993 = Delmer M. Brown (Hg.), The Cambridge History of Japan, Vol. 1: Ancient Japan, Cambridge 1993.

Brubaker 2005 = Rogers Brubaker, The 'Diaspora' Diaspora, in: Ethnic and Racial Studies 28 (2005) 1, 1–19.

Brubaker/Haldon 2011 = Leslie Brubaker/John Haldon, Byzantium in the Iconoclast Era, c. 680–850: a History, Cambridge 2011.

Bulliet 1979 = Richard W. Bulliet, Conversion to Islam in the Medieval Period: an Essay in quantitative History, Cambridge, Mass. 1979.

Bulliet 2009 = Richard W. Bulliet, Cotton, Climate, and Camels. A Moment in World History, New York 2009.

Büntgen u. a. 2011 = Ulf Büntgen u. a., 2500 Years of European Climate Variability and Human Susceptibility, in: Science 331 (2011), 578–583.

Büntgen u. a. 2016 = Ulf Büntgen u. a., Cooling and societal change during the Late Antique Little Ice Age from 536 to around 660 AD, in: Nature Geoscience 9 (2016), 231–236.

Busse 2004 = Heribert Busse, Chalif und Großkönig. Die Buyiden im Irak (945–1055), Beirut 2004.

Campagnolo-Pothitou 1995 = Maria Campagnolo-Pothitou, Les Échanges de prisonniers entre Byzance et l'islam aux IXe et Xe siècles, in: Journal of Oriental and African Studies 7 (1995), 1–56.

Campbell 2016 = Bruce M. S. Campbell, The Great Transition. Climate, Disease and Society in the Late-Medieval World, Cambridge 2016.

Canepa 2010a = Matthew P. Canepa, Distant Displays of Power: Understanding Cross-Cultural Interaction among the Elites of Rome, Sasanian Iran, and Sui-Tang China, in: Ars Orientalis 38 (2010), 121–154.

Canepa 2010b = Matthew P. Canepa, Two Eyes of the Earth: Competition and Exchange in the Art and Ritual of Kingship between Rome and Sasanian Iran, Berkeley–Los Angeles 2010.

Cappers 2006 = René T. J. Cappers, Roman Foodprints at Berenike. Archaeobotanical Evidence of Subsistence and Trade in the Eastern Desert of Egypt, Los Angeles 2006.

Carter 1998 = Martha L. Carter, Three Silver Vessels from Tibet's Earliest Historical Era: A Preliminary Study, in: Cleveland Studies in the History of Art 3 (1998), 22–47.

Carter 2008 = Robert A. Carter, Christianity in the Gulf during the first centuries of Islam, in: Arabian Archaeology and Epigraphy 19 (2008), 71–108.

Charanis 1963 = Peter Charanis, The Armenians in the Byzantine Empire, in: Byzantinoslavica 22 (1961), 196–240.

Chaudhuri 1985 = Kirti Narayan Chaudhuri, Trade and Civilisation in the Indian Ocean. An Economic History from the Rise of Islam to 1750, Cambridge 1985.

Chen 2003/2004 = Zhi-Qiang Chen, The Sources of Roman-Greek World in Ancient and Medieval Chinese texts (1st cent. BC–19th cent. AD), in: Istorikogeographika 10 (2003–2004), 255–434.

Cheyette 2008 = Fredric L. Cheyette, The Disappearance of the Ancient Landscape and the Climatic Anomaly of the Early Middle Ages: A Question to be pursued, in: Early Medieval Europe 16 (2008) 2, 127–165.

Christensen 1993 = Peter Christensen, The Decline of Iranshahr: Irrigation and Environments in the History of the Middle East, 500 B.C. to A.D.1500, Kopenhagen 1993.

Christian 2000 = David Christian, Silk Roads or Steppe Roads? The Silk Roads in World History, in: Journal of World History 11 (2000) 1, 1–26.

Coedès/Sheldon 2010 = George Coedès/John Sheldon, Texts of Greek and Latin Authors on the Far East, from the 4th C. BCE to the 14th C. CE, Turnhout 2010.

Cohen 2008 = Robin Cohen, Global Diasporas. An Introduction, London–New York 2008.

Collins 1989 = Roger Collins, The Arab Conquest of Spain 710–797, Oxford 1989.

Compareti 2009 = Matteo Compareti, Samarcanda centro del mondo. Proposte di lettura del ciclo pittorico di Afrāsyāb, Milano–Udine 2009.

Connah 2016 = Graham Connah, African Civilizations. An Archaeological Perspective, Cambridge 2016.

Cook 2013 = Edward R. Cook, Megadroughts, ENSO, and the Invasion of Late-Roman Europe by the Huns and Avars, in: William V. Harris (Hg.), The Ancient Mediterranean Environment between Science and History (Columbia Studies in the Classical Tradition 39), Leiden–Boston 2013, 89–102.

Cook u. a. 2015 = Edward R. Cook u. a., Old World Megadroughts and Pluvials during the Common Era, in: Science Advance (November 2015), online: DOI: 10.1126/sciadv.1500561.

Cooper 2014 = John P. Cooper, The Medieval Nile. Route, Navigation, and Landscape in Islamic Egypt, Cairo–New York 2014.

Crone 1980 = Patricia Crone, Slaves on Horses. The Evolution of the Islamic Polity, Cambridge 1980.

Crone 2012 = Patricia Crone, The Nativist Prophets of Early Islamic Iran. Rural Revolt and local Zoroastrianism, Cambridge 2012.

Crow/Bardill/Bayliss 2008 = James Crow/Jonathan Bardill/Richard Bayliss, The Water Supply of Byzantine Constantinople, London 2008.

Cunliffe 2015 = Barry Cunliffe, By Steppe, Desert, and Ocean. The Birth of Eurasia, Oxford 2015.

Curta 2006 = Florin Curta, Southeastern Europe in the Middle Ages 500–1250, Cambridge 2006.

Curta 2013 = Florin Curta, Markets in Tenth-Century al-Andalus and Volga Bulghāria: Contrasting Views of Trade in Muslim Europe, in: Al-Masāq 25 (2013) 3, 305–330.

Curtin 1984 = Philip D. Curtin, Cross-Cultural Trade in World History, Cambridge 1984.

Cutler 2001 = Anthony Cutler, Gifts and Gift Exchange as Aspects of the Byzantine, Arab, and Related Economies, in: Dumbarton Oaks Papers 55 (2001), 247–278.

Dagron/Riché/Vauchez 1994 = Gilbert Dagron/Pierre Riché/André Vauchez (Hg.), Bischöfe. Mönche und Kaiser (642–1054) (Die Geschichte des Christentums 4), Freiburg 1994.

Dähne 2017 = Burkart Dähne, Karabalgasun – Stadt der Nomaden: Die archäologischen Ausgrabungen in der frühuigurischen Hauptstadt 2009–2011, Wiesbaden 2017.

Daim 2000 = Falko Daim (Hg.), Die Awaren am Rand der byzantinischen Welt. Studien zu Diplomatie, Handel und Technologietransfer im Frühmittelalter, Innsbruck 2000.

Daim 2001 = Falko Daim, Byzantine belts and Avar birds. Diplomacy, trade and cultural transfer in the eighth Century, in: Walter Pohl/Ian Wood/Helmut Reimitz (Hg.), The Transformation of Frontiers, Leiden 2001, 143–188.

Dalby 1979 = Michael T. Dalby, Court politics in late T'ang times, in: Denis Twitchett (Hg.), The Cambridge History of China Vol. 3: Sui and T'ang China, 589–906, Part I, Cambridge 1979.

Dark 2007 = Ken R. Dark, Globalizing Late Antiquity: Models, Metaphors and the Realities of Long-Distance Trade and Diplomacy, in: Anthea Harris (Hg.), Incipient Globalization? Long-Distance Contacts in the Sixth Century, Oxford 2007, 3–14.

Darley 2013 = Rebecca R. Darley, Indo-Byzantine Exchange, 4th to 7th Centuries: A Global History, Dissertation Univ. Birmingham 2013.

Daryaee 2003 = Touraj Daryaee, The Persian Gulf Trade in Late Antiquity, in: Journal of World History 14 (2003) 1, 1–16.

Daryaee 2009 = Touraj Daryaee, Sasanian Persia. The Rise and Fall of an Empire, London 2009.

Davies 2005 = John K. Davies, Linear and Nonlinear Flow Models for Ancient Economies, in: Joseph Gilbert Manning/Ian Morris (Hg.), The Ancient Economy. Evidence and Models, Stanford 2005, 127–156.

De Administrando Imperio 1995 = Klaus Belke/Peter Soustal, Die Byzantiner und ihre Nachbarn. Die De Administrando Imperio genannte Lehrschrift des Kaisers Konstantinos Porphyrogennetos (Byzantinische Geschichtsschreiber 19), Wien 1995.

Decker 2009a = Michael K. Decker, Plants and Progress: Rethinking the Islamic Agricultural Revolution, in: Journal of World History 20 (2009), 187–206.

Decker 2009b = Michael K. Decker, Tilling the Hateful Earth. Agricultural Production and Trade in the Late Antique East, Oxford 2009.

Decker 2016 = Michael J. Decker, The Byzantine Dark Ages, London–New York 2016.

de la Vaissière/Trombert 2004 = Étienne de La Vaissière/Éric Trombert, Des Chinois et des Hu: Migrations et intégration des Iraniens orientaux en milieu chinois durant le haut Moyen Âge, in: Annales. Histoire, Sciences Sociales 59 (2004), 931–969.

de la Vaissière 2005 = Étienne de La Vaissière, Sogdian Traders: A History, Leiden 2005.

de la Vaissière 2007 = Étienne de La Vaissière, Samarcande et Samarra. Élites d'Asie centrale dans l'empire abbasside, Paris 2007.

Demandt 2007 = Alexander Demandt, Die Spätantike. Römische Geschichte von Diocletian bis Justinian 284–565 n. Chr., München 2007.

Devahuti 2001 = D. Devahuti, Harsha. A Political Study, New Delhi 2001.

Dick 1994 = Ignatius Dick, Les Melkites, Brüssel 1994.

di Cosmo 2015 = Nicola di Cosmo, China-Steppe Relations in Historical Perspective, in: Jan Bemmann/Michael Schmauder (Hg.), Complexity and Interaction along the Eurasian Steppe Zone in the First Millennium CE, Bonn 2015, 49–72.

di Cosmo/Oppenheimer/Büntgen 2017 = Nicola di Cosmo/Clive Oppenheimer/ Ulf Büntgen, Interplay of Environmental and Socio-political Factors in the Downfall of the Eastern Türk Empire in 630 CE, in: Climatic Change (November 2017), 1–13.

Dimitroukas 1997 = Ioannis Ch. Dimitroukas, Reisen und Verkehr im Byzantinischen Reich vom Anfang des 6. Jhr. bis zur Mitte des 11. Jhr., Athen 1997.

Ditten 1993 = H. Ditten, Ethnische Verschiebungen zwischen der Balkanhalbinsel und Kleinasien vom Ende des 6. bis zur zweiten Hälfte des 9. Jahrhunderts (Berliner Byzantinische Arbeiten 59), Berlin 1993.

Dobrovolný u. a. 2015 = P. Dobrovolný u. a., A Tree-ring Perspective on Temporal Changes in the Frequency and Intensity of Hydroclimatic Extremes in the Territory of the Czech Republic since 761 AD, in: Climate of the Past 11 (2015), 1453–1466.

Donner 1981 = Fred M. Donner, The Early Islamic Conquests, Princeton 1981.

Dörler/Preiser-Kapeller 2012 = Philipp Dörler/Johannes Preiser-Kapeller, Justinian und die Osmanen. Byzanz im österreichischen Schulbuch von 1771 bis in die Gegenwart, in: Foteini Kolovou (Hg.), Byzanzrezeption in Europa. Spurensuche über das Mittelalter und die Aufklärung bis in die Gegenwart, Berlin–Boston 2012, 313–345.

Drauschke 2007 = Jörg Drauschke, „Byzantine“ and „Oriental“ Imports in the Merovingian Empire from the Second Half of the Fifth to the Beginning of the Eighth Century, in: Anthea Harris (Hg.), Incipient Globalization? Long-Distance Contacts in the Sixth Century, Oxford 2007, 53–73.

Drauschke 2010 = Jörg Drauschke, Byzantine Jewellery? Amethyst Beads in East and West during the Early Byzantine Period, in: Chris Entwistle/Noël Adams (Hg.), Intelligible Beauty: Recent Research on Byzantine Jewellery, London 2010, 50–60.

Drauschke 2011 = Jörg Drauschke, Zwischen Handel und Geschenk – Studien zur Distribution von Objekten aus dem Orient, aus Byzanz und aus Mitteleuropa im östlichen Merowingerreich, Rahden/Westf. 2011.

Drauschke/Hilgner 2012 = Jörg Drauschke/Alexandra Hilgner, Karfunkelstein und Elfenbein – Fernhandel im frühen Mittelalter, in: Archäologie in Deutschland 3 (2012), 30–34.

Drompp 2005 = Michael R. Drompp, Tang China and the Collapse of the Uighur Empire: A Documentary History, Leiden 2005.

Eich 2014 = Armin Eich, Die römische Kaiserzeit. Die Legionen und das Imperium, München 2014.

El Cheikh 2004 = Nadia Maria El Cheikh, Byzantium viewed by the Arabs, Cambridge, Mass. 2004.

Elfasi/Hrbek 1988 = Mohammed Elfasi/Ivan Hrbek (Hg.), General History of Africa III: Africa from the Seventh to the Eleventh Century, Paris–London 1988.

Ellenblum 2012 = Ronnie Ellenblum, The Collapse of the Eastern Mediterranean. Climate Change and the Decline of the East, 950–1072, Cambridge 2012.

Ellerbrock/Winkelmann 2012 = Uwe Ellerbrock/Sylvia Winkelmann, Die Parther. Die vergessene Großmacht, Darmstadt–Mainz 2012.

Elvin 2004 = Mark Elvin, The Retreat of the Elephants. An Environmental History of China, New Haven–London 2004.

Eparchenbuch 1991 = Das Eparchenbuch Leons des Weisen, Einführung, Edition, Übersetzung und Indices v. Johannes Koder (Corpus Fontium Historiae Byzantinae 32), Wien 1991.

Ertl 2006 = Thomas Ertl, Silkworms, Capital and Merchant Ships: European Silk Industry in the Medieval World Economy, in: The Medieval History Journal 9 (2006) 2, 243–270.

Ettel u. a. 2014 = Peter Ettel u. a. (Hg.), Großbaustelle 793. Das Kanalprojekt Karls des Großen zwischen Rhein und Donau, Mainz 2014.

Farris 1985 = William W. Farris, Population, Disease, and Land in Early Japan, 645–900, Cambridge 1985.

Farrokh 2017 = Kaveh Farrokh, The Armies of Ancient Persia: The Sassanians, Barnsley 2017.

Fauvelle 2017 = François-Xavier Fauvelle, Das goldene Rhinozeros. Afrika im Mittelalter, München 2017.

Feldbauer 1995 = Peter Feldbauer, Die islamische Welt 600–1250. Ein Frühfall von Unterentwicklung?, Wien 1995.

Feldbauer/Morrissey 2002 = Peter Feldbauer/John Morrissey, Venedig 800–1600. Wasservögel als Weltmacht (Expansion – Interaktion – Akkulturation 1), Wien 2002.

Feldbauer/Liedl 2008 = Peter Feldbauer/Gottfried Liedl, Die islamische Welt 1000 bis 1517: Wirtschaft. Gesellschaft. Staat (Expansion – Interaktion – Akkulturation 14), Wien 2008.

Feltham 2009 = Heleanor B. Feltham, Justinian and the International Silk Trade, in: Sino-Platonic Papers 194 (2009), 1–43.

Feltham 2010 = Heleanor B. Feltham, Lions, Silks and Silver: The Influence of Sasanian Persia, in: Sino-Platonic Papers 206 (2010) 1–48.

Ferrier 2015 = Cédric Ferrier, L'Inde des Gupta (IVe–VI siécle), Paris 2015.

Feuchter 2016 = Jörg Feuchter, Über die Herausforderung der Geschichtswissenschaft durch die Genetik: Zwölf Thesen zur „Genetic History", 2016 online: https://mittelalter.hypotheses.org/7629 [25.11.2017].

Fiey 1993 = Jean Maurice Fiey, Pour un Oriens Christianus Novus. Répertoire des diocèses syriaques orientaux et occidentaux, Beirut 1993.

Finneran 2007 = Niall Finneran, Ethiopian Christian material culture: the international context. Aksum, the Mediterranean and the Syriac worlds in the Fifth to Seventh Centuries, in: Anthea Harris (Hg.), Incipient Globalization? Long-Distance Contacts in the Sixth Century, Oxford 2007, 75–89.

Firdausī 2006 = Abolqasem Ferdowsi, Schahnameh. The Persian Book of Kings, transl. by Dick Davis, London 2006.

Flach 1990 = Dieter Flach, Römische Agrargeschichte, München 1990.

Fleitmann u. a. 2007 = Dominik Fleitmann u. a., Holocene ITCZ and Indian Monsoon Dynamics Recorded in Stalagmites from Oman and Yemen (Socotra), in: Quaternary Science Reviews 26 (2007), 170–188.

Fletcher 1995 = Roland Fletcher, The Limits of Settlement Growth. A Theoretical Outline, Cambridge 1995.

Foltz 2010a = Richard Foltz, Religions of the Silk Road. Premodern Patterns of Globalization, New York 2010.

Foltz 2010b = Richard Foltz, Buddhism in the Iranian World, in: The Muslim World 100/2–3 (2010), 204–214.

Forman 2014 = Richard T. T. Forman, Urban Ecology. Science of Cities, Cambridge 2014.

Fowden 2004 = Garth Fowden, Quṣayr 'Amra: Art and the Umayyad Elite in late antique Syria, Berkeley–Los Angeles–London 2004.

Frank 2016 = Andre Gunder Frank, ReOrient: Globalgeschichte im Asiatischen Zeitalter, Wien 2016.

Frankopan 2016 = Peter Frankopan, Licht aus dem Osten. Eine neue Geschichte der Welt, Berlin 2016.

Fraser 1995 = Angus Fraser, The Gypsies, Oxford 1995.

Frye 1972 = Richard N. Frye, Byzantine and Sasanian Trade Relations with Northeastern Russia, in: Dumbarton Oaks Papers 26 (1972), 263–269.

García Vargas 2011 = Enrique García Vargas, Oriental Trade in the Iberian Peninsula during Late Antiquity (4th–7th Centuries AD): An Archaeological Perspective, in: David Hernández de la Fuente (Hg.), New Perspectives on Late Antiquity, Cambridge 2011, 76–117.

Garsoïan 1998 = Nina Garsoïan, L'église arménienne et le grand schisme d'Orient, Louvain 1998.

Garsoïan 2005 = Nina Garsoïan, Persien: Die Kirche des Ostens, in: Luce Pietri (Hg.), Der lateinische Westen und der byzantinische Osten (431–642) (Die Geschichte des Christentums 3), Freiburg–Basel–Wien 2005, 1161–1186.

Gaube/Leisten 1993 = Heinz Gaube/Thomas Leisten, Kernländer des 'Abbāsidenreiches im 10./11. Jh. Materialien zur TAVO-Karte B VII 6, Wiesbaden 1993.

Geary u. a. 2015 = Patrick J. Geary u. a., Courtly Cultures: Western Europe, Byzantium, the Islamic World, India, China, and Japan, in: Benjamin Z. Kedar/Merry E. Wiesner-Hanks (Hg.), The Cambridge World History Vol. V: Expanding Webs of Exchange and Conflict, 500 CE–1500 CE, Cambridge 2015, 179–205.

Gebre Selassie 2011 = Yohannes Gebre Selassie, Plague as a Possible Factor for the Decline and Collapse of the Aksumite Empire: A New Interpretation, in: Ityopis. Northeast African Journal of Social Sciences and Humanities 1 (2011), 36–61.

Genaust 1989 = Helmut Genaust, Etymologisches Wörterbuch der botanischen Pflanzennamen, Basel 1989.

Gernet 1995 = Jacques Gernet, Buddhism in Chinese Society: An Economic History from the Fifth to the Tenth Centuries, New York 1995.

Gilbert 2017 = Marc Jason Gilbert, South Asia in World History, Oxford 2017.

Glaser 2008 = Rüdiger Glaser, Klimageschichte Mitteleuropas. 1200 Jahre Wetter, Klima, Katastrophen, Darmstadt 2008.

Goitein/Friedman 2008 = Shlomo D. Goitein/Mordechai Akiva Friedman, India Traders of the Middle Ages. Documents from the Cairo Geniza ('India Book'), Leiden–Boston 2008.

Goldberg 2012 = Jessica L. Goldberg, Trade and Institutions in the Medieval Mediterranean. The Geniza Merchants and their Business World, Cambridge 2012.

Golden/Ben-Shammai/Róna-Tas 2007 = Peter B. Golden/Haggai Ben-Shammai/András Róna-Tas (Hg.), The World of the Khazars. New Perspectives, Leiden–Boston 2007.

Gonneau/Lavrov 2012 = Pierre Gonneau/Aleksandr Lavrov, Des Rhôs à la Russie. Histoire de l'Europe orientale 730–1689, Paris 2012.

Gordon 2000 = Matthew S. Gordon, The Breaking of a Thousand Swords: A History of the Turkish Military of Samarra (A.H. 200–275/815–889 C.E.), New York 2000.

Gräslund/Price 2012 = Bo Gräslund/Neil Price, Twilight of the Gods? The 'Dust Veil Event' of AD 536 in Critical Perspective, in: Antiquity 332 (2012), 428–443.

Gray 1963 = Basil Gray, Persian Influence on Chinese Art from the Eighth to the Fifteenth Centuries, in: Iran 1 (1963), 13–18.

Greatrex/Lieu 2002 = Geoffrey Greatrex/Samuel N. C. Lieu, The Roman Eastern Frontier and the Persian Wars. Part II: A.D. 363–630. A narrative Sourcebook, London–New York 2002.

Green 2017a = Caitlin R. Green, A very long Way from Home: early Byzantine Finds at the Far Ends of the World, 2017 online: http://www.caitlingreen.org/2017/03/a-very-long-way-from-home.html [25.11.2017].

Green 2017b = Caitlin R. Green, Sasanian Finds in Early Medieval Britain and Beyond: Another Global Distribution from Late Antiquity, 2017 online: http://www.caitlingreen.org/2017/07/sasanian-finds-in-early-medieval-britain.html [25.11.2017].

Green 2017c = Caitlin R. Green, Saharan and trans-Saharan Contacts and Trade in the Roman Era, 2017 online: http://www.caitlingreen.org/2017/10/saharan-and-trans-saharan-contacts.html [25.11.2017].

Greenwood 2009 = Tim Greenwood, Armenian Neighbours, in: Jonathan Shepard (Hg.), The Cambridge History of the Byzantine Empire c.500–1492, Cambridge 2009, 333–364.

Greenwood 2011 = Tim Greenwood, A Reassessment of the Life and mathematical Problems of Anania Širakac'i, in: Revue des Études Arméniennes N. S. 33 (2011), 131–186.

Gregor von Tours 1937 = Scriptores rerum Merovingicarum 1,1: Gregorii Turonensis Opera. Teil 1: Libri historiarum X, ed. Bruno Krusch/Wilhelm Levison, Hannover 1937.

Greif 2006 = Avner Greif, Institutions and the Path to the Modern Economy: Lessons from Medieval Trade, Cambridge 2006.

Guisso 1979 = Richard W. L. Guisso, The Reigns of Empress Wu, Chung-tsung and Jui-tsung (684–712), in: Denis Twitchett (Hg.), The Cambridge History of China, Vol. 3: Sui and T'ang China, 589–906, Part I, Cambridge 1979, 290–332.

Gunn 2000 = Joel D. Gunn (Hg.): The Years without Summer. Tracing A.D. 536 and its Aftermath, Oxford 2000.

Gurukkal 2016 = Rajan Gurukkal, Rethinking Classical Indo-Roman Trade. Political Economy of Eastern Mediterranean Exchange Relations, New Delhi 2016.

Haldon 1995 = John F. Haldon, Strategies of Defence, Problems of Security: the Garrisons of Constantinople in the Middle Byzantine Period, in: Cyril Mango/Gilbert Dagron (Hg.), Constantinople and its Hinterland. Papers from the 27th Spring Symposium of Byzantine Studies, Aldershot 1995, 143–155.

Haldon u. a. 2014 = John F. Haldon u. a., The Climate and Environment of Byzantine Anatolia: Integrating Science, History, and Archaeology, in: Journal of Interdisciplinary History 45 (2014) 2, 113–161.

Haldon 2016 = John F. Haldon, The Empire That Would Not Die. The Paradox of Eastern Roman Survival, 640–740, Harvard 2016.

Hall 2011= Kenneth R. Hall, A History of Early Southeast Asia: Maritime Trade and Societal Development, 100–1500, Lanham 2011.

Hansen 2017 = Valerie Hansen, The Silk Road. A New History with Documents, Oxford 2017.

Harper 2017 = Kyle Harper, The Fate of Rome. Climate, Disease and the End of an Empire, Princeton–Oxford 2017.

Harris 2007 = Anthea Harris, Britain and China at opposite Ends of the World? Archaeological Methodology and Long-Distance Contacts in the Sixth Century, in: Anthea Harris (Hg.), Incipient Globalization? Long-Distance Contacts in the Sixth Century, Oxford 2007, 91–104.

Harris 2013 = William V. Harris (Hg.), The Ancient Mediterranean Environment between Science and History (Columbia Studies in the Classical Tradition 39), Leiden–Boston 2013.

Hawkes/Wynne-Jones 2015 = Jason D. Hawkes/Stephanie Wynne-Jones, India in Africa: Trade goods and connections of the late first millennium, in: Afriques 06 (2015), online: https://afriques.revues.org/1752 [25.11.2017].

Heers 2007 = Jacques Heers, Les négriers en terres d'islam, VIIe–XVIe siècle, Paris 2007.

Heidemann 2006 = Stefan Heidemann, The Citadel of al-Raqqa and Fortifications in the Middle Euphrates, in: Hugh Kennedy (Hg.), Muslim Military Architecture in Greater Syria. From the Coming of Islam to the Ottoman Period, Leiden–Boston 2006, 122–150.

Hemer 2013 = Katie A. Hemer u. a., Evidence of Early Medieval Trade and Migration between Wales and the Mediterranean Sea Region, in: Journal of Archaeological Science 40 (2013) 2352–2359.

Henning 2007 = Joachim Henning (Hg.), Post-Roman Towns, Trade and Settlement in Europe and Byzantium: Byzantium, Pliska, and the Balkans, Berlin–New York 2007.

Hermitage Amsterdam 2014 = Hermitage Amsterdam (Hg.), Expedition Silkroad. Journey to the West. Treasures from the Hermitage, St. Petersburg–Amsterdam 2014.

Hilgner/Greiff/Quast 2017 = Alexandra Hilgner/Susanne Greiff/Dieter Quast (Hg.), Gemstones in the First Millennium AD. Mines, Trade, Workshops and Symbolism, Mainz 2017.

Hodges 2012 = Richard Hodges, Dark Age Economics. A New Audit, Bristol 2012.

Hoffmann 2009 = Tobias Hoffmann: Diplomatie in der Krise. Liutprand von Cremona am Hofe Nikephoros II. Phokas, in: Frühmittelalterliche Studien 43 (2009), 113–178.

Hoffmann 2014 = Richard Hoffmann, An Environmental History of Medieval Europe, Cambridge 2014.

Horton/Middleton 2000 = Mark Horton/John Middleton, The Swahili, Oxford–Malden 2000.

Horton u. a. 2017 = Mark Horton u. a., East Africa as a Source for Fatimid Rock Crystal. Workshops from Kenya to Madagascar, in: Alexandra Hilgner/Susanne Greiff/Dieter Quast (Hg.), Gemstones in the First Millennium AD. Mines, Trade, Workshops and Symbolism, Mainz 2017, 103–118.

Hourani 1995 = George F. Hourani, Arab Seafaring in the Indian Ocean in Ancient and Early Medieval Times, Princeton 1995.

Houston 2000 = Margaret S. Houston, Chinese Climate, History, and State Stability in AD 536, in: Joel D. Gunn (Hg.): The Years without Summer. Tracing A.D. 536 and its Aftermath, Oxford 2000, 71–77.

Howard-Johnston 1995 = James Howard-Johnston, The Siege of Constantinople in 626, in: Cyril Mango/Gilbert Dagron (Hg.), Constantinople and its Hinterland. Papers from the 27th Spring Symposium of Byzantine Studies, Aldershot 1995, 131–142.

Howard-Johnston 2010 = James Howard-Johnston, Witnesses to a World Crisis. Historians and Histories of the Middle East in the Seventh Century, Oxford 2010.

Howard-Johnston 2017 = James Howard-Johnston, The India Trade in Late Antiquity, in: Eberhard W. Sauer (Hg.), Sasanian Persia. Between Rome and the Steppes of Eurasia, Edinburgh 2017, 284–304.

Hoyland 2015 = Robert G. Hoyland, In God´s Path. The Arab Conquests and the Creation of an Islamic Empire, Oxford 2015

Humphreys 2017 = Mike Humphreys, The Laws of the Isaurian Era: The Ecloga and its Appendices, Liverpool 2017.

Hurbanic 2010 = Martin Hurbanic, Historia a mytus: avarsky utok na Konstantinopol roku 626 v lengendach, Presov 2010

Ibn Fadlan 2012 = Ibn Fadlān and the Land of Darkness. Arab Travellers in the Far North, transl. by Paul Lunde/Caroline Stone, London 2012

Ibn Fadlan 2014 = Two Arabic Travel Books: Accounts of China and India and Mission to the Volga, übers. von Tim Mackintosh-Smith/James E. Montgomery, New York–London 2014, 165–297.

Ierusalimskaja 1996 = A. A. Ierusalimskaja, Die Gräber der Moščevaja Balka: Frühmittelalterliche Funde an der nordkaukasischen Seidenstraße, München 1996.

Isidor von Sevilla 2008 = Die Enzyklopädie des Isidor von Sevilla, übersetzt und mit Anmerkungen versehen von Lenelotte Möller, Wiesbaden 2008.

Izdebski 2013 = Adam Izdebski, A Rural Economy in Transition. Asia Minor from Late Antiquity into the Early Middle Ages, Warschau 2013.

Izdebski/Pickett/Roberts/Waliszewski 2016 = Adam Izdebski/Jordan Pickett/Neil Roberts/Tomasz Waliszewski, The Environmental, Archaeological and Historical Evidence for Regional Climatic Change and their societal Impacts in the Eastern Mediterranean in Late Antiquity, in: Quaternary Science Reviews 136 (2016), 189–208.

Jacoby 2004 = David Jacoby, Silk Economics and Cross-Cultural Artistic Interaction: Byzantium, the Muslim World, and the Christian West, in: Dumbarton Oaks Papers 58 (2004), 197–240.

Jankowiak 2012 = Marek Jankowiak, Dirhams for Slaves. Investigating the Slavic Slave Trade in the Tenth Century, 2012 online: http://www.medievalists.net/2016/02/dirhams-for-slaves-investigating-the-slavic-slave-trade-in-the-tenth-century/ [25.11.2017].

Jesch 2015 = Judith Jesch, The Viking Diaspora, London–New York 2015.

Johne 2008 = Klaus-Peter Johne (Hg.), Die Zeit der Soldatenkaiser: Krise und Transformation des Römischen Reiches im 3. Jahrhundert n. Chr. (235–284), Berlin 2008.

Jones 2016 = Adam Jones, Afrika bis 1850 (Neue Fischer Weltgeschichte 19), Frankfurt am Main 2016.

Kaegi 1992 = Walter E. Kaegi, Byzantium and the early Islamic Conquest, Cambridge 1992.

Kaegi 2003 = Walter E. Kaegi, Heraclius, Emperor of Byzantium, Cambridge 2003.

Karashima 2014 = Noboru Karashima (Hg.), A Concise History of South India. Issues and Interpretations, Delhi 2014.

Kardaras 2010 = Georgios Th. Kardaras, Το Βυζάντιο και οι Άβαροι (ΣΤ ´-Θ ´ αι.). Πολιτικές, διπλωματικές και πολιτισμικές σχέσεις, Athen 2010.

Karev 2015 = Yury Karev, Samarqand et le Sughd à l'époque 'abbāsside. Histoire politique et sociale, Paris 2015.

Kayser u. a. 2010 = Fritz H. Kayser u. a., Medizinische Mikrobiologie, Stuttgart 2010.

Kedar/Wiesner-Hanks 2015 = Benjamin Z. Kedar/Merry E. Wiesner-Hanks (Hg.), The Cambridge World History Vol. V: Expanding Webs of Exchange and Conflict, 500 CE–1500 CE, Cambridge 2015.

Kegel 2013 = Bernhard Kegel, Die Ameise als Tramp. Von biologischen Invasoren, München 2013.

Kegel 2015 = Bernhard Kegel, Die Herrscher der Welt: wie Mikroben unser Leben bestimmen, Köln 2015.

Kennedy 2005 = Hugh Kennedy, When Baghdad ruled the Muslim World. The Rise and Fall of Islam´s Greatest Dynasty, Cambridge 2005.

Kennedy 2011 = Hugh Kennedy, The Feeding of the five Hundred Thousand: Cities and Agriculture in Early Islamic Mesopotamia, in: Iraq 73 (2011), 177–199.

Kennet 2007 = Derek Kennet, The Decline of Eastern Arabia in the Sasanian Period, in: Arabian Archaeology and Epigraphy 18 (2007), 86–122.

Keshani 2004 = Hussein Keshani, The Abbasid Palace of Theophilus: Byzantine Taste for the Arts of Islam, in: Al-Masāq 16 (2004) 1, 75–91.

Keys 1999 = David Keys: Als die Sonne erlosch. 535 n. Chr.: Eine Naturkatastrophe verändert die Welt, München 1999.

Khazanov 2015 = Anatoly M. Khazanov, Pastoral Nomadic Migrations and Conquests, in: Benjamin Z. Kedar/Merry E. Wiesner-Hanks (Hg.), The Cambridge World History Vol. V: Expanding Webs of Exchange and Conflict, 500 CE–1500 CE, Cambridge 2015, 359–382.

King 2016 = Anya King, Tibetan Musk and Medieval Arab Perfumery, in: Anna Akasoy/Charles Burnett/Ronit Yoeli-Tlalim (Hg.), Islam and Tibet. Interactions along the Musk Routes, London–New York 2016, 145–161.

Kislinger/Stathakopoulos 1999 = Ewald Kislinger/Dionysios Stathakopoulos, Pest und Perserkriege bei Prokop. Chronologische Überlegungen zum Geschehen 540-545, in: Byzantion 69 (1999), 76–98.

Kislinger 2001 = Ewald Kislinger, Regionalgeschichte als Quellenproblem. Die Chronik von Monembasia und das sizilianische Demenna. Eine historisch-topographische Studie, Wien 2001.

Koder 1993 = Johannes Koder, Gemüse in Byzanz. Die Versorgung Konstantinopels mit Frischgemüse im Lichte der Geoponika (Byzantinische Geschichtsschreiber, Ergänzungsband 3), Wien 1993.

Koder 2012 = Johannes Koder, Regional Networks in Asia Minor during the Middle Byzantine Period (Seventh–Eleventh Centuries). An Approach, in: Cecile Morrisson (Hg.), Trade and Markets in Byzantium, Washington, D.C. 2012, 147–175.

Koder 2016 = Johannes Koder, Die Byzantiner. Kultur und Alltag im Mittelalter, Wien–Köln–Weimar 2016.

Kominko 2013 = Maja Kominko, The World of Kosmas: Illustrated Byzantine Codices of the Christian Topography, Cambridge 2013.

Kordoses 2008 = Michael S. Kordoses, T'ang China, the Chinese Nestorian Church and "Heretical" Byzantium (AD 618–845), in: Istorikogeographika 11–12 (2008), 154–463.

Kordoses 2012 = Stephanos Kordoses, Οι Τούρκοι ανάμεσα στην Κίνα και το Βυζάντιο (552–659 μ.Χ.). Ο ρόλος τους στην ευρασιατική πολιτική, διπλωματία και στρατηγική, Athen 2012.

Krahl/Guy/Wilson/Raby 2010 = Regina Krahl/John Guy/J. Keith Wilson/Julian Raby, Shipwrecked. Tang Treasures and Monsoon Winds, Singapur 2010.

Kreiner 2012 = Josef Kreiner (Hg.), Geschichte Japans, Stuttgart 2012.

Kristó-Nagy 2016 = István T. Kristó-Nagy, Conflict and Cooperation between Arab Rulers and Persian Administrators in the Formative Period of Islamdom, c. 600–c. 950 CE, in: Peter Crooks/Timothy H. Parsons (Hg.), Empire and Bureaucracy in World History. From Late Antiquity to the Twentieth Century, Cambridge 2016, 54–80.

Kuhn 2014 = Dieter Kuhn, Ostasien bis 1800 (Neue Fischer Weltgeschichte 13), Frankfurt am Main 2014.

Kulke 1998 = Hermann Kulke: Srivijaja – Ein Großreich oder die Hanse des Ostens?, in: Stephan Conermann (Hg.), Der Indische Ozean in historischer Perspektive, Hamburg 1998, 57–89.

Kulke/Rothermund 2010 = Hermann Kulke/Dietmar Rothermund, Geschichte Indiens. Von der Induskultur bis heute, München 2010.

Kulke 2016 = Hermann Kulke, Das europäische Mittelalter – ein eurasisches Mittelalter?, Berlin 2016.

Külzer 2015 = Andreas Külzer, Pilger: Reisende in Gottes Namen, in: Falko Daim/Christian Gastgeber (Hg.), Byzantium as Bridge between West and East, Wien 2015, 51–64.

Külzer 2017 = Andreas Külzer, Der Theodosios-Hafen in Yenikapı, İstanbul: ein Hafengelände im Wandel der Zeiten, in: Falko Daim (Hg.), Die byzantinischen Häfen Konstantinopels, Mainz 2017, 35–50.

Laiou/Morrisson 2007 = Angeliki E. Laiou/Cécile Morrisson, The Byzantine Economy, Cambridge 2007.

Laufer 1919 = Berthold Laufer, Sino-Iranica: Chinese Contributions to the History of Civilization in Ancient Iran, in: Publications of the Field Museum of Natural History. Anthropological Series 15 (1919) 3, 185–630.

Lee 2010 = Hyunsook Lee, Environment, Epidemics and Power in Early Medieval China, 2010 online: http://independent.academia.edu/marisadurham [25.11.2017].

Lehmann/Schmidt-Glintzer 2015 = Gustav Adolf Lehmann/Helwig Schmidt-Glintzer (Hg.), WBG Weltgeschichte II: Antike Welten und neue Reiche 1200 v. Chr. bis 600 n. Chr., Darmstadt 2015.

Le Roy Ladurie 1973 = Emmanuel Le Roy Ladurie, L'Unification Microbienne du Monde (XIV–XVII Siècles), in: Schweizerische Zeitschrift für Geschichte 23 (1973), 627–696.

Letsios 1988 = Dimitris Letsios, Βυζάντιο και Ερυθρά Θάλασσα. Σχέσεις με τη Νουβία, Αιθιοπία και Νότια Αραβία ως την αραβική κατάκτηση, Athen 1988.

Levtzion 1973 = Nehemia Levtzion, Ancient Ghana and Mali, New York–London 1973.

Lewis 2009a = Mark Edward Lewis, China between Empires. The Northern and Southern Dynasties, Cambridge, Mass. –London 2009.

Lewis 2009b = Mark Edward Lewis, China's cosmopolitan Empire. The Tang Dynasty, Cambridge, Mass. –London 2009.

Łewond 1982 = History of Lewond, the Eminent Vardapet of the Armenians, Translation, Introduction and Commentary by (Rev.) Z. Arzoumanian, Philadelphia 1982.

Lieberei/Reisdorff 2012 = Reinhard Lieberei/Christoph Reisdorff, Nutzpflanzen, Stuttgart–New York 2012.

Lieberman 2009 = Victor Lieberman, Strange Parallels. Southeast Asia in Global Context, c. 800–1830. Vol. 2: Mainland Mirrors: Europe, Japan, China, South Asia, and the Islands, Cambridge 2009

Liedl/Feldbauer 2017 = Gottfried Liedl/Peter Feldbauer, Al-Filāḥa – Islamische Landwirtschaft (Expansion – Interaktion – Akkulturation 31), Wien 2017.

Lieu 1997 = Samuel N. C. Lieu, Manichaeism in Central Asia and China, Leiden–Boston 1997.

Little 2006 = Lester K. Little (Hg.), Plague and the End of Antiquity: The Pandemic of 541–750, Cambridge 2006.

Livshits 2008 = Vladimir Livshits, The Sogdian "Ancient Letters" (I, III), in: Iran & the Caucasus 12 (2008) 2, 289–293.

Lombard 1992 = Maurice Lombard, Blütezeit des Islam. Eine Wirtschafts- und Kulturgeschichte 8. –11. Jahrhundert, Frankfurt am Main 1992.

Luterbacher u. a. 2012 = Jürg Luterbacher u. a., A Review of 2000 Years of Paleoclimatic Evidence in the Mediterranean, in: Pietro Lionello (Hg.), The Climate of the Mediterranean region: from the past to the future, Amsterdam 2012, 87–185.

Mackerras 1972 = Colin Mackerras, The Uighur Empire: According to the T'ang Dynastic Histories. A Study in Sino-Uighur Relations, 744–840, Acton 1972.

Manandian 1965 = Hakob A. Manandian, The Trade and Cities of Armenia in Relation to Ancient World Trade, Lissabon 1965.

Manco 2015 = Jean Manco, Ancestral Journeys. The Peopling of Europe from the first Venturers to the Vikings, London 2015.

Mangartz 2010 = Fritz Mangartz, Die byzantinische Steinsäge von Ephesos – Baubefund, Rekonstruktion, Architekturteile, Mainz 2010.

Mango 1995 = Cyril Mango, Introduction, in: Cyril Mango/Gilbert Dagron (Hg.), Constantinople and its Hinterland. Papers from the 27th Spring Symposium of Byzantine Studies, Aldershot 1995, 1–8.

Mango 2002 = Cyril Mango (Hg.), The Oxford History of Byzantium, Oxford 2002.

Marboe 2006 = René Alexander Marboe, Von Burgos nach Cuzco. Das Werden Spaniens 530–1530 (Expansion – Interaktion – Akkulturation 9), Essen 2006.

Martin-Hisard 2000 = Bernadette Martin-Hisard, Constantinople et les archontes caucasiens dans le Livre des cérémonies, II, 48, in: Travaux et Mémoires 13 (2000), 359–530.

Mazumdar 1998 = Sucheta Mazumdar, Sugar and Society in China. Peasants, Technology, and the World Market, Cambridge, Mass. –London 1998.

McCormick 2001 = Michael McCormick, Origins of the European Economy. Communications and Commerce AD 300–900, Cambridge 2001.

McCormick 2002 = Michael McCormick, New Light on the 'Dark Ages': How the Slave Trade Fuelled the Carolingian Economy, in: Past & Present 177 (2002), 17–54.

McCormick 2003 = Michael McCormick, Rats, Communications, and Plague: Toward an Ecological History, in: Journal of Interdisciplinary History 34/1 (2003), 1–25.

McCormick/Dutton/Mayewski 2007 = Michael McCormick/Paul Edward Dutton/ Paul A. Mayewski, Volcanoes and the Climate Forcing of Carolingian Europe, A. D. 750–950, in: Speculum 82 (2007), 865–895.

McCormick 2011 = Michael McCormick, Charlemagne's Survey of the Holy Land: Wealth, Personnel, and Buildings of a Mediterranean Church between Antiquity and the Middle Ages, Washington, D. C. 2011.

McCormick u. a. 2012 = Michael McCormick u. a., Climate Change during and after the Roman Empire: Reconstructing the Past from Scientific and Historical Evidence, in: Journal of Interdisciplinary History 43 (2012) 2, 169–220.

McLaughlin 2010 = Raoul McLaughlin, Rome and the Distant East. Trade Routes to the Ancient Lands of Arabia, India and China, London–New York 2010.

Meier 2003 = Mischa Meier, Das andere Zeitalter Justinians. Kontingenzerfahrungen und Kontingenzbewältigung im 6. Jahrhundert n. Chr., Göttingen 2003.

Menander Protektor 1985 = The History of Menander the Guardsman. Introductory Essay, Text, Translation and Historiographical Notes by Roger C. Blockley, Liverpool 1985.

Melikian-Chirvani 2016 = Assadullah Souren Melikian-Chirvani, Iran to Tibet, in: Anna Akasoy/Charles Burnett/Ronit Yoeli-Tlalim (Hg.), Islam and Tibet. Interactions along the Musk Routes, London–New York 2016, 89–115.

Messier/Miller 2015 = Ronald A. Messier/James A. Miller, The Last Civilized Place. Sijilmasa and Its Saharan Destiny, Austin 2015.

Michaels 2017 = Axel Michaels, Südasien und Südostasien, in: Hans-Joachim Gehrke (Hg.), Die Welt vor 600. Frühe Zivilisationen (Geschichte der Welt 1), München 2017, 763–908.

Middleton 1994 = John Middleton, World of Swahili: An African Mercantile Civilization, New Haven 1994.

Mitchell 2007 = Stephen Mitchell, A History of the Later Roman Empire, AD 284–641, Malden–Oxford 2007.

Morony 2004 = Michael G. Morony, Economic Boundaries? Late Antiquity and Early Islam, in: Journal of the Economic and Social History of the Orient 47 (2004) 2, 166–194.

Morony 2017 = Michael G. Morony, Trade and Exchange: The Sasanian World to Islam, in: e-Sasanika Paper 15 (2017), online: https://www.sasanika.org/esasanika/trade-exchange-sasanian-world-islam/ [25.11.2017].

Mousheghian u. a. 2000–2003 = Khatchatur Mousheghian u. a., History and coin finds in Armenia, Wetteren 2000–2003.

Müller 1991 = Andreas E. Müller, Getreideversorgung und Einwohnerzahl Konstantinopels vom 6. bis zum ausgehenden 8. Jahrhundert, Diplomarbeit, Univ. Wien 1991.

Müller/Preiser-Kapeller/Riehle 2009 = Franz Dölger, Regesten der Kaiserurkunden des oströmischen Reiches von 565–1453. 1. Teil, 2. Halbband: Regesten von 565–867. Zweite Auflage unter Mitarbeit von Johannes Preiser-Kapeller und Alexander Riehle, besorgt von Andreas E. Müller, München 2009.

Munoz 2006 = Paul Michel Munoz, Early Kingdoms. Indonesian Archipelago and the Malay Peninsula, Singapur 2006.

Muthesius 1997 = Anna Muthesius, Byzantine Silk Weaving AD 400 to AD 1200, Wien 1997.

Nechaeva 2014 = Ekaterina Nechaeva, Embassies – Negotiations – Gifts. Systems of East Roman Diplomacy in Late Antiquity, Stuttgart 2014.

Needham/Bray 1984 = Joseph Needham/Francesca Bray, Science and Civilisation in China, Vol. 6, Part 2: Agriculture, Cambridge 1984.

Needham/Kuhn 1988 = Joseph Needham/Dieter Kuhn, Science and Civilisation in China, Vol. 5, Part 9: Textile Technology: Spinning and Reeling, Cambridge 1988.

Needham/Daniels/Menzies 1996 = Joseph Needham/Christian A. Daniels/Nicholas K. Menzies, Science and Civilisation in China, Vol. 6, Part 3: Agroindustries and Forestry, Cambridge 1996.

Neelis 2010 = Jason Neelis, Early Buddhist Transmission and Trade Networks. Mobility and Exchange within and beyond the Northwestern Borderlands of South Asia, Leiden–Boston 2011.

Nelson 2017 = Sarah Milledge Nelson, Gyeongju: The Capital of Golden Silla, Abingdon–New York 2017.

Newfield 2010 = Timothy Newfield, The Contours of Disease and Hunger in Carolingian and early Ottonian Europe (c.750–c.950 CE), Doctoral dissertation, McGill University, Montreal 2010.

Newfield 2012 = Timothy Newfield, A great Carolingian Panzootic: The probable Extent, Diagnosis and Impact of an early ninth-century Cattle Pestilence, in: Argos 46 (2012), 200–210.

Newfield 2016 = Timothy Newfield, The Global Cooling Event of the Sixth Century. Mystery No Longer?, 2016 online: http://www.historicalclimatology.com/blog/something-cooled-the-world-in-the-sixth-century-what-was-it [25.11.2017].

Noonan 2007 = Th. S. Noonan, Some Observations on the Economy of the Khazar Chaganate, in: Peter B. Golden/Haggai Ben-Shammai/ András Róna-Tas (Hg.), The World of the Khazars. New Perspectives, Leiden–Boston 2007, 207–244.

Northedge 2007 = Alastair Northedge, The Historical Topography of Samarra (Samarra Studies I), London 2007.

ODB 1991 = The Oxford Dictionary of Byzantium, 3 Bde., hg. Alexander P. Kazhdan u. a., New York–Oxford 1991.

Oikonomides 1986 = Nikolaos Oikonomides, Silk Trade and Production in Byzantium from the Sixth to the Ninth Century: the Seals of the Kommerkiarioi, in: Dumbarton Oaks Papers 40 (1986), 3353.

Oliver 2002 = Douglas Oliver, Polynesia in Early Historic Times, Honolulu 2002.

Onar u. a. 2013 = Vedat Onar u. a., Animal skeletal Remains of the Theodosius harbor: general Overview, in: Turkish Journal of Veterinary and Animal Sciences 37 (2013), 81–85.

Panagopoulou 2006 = Angeliki Panagopoulou, Οι διπλωματικοί γάμοι στο Βυζάντιο (6ος-12ος αιώνας), Athen 2006.

Parker 2008 = Grant Parker, The Making of Roman India, Cambridge 2008.

Paul 2012 = Jürgen Paul, Zentralasien (Neue Fischer Weltgeschichte 10), Frankfurt am Main 2012.

Payne 2011 = Richard Payne, Monks, Dinars and Date Palms: hagiographical Production and the Expansion of monastic Institutions in the early Islamic Persian Gulf, in: Arabian Archaeology and Epigraphy 22 (2011), 97–111.

Peterson 1979 = Charles A. Peterson, Court and Province in Mid- and Late T´ang, in: Denis Twitchett (Hg.), The Cambridge History of China, Vol. 3: Sui and T´ang China, 589–906, Part I, Cambridge 1979, 464–560.

Pfeilschifter 2013 = Rene Pfeilschifter, Der Kaiser und Konstantinopel. Kommunikation und Konfliktaustrag in einer spätantiken Metropole, Berlin–Boston 2013.

Phillipson 2012 = David W. Phillipson, Foundations of an African Civilisation. Aksum and the Northern Horn 1000 BC–AD 1300, Woodbridge–Rochester 2012.

Piétri/Piétri 1996 = Charles Piétri/Luce Piétri (Hg.), Das Entstehen der einen Christenheit (250–430) (Die Geschichte des Christentums 2), Freiburg–Basel–Wien 1996.

Pigulewskaja 1969 = Nina Pigulewskaja, Byzanz auf den Wegen nach Indien: aus der Geschichte des byzantinischen Handels mit dem Orient vom 4. bis 6. Jahrhundert, Berlin 1969.

PmbZ 2017 = Ralph Johannes Lilie/Claudia Ludwig/Beate Zielke/Thomas Pratsch, Prosopographie der mittelbyzantinischen Zeit Online, 2017: https://www.degruyter.com/view/db/pmbz [25.11.2017].

Pohl 2002 = Walter Pohl, Die Awaren: ein Steppenvolk im Mitteleuropa, 567–822 n. Chr., München 2002.

Pohl 2005 = Walter Pohl, Die Völkerwanderung. Eroberung und Integration, Stuttgart–Berlin–Köln 2005.

Pollard 2013 = Elizabeth Ann Pollard, Indian Spices and Roman "Magic" in Imperial and Late Antique Indomediterranea, in: Journal of World History 24 (2013) 1, 1–23.

Popovic 1999 = Alexandre Popovic, The Revolt of African Slaves in Iraq in the 3rd/9th Century, Princeton 1999.

Porter 2012 = Venetia Porter (Hg.), Hajj. Journey to the heart of Islam, London 2012.

Pourshariati 2008 = Parvaneh Pourshariati, Decline and Fall of the Sasanian Empire: The Sasanian-Parthian Confederacy and the Arab Conquest of Iran, London 2008.

Power 2009 = Timothy Power, The Expansion of Muslim Commerce in the Red Sea Basin, c. AD 833–969, in: Lucy Blue u. a. (Hg.), Connected Hinterlands. Proceedings of Red Sea Project IV held at the University of Southampton, September 2008, Oxford 2009, 111–118.

Power 2012 = Timothy Power, The Red Sea from Byzantium to the Caliphate: AD 500–1000, Kairo 2012.

Power 2014 = Timothy Power, The Abbasid Indian Ocean trade, in: Søren Michael Sindbaek/Athena Trakadas (Hg.), The World in the Viking Age, Roskilde 2014, 46–49.

Preiser-Kapeller 2008 = Johannes Preiser-Kapeller, Das „jüdische" Khanat. Geschichte und Religion des Reiches der Chasaren, in: Karfunkel – Zeitschrift für erlebbare Geschichte 79 (2008), 17–22.

Preiser-Kapeller 2012 = Johannes Preiser-Kapeller, Großkönig, Kaiser und Kalif – Byzanz im Geflecht der Staatenwelt des Nahen Ostens, 300–1204, in: Historicum. Zeitschrift für Geschichte (2012), 26–47.

Preiser-Kapeller 2013 = Johannes Preiser-Kapeller, Sturmangriff am Bosporus. Die arabischen Belagerungen von Konstantinopel 674–678 und 717–718, in: Karfunkel – Zeitschrift für erlebbare Geschichte. Combat-Sonderheft 9 (2013), 41–44.

Preiser-Kapeller 2015a = Johannes Preiser-Kapeller, Vom Bosporus zum Ararat. Aspekte der Wirkung und Wahrnehmung des Byzantinischen Reiches in Armenien im 4. bis 10. Jh., in: Falko Daim/Christian Gastgeber (Hg.), Byzantium as Bridge between West and East, Wien 2015, 179–215.

Preiser-Kapeller 2015b = Johannes Preiser-Kapeller, The Maritime Mobility of Individuals and Objects: Networks and Entanglements, in: Johannes Preiser-Kapeller/Falko Daim (Hg.), Harbours and Maritime Networks as Complex Adaptive Systems, Mainz 2015, 119–140.

Preiser-Kapeller 2015c = Johannes Preiser-Kapeller, A Collapse of the Eastern Mediterranean? New Results and Theories on the Interplay between Climate and Societies in Byzantium and the Near East, ca. 1000–1200 AD, in: Jahrbuch der Österreichischen Byzantinistik 65 (2015), 195–242.

Preiser-Kapeller 2016 = Johannes Preiser-Kapeller, Byzantinische Geschichte, 395–602, in: Falko Daim (Hg.), Byzanz. Historisch-kulturwissenschaftliches Handbuch (Neuer Pauly, Supplement 11), Stuttgart 2016, 1–61.

Preiser-Kapeller 2017 = Johannes Preiser-Kapeller, Complex Processes of Migration: the South Caucasus in the early Islamic Empire (7th–10th Century AD), in: Harald Mehler u. a. (Hg.), Migration und Integration von der Urgeschichte bis zum Mittelalter, Halle 2017, 295–313.

Preiser-Kapeller 2018 = Johannes Preiser-Kapeller, Central Peripheries. Empires and Elites across Byzantine and Arab Frontiers in Comparison (700–900 CE), in: Wolfram Drews (Hg.), Die Interaktion von Herrschern und Eliten in imperialen Ordnungen, Münster 2018 (in Druck).

Prendergast u. a. 2017 = Mary E. Prendergast u. a., Reconstructing Asian faunal introductions to eastern Africa from multi-proxy biomolecular and archaeological Datasets, in: Plos One August 2017, online: https://doi.org/10.1371/journal.pone.0182565 [25.11.2017].

Priestmann 2013 = Seth M. N. Priestmann, A Quantitative Archaeological Analysis of Ceramic Exchange in the Persian Gulf and Western Indian Ocean, AD c.400–1275, Dissertation, University of Southampton 2013.

Procopius 1961 = Procopius, with an English Translation by Henry Bronson Dewing, in seven Volumes, I–V: History of the Wars, Cambridge, Mass.–London 1961.

Ptak 2007 = Roderich Ptak, Die maritime Seidenstraße. Küstenräume, Seefahrt und Handel in vorkolonialer Zeit, München 2007.

Rapp 2002 = Claudia Rapp, A Medieval Cosmopolis: Constantinople and its Foreign Inhabitants, in: Jon M. A. Asgeirsson/Nancy van Deusen (Hg.), Alexander's Revenge: Hellenistic Culture through the Centuries, Reykjavík 2002, 153–171.

Ray 2003 = Himanshu Prabha Ray, The Archaeology of Seafaring in Ancient South Asia, Cambridge 2003.

Ray 2015 = Himanshu Prabha Ray, Trading Partners across the Indian Ocean: the Making of maritime Communities, in: Benjamin Z. Kedar/Merry E. Wiesner-

Hanks (Hg.), The Cambridge World History Vol. V: Expanding Webs of Exchange and Conflict, 500 CE–1500 CE, Cambridge 2015, 287–308.

Reichert 1992 = Folker E. Reichert, Begegnungen mit China. Die Entdeckung Ostasiens im Mittelalter, Sigmaringen 1992.

Rezakhani 2010 = Khodadad Rezakhani, The Road That Never Was: The Silk Road and Trans-Eurasian Exchange, in: Comparative Studies of South Asia, Africa and the Middle East 30 (2010), 420–433.

Rezakhani 2017 = Khodadad Rezakhani, ReOrienting the Sasanians. East Iran in Late Antiquity, Edinburgh 2017.

Riché 1994a = Pierre Riché, Von Gregor dem Großen bis Pippin dem Jüngeren, in: Gilbert Dagron/Pierre Riché/André Vauchez (Hg.), Bischöfe. Mönche und Kaiser (642–1054) (Die Geschichte des Christentums 4), Freiburg 1994, 603–685.

Riché 1994b = Pierre Riché, Das Christentum im karolingischen Reich (Mitte 8. bis Ende 9. Jahrhundert), in: Gilbert Dagron/Pierre Riché/André Vauchez (Hg.), Bischöfe. Mönche und Kaiser (642–1054) (Die Geschichte des Christentums 4), Freiburg 1994, 686–777.

Ricks 1970 = Thomas M. Ricks, Persian Gulf Seafaring and East Africa: Ninth–Twelfth Centuries, in: African Historical Studies 3 (1970) 2, 339–357.

Ritter 2010 = Nils C. Ritter, Vom Euphrat zum Mekong – Maritime Kontakte zwischen Vorder- und Südostasien in vorislamischer Zeit, in: Mitteilungen der Deutschen Orient-Gesellschaft 141 (2010), 143–171.

Rogers/Ulambayar/Gallon 2005 = J. Daniel Rogers/Erdenebat Ulambayar/Matthew Gallon, Urban centres and the Emergence of Empires in Eastern Inner Asia, in: Antiquity 306 (2005), 801–818.

Rollason 2016 = David Rollason, Power of Place: Rulers and Their Palaces, Landscapes, Cities, and Holy Places, Princeton–Oxford 2016.

Rosa 2008 = Don Rosa, Onkel Dagobert – Sein Leben, seine Milliarden: Die Biografie, Köln 2008.

Rotman 2009 = Youval Rotman, Byzantine Slavery and the Mediterranean World, Cambridge, Mass.–London 2009.

Rührdanz 1991 = Karin Rührdanz, Das alte Bagdad – Hauptstadt der Kalifen. Freiburg im Breisgau 1991.

Salzmann 2004 = Michele Renee Salzman, The Making of a Christian Aristocracy: Social and Religious Change in the Western Roman Empire, Harvard 2004.

Samuel von Ani 1876 = Marie-Félicité Brosset, Collection des historiens arméniens, St. Petersburg 1876.

Sarris 2011 = Peter Sarris, Empires of Faith. The Fall of Rome to the Rise of Islam, 500–700, Cambridge 2011.

Sauer u. a. 2013 = Eberhard W. Sauer u. a., Persia´s Imperial Power in Late Antiquity. The Great Wall of Gorgān and Frontier Landscapes of Sasanian Iran, Oxford 2013.

Sauer u. a. 2015 = Eberhard W. Sauer u. a., Northern outpost of the Caliphate: maintaining military Forces in a hostile Environment (the Dariali Gorge in the Central Caucasus in Georgia), in: Antiquity 89 (2015) 346, 885–904.

Sauer 2017 = Eberhard W. Sauer (Hg.), Sasanian Persia. Between Rome and the Steppes of Eurasia, Edinburgh 2017.

Schafer 1963 = Edward H. Schafer, The Golden Peaches of Samarkand. A Study of T'ang Exotics, Berkeley–Los Angeles 1963.

Scheidel 2009 = Walter Scheidel (Hg.), Rome and China. Comparative Perspectives on Ancient World Empires, Oxford 2009.

Schieffer 2006 = Rudolf Schieffer, Die Karolinger, Stuttgart 2006.

Schmalzbauer 2004 = Gudrun Schmalzbauer, Überlegungen zur Idee der Ökumene in Byzanz, in: Wolfram Hörandner/Johannes Koder/Maria A. Stassinopoulou (Hg.), Wiener Byzantinistik und Neogräzistik, Wien 2004, 408–419.

Schmidt 2000 = Peter R. Schmidt, Are there African Traces of the A.D. 536 Event?, in: Joel D. Gunn (Hg.): The Years without Summer. Tracing A.D. 536 and its Aftermath, Oxford 2000, 79–85.

Schmidt-Glintzer 1997 = Helwig Schmidt-Glintzer, China. Vielvölkerreich und Einheitsstaat. Von den Anfängen bis heute, München 1997.

Schörle 2012 = Katia Schörle, Saharan Trade in Classical Antiquity, in: James McDougall/Judith Scheele (Hg.) Navigating the Sahara: Frontiers of Mobility in Northwest Africa, Bloomington 2012, 58–72.

Scholz 2006 = Piotr O. Scholz, Nubien. Geheimnisvolles Goldland der Ägypter, Stuttgart 2006.

Schönwiese 2008 = Christian-Dietrich Schönwiese, Klimatologie, Stuttgart 2008.

Schott 2014 = Dieter Schott, Urban Development and Environment, in: Mauro Agnoletti/Simone Neri Serneri (Hg.), The Basic Environmental History, Heidelberg 2014, 171–198.

Schottenhammer 2002 = Angela Schottenhammer, Das songzeitliche Quanzhou im Spannungsfeld zwischen Zentralregierung und maritimem Handel: Unerwartete Konsequenzen des zentralstaatlichen Zugriffs auf den Reichtum einer Küstenregion, Stuttgart 2002.

Schottenhammer 2014 = Angela Schottenhammer, Yang Liangyaos Reise von 785 n. Chr. zum Kalifen von Bagdad: Eine Mission im Zeichen einer frühen sino-arabischen Mächte-Allianz?, Gossenberg 2014.

Schottenhammer 2015 = Angela Schottenhammer, China's Emergence as a Maritime Power, in: John W. Chaffee/Denis Twitchett (Hg.), The Cambridge History of China Vol. 5, Part 2: Sung China, 960–1279, Cambridge 2015, 437–525.

Schreiner 2007 = Peter Schreiner, Konstantinopel. Geschichte und Archäologie, München 2007.

Schulz 2016 = Raimund Schulz, Abenteuer der Ferne. Die großen Entdeckungsfahrten und das Weltwissen der Antike, Stuttgart 2016.

Scott 1993 = Philippa Scott, The Book of Silk, London 1993.

Sebēos 1999 = The Armenian History attributed to Sebeos, translated, with Notes, by Robert W. Thomson, historical Commentary by James Howard-Johnston, Assistance from Tim Greenwood, 2 Bände, Liverpool 1999.

Seland 2012 = Eivind H. Seland, Trade and Christianity in the Indian Ocean during Late Antiquity, in: Journal of Late Antiquity 5 (2012) 1, 72–86.

Seland 2013 = Eivind H. Seland, Networks and social Cohesion in ancient Indian Ocean trade: Geography, Ethnicity, Religion, in: Journal of Global History 8 (2013) 3, 373–390.

Seland 2014 = Eivind H. Seland, Archaeology of Trade in the Western Indian Ocean, 300 BC–AD 700, in: Journal of Archaeological Research 22 (2014) 4, 367–402.
Seland 2016 = Eivind H. Seland, Ships of the Desert and Ships of the Sea: Palmyra in the World Trade of the First Three Centuries CE, Wiesbaden 2016.
Seland 2017 = Eivind H. Seland, Gemstones and mineral Products in the Red Sea/Indian Ocean Trade of the first Millennium, in: Alexandra Hilgner/Susanne Greiff/Dieter Quast (Hg.), Gemstones in the First Millennium AD. Mines, Trade, Workshops and Symbolism, Mainz 2017, 45–58.
Sen 2003 = Tansen Sen, Buddhism, Diplomacy and Trade. The Realignment of Sino-Indian Relations, 600–1400, Honolulu 2003.
Sénac 2006 = Philippe Sénac, Le monde carolingien et l'Islam: contribution à l'étude des relations diplomatiques pendant le Haut Moyen Age (VIII–Xème siècle), Paris 2006.
Sénac 2015 = Philippe Sénac, Charlemagne et Mahomet en Espagne (VIIIe–IXe siècles), Paris 2015.
Settipani 2006 = Christian Settipani, Continuité des élites à Byzance durant les siècles obscurs. Les princes caucasiens et l'Empire du VIe au IXe siècle, Paris 2006.
Sidebotham 2011 = Steven E. Sidebotham, Berenike and the Ancient Maritime Spice Route, Berkeley–Los Angeles–London 2011.
Sigl 2015 = Michael Sigl u. a., Timing and Climate Forcing of Volcanic Eruptions for the Past 2,500 Years, in: Nature 523 (2015), 543–549.
Signes Codoñer 2014 = Juan Signes Codoñer, The Emperor Theophilos and the East, 829–842: Court and Frontier in Byzantium During the Last Phase of Iconoclasm, Farnham–Burlington 2014.
Silverstein 2007 = Adam Silverstein, From Markets to Marvels: Jews on the maritime Route to China ca. 850–ca. 950 CE, in: Journal of Jewish Studies 58 (2007) 1, 91–104.
Simeonov 2013 = Grigori Simeonov, Obst in Byzanz: Ein Beitrag zur Geschichte der Ernährung im östlichen Mittelmeerraum, Saarbrücken 2013.
Singh 2009 = Upinder Singh, A History of Ancient and Early Medieval India. From the Stone Age to the 12th Century, Delhi u. a. 2009.
Skaff 1998 = Jonathan Karam Skaff, Sasanian and Arab-Sasanian Silver Coins from Turfan: their Relationship to International Trade and the Local Economy, in: Asia Major 11 (1998) 2, 67–115.
Skaff 2003 = Jonathan Karam Skaff, The Sogdian Trade Diaspora in East Turkestan during the Seventh and Eighth Centuries, in: Journal of the Economic and Social History of the Orient 46 (2003) 4, 475–524.
Skaff 2012 = Jonathan Karam Skaff, Sui-Tang China and Its Turko-Mongol Neighbors. Culture, Power, and Connections, 580–800, Oxford 2012.
Smith 2015 = Richard Smith, Trade and Commerce across Afro-Eurasia, in: Benjamin Z. Kedar/Merry E. Wiesner-Hanks (Hg.), The Cambridge World History Vol. V: Expanding Webs of Exchange and Conflict, 500 CE–1500 CE, Cambridge 2015, 233–256.
Somers 1979 = Robert M. Somers, The End of the T'ang, in: Denis Twitchett (Hg.), The Cambridge History of China, Vol. 3: Sui and T'ang China, 589–906, Part I, Cambridge 1979, 682–788.

Sommer 2010 = Michael Sommer, Die Soldatenkaiser, Darmstadt 2010.

Sommer 2017 = Michael Sommer, Palmyra. Biographie einer verlorenen Stadt, Darmstadt 2017.

Sorg 2011 = Marion Sorg, Byzanz als Drehscheibe des merowingerzeitlichen Handels zwischen Ost und West – Das Beispiel Granat, in: Balázs J. Nemes/Achim Rabus (Hg.), Vermitteln – Übersetzen – Begegnen. Transferphänomene im europäischen Mittelalter und in der Frühen Neuzeit. Interdisziplinäre Annäherungen, Göttingen 2011, 137–165.

Standaert 2001 = Nicolas Standaert (Hg.), Handbook of Christianity in China, Volume One: 635–1800, Leiden–Boston 2001.

Stark 2012 = Soren Stark, Die Alttürkenzeit in Mittel- und Zentralasien. Archäologische und historische Studien, Wiesbaden 2012.

Stathakopoulos 2004 = Dionysios Ch. Stathakopoulos: Famine and Pestilence in the Late Roman and Early Byzantine Empire. A systematic Survey of Subsistence Crises and Epidemics, Aldershot 2004.

Stavros 2014 = Matthew G. Stavros, Kyoto. An Urban History of Japan´s Premodern Capital, Honolulu 2014.

Stern/Connan 2008 = Ben Stern/Jacques Connan u. a., From Susa to Anuradhapura: Reconstructing Aspects of Trade and Exchange in Bitumen-Coated Ceramic Vessels between Iran and Sri Lanka from the Third to the Ninth Centuries AD, in: Archaeometry 50/3 (2008), 409–428.

Sümegi u. a. 2016 = Pal Sümegi u. a., Did an Extreme Dry Climate Lead Actually to the Collapse of the Avar Empire in the Carpathian Basin – A Fact or Fiction?, in: Ádám Bollók/Gergely Csiky/Vida Tivadar (Hg.), Between Byzantium and the Steppe. Archaeological and Historical Studies in Honour of Csanád Bálint on the Occasion of His 70th Birthday, Budapest 2016, 469–497.

Sussmann 2011 = George D. Sussmann, Was the Black Death in India and China?, in: Bulletin of the History of Medicine 85 (2011) 3, 319–355.

Swanson 2010 = Mark N. Swanson, The Coptic Papacy in Islamic Egypt, Kairo 2010.

Tarling 1992 = Nicholas Tarling (Hg.), The Cambridge History of Southeast Asia, Vol. I: From Early Times to c. 1800, Cambridge 1992.

Tausendundeine Nacht 1976 = Die Erzählungen aus den Tausendundein Nächten, 7. Band. Vollständige deutsche Ausgabe, nach dem arabischen Urtext übertragen von Enno Littmann, Frankfurt am Main 1976.

Teall 1959 = John L. Teall, The Grain Supply of the Byzantine Empire, 330–1025, in: Dumbarton Oaks Papers 13 (1959), 87–139.

Telelis 2004 = Ioannis G. Telelis, Μετεωρολογικά φαινόμενα και κλίμα στο Βυζάντιο, 2 Bände, Athen 2004.

Telelis 2008 = Ioannis G. Telelis, Climatic Fluctuations in the Eastern Mediterranean and the Middle East AD 300–1500 from Byzantine Documentary and Proxy Physical Paleoclimatic Evidence – a Comparison, in: Jahrbuch der Österreichischen Byzantinistik 58 (2008), 167–207.

Temin 2013 = Peter Temin, The Roman Market Economy, Princeton–Oxford 2013.

Theophanes 1997 = The Chronicle of Theophanes Confessor: Byzantine and Near Eastern History AD 284–813, übers. Cyril Mango/Roger Scott, Oxford 1997.

Theophylaktos Simokattes 1985 = Theophylaktos Simokates, Geschichte, übers. u. erläutert v. Peter Schreiner, Stuttgart 1985.

Thierry 1993 = François Thierry, Sur les monnaies sassanides trouvées en Chine, in: Res Orientales 5 (1993), 89–139.

Thierry/Morrisson 1994 = François Thierry/Cécile Morrisson, Sur les monnaies byzantines trouvées en Chine, in: Revue numismatique 6 (1994), 109–145.

Thilo 1997 = Thomas Thilo, Chang´an. Metropole Ostasiens und Weltstadt des Mittelalters 583–904, Band 1, Wiesbaden 1997.

Thilo 2006 = Thomas Thilo, Chang´an. Metropole Ostasiens und Weltstadt des Mittelalters 583–904, Band 2, Wiesbaden 2006.

Thoresen 2017 = Lisbet Thoresen, Archaeogemmology and Ancient Literary Sources on Gems and their Origin, in: Alexandra Hilgner/Susanne Greiff/Dieter Quast (Hg.), Gemstones in the First Millennium AD. Mines, Trade, Workshops and Symbolism, Mainz 2017, 155–217.

Tietz 2015 = Werner Tietz, Hirten, Bauern, Götter. Eine Geschichte der römischen Landwirtschaft, München 2015.

Tomber 2008 = Roberta Tomber, Indo-Roman Trade. From Pots to Pepper, London–New York 2008.

Totman 2014 = Conrad Totman, Japan. An Environmental History, London–New York 2014.

Troupeau 1994 = Gérard Troupeau, Kirchen und Christen im muslimischen Orient, in: Gilbert Dagron/Pierre Riché/André Vauchez (Hg.), Bischöfe. Mönche und Kaiser (642–1054) (Die Geschichte des Christentums 4), Freiburg 1994, 391–472.

Tsiamis/Poulakou-Rebelakou/Petridou 2009 = Costas Tsiamis/Eleni Poulakou-Rebelakou/Effie Petridou, The Red Sea and the Port of Clysma. A possible Gate of Justinian´s Plague, in: Gesnerus 66 (2009) 2, 209–217.

Tsing 2015 = Anna Lowenhaupt Tsing, Mushroom at the End of the World: On the Possibility of Life in Capitalist Ruins, Princeton 2015.

Turner 1990 = David Turner, The Origins and Accession of Leo V (813–820), in: Jahrbuch der Österreichischen Byzantinistik 40 (1990), 171–203.

Twitchett 1979 = Denis Twitchett (Hg.), The Cambridge History of China, Vol. 3: Sui and T´ang China, 589–906, Part I, Cambridge 1979.

Twitchett/Wechsler 1979 = Denis Twitchett/Howard J. Wechsler, Kao-tsung (Reign 649–83) and the Empress Wu: The Inheritor and the Usurper, in: Denis Twitchett (Hg.), The Cambridge History of China, Vol. 3: Sui and T´ang China, 589–906, Part I, Cambridge 1979, 242–288.

Unger 2006 = Andreas Unger, Von Algebra bis Zucker. Arabische Wörter im Deutschen, Stuttgart 2006.

Vaccaro 2013 = Emanuele Vaccaro, Sicily in the Eighth and Ninth Centuries AD: A Case of Persisting Economic Complexity, in: Al-Masāq 25 (2013) 1, 34–69.

Vainker 2004 = Shelagh Vainker, Chinese Silk. A Cultural History, London 2004.

Valenstein 2015 = Suzanne G. Valenstein, Cosmopolitanism in the Tang Dynasty: A Chinese Ceramic Figure of a Sogdian Wine-Merchant, New York 2015.

van Bladel 2016 = Kevin van Bladel, The Bactrian Background of the Barmakids, in: Anna Akasoy/Charles Burnett/Ronit Yoeli-Tlalim (Hg.), Islam and Tibet. Interactions along the Musk Routes, London–New York 2016, 43–88.

van der Veen 2011 = Marijke van der Veen, Consumption, Trade and Innovation. Exploring the Botanical Remains from the Roman and Islamic Ports at Quseir al-Qadim, Egypt, Frankfurt am Main 2011.

Verkinderen 2015 = Peter Verkinderen, Waterways of Iraq and Iran in the Early Islamic Period. Changing Rivers and Landscapes of the Mesopotamian Plain, London–New York 2015.

Virkus 2004 = Fred Virkus, Politische Strukturen im Guptareich (300–550 n. Chr.), Wiesbaden 2004.

Vogelsang 2012 = Kai Vogelsang, Geschichte Chinas, Stuttgart 2012.

Vollmer 2012 = Klaus Vollmer, „Isoliertes Inselland" oder „Zum Meer geöffneter Archipel"? Perspektiven auf transkulturelle Verflechtungen und Migration im mittelalterlichen Japan, in: Michael Borgolte/Matthias M. Tischler (Hg.), Transkulturelle Verflechtungen im mittelalterlichen Jahrtausend. Europa, Ostasien, Afrika, Darmstadt 2012, 54–79.

von Brück 2008 = Michael von Brück, Religion und Politik in Tibet, Frankfurt am Main–Leipzig 2008.

von Glahn 2016 = Richard von Glahn, The Economic History of China. From Antiquity to the Nineteenth Century, Cambridge 2016.

Wagner 2014 = David M. Wagner u. a., Yersinia pestis and the Plague of Justinian 541–543 AD: a genomic Analysis, in: The Lancet Infectious Diseases 14 (2014) 4, 319–326.

Walker 2006 = Joel Walker, The Legend of Mar Qardagh. Narrative and Christian Heroism in Late Antique Iraq, Berkeley 2006.

Walker 2012 = Alicia Walker, The Emperor and the World. Exotic Elements and the Imaging of Middle Byzantine Imperial Power, Ninth to Thirteenth Centuries C.E., Cambridge 2012.

Wamers 2005 = Egon Wamers, Die Macht des Silbers. Karolingische Schätze im Norden, Regensburg 2005.

Wang 2013 = Zhenping Wang, Tang China in Multi-Polar Asia. A History of Diplomacy and War, Honolulu 2013.

Ward-Perkins 2000 = Bryan Ward-Perkins, Specialized Production and Exchange, in: Averil Cameron/Bryan Ward-Perkins/Michael Whitby (Hg.), The Cambridge Ancient History, Volume XIV: Late Antiquity: Empire and Successors, A.D. 425–600, Cambridge 2000, 346–391.

Ward-Perkins 2005 = Bryan Ward-Perkins, The Fall of Rome and the End of Civilization, Oxford 2005.

Watson 1983 = Andrew M. Watson, Agricultural Innovation in the Early Islamic World, Cambridge u. a. 1983.

Wechsler 1979 = Howard J. Wechsler, T'ai-tsung (reign 626–649) the Consolidator, in: Denis Twitchett (Hg.), The Cambridge History of China, Vol. 3: Sui and T'ang China, 589–906, Part I, Cambridge 1979, 188–240.

Welsby 2002 = Derek A. Welsby, The Medieval Kingdoms of Nubia. Pagans, Christians and Muslims along the Middle Nile, London 2002.

Wertmann 2015 = Patrick Wertmann, Sogdians in China. Archaeological and art historical Analyses of Tombs and Texts from the 3rd to the 10th century AD, Darmstadt 2015.

Whitehouse/Williams 1973 = David Whitehouse/Andrew Williamson, Sasanian Maritime Trade, in: Iran 11 (1973), 29–49.

Wickham 2004 = Chris Wickham, The Mediterranean around 800: On the Brink of the Second Trade Cycle, in: Dumbarton Oaks Papers 58 (2004), 161–174.

Wickham 2005 = Chris Wickham, Framing the Early Middle Ages. Europe and the Mediterranean, 400–800, Oxford 2005.

Wickham 2009 = Chris Wickham, The Inheritance of Rome. A History of Europe from 400 to 1000, London 2009.

Wilkinson 2010 = John C. Wilkinson, Ibâḍism: Origins and Early Development in Oman, Oxford 2010.

Wilson/Flohr 2016 = Andrew Wilson/Miko Flohr (Hg.), Urban Craftsmen and Traders in the Roman World, Oxford 2016.

Winter/Dignas 2001 = Engelbert Winter/Beate Dignas, Rom und das Perserreich. Zwei Weltmächte zwischen Konfrontation und Koexistenz, Berlin 2001.

Wood 2015 = Philip Wood, Christians in the Middle East, 600–1000: Conquest, Competition and Conversion, in: Andrew C. S. Peacock/Bruno De Nicola/Sara Nur Yıldız (Hg.), Islam and Christianity in Medieval Anatolia, Farnham 2015, 23–50.

Xinru 1995 = Liu Xinru, Silks and Religions in Eurasia, c. A.D. 600–1200, in: Journal of World History 6 (1995) 1, 25–48.

Xiong 2006 = Victor Cunrui Xiong, Emperor Yang of the Sui Dynasty. His Life, Times, and Legacy, Albany, NY 2006.

Xiong 2017 = Victor Cunrui Xiong, Capital Cities and Urban Form in Pre-modern China: Luoyang, 1038 BCE to 938 CE, New York 2017.

Yavuz/Akçar/Schlüchter 2007 = Vural Yavuz/Naki Akçar/Christian Schlüchter, The frozen Bosphorus and its paleoclimatic Implications based on a Summary of the historical Data, in: Valentina Yanko-Hombach u. a. (Hg.), The Black Sea Flood Question: Changes in Coastline, Climate, and Human Settlement, Dordrecht 2007, 633–650.

Yoeli-Tlalim 2016 = Ronit Yoeli-Tlalim, Islam and Tibet: Cultural Interactions – An Introduction, in: Anna Akasoy/Charles Burnett/Ronit Yoeli-Tlalim (Hg.), Islam and Tibet. Interactions along the Musk Routes, London–New York 2016, 1–16.

Zhivkov 2015 = Boris Zhivkov, Khazaria in the Ninth and Tenth Centuries, Leiden–Boston 2015.

Ziemann 2007 = Daniel Ziemann, Vom Wandervolk zur Großmacht. Die Entstehung Bulgariens im frühen Mittelalter (7.–9. Jahrhundert), Köln–Weimar–Wien 2007.

Zürcher 2007 = Erik Zürcher, The Buddhist Conquest of China. The Spread and Adaptation of Buddhism in Early Medieval China, Leiden 2007.

Karten

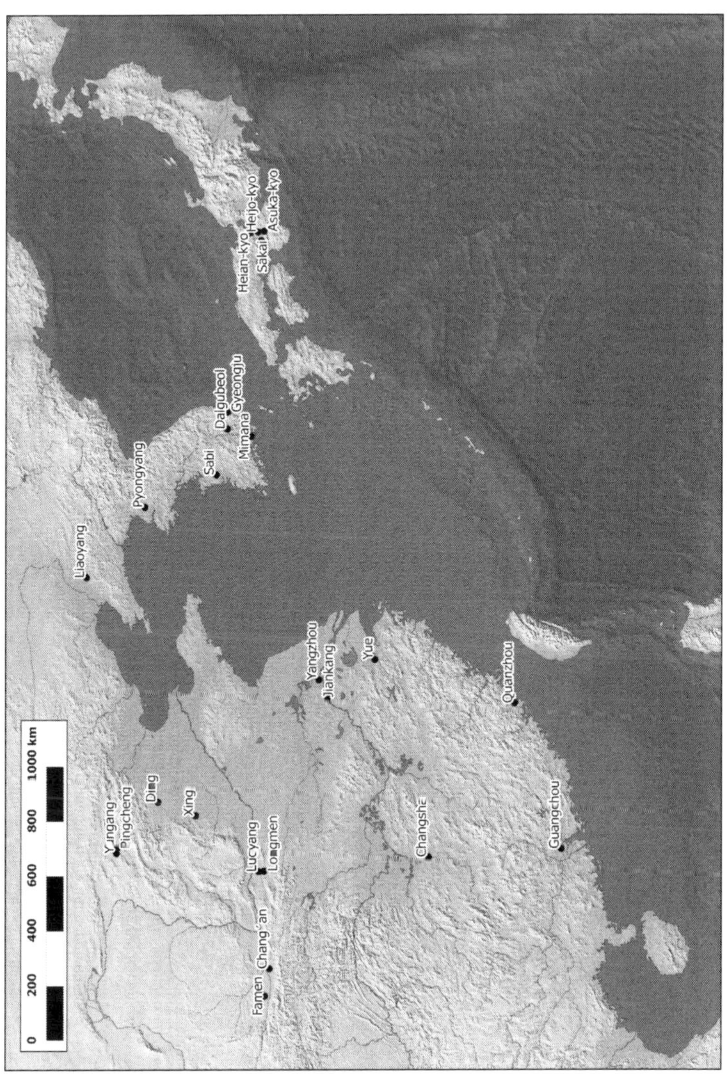

Karte 1: China – Korea – Japan
(J. Preiser-Kapeller, 2017; Grundkarte: http://www.naturalearthdata.com/downloads/10m-raster-data/)

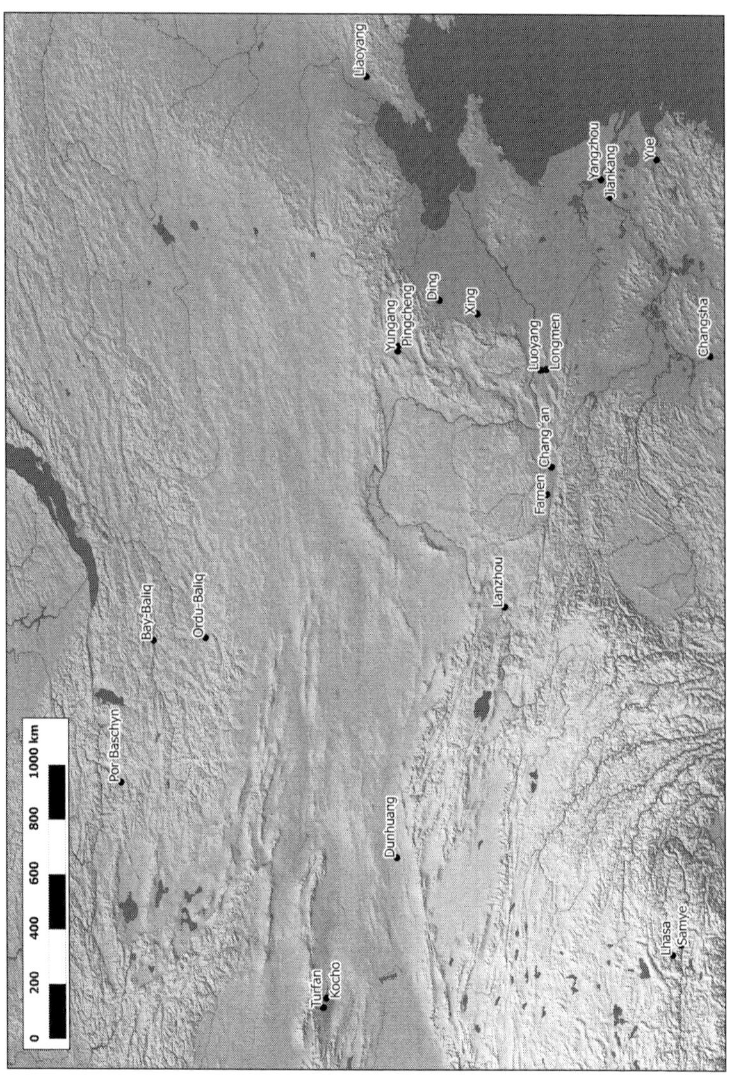

Karte 2: Nördliches Ostasien
(J. Preiser-Kapeller, 2017; Grundkarte: http://www.naturalearthdata.com/downloads/10m-raster-data/)

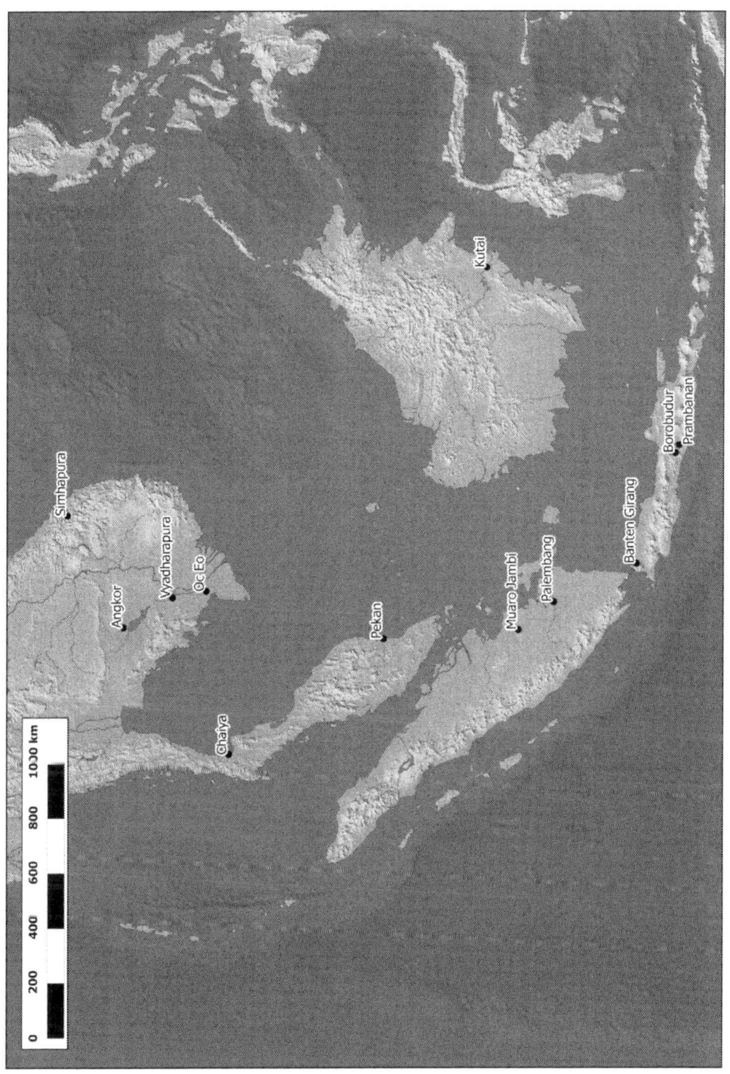

Karte 3: Südostasien
(J. Preiser-Kapeller, 2017; Grundkarte: http://www.naturalearthdata.com/ downloads/10m-raster-data/)

Karte 4: Indien
(J. Preiser-Kapeller, 2017; Grundkarte: http://www.naturalearthdata.com/downloads/10m-raster-data/)

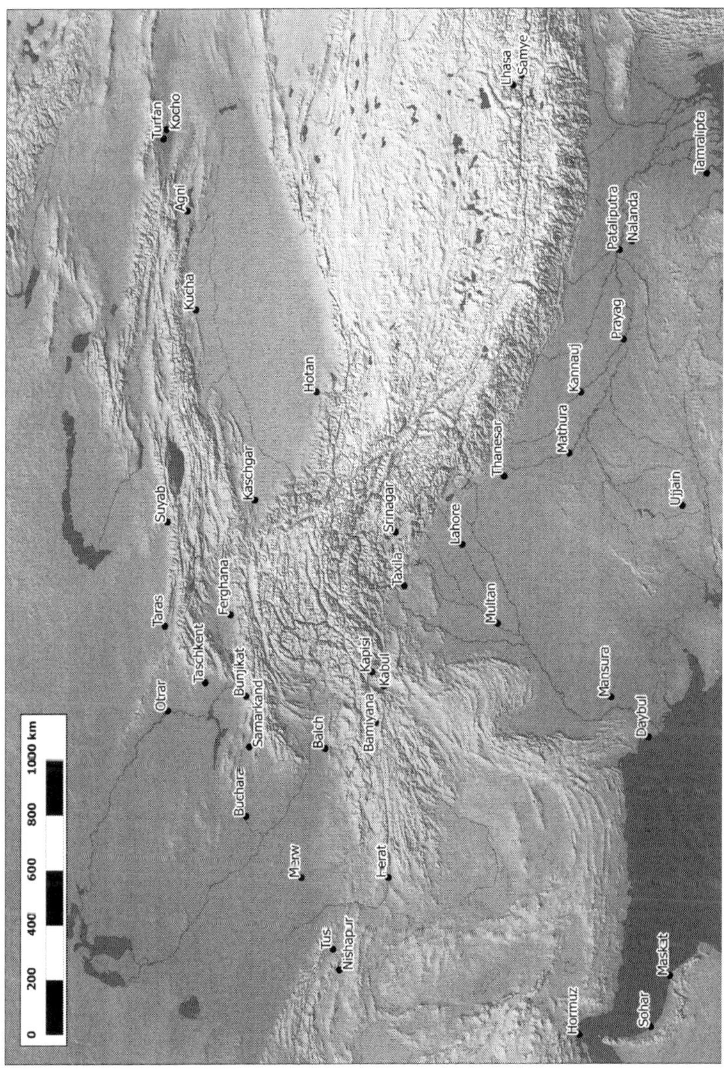

Karte 5: Zentralasien und Nordindien
(J. Preiser-Kapeller, 2017; Grundkarte: http://www.naturalearthdata.com/ downloads/10m-raster-data/)

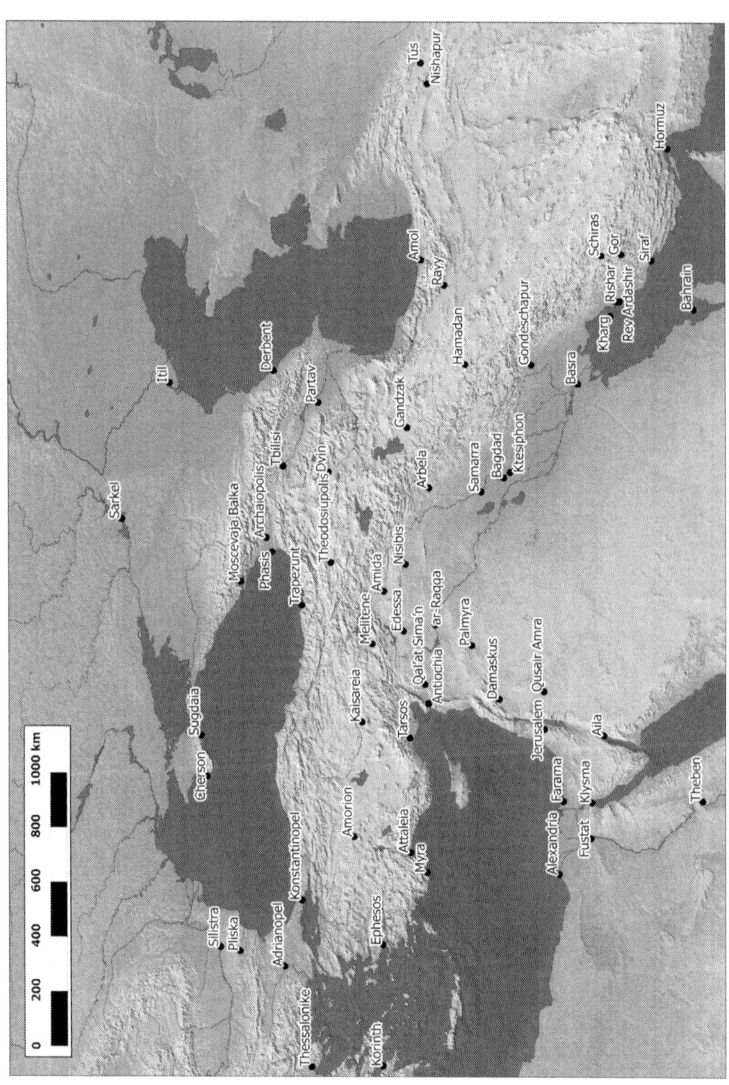

Karte 6: Östliches Mittelmeer – Kaukasus – Irak – Iran
(J. Preiser-Kapeller, 2017; Grundkarte: http://www.naturalearthdata.com/downloads/10m-raster-data/)

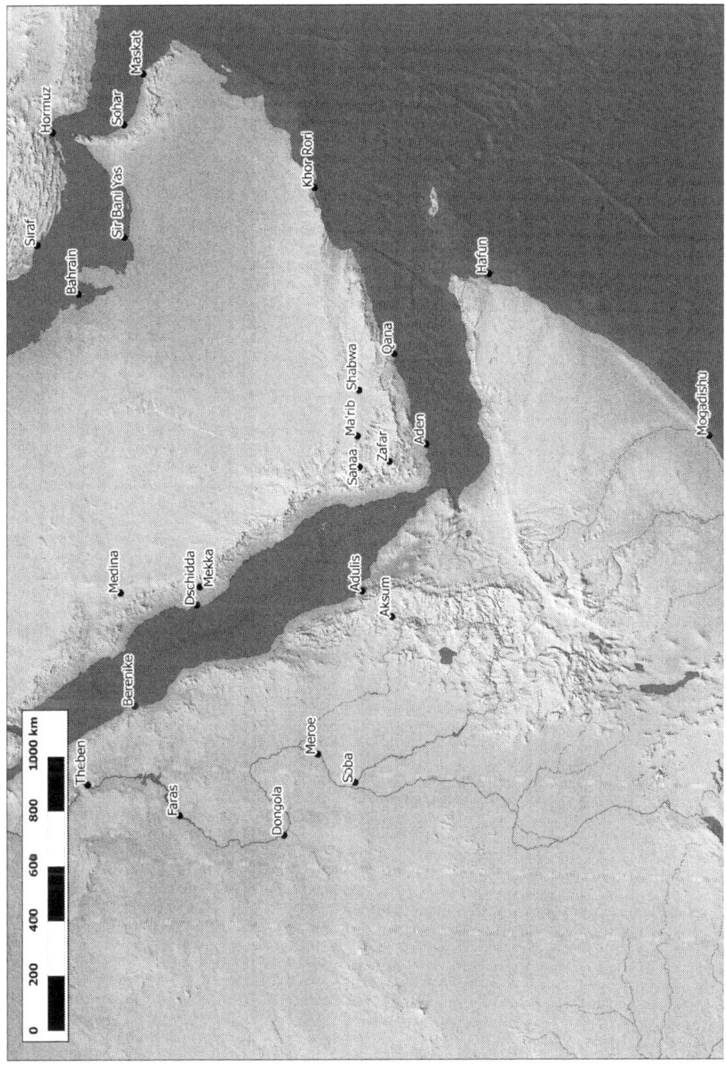

Karte 7: Nordostafrika – Rotes Meer – Arabien
(J. Preiser-Kapeller, 2017; Grundkarte: http://www.naturalearthdata.com/ downloads/10m-raster-data/)

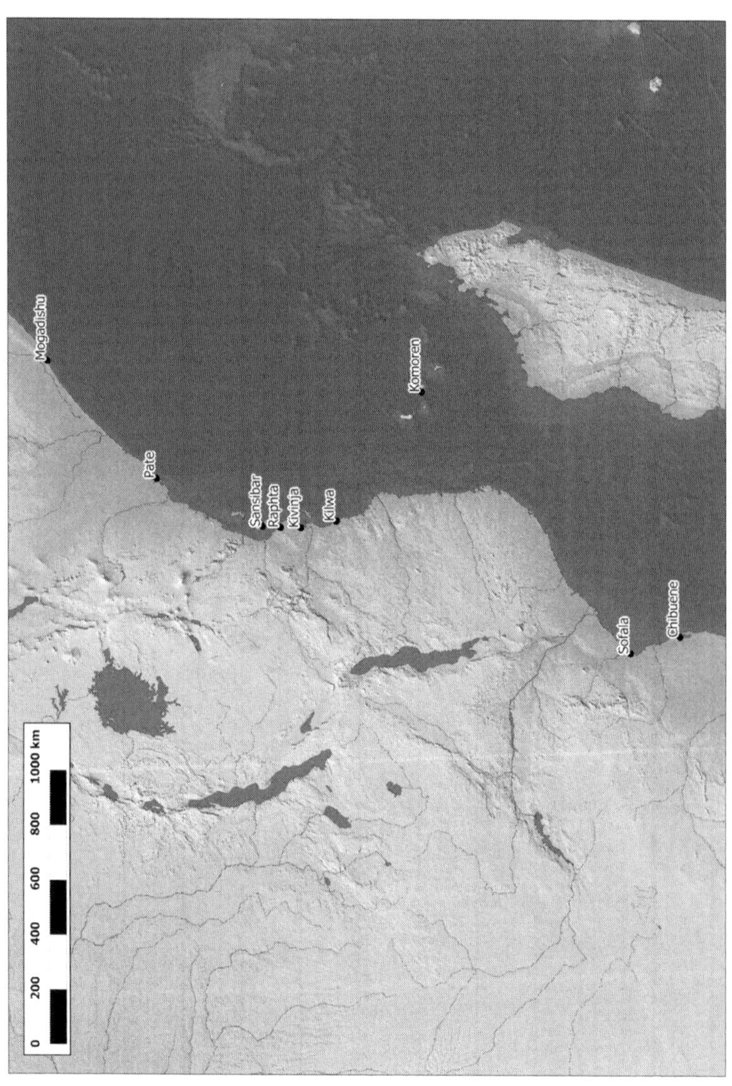

Karte 8: Ostafrikanische Küste – Madagaskar
(J. Preiser-Kapeller, 2017; Grundkarte: http://www.naturalearthdata.com/downloads/10m-raster-data/)